中国国学传统

张岱年 著

图书在版编目(CIP)数据

中国国学传统/张岱年著. —北京:北京大学出版社,2016.3
ISBN 978-7-301-26826-1

Ⅰ.①中… Ⅱ.①张… Ⅲ.①国学—通俗读物 Ⅳ.①Z126-49

中国版本图书馆 CIP 数据核字(2016)第 025128 号

书　　　名	中国国学传统 ZHONGGUO GUOXUE CHUANTONG
著作责任者	张岱年　著
策划编辑	王炜烨
责任编辑	王炜烨
标准书号	ISBN 978-7-301-26826-1
出版发行	北京大学出版社
地　　　址	北京市海淀区成府路 205 号　100871
网　　　址	http://www.pup.cn
电子信箱	zpup@pup.cn
新浪微博	@北京大学出版社
电　　　话	邮购部 62752015　发行部 62750672　编辑部 62750673
印　刷　者	北京大学印刷厂
经　销　者	新华书店
	965 毫米×1300 毫米　16 开本　23.5 印张　363 千字 2016 年 3 月第 1 版　2016 年 3 月第 1 次印刷
定　　　价	49.00 元

未经许可,不得以任何方式复制或抄袭本书之部分或全部内容。
版权所有,侵权必究
举报电话: 010-62752024　电子信箱: fd@pup.pku.edu.cn
图书如有印装质量问题,请与出版部联系,电话: 010-62756370

目 录

001　序　国学的现代意义

第一章　人

005　第一节　中国古代的人学思想

015　第二节　中国古典哲学中的人格观念

026　第三节　中国哲学关于人生价值的思想

033　第四节　中国传统中"天人合一"的思想

047　第五节　中国伦理思想的基本倾向

059　第六节　中国知识分子与人文精神

066　第七节　中国传统中的人伦与独立人格

073　第八节　中国古代的精神生活与精神境界

079　第九节　中国传统中的生命与道德

第二章 文

087　第一节　中国传统文化的发展演变及发展规律

106　第二节　中国文化的思想基础与基本精神

115　第三节　中国文化传统与民族精神

120　第四节　中国文化优秀传统的生命力

126　第五节　中国文化的历史传统及更新

133　第六节　中国文化的改造与复兴

141　第七节　中国文化的回顾与前瞻

第三章 智

153　第一节　中国古代哲学源流

184　第二节　中国哲学的基本问题

191　第三节　中国古典哲学的价值观

209　第四节　中国哲学关于理性的学说

228　第五节　中国传统哲学的批判继承

第四章 儒

239　第一节　孔子与中国文化

249　第二节　《周易》经传的历史地位

258　第三节　《易大传》的哲学智慧

277　第四节　张载思想的核心价值

291　第五节　宋明理学的得失

301　第六节　王船山哲学的基本精神

309　第七节　儒家学说与中国的现代化

第五章　道

315　第一节　老子的道

329　第二节　庄子的心灵境界

345　第三节　道家生存观

353　第四节　道家在中国哲学史上的地位

363　后记　说国学

序
国学的现代意义

国学是中国传统学术的简称。所谓国是本国之意。外国人研究中国学术,就不能说是研究国学了,应说研究汉学或中国学。国学的名称是民国初年兴起的,当时具有振兴中国文化的含义。新中国成立以来,很少人谈论国学了,现在又有很多学者提倡国学研究,这与领导同志主张弘扬中国文化优秀传统是密切相关的。

中国传统学术中,有优秀的精华,也有陈腐的糟粕。20年代新文化运动注重批判传统,意在除旧开新,是有重要意义的。50年代也强调对于传统的批判。但未全盘否定传统。60年代的"文化大革命",不分青红皂白,全面否定了传统,民族文化遭到一次大灾难。70年代末拨乱反正,走上了正常发展的轨道。但是在西方的一些所谓新潮流的冲击之下,民族虚无主义的"反传统"思想忽然高涨起来,把祖国文化看作一团漆黑。中国古代哲学本来重视人、重视人的价值,却有人认为中国几千年来根本没有产生人的观念。约在1988年前后,反传统的浪潮风起云涌,黄河长城都成为诅咒的对象,不少人丧失了民族的自尊心、自信心,甚至有人愿当外国殖民地的顺民。有些讲哲学的专门从希腊讲起,根本不提中国的哲学,好像中国几千年来是一片荒漠。在这种情况之下,提出弘扬中国文化的优秀传统,是具有重要意义的。于是国学又引起人们的注意。

研究国学,并非发思古之幽情,更非排斥来自西方的新思想。古今中外的学术都应该研究。作为一个中国人,对于本国的文化传统应该有所了解。既须了解传统中的精粹思想,也应该了解传统中的陈腐观念。我们研究国学,要运用分析的方法,要去粗取精,去伪存真;同时也要有虚心的态度,因为古代哲人的深湛智慧也不是容易理解的。

传统学术范围很广,哲学、文学、史学是最重要的,自然科学、政治经济思想、军事学、各种艺术,都值得研究。自然科学包括医学、农学、天文算学;艺术包括音乐、建筑、绘画、书法,都有其独到的特点。民族自大狂是应该反对的,同时民族自卑心也是应该努力克服的。

一个民族应该具有民族自尊心、民族自信心,这样的民族才有希望。如何才能具有民族自尊心自信心呢?那就必须对于民族文化的优秀传统有所认识。研究国学,意在增强民族的自我认识。既须认识传统之所长,也要认识传统之所缺。要理解传统,更要超越传统。(原题为《漫谈国学》)

第一章

人

中国古典哲学的大部分学说是关于人的问题的,有充足的理由称为人学思想,古与今、中与西之间虽有很大不同,但有的观点现在仍闪耀着高度的智慧。

第一节
中国古代的人学思想

近几年来,"人学"成为一个受人们欢迎的响亮名词,西方有许多学者从事"人学"的研究,虽然各家对所谓"人学"的理解不尽相同。国内也有许多学者倡导"人学"的研讨。有的学者承认中国过去的一些思想可以称为"人学"。中国古典哲学的大部分思想学说是讨论关于人的问题的,称之为"人学"思想,确实具有充足理由。古与今、中与西之间,当然存在着很大的距离,但是也有相近或相通之处。我们并无意认为所有新的观念都是古已有之。

这里略述中国古典哲学中可称为"人学"思想的一些观点,其中有些思想在现在看来是比较笼统、比较含混的,也有些在现在看来仍然闪耀着高度的智慧,值得认真体会。中国古代的人学思想包含哪些内容,这在今天也尚无公认的定论。这里仅就管见提出五个问题:1. 人的本质,2. 人的价值,3. 人与自然的关系,4. 人与社会的关系,5. 人格与精神境界。

一 人的本质

人的本质,古代称之为"人之性"。本质一词,古亦有之。宋代程颢说:"圣贤论天德,盖谓自家元是天然完全自足之物……盖为自家本质元是完足之物。"[①]本质即

[①] 《河南程氏遗书》卷一。

指本性而言。关于人性的讨论始于孔子。孔子说:"性相近也,习相远也。"①所谓相近与相同有别,又与相异有别。孔子用"相近"二字讲性,可谓具有深意。孔子未讲性的善或不善,可能亦有深意。到战国时期,人性的善或不善,成为一个争论的问题。《孟子》书云:"公都子曰:告子曰性无善无不善也。或曰:性可以为善,可以为不善,是故文武兴则民好善,幽厉兴则民好暴。或曰:有性善,有性不善,是故以尧为君而有象,以瞽瞍为父而有舜,以纣为兄之子且以为君,而有微子启、王子比干。今曰性善,然则彼皆非与?"②这里列举了四种观点:性无善无不善,性可善可不善,有性善有性不善,性善。后来荀子又提出性恶,共为五说。性可善可不善,亦即性有善有恶。有性善有性不善,在后世发展为性三品论。孟、荀是两极端,后来多数学者都赞同性有善有恶。董仲舒、扬雄、王充都是如此。宋代张载提出"天地之性"与"气质之性"的学说,朱熹加以赞扬,实际上是性有善有恶论的一种新形式。关于中国古典哲学的人性学说,近几十年来论述已多,这里不必多讲。值得注意的是,孟子提出"人之所以异于禽兽者",荀子提出"人之所以为人者",这都是明确的关于人的本质的观念。孟子讲性善,所谓"人之所以异于禽兽者"即人的恻隐之心亦即人的同情心,也就是人的道德意识。荀子讲性恶,其所谓性指人的本能,其所谓"人之所以为人者"不是指人性而言,而是指人的认识道德原则的能力。荀子说:"今途之人者,皆内可以知父子之义,外可以知君臣之正,然则其可以知之质,可以能之具,其在途之人明矣。"③依照荀子关于性的界说,这"可以知之质,可以能之具"不属于性,却是"人之所以为人者"。孟、荀立论不同,但是都强调对于人的本质的认识。

  道家认为儒家关于人性的议论都违反了人的本性的实际,性善论者以关于仁义的道德意识为人性不过是偏见,性恶论者以情欲为人性更不在话下。《庄子·外篇》云:"彼民有常性,织而衣,耕而食,是谓同德。一而不党,命曰天放。……夫至德之世,同与禽兽居,族与万物并,恶乎知君子小人哉?同乎无知,其德不离,同乎无

---

① 《论语·阳货》。
② 《孟子·告子上》。
③ 《荀子·性恶》。

欲,是谓素朴。素朴而民性得矣。……毁道德以为仁义,圣人之过也。"①儒家所宣扬的仁义含有贵贱上下(君子小人)的等级意识。道家认为这不属于人的本质,而认为"耕而食,织而衣",靠劳动而生活才是人的本质,等级意识不属于人性,这一观点可以说是非常深刻的;但是道家不重视人与鸟兽不同的特点,又陷于另一方面的偏失。

如上所述,先秦哲学中已有关于人的本质的比较深切的观点和理论。两汉以后的人性学说基本上是先秦学说的绍述和推衍,这里不必详论了。

二 人的价值

中国古典哲学中有"天地之性人为贵"的命题,可以说是关于人的价值的学说。价值是现代的名词,古代称之曰贵。今天汉语中仍称有价值的品物为可贵。"天地之性人为贵",见于《孝经》,据说是孔子对曾子讲的。"性"同"生",意谓天地之间的生物以人为最贵。荀子云:"水火有气而无生,草木有生而无知,禽兽有知而无义,人有气有生有知,亦且有义,故最为天下贵也。"②这正是对于"天地之性人为贵"的明确诠释。孟子有"良贵"之说,他说:"欲贵者人之同心也。人人有贵于己者,弗思耳。人之所贵者,非良贵也。赵孟之所贵,赵孟能贱之。"③所谓"良贵"即是人人所具有的内在价值,与"人之所贵"不同。"人之所贵"即是被授予的爵位,这是可以剥夺的;而人所固有的良贵是不可能被剥夺的。孟子以为,人的"良贵"即在于人的"仁义忠信"的道德意识。

庄子曾对于人的价值提出怀疑。《庄子·外篇》云:"以道观之,物无贵贱。以物观之,自贵而相贱。"④人类自以为贵,不过是主观的臆见而已。此篇假托海神自

---

① 《庄子·外篇·马蹄》。
② 《荀子·王制》。
③ 《孟子·告子上》。
④ 《庄子·秋水》。

我衡量说:"自以比形于天地,而受气于阴阳,吾在天地之间,犹小石小木之在大山也。"大海之神犹不过如此,普通的个人更是渺小了。但是,庄子虽然怀疑人类的价值,却肯定个人的重要,他认为个人的最高境界是"天地与我并生,而万物与我为一",个人与天地万物没有大小之别了。

后来的儒家都肯定"天地之性人为贵"的命题。董仲舒说:"人受命于天,固超然异于群生,人有父子兄弟之亲,出有君臣上下之谊,会聚相遇,则有耆老长幼之施,粲然有文以相接,欢然有恩以相爱,此人之所以贵也。"① 这主要是从道德方面来讲人之所以为贵。周敦颐说:"二气交感,化生万物,万物生生而变化无穷焉。唯人也得其秀而最灵。"② 邵雍说:"人之所以能灵于万物者,谓其目能收万物之色,耳能听万物之声,鼻能收万物之气,口能收万物之味。"③ 这是从人的智能来讲人之所以为贵,所注意的方面比较广阔。

应该承认,人的价值是人学的一个重要问题。中国古典哲学对于人的价值的讨论是比较深切的。

三 人与自然

人与自然的关系,古代称之为"天人之际"。古代所谓天,含义比较复杂。殷周时代,所谓天指上帝,即有意志的主宰。庄子、荀子所谓天指自然界而言。孔子、孟子所谓天是一个模糊观念,含义很不明确。因而,古代哲学家所谓天人之际意义也比较复杂。中国古典哲学关于天人关系,主要有两种学说,一为"天人合一",二为"天人分异"。"天人合一"的思想导源于孟子,"天人分异"是荀子的观点。近人多以"天人相分"来概括荀子的天人观。荀子主张"明于天人之分",未尝讲天人相分。荀

---

① 《举贤良对策》。
② 《太极图说》。
③ 《皇极经世·观物内篇》。

子以人的感官为"天官",以人的内心为"天君",又讲"礼有三本,天地者生之本也"①,是承认天中有人、人中有天,并未割断天与人的关联,不应称之为天人相分,可以称之为"天人分异"。

孟子将天与人的心性联系起来,他说:"尽其心者,知其性也,知其性则知天矣。"②知性如何便能知天呢?孟子无所解释。董仲舒讲"人副天数",以天文的日月之数与人体的骨节之数相比附,乃是牵强附会之谈。到了宋代,张载、程颢都大力宣扬"天人合一"。张载《西铭》所讲比较明显易懂。《西铭》云:"天地之塞吾其体,天地之帅吾其性,民吾同胞,物吾与也。"意思是说:充塞于天地之间的"气"构成我的身体,作为气的统率的天地之"性"也是我的本性,人民都是我的兄弟,万物都是我的伴侣。这就是认为,天与人是统一的,我与广大人民是统一的,人与万物也有统一不可分离的关系。张载哲学一方面承认人对于天的从属关系,人是天的一部分;一方面又肯定人的主体意识,"民吾同胞,物吾与也",在吾与民、吾与物的关系中"吾"乃是主体。《西铭》强调了天与人的统一,肯定人与万物的共生共处的密切关系。

荀子强调"明于天人之分",提出"制天命而用之"的见解,接近西方"战胜自然"的思想。唐代刘禹锡提出"天人交相胜"的学说,分别了"天之理"与"人之理",以为天之理是强者胜弱,有强弱而无是非;人之理则区别了是非善恶,建立礼义法制。刘禹锡的见解是相当深刻的。但是后来的程(颐)朱(熹)学派仍然认为"天之理"与"人之理"只是一理,断言"天道与人道只是一个道",没有能够吸取刘禹锡的睿智。

如何看待人与自然的关系,在今日仍然是一个重要的现实问题与理论问题。中国古典哲学中关于天人关系的学说在今日仍能给我们以深刻的启迪。

四 人与社会

人不但生存于自然界中,而且生存于社会中。应该如何看待个人与社会的关

---

① 《荀子·礼论》。
② 《孟子·尽心上》。

系?个人能不能脱离社会而生存?在中国古典哲学中,儒家重视个人与社会的关系,强调人应有社会责任心;道家则企望遗世独立,追求个人的绝对自由。

孔子面对当时隐者的讥讽,叹息说:"鸟兽不可与同群,吾非斯人之徒与而谁与?天下有道,丘不与易也。"① 人只能和人同群共处,对于社会应承担一定的义务。这是儒家的基本观点。

荀子对于人类合群的必要有较详的论述,他说:"人有气有生有知,亦且有义,故最为天下贵也。力不若牛,走不若马,而牛马为用,何也?曰人能群,彼不能群也。人何以能群?曰分。分何以能行?曰义。故义以分则和,和则一,一则多力,多力则强,强则胜物,故宫室可得而居也。……故人生不能无群,群而无分则争,争则乱,乱则离,离则弱,弱则不能胜物,故宫室不可得而居也。……群道当,则万物皆得其宜,六畜皆得其长,群生皆得其命。"② 这揭示了合群的必要,可谓深切著明。合群之道,称为"群道"。荀子以为,人所以能群,在于"分"与"义"。这所谓分,含有两层意义,其一是分工,其二是分上下等级。在人类社会生活中,分工确实是必要的。分别上下贵贱,乃是等级社会的特点,并非永恒的普遍原则。儒家重视上下贵贱的区分,表现了儒家的时代性和阶级性。

道家学说是隐士之学,特别宣扬个人的重要。孟子述杨朱之说云:"杨子取为我,拔一毛而利天下不为也。"③《吕氏春秋》亦云:"阳生贵己。"④ "贵己"即"为我"之义。杨朱把自我看作最重要的,而反对为天下谋利益。"为我"含有不为君之意,即反对为君主服务。孟子批评杨朱云:"杨氏为我,是无君也。"⑤ 无君确是杨朱学说的一项重要含义。"无君"之谈含有主张民主的倾向,具有一定的理论价值。但是反对"利天下"却是放弃社会责任心,这就陷于失误了。

庄子《逍遥游》假托寓言中的人物说:"予无所用天下为!"又说:"孰弊弊焉以天下为事?……是其尘垢秕糠,将犹陶铸尧舜者也,孰肯以物为事?"这与杨朱为我之

---

① 《论语·微子》。
② 《荀子·王制》。
③ 《孟子·尽心上》。
④ 《吕氏春秋·不二》。
⑤ 《孟子·滕文公下》。

说基本一致。"予无所用天下为",意谓不愿用天下为自己谋利。但是,个人与社会的关系,不仅有"用天下"的问题,还有"为天下用"的问题。道家不屑于用天下为自己谋利,却忽视了个人对于天下应尽的义务。这是道家的缺欠。

与道家相反,墨家主张忘己而尽力为社会服务。墨子告弟子说:"必去六辟:默则思,言则诲,动则事,使三者代御。必为圣人!必去喜去怒,去乐去悲,去爱去恶,而用仁义。"①墨家是如此说的,也是如此做的。《庄子·天下》述墨家之学云:"以绳墨自矫,而备世之急。……以裘褐为衣,以跂蹻为服,日夜不休,以自苦为极。"孟子论墨子云:"墨子兼爱,摩顶放踵利天下为之。"②墨家富于自我牺牲的精神,为社会服务而忘我。孟子批评墨子说:"墨氏兼爱,是无父也。"③事实上墨子主张"视人之父若视其父",并非遗忘自己的父母。孟子对墨家的批评是不符实际情况的,但是墨家有打破家族本位的倾向,这是一种进步的倾向,却遭到了家族本位传统的扼制。这是墨学中绝的原因之一。墨家的自我牺牲为社会服务的精神是值得赞扬的。

五 人格与精神境界

人格,古代称之曰人品,是中国古典哲学的一个中心问题。何谓崇高的人格?如何才能达到崇高的人格?如何才能保持崇高的人格?这是先秦时代以至宋明哲学所讨论的一个中心问题。

孔子及其弟子有关于"成人"的讨论,所谓成人即是完备的人格。《论语》载:"子路问成人。子曰:若臧武仲之知,公绰之不欲,卞庄子之勇,冉求之艺,文之以礼乐,亦可以为成人矣。曰:今之成人者何必然?见利思义,见危授命,久要不忘平生之言,亦可以为成人矣。"④智勇兼备、多才多艺,而又恬静寡欲,谓之成人。其次有一

---

① 《墨子·贵义》。
② 《孟子·尽心上》。
③ 同上书,《滕文公下》。
④ 《论语·宪问》。

定的道德觉悟("见利思义"),有一定的操守("见危授命"),而言行一致("久要不忘平生之言"),也可以称为成人。

"成人"是完备的人格,尚非崇高的人格。在孔子的心目中,崇高的人格称为仁人。孔子说:"志士仁人,无求生以害仁,有杀身以成仁。"① 还有比仁人更崇高的人格,称为圣人。《论语》记载:"子贡曰:如有博施于民而能济众,何如?可谓仁乎?子曰:何事于仁,必也圣乎!尧舜其犹病诸?夫仁者,己欲立而立人,己欲达而达人。能近取譬,可谓仁之方也已。"② 圣人的人格的崇高又超过了仁人。

孔子所称许为仁人的有伯夷、叔齐及管仲。孔子赞扬伯夷、叔齐云:"不降其志,不辱其身,伯夷叔齐与!"③ 即肯定其坚定的意志、独立的人格。管仲所以为仁,在于有功于人民,"管仲相桓公,霸诸侯,一匡天下,民到于今受其赐"④。从孔子对于伯夷、叔齐和管仲的评论来看,他所谓仁者是不拘一格的。

孟子论不同的人品说:"有事君人者,事是君则为容悦者也。有安社稷臣者,以安社稷为悦者也。有天民者,达可行于天下而后行之者也。有大人者,正己而物正者也。"⑤ 朱熹注云:"此章言人品不同,略有四等。""事君人"即只知为君主服务的人,乃是君主的奴才。"安社稷臣"是重视国家利益的人,以巩固国家政权为职志。在战国时期,各国都有社稷,是国家政权的象征。统各国而言,谓之天下。"天民"超越了国家的界限,志在将普遍原则推行于天下。"大人"坚持自己的原则而又能感化别人而具有广泛的影响。"大人"是孟子的理想人格。孟子这段话,看不起做官的人,赞扬了不依附于政权的独立人格。

孟子又认为,有道德的人,又可以区分为六个品级。《孟子》记载:"浩生不害问曰:'乐正子何人也?'孟子曰:'善人也,信人也。'何谓善?何谓信?曰:'可欲之谓善,有诸己之谓信,充实之谓美,充实而有光辉之谓大,大而化之之谓圣,圣而不可知

---

① 《论语·卫灵公》。
② 同上书,《雍也》。
③ 同上书,《微子》。
④ 同上书,《宪问》。
⑤ 《孟子·尽心上》。

之之谓神。"①"可欲"即人所期望的,善人即人们所期望的人,即一般所谓好人。"有诸己"即言行一致。"充实"谓诸德具备、笃实不虚,是谓美德之人。"充实而有光辉",意谓德行高尚而且有广远的影响,亦即"正己而物正"之意。"大而化之"谓其"大",无待于勉强。圣是更高一级的大人。神是更高一级的圣人。在孟子的心目中,孔子是最大的圣人。至于所谓神不过是虚悬一格而已。

孟子所讲"充实而有光辉"的大人,亦称为大丈夫。孟子说:"居天下之广居,立天下之正位,行天下之大道。得志与民由之,不得志独行其道。富贵不能淫,贫贱不能移,威武不能屈。此之谓大丈夫。"②所谓大丈夫即是坚持一定的原则,在任何情况下决不动摇的伟大人格。

孟子的人格理论影响深远,他的"大丈夫"的规定成为中国文化优秀传统的一项重要内容。

道家的庄子亦有关于崇高人格的诠说。《庄子·逍遥游》在叙述了大鹏与小鸟的不同情况之后说:"此小大之辩也。"接着说:"故夫知效一官,行比一乡,德合一君,而征一国者,其自视也亦若此矣。而宋荣子犹然笑之,且举世而誉之而不加劝,举世非之而不加沮,定乎内外之分,辩乎荣辱之境,斯已矣。彼其于世未数数然也,虽然,犹有未树也;夫列子御风而行,泠然善也,旬有五日而后反,彼于致福者,未数数然也。此虽免乎行,犹有所待者也。若夫乘天地之正,而御六气之辩,以游无穷者,彼且恶乎待哉?故曰:至人无己,神人无功,圣人无名。"这是认为,做官任职为君主服务的人们都如同小鸟,都是卑鄙的。宋荣子具有独立的意志,不受俗论的影响,而仍有所未立。列子御风,自由自在,而仍是相对的自由。唯无所待才是绝对的自由。至人、神人、圣人是三个品级。圣人无名而有功,神人无功而犹有己。至人无己,消弭了内外之分,才是最高的人格。

《庄子·天下》亦讲人格的序列,《天下》云:"不离于宗,谓之天人。不离于精,谓之神人。不离于真,谓之至人。以天为宗,以德为本,以道为门,兆于变化,谓之圣人。以仁为恩,以义为理,以礼为行,以乐为和,薰然慈仁,谓之君子。以法为分,以

---

① 《孟子·尽心下》。
② 同上书,《滕文公下》。

名为表，以参为验，以稽为决，其数一二三四是也，百官以此相齿。以事为常，以衣食为主，蕃息畜藏，老弱孤寡为意，皆有以养，民之理也。"这区别了天人、神人、至人、圣人、君子、百官、人民共七个品级，将神人列于至人之上，最高的是天人。对于天人、神人、至人的诠释都含糊而不明确。道家学说的特点是，认为儒家所讲的圣人并不是最高的人格，在圣人之上，还有至人等等。（荀子受道家的影响，亦讲至人，如说"明于天人之分，则可谓至人矣"。）

庄子与孟子亦有相同之点，即都轻视为君主服从的官僚。《庄子·天下》将君子列于百官之上，君子是有道德而不做官的人。儒道两家都赞扬具有崇高理想的独立人格。

中国古代哲学家大多认为高尚的人格必然具有高尚的精神生活，达到高尚的精神境界。孔子自述自己的"为人"说："其为人也，发愤忘食，乐以忘忧，不知老之将至云尔。"①"发愤忘食，乐以忘忧"正是孔子的崇高的精神生活的写照。孔子又说过："饭疏食饮水，曲肱而枕之，乐亦在其中矣。不义而富且贵，于我如浮云！"②物质生活可以简化，在精神上自得其乐。

孟子所谓大丈夫，庄子所谓至人，都有其崇高的精神境界。孟子论为士之道云："士穷不失义，达不离道。穷不失义，故士得己焉；达不离道，故民不失望焉。"③所谓"得己"即是保持自己的独立人格，亦即自己的主体性。无论穷达，都坚持自己的原则；个人的精神境界亦不以穷达而改变。

《庄子·齐物论》假托寓言中的人物叙述"至人"的形象说："至人神矣！大泽焚而不能热，河汉沍而不能寒，疾雷破山，风振海，而不能惊。"这是以夸张的语言说明所谓"至人"不受环境影响的独立精神，表现了古代人对于精神自由的想望。

人如何才能获得真正的自由，这是一个自古及今的永恒论题。

---

① 《论语·述而》。
② 同上。
③ 《孟子·尽心上》。

第二节
中国古典哲学中的人格观念

我们可以把从上古时代一直到18世纪的中国哲学,叫做"中国古典哲学"。在中国古典哲学里,是否有人格观念?如果有,其价值如何?对这些问题都应有明确的认识。这是对中华民族的精神生活的反思。中华民族的精神生活中有人的自觉吗?或是根本没有达到人的自我认识?现在我们面临的一个大问题是民族的振兴、发展,那么,民族的精神生活传统中是否具有向前发展的内在基础,还是毫无内在基础、毫无发展进步的内在源泉?只有对传统有一个明确的认识,才谈得上突破传统、改造传统。所以应从人格的角度来反省一下中国传统文化。

一 独立意志与独立人格

"人格"这个词是近代才有的,它是日本学者从西方翻译过来的。古代中国没有"人格"这个词,但有"人品"、"为人"、"品格"这些词。在中国古典哲学中,有独立人格的思想(虽然没有这个名词)。什么叫独立人格?就是指人自己有一个独立意志,它不受外界势力的压制。孔子说:"三军可夺帅也,匹夫不可夺志也。"这里承认平民也有独立的不可改变的意志。孔子还赞扬伯夷、叔齐"不降其志,不辱其身"。实际上,在孔子时代,有很多隐士即有一定文化而不肯出来做官、不与当权派合作的人,这种人也可以说是有独立意志的。孔子肯定每一个人都有独立意志,但是否每一个人都能保持其独立意志就不一定。孟子也有类似的思想,他认为,君主和贤士都应该"乐道忘势",这里,"忘势"就是要保持自己的独立人格。在战国时代,特别强调独立人格的是陈仲子,此人出身贵族,但他认为贵族的势力、地位都是不道德的,所以他摆脱了贵族地位,靠织草鞋维持自己艰苦的生活。他主张"不恃人而食",强调自食其力。

《韩非子·外储说右上》曾讲了这样一个故事:武王灭商以后,姜太公被封到齐国。当时齐国有两个人,一个叫狂矞,一个叫华士,对姜太公采取不合作态度,他们说:"吾不臣天子,不友诸侯,耕作而食之,掘井而饮之,吾无求于人也……不事仕而事力。"结果,太公认为"望不得而臣也……是以诛之"。周公责备姜太公不该杀这两个好人,姜太公回答说,这种不听命令的人不能留下来。这个故事有两层意思:一是在周初也有特别强调独立意志的人物,不肯向国君、贵族称臣,表现出不合作态度。另一层意思是,当时的执政者对这种人有两种态度,其中周公持比较宽容的态度。

儒学对陈仲子、狂矞等人持既赞扬又批评的态度。孟子认为陈仲子很了不起,但指责陈仲子不管"亲戚君臣上下",认为这种人虽有独立意志,但实际上不算伟大。孟子认为伟大人物既有独立人格,又承认君臣父子关系。所谓"大丈夫",一方面"富贵不能淫,贫贱不能移,威武不能屈",具有强烈的独立人格;另一方面,在坚持自己原则的前提下,可以和当权派合作,这与陈仲子的完全不合作态度是不一样的。孟子把人分为三种:事君人,即侍奉、服务于国君的人。这种人没有什么价值。安社稷人,即把安定国家、社稷作为自己职责的人。这种人并不完全听君主的命令,有一定的独立人格,但其价值也不很高。天民,是最高的一种人。这种人认为,在天地间我是一个独立的人,我有自己的原则,我可能事君,也可能不事君,这取决于君主对我的态度:如果他听我的话,我就帮他的忙;不听,就不帮。

早期儒家试图把人伦关系和独立人格统一起来,叫人在人伦关系中保持独立人格。但在汉朝以后,至唐、宋、元、明、清,专制主义越来越严重。专制主义的特点就是不承认人民的独立人格。在专制时代,一般人民是没有独立人格的,但当时许多知识分子要争取独立人格。我认为,在汉朝以后,中国历史上存在王权和士权的斗争。有的人作文章,认为中国专制时代只有王权主义,我认为这不全面。尽管当时的专制君主力图使王权高于一切,但也有一部分知识分子不甘完全屈服于皇帝,要保持自尊,因而起来与王权抗争。如汉朝末一批士大夫知识分子反对代表皇帝的宦官势力,导致"党锢之祸"。又如明末的东林党人也起来反对当权派。东林党人认为,"是非"不应由朝廷来决定,而应由知识分子来决定,知识分子认为是对的,才是对的,而朝廷是不能评判"是非"的。后来明末清初的黄宗羲继承和发挥了这一思想,他认为,是非不应由皇帝来决定,而应由学校来决定,皇帝认为是者不一定是,非者不一定非,只有学校认为是者才是,非者才非。这里已表现出一种初步的民主观念。

封建时代的知识分子有三种态度:1. 士为知己者用。看重我、利用我,我就帮你的忙。这是多数知识分子的态度。2. 以天下为己任,把天下的事情作为自己的责任,移风易俗,改变社会,发挥自己的主体性、自觉性,根据自己的原则来发挥作用。这种态度可以说是独立人格的表现。3. 苟合取容,不顾廉耻,没有原则,没有独立人格,为一碗饭甘为奴婢。这是一种最下贱的态度。

以天下为己任者总是少数,但在历史上起作用的就是这种人,如明末清初的大思想家黄宗羲、顾炎武、王夫之。此外还有许多隐士,不肯向当权派屈服。在清初,满族入主中原,康熙皇帝为拉拢汉族知识分子,采取一个政策,以"博学宏词"的头衔招纳人才。但顾炎武坚决不应考,说非要我考,我就自杀。另一位思想家傅山也坚不应试。从秦汉一直到明末,一直有这种保持独立人格的知识分子。

二 "人之所以为人"

人与禽兽有何不同?这是中国古典哲学很早就关心的一个问题,到荀子则明确提出了"人之所以为人者"。在战国时期,关于这个问题,有三种见解。

(一)墨子提出人的特点是"非力不生"

飞禽走兽靠天然物品维持生存,而人靠自己的劳动力维持生存——靠种田而获食物,靠种植桑麻织成衣服而遮蔽身体。墨子这一思想是很深刻的。

>>> 封建时代的知识分子主要有三种态度,其中多数人的态度是:士为知己者用。看重我、利用我,我就帮你的忙。图为明朝唐寅《西园雅集图》中的读书人。

(二) 孟子认为人与禽兽不同之处在于人有道德意识

小孩知道爱父母,父母也爱小孩,这是人之为人者。道德意识的突出表现是"恻隐之心",即看到别人痛苦,自己也很难过,要加以帮助,如看到一个小孩要爬到井里去,任何人看到了都要制止小孩。这是先验道德论,影响很大。

(三) 荀子认为人之为人的特点在于智慧,能总结经验

荀子不承认先验的道德意识,他主张性恶论。那么道德意识从何而来呢?是总结生活经验的结果。经验告诉人们,为生活得好些,需要遵循什么样的规范,于是道德原则就被发明出来了。后来清朝的戴震综合了孟荀两家,指出,人用智慧总结经验,发明道德,这刚好是性善而不是性恶的证明。

中国古典哲学很注重研究人的特点、研究怎样做人的道理,并认为这是做学问的主要宗旨。儒家特别强调"人之为人者",认为人与禽兽不同,人比一般牛马有更高的价值。先秦时法家把人当做牛马看待,如《管子》说:"用人如用牛马。"商鞅特别强调人民只是牛马,只配做奴隶。到了汉朝,扬雄对法家提出批评:"奈何牛马之用人也!"儒家认为应当承认人高于牛马的价值,并且发挥这种价值。

在历史上也有人认为人不如牛马,如晋朝仲长敖认为人是最坏的东西:"裸虫三百,人为最劣。"人不如老虎有锐利的爪牙,但人心眼特坏,会害人。不过,从古到今,大部分人还是承认人比禽兽有价值,但人的价值到底在什么地方,还是值得研究的。我认为,应当从仲长敖指责的"坏心眼"提高到康德赞美的"善良意志"。发挥了善良意志,人就有价值。关于人的特点,直到马克思,才有一个科学的解决。在《1844年经济学—哲学手稿》中,关于人的特点讲得特别深刻,我认为这是关于人的特点的最高结论。

这里还有一个问题,儒学所讲的道德是自律的道德还是他律的道德?有的人认为中国儒家所讲的道德只是他律,我认为这是片面的看法。我认为在孔子那里,有自律的方面,后来情况复杂化了。孔子、孟子都认为,我实行道德,是我内心的要求、内在的需要,不是受别人强迫的。孔子讲仁,有一个最重要的思想就是:"为仁由

己,而由人乎哉?""己欲立而立人,己欲达而达人。"我自己要有一个独立的人格,并帮助别人完成一个独立的人格,我自己要提高,也要帮助别人提高,这就是道德。这种道德完全是一种内在的要求,这就表现出道德的主动性。孟子讲的"是非之心"、"恻隐之心"、"良知良能"等也是一种内在的要求,他认为实行道德没有别的期望,不是想达到别的目的,而就是为了道德本身。这应该说是自律的道德,不是他律的道德。孔子把实现道德分为二种境界:"仁者安仁,智者利仁。"前者乃为仁而仁,只有为仁才心安理得,这是自律的道德,是较高的境界。质者则指实行仁对我有利,我对别人好,别人也对我好,这是为达到一个外在目的而实行仁,是一种他律,是较低的境界。到了汉朝,开始确立起"三纲"这种强制性的道德。到南宋时,这种他律的道德变成绝对性,以至提出"天下无不是之君,天下无不是之父母"的口号。在封建时代,这种他律的道德是一般人民实行的道德,少数哲学家如黄宗羲、王夫之等人则反对这种道德,主张自律的道德。在中国传统文化中,既有他律的道德,也有自律的道德,情况复杂,应加以具体分析。

三 关于人格类型的思想

"人格类型"这一概念是现在西方理论家提出的,但在中国古代也有比较接近人格类型观念的思想。孔子提出人可分为三种:"狂"、"狷"、"中行"。狂者进取,有较高的理想和抱负、自信,但不一定能言行一致;狷者有所不为,谦虚谨慎,但没有很高的理想。最理想的人格是"中行",兼有"狂"、"狷"之优点而无其缺点。孔子认为他的学生中没有一个能做到中行,他大概认为自己就是这种类型。西方人格论讲外向、内向,"狂"接近外向型人格,"狷"接近内向型人格。至于"中行"则是内、外结合,但这很难做到,一般人要么外向,要么内向。东汉末年刘劭写了《人物志》,我认为是中国最早的人才学著作。他认为人才有两种:"明白之士,达动之机。而暗于玄虑;玄虑之人,识静之原,而困于速捷。"意思是说,"明白之士"聪明敏锐,了解很多事情,但缺乏深刻的思想;"玄虑之人"有深刻的智慧,但办事和处理问题很慢。前者是外向型人格,后者是内向型人格。刘劭又讲英雄可分为两种,一种是"英",很聪明、很有智慧,能办事;一种是"雄",有力气、有毅力。前者如刘邦,后者如项羽。"英雄"则兼有两者。刘劭还详细地把人分为十二种,其中每种皆有其长处,也有其短处。

四 自我实现与自我超越

我认为,所谓自我实现,就是把人的潜能发挥、发展出来。在中国古典哲学中,无自我实现一词,但有类似的思想。孟子提出一个口号:"人皆可以为尧舜。"尧、舜是最高的人格,是圣人,但每个人都有做尧、舜的可能性,把这种可能性实现出来,人就成了圣人。孟子又说:"圣人与我同类者","舜何?人也。予何?人也,有为者亦若是。"圣人也是人,我也是人,因此我也可以做圣人,而且只有成为圣人,才实现了自己的可能性。那么,如何才能做圣人呢?"尽心、知性、践形。"所谓尽心,就是了解自己心中到底有什么内容;所谓知性,就是了解自己的本性、自己的道德要求,即"善端";所谓践形,就是实现身体里面的可能性,使之表现为现实的存在。孟子认为自己就能尽心、知性、践形,养成"浩然之气"。我把自己内在的"气"发挥出来,就充满了天地之间,我就与天地万物合为一体,这样一方面我超越了有限的小我;另一方面"万物皆备于我",形成了与宇宙合为一体的大我。这既是自我实现又是自我超越,就是做人的最高境界。我认为孟子的尽心、知性、践形,有自我实现的意义。

宋明理学发挥了孟子这一思想。程颢讲人的最高境界就是与天地万物合为一体,张载主张"视天下无一物非我",这样,一方面人实现了自我,另一方面人又超越了自我。

到了王夫之、颜元这里,"践形"的思想得到特别的强调。

王夫之提出"尽性在于践形"。尽量发挥自己的本性,其要是在于实现身体各部分的机能。人身上有耳、目、手足,眼睛要明,耳朵要聪,看见一切事物,听见一切声音,做各种活动,才算是践形。老、庄讲静,理学家也讲静,王船山反对守静,他强调活动。所谓"形之所成斯有性,情之所显唯其形",就是强调人的本性和形体、活动之间的相互关系。不活动就无所谓道德,就不能实现道德,所以讲仁义、道德,就要活动。人做到耳聪目明、手足活动,做许多事情,才算是圣人。

颜习斋提出"践形以尽性",与王夫之说的是差不多的意思。必须发挥身体各器官的机能,才能实现自己的本性。颜元激烈反对静坐和死读书。

王夫之和颜元的自我实现思想,固然与我们讲的不一样,但也有相似之处。在16世纪,西方已进入近代,有许多进步思想,王、颜的思想与之有相当的差距,但在中国,毕竟是一种进步思想,可以说是一种中国式的自我实现思想。

五 理想人格的设计

儒家认为最高的理想人格是"圣人"。"圣"字从耳。商朝时把能听见上帝声音的人称为"圣人"。到了周朝,周公把圣字的意思改变了,他认为,人不是通过耳朵了解上帝的意志,而是通过行为。有道德,就是了解了上帝,上帝就对你好;没有道德,就不了解上帝,上帝就抛弃你。孔子对"圣"字又有新的解释:圣是最高的人格,是为人民解决问题的人,所谓"博施于民而能济众"。有弟子问孔子,你算是圣人吗?孔答道,我怎能算圣人呢?我只能做到两点:"学而不厌,诲人不倦。"他的弟子认为,"学而不厌"就是智,"诲人不倦"就是仁,既仁且智,就是圣人了。

道家认为儒家的仁、爱人是有相对性和欺骗性的。儒家讲的智是相对的知识。因此既仁且智并非最高的人格和价值。只有"至人"才是最高的人格,才能"体道"、"体无"。"至人"不是通过感觉、思维来认识道,而是通过神秘的直觉。道家讲的"至人"太玄虚,不如儒家讲的"圣人"较为实际。

儒家倡导"三达德":智、仁、勇。"好学近乎智,力行近乎仁,知耻近乎勇。"提得比较全面,但具体解释有些片面,比如用知耻来解释勇。知耻是精神的勇,而不是身体的勇,儒家忽视了后一方面。勇敢必须有健康的身体,所以西方很注重力量。一个人有很强的生命力,身体健壮,才有价值。

宋明理学常讲"孔颜乐处"。"一箪食,一瓢饮,人不堪其忧,回也不改其乐。"[①]

---

① 《论语·雍也》。

这里有一个问题:孔子赞美颜回安贫乐道,但他是否要求每个人都应该如此而不必求财富,他是否认为这是每个人都应努力达到的最高境界?我看未必。孔子有一次到卫国去,见到人口很多。学生问人口多怎么办?孔子说"富之",学生又问他们富了怎么办?孔子说"教之",即提高他们的精神境界。由此可见,孔子认为"富"是很重要的。安贫乐道只有在一种情况下才是可取的,即当生活条件不好时,不要勉强求富,不要被贫困所摧垮,而是保持和提高自己的精神境界。孔子的另一个学生问"克伐怨欲"算不算仁,即克制自己的怨气、欲望算不算有道德?孔子认为做到这一点是很难能可贵的,但够不上仁。仁者,一方面,自己能够做到安贫乐道;另一方面,还能有所作为,帮助别人。颜回虽已达到了很好的境界,但未达到最高境界。颜回只活了三十二岁,我想这与他的营养不好很有关系。现在有的知识分子四五十岁就死了,就是因为营养不够。一个人要有精神境界,但也要有物质基础。

六 传统人格观念的得失

我认为中国古典哲学中的人格观念既有价值又有严重的缺点。

(一) 哲学思想与社会心理的区别和联系

哲学思想是哲学家的思想,社会心理是社会的思想,前者是少数人的,后者是多数人的,多数人不懂哲学,这是一个客观事实。在中国古代,哲学家的思想与一般人的思想有很大的距离。一般人并不理解孔、孟、老、庄那一套。自秦汉以来,一般人追求荣华富贵,追求饮食男女的满足,甚至读书人也是如此。庄子说过,一般人做了一个官就沾沾自喜,高尚的人就不这样,比如宋荣子(宋钘),整个社会赞美他时,他付之一笑;整个社会毁谤他时,他也不以为然,因为他有自己的主见、原则、体系,世人赞同不赞同都无关紧要。这种人才算是哲学家。看风使舵、随风倒就不算哲学家。在50年代,哲学家梁漱溟先生就有自己独立的主张——我就是这个主张,你们赞同也好,不赞同也好,我都这样。随风倒是很容易的,但随风倒就丧失了一个哲学家的人格。理论是需要改进的,但自己认为对的就应坚持。真理虽然只有一个,但人的认识是不一样的,应该坚持自己的独立性,这是思想家的风格。

在中国历史上,能坚持自己独立人格的哲学家如孔、孟、老、庄,是少数。秦汉以来,封建专制统治极力压制独立人格,但也有少数所谓"特立独行"的人。刘秀做了皇帝,他的同学严光躲了起来。刘秀请他出来做官,严光拒绝了,他认为一旦做了官就丧失了自己的独立人格。封建社会是压抑独立人格的,在社会主义社会,每个人都应有独立人格。

(二) 群己关系问题

中国传统文化比较忽视个性,这是应该承认的,但也不是完全抹杀个体,这也是事实。孟子认为国本在家,家本在身。庄子认为身重于国。秦汉以后,王权与士权斗争,王权是要压迫一切人,否认一切人的独立人格,而一部分知识分子则要争取独立人格。这两方面的情况都存在。一部分思想家并没有否认个性的重要。在宋、明,在哲学上个性越来越不受到重视,但在文学上比较重视,这里情况比较复杂。

(三) 德、智、力三者的关系问题

一个健全的人格,三方面都是有高度发展的。道德境界高、智慧高、有充实的生命力,这三方面结合起来,平衡发展,构成健全的人格。儒家讲智、仁、勇,但儒家只讲精神的勇,就片面了。人是生物,生物就有生命力。人以生命力来克服环境、改变环境,来达到自己的要求。人要有充实的生命力,才是健全的人格。儒家特别强调道德方面,比较忽视智,对力量不太讲。孔子不讲"怪、力、乱、神",其中不讲力是一个很大的缺陷。西方人就特别讲力量,这是西方的长处。圆满的人格应是德、智、力三者的结合

董仲舒有文章讲"必仁且智",这个思想很好。人要爱人,但如没有知识,反而会害人;如只有智慧,而没有爱人之心,也没有价值。这与罗素的思想是相通的。

汉朝王充提出"德力俱足",认为社会、国家、人,一方面要有道德,一方面要有力量,才是比较好的生活方式。宋时理学主要强调道德,对智慧力量讲得比较少。

（四）发扬社会主义人道主义的人格观念

中国古典哲学中的人格观是自然经济、专制条件下的人格观。总的来说，先秦哲学中有比较丰富的人格思想，理学偏于一端，强调对于君权、父权和夫权的服从，明清之际的王船山等人有一些重要思想。在现代化过程中，应该提出科学的高一级的人格观，即社会主义人道主义人格观。在我看来，按社会主义人道主义原则来建立健全的人格，一方面要提高生命力、改造自然和社会的能力，另一方面要有很高的智慧和精神境界；一方面要肯定自我的价值和尊严，另一方面要承认别人的尊严和价值；一方面要肯定理性，另一方面要肯定生命力、意志的重要性。过去理性主义在东西方一直是正统，对感情、意志比较忽视。19、20世纪，非理性主义强调生命力，有其价值，但片面地夸大了。买际上二者是相辅相成的，这样才能达到一个圆满的人格。

第三节
中国哲学关于人生价值的思想

中国古代哲学很重视人生价值的问题。价值这个名词是近代才开始流行的，在古代，与今日所谓价值意义相当的名词是"贵"。《论语》所谓"和为贵"，《老子》所谓"道之尊，德之贵"，这个"贵"即"有价值"之意。中国古代哲学以"人"为中心议题。人是否可贵？人如何生活才可贵？这是古代思想家经常注意的问题。

关于人生价值的讨论，可以区分为三个层次。第一是人类价值的问题，即人类在宇宙之中有无价值？第二是人格价值的问题，即每一个人，作为人类的一分子，是否具有价值？第三是如何衡量一个人的价值的问题，即一个人怎样生活才算是一个有价值的人？

人类价值的问题亦即人在天地间的位置的问题。天地之间，物类纷繁，古代人称之为万物。人在万物之中居于何种地位呢？古代儒家认为人是万物中最贵的。《孝经》引述孔子说："天地之性人为贵。"这不一定是孔子之言，但可以说是儒家的基本观点，认为在天地之间人是最有价值的。《易传》以天、地、人为"三才"，人是三才之一。荀子论人之所以贵，最为明确。他说："水火有气而无生，草木有生而无知，禽兽有知而无义，人有气、有生、有知，亦且有义，故最为天下贵也。"① 人之所以最贵，在于有道德意识。汉、宋诸儒亦都有类似的观点。宋儒周敦颐说："二气交感，化生万物，万物生生，而变化无穷焉，唯人也得其秀而最灵。"② 邵雍说："人也者，物之至者也。""唯人兼乎万物，而为万物之灵。如禽兽之声，以其类而各能得其一，无所不能者人也。推之他事亦莫不然。人之生，真可谓之贵矣。"③ 周敦颐、邵雍主要是从人的智能超过万物来肯定人的价值。

　　道家崇尚"自然"，但也承认人在天地之间有重要地位。老子以人为四大之一，他说："道大，天大，地大，人亦大。域中有四大，而人居其一焉。"庄子强调"齐物"，表现了否认贵贱区别的倾向。《庄子·秋水》篇说："以道观之，物无贵贱；以物观之，自贵而相贱。"这是认为，人类自以为贵，不过是主观的偏见而已。庄子学派的这种观点是对于儒家"天地之性人为贵"的否定。但是多数思想家没有接受庄子的这种观点，仍然肯定人在天地之间的优异地位。

　　其次，中国古代哲学中还有关于人格价值的思想。所谓人类价值，是讲人类作为一个总体具有高于其他物类的价值。所谓人格价值，是从每一个人来讲是否具有一定的价值。人格这个名词也是近代才开始流行的，在古代则称为"人品"。人格或人品，可以说是指一个人作为一个整体与别人不同的特点的综合，亦即指一个人作为一个人的具体存在。

　　孔子肯定每一个人都有自己的独立意志，他说："三军可夺帅也，匹夫不可夺志也。"④ 有独立的意志即有独立的人格。孔子还认为，人人都有实行仁德的能力，他

---

① 《荀子·王制》。
② 《太极图说》。
③ 《皇极经世·观物外篇》。
④ 《论语·子罕》。

说:"仁远乎哉?我欲仁,斯仁至矣。"①又说:"有能一日用其力于仁矣乎?我未见力不足者。"②人人都有实行仁德的能力,亦即人人都有提高道德的潜能,这就是每一个人的价值之所在。孔子还没有明确地做出这样的结论,孟子则非常明确地提出这样的观点。孟子提出"天爵"、"良贵"之说,肯定人人都有人格的价值。孟子说:"有天爵者,有人爵者。仁义忠信,乐善不倦,此天爵也。公卿大夫,此人爵也。"③又说:"欲贵者,人之同心也。人人有贵于己者,弗思耳矣。人之所贵者,非良贵也。赵孟之所贵,赵孟能贱之。《诗》云:'既醉以酒,既饱以德。'言饱乎仁义也,所以不愿人之膏粱之味也;令闻广誉施于身,所以不愿人之文绣也。"④天爵相对人爵而言。人爵即世间的爵位,天爵即道德高尚。"人人有贵于己者",即人人都有自己的价值。"良贵"相对"人之所贵"而言。人之所贵,权势者给予的爵位,是可以剥夺的。良贵是本身固有的,是不能剥夺的。孟子认为这"良贵"是人人固有的,是天赋的,但必须加以保养,如果忘记了自己固有的"良贵",那就是"弃其天爵",就没有价值了。荀子虽不赞同孟子的天赋道德观点,但也肯定"道义"有高于富贵的价值,他说:"志意修则骄富贵,道义重则轻王公,内省而外物轻矣。"⑤一个人,如果能坚持自己的道德意志,就有比王公贵人更高的价值了。儒家的基本观点是,一个人,如能实行道德,就有崇高的价值。宋儒周敦颐说:"道义者,身有之,则贵且尊。"又说:"君子以道充为贵,身安为富,故常泰无不足;而铢视轩冕,尘视金玉,其重无加焉尔。"⑥这都是肯定,人格的价值远远高于世间富贵的价值。

儒家的人格价值学说是和他们的道德学说密切结合的。儒家的道德学说具有一定的时代性和阶级性,他们所讲的高尚品德只能是封建时代知识分子的高尚品德,绝不是革命家的革命道德。虽然如此,儒家能摆脱封建时代追求富贵的世俗偏见,肯定人人都有可能提高自己的道德觉悟,肯定这种道德觉悟才是每个人的价值之所在,这一点对于民族的精神发展还是具有重要的积极意义的。

---

① 《论语·述而》。
② 同上书,《里仁》。
③ 《孟子·告子上》。
④ 同上。
⑤ 《荀子·修身》。
⑥ 《通书》。

复次，一个人怎样做才能实现自己的价值呢？怎样生活才能达到人格价值的标准呢？每一个人都可以有人格价值，但这只是一种可能性，把可能性转化为现实性，还须具备一定的条件。要具备哪些条件呢？

春秋时期，鲁国的贵族叔孙豹提出"三不朽"说："太上有立德，其次有立功，其次有立言。虽久不废，此之谓不朽。"①不朽即有长久的价值。三不朽说的主要意义是肯定人生价值在于有积极的贡献。"立"即有所创造，亦即有积极的贡献。

孔子对于伯夷、叔齐、管仲、齐景公等发了一些评论，从这些评论中，可以看出孔子对于人生价值的态度。孔子说："管仲相桓公，霸诸侯，一匡天下，民到于今受其赐，微管仲，吾其被发左衽矣。"②又说："齐景公有马千驷，死之日，民无德而称焉。伯夷叔齐饿于首阳之下，民到于今称之。其斯之谓与！"③照孔子的评论，管仲建功立业，有功于民，可谓立功之人。伯夷、叔齐可谓立德之人。齐景公既无功又无德，就不足称了。在孔子的心目中，立德而又立功的最高典型是尧、舜，但又认为尧、舜也还没有达到最崇高的理想境界，所以说："博施于民而能济众"，"尧舜其犹病诸"④。虽然如此，在现实中，尧、舜已是立德而又立功的最高典型了。

孟子提出立德的四个类型，即伯夷的"清"、伊尹的"任"、柳下惠的"和"、孔子的"时"。他说："伯夷，目不视恶色，耳不听罪声；非其君不事，非其民不使。治则进，乱则退。……故闻伯夷之风者，顽夫廉，懦夫有立志。伊尹曰：何事非君，何使非民？治亦进，乱亦进。曰：天之生斯民也，使先知觉后知，使先觉觉后觉。予，天民之先觉者也，予将以此道觉此民也。思天下之民匹夫匹妇有不与被尧舜之泽者，若己推而内之沟中，其自任以天下之重也。柳下惠，不羞汙君，不辞小官。进不隐贤，必以其道。遗佚而不怨，阨穷而不悯。……故闻柳下惠之风者，鄙夫宽，薄夫敦。孔子之去齐，接淅而行；去鲁，曰：'迟迟吾行也，去父母国之道也。'可以速而速，可以久而久，可以处而处，可以仕而仕，孔子也。"

---

① 《左传·襄公二十四年》。
② 《论语·宪问》。
③ 同上书，《季氏》。
④ 同上书，《雍也》。

>>> 孔子、孟子对伯夷、叔齐、管仲等发了一些评论,从中可以看出他们的人生态度。图为宋代李唐刻画伯夷、叔齐宁死不愿失去气节的《采薇图》。

孟子特别强调："伯夷，圣之清者也；伊尹，圣之任者也；柳下惠，圣之和者也；孔子，圣之时者也。"①清、任、和、时，都是立德的典型。伊尹辅佐成汤建功立业；伯夷、柳下惠则无功业可言，但都产生了一定的影响，伯夷之风能使"顽夫廉，懦夫有立志"；柳下惠之风能使"鄙夫宽，薄夫敦"，对于社会风俗起了一定的作用。

儒家不甚重视立言，但也肯定立言有一定价值。孔子说："有德者必有言，有言者不必有德。"②又说："君子不以言举人，不以人废言。"③有德者之言是最值得重视的，非有德者之言也可能有一定价值。

道家的态度与儒家不同，对于春秋时代所谓立德、立功、立言，一概加以摒弃。庄子说："至人无己，神人无功，圣人无名。"④又说："夫大道不称，大辩不言，大仁不仁。"⑤仁义之德、利民之功、名辩之言，在道家看来，都是不足称道的。

道家指出所谓立德、立功、立言的相对性，确有一定的理论意义。但道家最后陷于虚无主义，则不足为训。⑥《篇河伯》与《北海若》的寓言中，最后河伯问北海若说："然则我何为乎，何不为乎？吾辞受趣舍，吾终奈何？"北海若的答复是："夫固将自化。"这是不解决问题的。北海若最后还是讲"言察乎安危，宁于祸福，谨于去就，莫之能害也"，还是区分了安危、祸福、去就。这就足以证明，价值的判断在生活中是不可避免的。

三不朽说以有所"立"为不朽的标准。不论"立德"、"立功"、"立言"，都是对社会做出了积极的贡献。古代人所谓德、所谓功、所谓言，都有其一定的时代性和阶级性，但是也包含着一定的普遍意义。

现在，古今的距离已经越来越远了。我们今天应有对于人生价值的新认识。虽然如此，正确理解古代思想家关于人生价值的观点，仍然是必要的。

---

① 《孟子·万章下》。
② 《论语·宪问》。
③ 同上书，《卫灵公》。
④ 《庄子·逍遥游》。
⑤ 同上书，《齐物论》。
⑥ 同上书，《秋水》。

第四节
中国传统中"天人合一"的思想

一 "天人合一"成语的来历

所谓"天人合一",可以看做一个命题,也可以看做一个成语。天人合一的思想起源于先秦时期,而这个成语则出现较晚。汉代董仲舒曾说"以类合之,天人一也"①,又说"天人之际,合而为一"②,但是没有直接标出"天人合一"四字成语。宋代邵雍曾说:"学不际天人,不足以谓之学。"③"际天人"即通贯天人,也是天人合一的思想,但也没有提出这四个字。明确提出"天人合一"四字成语的是张载,他说:"儒者则因明致诚,因诚致明,故天人合一,致学而可以成圣,得天而未始遗人。"④他又说:"合内外,平物我,自见道之大端。"⑤"天人合一"亦即内外合一。程颢也讲"天人一",他说:"故有道有理,天人一也,更不分别。"⑥但他不赞同讲"合",他说:"天人本无二,不必言合。"⑦程颢讲"不必言合",可能是对张载的批评。张、程用语不同,但是他们关于天人关系问题的思想还是基本一致的。我们认为用"天人合一"来概括这类思想还是适当的。

---

① 《春秋繁露·阴阳义》。
② 《深察名号》。
③ 《皇极经世·观物外篇》。
④ 《正蒙·乾称》。
⑤ 同上书,《理窟》。
⑥ 《程氏遗书》卷二上。
⑦ 同上书,卷六。

中国古代哲学中所谓天,在不同的哲学家具有不同的含义。大致说来,所谓天有三种含义:一指最高主宰,二指广大自然,三指最高原理。由于不同的哲学家所谓天的意义不同,他们所讲的天人合一也就具有不同的含义。

对于古代哲学中所谓"合一"的意义,我们也需要有一个正确的理解。张载除了讲"天人合一"之外,还讲"义命合一"、"仁智合一"、"动静合一"、"阴阳合一"[①];王守仁讲所谓"知行合一"[②]。"合"有符合、结合之义。古代所谓"合一",与现代语言中所谓"统一"可以说是同义语。合一并不否认区别。合一是指对立的两方彼此又有密切相连、不可分离的关系。

二 "天人合一"观念的起源与演变

"天人合一"的观念可以说起源于西周时代。周宣王时的尹吉甫作《烝民》之诗,有云:"天生烝民,有物有则,民之秉彝,好是懿德。"[③]这里含有人民的善良德性来自天赋的意义。孟子引此诗句并加以赞扬说:"孔子曰:为此诗者其知道乎!故有物必有则。民之秉彝也,好是懿德。"[④]这是孟子"性"、"天"相通思想的来源。

《左传·成公十三年》记载周室贵族刘康公的言论说:"吾闻之:民受天地之中以生,所谓命也,是以有动作礼义威仪之则,以定命也。"这里对于"天地之中"未作解释,主要是指天地的精粹而言。这里把"天地"与人的"动作礼义威仪之则"联系起来,表现了天人相通思想的萌芽。郑国著名政治家子产区别了天道与人道,他说:"天道远,人道迩,非所及也,何以知之?"[⑤]子产反对当时占星术的迷信,这是有重要进步意义的。佀是子产也肯定天与人的联系。《左传·昭公二十五年》记载郑子太叔(游吉)的言论云:"吉也闻诸先大夫子产曰:夫礼,天之经也,地之义也,民之行也。

---

① 《正蒙·诚明》。
② 《传习录》。
③ 《诗经·大雅·荡之什》。
④ 《孟子·告子上》。
⑤ 《左传·昭公十八年》。

天地之经,而民实则之。则天之明,因地之性,生其六气,用其五行……为君臣上下,以则地义。为夫妇外内,以经二物。为父子兄弟姑姊甥舅昏媾姻亚,以象天明。……哀有哭泣,乐有歌舞……哀乐不失,乃能协于天地之性,是以长久。……礼,上下之纪,天地之经纬也,民之所以生也,是以先王尚之。"这里,子太叔引述子产的遗言而加以发挥,认为礼是"天经"、"地义"、"天地之经纬",把天地与人事联系起来。(这里子产的遗言是到何句为止,已难确定。)这是从伦理道德来讲天人关系,以为天地已经具备了人伦道德的根据,这种观点是和当时的占星术不同的,而含有深刻的理论意义。子太叔的这些言论为后来汉、宋儒者所继承。不同的是,这里以为"君臣上下"是"以则地义",与天无关;而"父子兄弟"等等则是"以象天明"。后来《周易·系辞》则以"天尊地卑"来说明"君臣上下",与子太叔不同了。子太叔的观点表现了原始朴素的性质。

孔子虽然推崇子产,却没有谈论"天经地义"等问题。① 到孟子,把天与人的心性联系起来。孟子说:"尽其心者,知其性也,知其性,则知天矣。"② 以为尽心即能知性,知性就知天了。孟子此说,非常简略,不易理解。于此应先考察孟子所谓心、性、天的意义。孟子论心云:"耳目之官不思,而蔽于物,物交物,则引之而已矣。心之官则思,思则得之,不思则不得也,此天之所与我者。"③ 心是思维的器官,心的主要作用是思维。孟子论性云:"恻隐之心,人皆有之;羞恶之心,人皆有之;恭敬之心,人皆有之;是非之心,人皆有之。恻隐之心,仁也;羞恶之心,义也;恭敬之心,礼也;是非之心,智也。仁义礼智,非由外铄我也,我固有之也,弗思耳矣。"④ 性的内容即恻隐之心、羞恶之心、恭敬之心、是非之心。所以,尽心即能知性。这恻隐、羞恶、恭敬、是非之心,都是"思则得之,弗思则不得"的。而这思的能力是天所赋予的。孟子以天为最高实体,是政权的最高决定者,舜、禹"有天下",都是"天与之"⑤,又说:"舜禹益相去久远,其子之贤不肖,皆天也,非人之所能为也。莫之为而为者,天也,莫之致而

---

① 《孝经》所说是后人依托。
② 《孟子·尽心上》。
③ 同上书,《告子上》。
④ 同上。
⑤ 《孟子·万章上》。

至者,命也。"① 凡"非人之所能为"的,都是由于天。天又赋予人以思维能力,即所谓"心之官则思,思则得之,不思则不得也,此天之所与我者"。孟子认为,思是"天之所与",思与性是密切联系的,所以"知性"即"知天"。

孟子"知性则知天"的观点,语焉不详,论证不晰,没有举出充分的论据。荀子批评孟子"甚僻违而无类,幽隐而无说,闭约而无解"②,如果是批评孟子"知性则知天"之说,确有中肯之处。但孟子通贯性天的观点对于宋、明理学影响极大。张载、程颢、程颐都接受了孟子的这个观点,对之提出了各自的解释和论证。

道家老子以"有物混成、先天地生"的道为最高实体,不以天为最高实体,因而在老子哲学中没有涉及"天人合一"的问题。老子以道、天、地、人为"域中有四大",宣称"人法地、地法天、天法道、道法自然",但没有多谈天地与人的关系。老子摒弃儒家的"仁义",要求"见素抱朴",回到自然。庄子更将"天"与"人"对立起来,主张"不以心捐道,不以人助天"③,"无以人灭天","无以故灭命"④。这是要求放弃人为,随顺自然。如果完全放弃了人为,就达到"畸于人而侔于天"⑤的境界,也称之为"与天为一"⑥。但是这所谓"与天为一"不是天人相合,而是完全违背了人。所以荀子批评庄子"蔽于天而不知人"⑦,这是完全正确的。

荀子反对庄子"蔽于天而不知人",也不同意孟子的知天,宣称"唯圣人为不求知天",而强调"明于天人之分"⑧。但是,荀子也承认天与人有一定联系,他把人的"好恶喜怒哀乐"称为"天情",把"耳目鼻口"称为"天官",把"心居中虚以治五官"称为"天君"。又说:"财非其类以养其类,夫是之谓天养;顺其类者谓之福,逆其类者谓之祸,夫是之谓天政。"而圣人的作用是"清其天君,正其天官,备其天养,顺其天政,养其天情,以全其天功"。圣人虽然是"明于天人之分",但也不是脱离天的。荀子提

---

① 《孟子·万章上》。
② 《荀子·非十二子》。
③ 《庄子·大宗师》。
④ 同上书,《秋水》。
⑤ 同上书,《大宗师》。
⑥ 同上书,《达生》。
⑦ 《荀子·解蔽》。
⑧ 同上书,《天论》。

出"制天命而用之"的重要命题,强调人的能动作用,这是荀子的独特贡献。荀子虽然没有割断天与人的联系,但是所强调的是"天人之分",他是中国哲学史上不讲"天人合一"的思想家。

战国时期,一些传授《周易》的儒家学者依托孔子的名义写成《易传》十篇。汉代为了区别于后人写的"易传",称依托孔子的十篇为《易大传》。这十篇不是一人的手笔,也不是一时的作品,大致是战国中期至末期的著作。《易传》中提出了关于天人关系的精湛见解。《周易·文言》提出"与天地合德"的理想,说:"夫大人者,与天地合其德,与日月合其明,与四时合其序,与鬼神合其吉凶,先天而天弗违,后天而奉天时,天且弗违,而况于人乎?"所谓"先天"即为天之前导,在自然变化未发生以前加以引导;所谓"后天"即遵循天的变化,尊重自然规律。《周易·象传》说:"天地交泰,后以裁成天地之道,辅相天地之宜,以左右民。"①裁成即加以裁制成就,辅相即遵循其固有的规律而加以辅助。这里强调统治者("后"即君)的作用,属于唯心史观,这在当时是不可避免的。《系辞上传》讲圣人的作用说:"与天地相似,故不违;知周乎万物而道济天下,故不过;旁行而不流,乐天知命故不忧,安土敦乎仁,故能爱;范围天地之化而不过,曲成万物而不遗,通乎昼夜之道而知。"圣人有广博的知识,"知周乎万物",又坚持原则,"旁行而不流";不违背天命"乐天知命",又发挥德行的作用,"敦乎仁";对于天地之化加以"范围"即加以制约;对于万物则委曲成就,"曲成万物"。其所以如此,在于通晓阴阳变化的规律,"通乎昼夜之道而知"。用现代语言来说,可谓天人调谐,一方面尊重客观规律,另一方面又注意发挥主观能动作用,这是关于天人关系的一种全面观点。

汉代董仲舒提出"人副天数"的观点,认为:"人有三百六十节,偶天之数也;形体骨肉,偶地之厚也;上有耳目聪明,日月之象也;体有空窍理脉,川谷之象也。……天以终岁之数成人之身,故小节三百六十六,副日数也;大节十二分,副月数也。内有五脏,副五行数也。外有四肢,副四时数也。乍视乍瞑,副昼夜也;乍刚乍柔,副冬夏也。乍哀乍乐,副阴阳也。……于其可数也副数,不可数者副类。"②此其为说,牵强

---

① 《泰卦》。
② 《春秋繁露·人副天数》。

比附,内容粗浅而烦琐,理论价值不高。董仲舒又说:"天地之常,一阴一阳。阳者天之德也,阴者天之刑也。……天亦有喜怒之气、哀乐之心,与人相副。以类合之,天人一也。"①把天的阴阳说成天的哀乐,也是附会之谈。又说:"事各顺于名,名各顺于天,天人之际合而为一,因而通理,动而相益,顺而相受。"②以为名号出于天意。要之,"以类合之,天人一也"是董仲舒关于天人关系的结论,实则论证不足。董仲舒又提出"道之大原出于天"的命题③,把君臣、父子、夫妇的伦理原则归属于天,为封建社会的等级秩序提供天道的根据。董仲舒所谓天具有奇特的含义,一方面天是"百神之大君",是有人格的神灵;另一方面天又是包括日月星辰的天体。因而,他所谓"天人一也"的含义也是复杂而含混的。董仲舒又讲天人感应。在董氏的系统中,天人感应与"天人一也"是密切联系的,因为他所谓天有"喜怒之气"、"哀乐之心"。但是在理论逻辑上,天人感应思想与天人合一观点并无必然的联系。

王充猛烈攻击天人感应的迷信思想,他断言"天本而人末","天至高大,人至卑下"④。他是不承认所谓"天人一也"的。但是王充也肯定"天禀元气,人受元精"⑤,又说:"上世之天,下世之天也,天不变易,气不改更;上世之民,下世之民也,俱禀元气。"⑥这样,天和人都是"禀元气"的,还是有其统一性。

唐代柳宗元强调"天人不相预",刘禹锡提出"天人交相胜",都属于不讲"天人合一"的思想家。

到宋代,"天人合一"思想有进一步的发展。张载明确提出"天人合一"的命题,他是针对佛教"以人生为幻妄"的主观唯心主义而提出这个命题的。张载说:"释氏语实际,乃知道者所谓诚也,天德也。其语到实际,则以人生为幻妄,以有为为疣赘,以世界为荫浊,遂厌而不有,遗而弗存。就使得之,乃诚而恶明者也。儒者则因明致诚,因诚致明,故天人合一,致学而可以成圣,得天而未始遗人,《易》所谓不遗、不流、

---

① 《春秋繁露·阴阳义》。
② 同上书,《深察名号》。
③ 《举贤良对策》。
④ 《论衡·变动》。
⑤ 同上书,《超奇》。
⑥ 同上书,《齐世》。

不过者也。"①佛教哲学追求最高的绝对的实体,称之为"实际",亦称之为"真如"而认为现实世界是不真实的。张载用《中庸》的"诚""明"学说加以批判。所谓"诚"指天道,又指"不勉而中、不思而得、从容中道"的圣人境界。以诚为天道,即认为天是真实而具有一定规律的。以诚为圣人的境界,即认为圣人的一切行为都是合乎原则的。《中庸》又讲诚与明的关系,"诚则明矣,明则诚矣"。诚即达到"从容中道"的境界,明指对于这种境界的认识理解。《中庸》讲诚,把天道与圣人的精神境界混为一谈,表现了唯心主义倾向;另一方面肯定天是真实的具有一定规律的,又表现了唯物主义的倾向。张载认为,肯定现实世界的实在性,才可谓"明",而佛教否认现实世界的实在性,专讲所谓"实际",这至多是"诚而恶明",这是割裂了天人,违背了真理。

张载以"天人合一"的观点解释所谓诚明,他说:"天人异用,不足以言诚;天人异知,不足以尽明。所谓诚明者,性与天道不见乎小大之别也。"②又说:"性与天道合一存乎诚。"③他认为,如果不承认人的作用亦即天的作用,就不是诚;如果不承认知天与知人的统一性,就不是明。诚明就是肯定天道与人性的同一。这性与天道的同一性何在?他说:"圣人语性与天道之极,尽于参伍之神,变易而已。"④又说:"性与天道云者,易而已矣。"⑤性与天道的内容就是变化。他又说太和所谓道,中涵浮沉升降动静相感之性。"⑥这性即"浮沉升降动静相感之性",即运动变化的潜能。这样,张载提出了对于孟子所谓"知性知天"的新解释,肯定运动变化即天道,也即人的本性。

张载以"变易"为"性与天道",他没有从这"性与天道"中引申道德原则来,他是从性的普遍性来引出道德原则的。他说:"性者万物之一源,非有我之得私也。唯大人为能尽其道,是故立必俱立,知必周知,爱必兼爱,成不独成。"⑦因为人人物物都

---

① 《正蒙·乾称》。
② 同上书,《诚明》。
③ 同上。
④ 《正蒙·太和》。
⑤ 同上。
⑥ 同上。
⑦ 同上书,《诚明》。

有统一的本性,所以应该爱人爱物。

张载的"天人合一"观点的主要思想是:1. 天和人都是实在的,"天人"之"用"是统一的;2. 天和人都以"变易"为本性。张载所谓"天"指无限的客观世界,"由太虚有天之名"①,"天大无外"②。他主张"本天道为用"③,"范围天用"④,把天之"用"与人之"用"统一起来,这都是唯物主义观点。但是,人性应是人之所以为人者,人性与天道应有层次的不同。张载没有区别天道与人性的层次,这表现了神秘主义的倾向。

程颢也强调"一天人",他说:"须是合内外之道,一天人,齐上下。"⑤又说:"除了身只是理,便说合天人,合天人已是为不知者引而致之,天人无间。"⑥又讲:"天人本无二,不必言合。"⑦他反对讲天人"合一"。他何以反对讲"合"字呢? 其理由之一是反对区别主体与客体,他说"言体天地之化,已剩一体字。只此便是天地之化,不可对此个别有天地"⑧,认为天地不是外在的。他又说:"若如或者别立一天,谓人不可以包天,则有方矣,是二本也。"⑨这是对于张载的批评,张载肯定天是外在的,程颢以为是二本,即区别主客为二。程颢提出"心即是天"的彻底唯心主义的观点:"只心便是天,尽之便知性,知性便知天,当处便认取,更不可外求。"⑩程颢对于孟子"知性知天"作了主观唯心主义的解释。

程颢又提出"以天地万物为一体"之说,他说:"医书言手足痿痹为不仁,此言最善名状。仁者以天地万物为一体。莫非己也,认得为己,何所不至? 若不有诸己,自不与己相干,如手足不仁,气已不贯,皆不属己。故博施济众乃圣之功用。"⑪又说:

---

① 《正蒙·太和》。
② 同上。
③ 同上。
④ 同上书,《大心》。
⑤ 《程氏遗书》卷三。
⑥ 同上书,卷二上。
⑦ 同上书,卷六。
⑧ 同上书,卷二上。
⑨ 同上书,卷十一。
⑩ 同上书,卷二上。
⑪ 同上。

"人与天地一物也,而人特自小之,何耶?"①这就是说,应以"天地万物"的总体为大我,不应拘于自己身体的小我。这是一种宣扬"人类之爱"的思想,这是一种空想的泛爱说教。在阶级社会中,宣扬"泛爱"是不可能实行的,但也有反对暴政的积极意义。

程颢的"天人本无二"说,主要有两方面的意义:1. 心便是天,天非外在,这是主观唯心主义。2. 把"以天地万物为一体"作为最高的精神境界,这是一种"人类之爱"的理想。

程颐立说与程颢有所不同,他不讲"心便是天",也不谈"以天地万物为一体",而强调天道与人道的同一性。他说:"道一也,岂人道自是人道,天道自是天道?"②又说:"道未始有天人之别,但在天则为天道,在地则为地道,在人则为人道。"③而这个道也就是性。他说:"称性之善谓之道,道与性一也。以性之善如此,故谓之性善。性之本谓之命,性之自然者谓之天,自性之有形者谓之心,自性之有动者谓之情,凡此数者皆一也。"④他这样把性与天与心联系起来,这是程颐对于孟子"知性知天"的解释。在程颐的体系中,天就是理,性也即理,他以"理"把性天贯通起来。

程颐解释《周易》乾卦"乾元亨利贞"说:"元亨利贞谓之四德。元者万物之始,亨者万物之长,利者万物之遂,贞者万物之成。"⑤以元、亨、利、贞为生、长、遂、成,就是认为元、亨、利、贞是表示动植物发展的规律。程颐又说:"四德之元,犹五常之仁,偏言则一事,专言则包四者。"⑥这里初步把元、亨、利、贞四德与五常联系起来。朱熹继承程颐此说更加以发展,把元、亨、利、贞与仁、义、礼、智结合起来。朱熹说:"元者生物之始,天地之德莫先于此,故于时为春,于人则为仁,而众善之长也。亨者生物之通,物至于此莫不嘉美,故于时为夏,于人则为礼,而众美之会也。利者生物之遂,物各得宜,不相妨害,故于时为秋,于人则为义,而得其分之和。贞者生物之成,实理

---

① 《程氏遗书》卷十一。
② 同上书,卷十八。
③ 同上书,卷二十二上。
④ 同上书,卷二十五。
⑤ 《周易程氏传》。
⑥ 同上。

具备,随在各足,故于时为冬,于人则为智,而为众事之干,干木之身而枝叶所依以立者也。"①这把天道的元、亨、利、贞即生、长、遂、成与人道的仁、礼、义、智直接统一,可以说是朱熹的天人合一观点。

张载、二程论天人合一,立说不同,也有共同的特点,即都认为"天人合一"是最高觉悟,是人的自觉。张载肯定"天人合一"是"诚明"的境界,诚即最高的精神修养,明是最高的智慧。以天人合一为诚明的境界,就是以天人合一为最高觉悟。程颢强调"人与天地一物也",如果不承认"人与天地一物",就是"自小",就是麻木不仁。这就是说,唯有承认天地万物"莫非己也",才是真正自己认识自己。西方有一种流行的见解,以为把人和自然界分开,肯定主体与客体的区别是人的自觉。而宋、明理学则不然,以为承认天人的合一才是人的自觉。应该承认,这是一个比较深刻的观点。我们可以这样说,原始的物我不分,没有把自己与外在世界区别开来,这是原始的朦胧意识。其次区别了主体与客体,把人与自然界分开,这是原始朦胧意识的否定。再进一步,又肯定人与自然界的统一,肯定天人的统一,这可以说是否定之否定,这是更高一级的认识。

王夫之论天人关系说:"在天有阴阳,在人有仁义;在天有五辰,在人有五官,形异质离,不可强而合焉。所谓肖子者,安能父步亦步,父趋亦趋哉?父与子异形离质,而所继者惟志。天与人异形离质,而所继者惟道也。"②从形质来说,天与人是"异形离质"的,不可强合;从道来说,天与人有"继"的关系,人道与天道有一定的联系。王夫之此说是反对董仲舒的"人副天数",而赞同程颐所说的"天道"与"人道"的同一性。王夫之强调"尽人道而合天德",他说:"圣人尽人道而合天德。合天德者健以存生之理,尽人道者动以顺生之几。"③天的根本性质是健,人的生活特点是动,人的动与天的健是一致的。王夫之重视"健"与"动",这是进步思想。

戴震讲伦理原则,也力图为人伦道德寻求天道的根据。他认为善的基本标准有三,即仁、礼、义。这三者"上之见乎天道,是谓顺"④。就是说,仁、礼、义的根源在

---

① 《周易本义》。
② 《尚书引义》卷一。
③ 《周易外传》卷二。
④ 《原善》。

于天道。天道的内容就是变化不息,他说道"言乎化之不已也",也就是生生而有条理。"生生者化之原,生生而条理者化之流。"这生生而条理就是仁、礼、义的天道根据。他说:"生生者仁乎,生生而条理者礼与义乎!何谓礼?条理之秩然有序,其著也;何谓义,条理之截然不可乱,其著也。得乎生生者谓之仁,得乎条理者谓之智。……是故生生者仁,条理者礼,断决者义,臧主者智。"①生生与条理以及条理之秩然截然,都属于天;仁、礼、义则属于人。人懂得条理,称为智。戴震这样把"天道"与人伦之"善"联系起来。这可以说是戴氏的天人合一观点。

在中国近古哲学中,从张载、二程到王夫之、戴震都宣扬天人合一。张载、王夫之、戴震的哲学是唯物主义的,二程、朱熹的哲学是唯心主义的。虽然都宣扬天人合一,但是两者的理论基础不同。张载、王夫之、戴震是在肯定物质世界是基础的前提下讲天人合一的,程朱学派是在肯定超自然的观念是基础的前提下讲天人合一的。但是两者都企图从天道观中引申出人伦道德来,这是中国古代哲学的特点之一。

三 对于"天人合一"思想的评价

中国哲学中的"天人合一"观念,发源于周代,经过孟子的性天相通观点与董仲舒的人副天数说,到宋代的张载、二程而达到成熟。张载、二程发展了孟子学说,摒弃了董仲舒的粗陋形式,达到了新的理论水平。张载、二程的"天人合一"思想,分析起来,包括几个命题。

(一) 人是自然界的一部分

张载说:"理不在人皆在物,人但物中之一物耳。"②明确肯定人是一物。张载《西铭》说"乾称父,坤称母,予兹藐焉,乃混然中处",其主要意义是肯定人类是天地的产物即自然的产物。

---

① 《原善》。
② 《语录》上。

(二)自然界有普遍规律,人也服从这普遍规律

张载说:"若明阳之气,则循环迭至,聚散相荡,升降相求,纲缊相揉,盖相兼相制,欲一之而不能,此其所以屈伸无方,运行不息,莫或使之,不曰性命之理,谓之何哉?"①阴阳相互作用、相互推移的规律就是性命之理,自然界与人类遵循同一规律。

(三)人性即天道,道德原则和自然规律是一致的

张载说:"性与天道云者,易而已矣。"②他认为性与天道具有同一内容,即变易。程颐说:"道与性一也。"③又说:"道未始有天人之别。"④他认为天道、人性、人道是同一的,其内容即理,也就是仁义礼智等道德原则。张、程都肯定性与天道的同一性,但张载以为这道即变易,程颐则以为道即理,这是彼此不同的。

(四)人生的理想是天人的调谐

这是《易传》提出的,以"范围天地之化而不过,曲成万物而不遗"为理想境界。张载、程颐亦接受这种观点,但是没有更详尽的发挥。

这四个命题之中,第(一)和第(二)命题是基本正确的。这第(三)命题是基本错误的,第(四)命题包含有价值的重要思想。为了正确评价这些命题,应考虑三个理论问题:1. 自然界和人类精神有没有统一性? 2. 自然规律与道德原则的关系如何? 3. 人类应如何对待自然界?

恩格斯在《自然辩证法》中多次讲到自然与精神的统一,摘引如下:

> 我们一天天地学会更加正确地理解自然规律,学会认识我们对自然界的惯常行程的干涉所引起的比较近或比较远的影响。人们愈会重新地不仅感觉

---

① 《正蒙·参两》。
② 同上书,《太和》。
③ 《程氏遗书》卷二十五。
④ 同上书,卷二十二上。

到，而且也认识到自身和自然界的一致，而那种把精神和物质、人类和自然、灵魂和肉体对立起来的荒谬的、反自然的观点，也就愈不可能存在了。①

自然界和精神的统一。自然界不能是无理性的……而理性是不能和自然界矛盾的。②

思维规律和自然规律，只要它们被正确地认识，必然是互相一致的。③

我们的主观的思维和客观的世界服从于同样的规律……这个事实绝对地统治着我们的整个理论思维。④

思维过程同自然过程和历史过程是类似的，反之亦然，而且同样的规律对所有这些过程都是适用的。⑤

辩证法的规律无论对自然界和人类历史的运动，或者对思维的运动，都一定是同样适用的。⑥

恩格斯的这些论述可谓精辟透彻，深切著明。人类和自然界、自然界和精神，具有统一性。自然规律与思维规律是互相一致的。自然过程、历史过程、思维过程都遵循同样的根本规律，而这根本规律就是辩证法的规律。

应该承认，中国古代哲学家所谓"天人合一"，其最基本的含义就是肯定"自然界和精神的统一"，在这个意义上，天人合一的命题是基本正确的。

恩格斯也谈到自然规律与历史规律的区别。他说：

自然界中死的物体的相互作用包含着和谐和冲突；活的物体的相互作用则既包含有意识的和无意识的合作，也包含有意识的和无意识的斗争。因此，在自然界中决不允许单单标榜片面的"斗争"。但是，想把历史的发展和错综

---

① 恩格斯：《自然辩证法》，北京：人民出版社，1971年第1版，第159页。
② 同上书，第200页。
③ 同上书，第203页。
④ 同上书，第243页。
⑤ 同上书，第244页。
⑥ 同上。

性的全部多种多样的内容都总括在贫乏而片面的公式"生存斗争"中,这是十足的童稚之见。①

在自然界,无机物之间既有冲突,也有和谐;生物之间,既有斗争,也有合作。用生存斗争的公式来概括人类历史的复杂内容是十分幼稚的。自然过程和历史过程虽然都服从于同一的普遍规律,但是物理现象、生物现象、人类历史又各有其特殊规律,不能混为一谈。

道德原则与自然规律的关系是一个非常复杂的问题。道德不可能违背自然规律,但是服从自然规律的行为并不就是道德行为。道德是一种社会历史现象,道德原则是人们依据社会生活的需要而设定的,具有一定的历史性和阶级性。程颐认为"天道"与"人道"只是一个道,事实上是把维护当时社会秩序的道德原则绝对化、永恒化,把当时占统治地位的道德原则抬高为天经地义,这是根本错误的。至于程颢以"心即是天"来论证"天人本无二",就更是陷于主观唯心主义的错误了。

张载没有讲仁义就是天道,但是他把人性与天道统一起来,以为"性与天道云者易而已矣"。这就混淆了人性与天道的区别。所谓人性应是指人的特性,即"人之所以为人者"或"人之所以异于禽兽者",人性与自然界的普遍性应有区别。张载以"天地之性"为人的本性,也是不正确的。孟子"知性则知天"的学说是张载、二程的许多错误观点的思想来源。

我认为,中国传统哲学中的"天人合一"思想包括复杂的内容,其中既有正确的观点,也有错误的观点,应该如实地加以分析。

关于人类应如何对待自然界,中国古代有三种典型性学说,一是庄子的因任自然(顺天)说,二是荀子的改造自然(制天)说,三是《易传》的天人调谐说。庄子的观点是消极思想,荀子的观点是积极的思想。自从西方"戡天"(战胜自然)的思想传入中国后,荀子的学说受到高度赞扬。但是,如果一味讲"戡天",也可能陷于破坏自然。事实上自然界是人类生存的基础,如果盲目破坏自然,会引起破坏人类生存条件的严重后果。近年来人们强调保持生态平衡,是具有非常重要的意义的。《周易

---

① 恩格斯:《自然辩证法》,北京:人民出版社,1971年版,第283—284页。

大传》主张"裁成天地之道,辅相天地之宜","范围天地之化而不过,曲成万物而不遗",是一种全面的观点,既要改造自然,也要顺应自然,应调整自然使其符合人类的愿望,既不屈服于自然,也不破坏自然。以天人相互协调为理想。应该肯定,这种学说确实有很高的价值。

总之,对于中国传统哲学中的"天人合一"学说要进行科学分析,要注意批判继承。(原题为《中国哲学中"天人合一"思想的剖析》)

第五节
中国伦理思想的基本倾向

中国哲学中关于人类本性、道德原则、人生理想、人生价值的学说,都属于伦理学说(道德哲学)。中国哲学中的伦理学说具有深微复杂的内容。春秋战国时代,学术繁荣,百家争鸣,最主要的有四家,即儒家、道家、墨家和法家。这四家各自提出自己的独特的伦理学说。到汉代,独尊儒术,于是儒家的伦理学说占有统治地位,成为社会生活中的主导思想。但道家的学说仍流传不绝。佛教输入之后,佛教宣扬一种与儒家、道家都不同的人生观。在中国佛教的发展演变过程中,也逐渐接受了儒家、道家的影响。宋代理学基本上是先秦儒家孔孟学说的发展,一方面汲取了道家、佛家的一些思想观念,一方面又依据孔、孟的基本立场对于佛道学说进行批判改造,在理论上较先秦儒家为详密,而又表现了一定的偏向。明、清之际一些卓越的思想家又矫正了理学的偏向,要求更确当地回到孔孟学说,对于佛道思想进行了进一步的批判。

在两千多年的伦理思想的演变过程中,有一些相对性的共同倾向表现出来。自先秦以至明清时代,哲学家们讨论了一些共同的基本问题,或多或少地表现了一些共同的基本观点。我们研究中国伦理思想的发展史,首先要对于这些基本倾向有一些比较确切的了解。

这里提出四个方面的问题来考察中国伦理学说的基本倾向:1. 天人关系问题,2. 人己关系问题,3. 德智关系问题,4. 生与死的问题。

一 天人关系问题

天人关系问题主要是人与自然的关系问题。司马迁自述著书宗旨是"明天人之际,通古今之变"。天人之际即天与人的关系,这是中国古典哲学的主要问题。中国古典哲学中所谓天,在不同的思想家,具有不同的含义,最主要的是两种含义:一指最高的主宰,二指外在的自然即广大的客观世界。在先秦时代,孔子、孟子所谓天的意义很不明确,有时指最高主宰,有时指一种客观的必然性。墨子所谓天则专指有意志、有感情的最高主宰,即上帝。老子、庄子、荀子所谓天则指与地相对的天空或包括在内的自然界。董仲舒所谓天兼指有意志的上帝与拥有日月星辰的天空。宋明哲学中所谓天主要指广大的自然或最高的实体。在墨子,天与人的关系即是神与人的关系。而在多数思想家,天人关系不是指神与人的关系,而是指人与自然的关系。

人与自然的关系也包括多项意义,其中最主要的有两项:一是指人在自然界中的地位,或者称为人在天地之间的位置;二是指自由与必然的问题,用古代的名词来说,叫做"义"与"命"的问题。

关于人在自然界中的地位,儒家、道家都肯定人在天地之间有重要的位置。(墨家、法家没有谈到这个问题。)《孝经》述孔子之言云:"天地之性人为贵。"即肯定人在天地之间是最有价值的。孔子明确地将人与鸟兽区别开来,他说:"鸟兽不可与同群,吾非斯人之徒与而谁与?"[①]"斯人"与鸟兽是不同的。孟子提出"人之异于禽

---

① 《论语·微子》。

兽者"的观念,着重探讨了人与一般动物不同的特点,他认为这特点就在于人具有道德意识。孟子认为:"人皆有不忍人之心。……无恻隐之心,非人也;无羞恶之心,非人也;无辞让之心,非人也;无是非之心,非人也。恻隐之心,仁之端也;羞恶之心,义之端也;辞让之心,礼之端也;是非之心,智之端也。"①他认为这道德意识是"不虑而知"、"不学而能"的"良知"、"良能"②。荀子提出"人之所以为人者"的观念,他说:"人之所以为人者何已也?曰:以其有辨也。……夫禽兽有父子而无父子之亲,有牝牡而无男女之别,故人道莫不有辨,辨莫大于分,分莫大于礼。"③荀子认为这有分、有辨之礼不是人的本性,而是圣人经过思虑而创立的,"圣人积思虑、习伪故,以生礼义而起法度"④。孟、荀关于人性的见解不同,但都强调人与禽兽的区别。董仲舒论人与禽兽的不同说:"人受命于天,固超然异于群生。入有父子兄弟之亲,出有君臣上下之谊;会聚相遇,则有耆老长幼之施。粲然有文以相接,驩然有恩以相爱。此人之所以贵也。"⑤这是孟、荀观点的发挥。董仲舒论"天人之际",强调天人感应,陷于牵强附会。王充反对天人感应的迷信,然而也肯定人与禽兽的区别。他说:"天地之性人为贵,贵其识知也。"⑥以为人与禽兽不同的特点在于具有较高的认识能力。宋明理学家基本上绍述孟子的观点。戴震反对宋明理学,提出了对于孟子学说的新解释,他说:"人以有礼义,异于禽兽,实人之知觉大远乎物则然,此孟子所谓性善。"⑦以为性善的根源在于优越的认识能力。

　　人在自然界的地位,也即关于人生价值的问题,肯定人贵于物,即是肯定人具有高于一般动物的优越性,即具有高于一般动物的价值。老子以人为域中四大之一。《老子》二十五章:"故道大、天大、地大、人亦大。域中有四大,而人居其一焉。人法地,地法天,天法道,道法自然。"《易传》:"立天之道曰阴与阳,立地之道曰柔与

---

① 《孟子·公孙丑上》。
② 同上书,《尽心上》。
③ 《荀子·非相》。
④ 同上书,《性恶》。
⑤ 《举贤良对策》三。
⑥ 《论衡·别通》。
⑦ 《孟子字义疏证》卷中。

刚,立人之道曰仁与义。兼三才而两之,故《易》六画而成卦。"①这都承认人具有卓越的价值。

关于人与自然的另一问题是自由与必然的问题。客观的自然界具有必然的规律,而人的主观要求是意志的自由。如何看待必然规律与意志自由的关系呢？孔子宣扬"知命",墨子提出"非命",孟子讲"立命",庄子宣扬"知其不可奈何而安之若命",荀子提出"制天命而用之",都是关于必然与自由的问题的见解。儒家虽讲"知命",但不废人事,孔子表现了"知其不可而为之"的积极态度；道家则强调"无以故灭命"；墨家将力与命对立起来,完全否定命的存在。这其间最有深义的是孟子将"义"与"命"相联并提。义是道德的当然,命是客观的必然。孟子认为在承认有命的前提下,仍有提高道德的自由。张载提出"义命合一存乎理"②的命题,义是当然之理,命是必然之理,当然之理与必然之理具有一定的统一性。所谓义命合一,意谓在必然规律不可违抗的条件之下,仍可充分体现当然的准则,亦即,在任何情况之下,人都可以实现自己的道德价值。

人的价值是多方面的,人作为一个主体而存在,有高于一般动物的认识能力,有改变环境的能动作用,有道德的觉悟。中国儒家哲学特别重视道德品质的提高,对于其他方面注意不够,这是一个缺点。但是重视道德的价值也还是有重要意义的。

总之,关于人与自然的关系问题,中国大多数的哲学家都肯定人在自然界中的优越性,肯定人具有高于一般动物的价值。

二 人己关系问题

人己关系是伦理思想所研究的中心问题。道德原则即是正确处理人己关系的原则。己是自我,人是别人。别人也有其自我,可称为他我。人己关系亦即自我与

---

① 《易传·说卦传》。
② 《正蒙·诚明》。

他我的关系。

孔子论仁,主要从人己关系立论。孔子所谓仁的主要含义是"己欲立而立人,己欲达而达人"①。这里包含几层含义:1. 肯定自己有立达的愿望,2. 肯定别人也有立达的愿望,3. 努力实现人与己的立达愿望就是仁的含义。孔子又以"爱人","己所不欲,勿施于人","与人忠"来解释仁,《颜渊》:"樊迟问仁。子曰:'爱人。'"又:"仲弓问仁。子曰:'出门如见大宾,使民如承大祭。己所不欲,勿施于人。'"又《子路》:"樊迟问仁。子曰:'居处恭,执事敬,与人忠。'"也都是从人己关系来讲仁。孔子认为仁是处理人己关系的最高原则。仁就是对于别人的关心与帮助。关心别人,帮助别人,是否含有压抑自我的意义呢?事实上,肯定别人并不含蕴着否定自己。"己欲立而立人,己欲达而达人",是以"己欲立"、"己欲达"为前提的。孔子也曾说:"克己复礼为仁。"②所谓克己是约束自己,约束自己并不是否定自己。孔子所谓仁确实不同于所谓"个人本位、自我中心"的态度,但仍是承认自我的。孔子不以压抑自己感情欲望为仁,《论语》记载:"宪问:克、伐、怨、欲不行焉,可以为仁矣?'子曰:'可以为难矣,仁则吾不知也!'"③可见孔子是反对压抑自我的情感欲望的。要之,仁的含义是:既肯定自己,又承认别人,从自己出发,由己推人。

人己关系的一个重要方面是群己关系,群己关系包括个人与国家的关系、个人与家庭的关系、个人与社会的关系。个人与国家的关系在中国封建时代表现为"君臣"关系;个人与家庭的关系包含"父子"(亲子)关系、"兄弟"(长幼)关系、"夫妇"(夫妻)关系;个人与社会其他成员的关系表现为"朋友"关系。在中国古代,君臣、父子、兄弟、夫妇、朋友,称为"人伦",亦称"五伦"。孟子说:"人之有道也,饱食、暖衣、逸居而无教,则近于禽兽。圣人有忧之,使契为司徒,教以人伦:父子有亲,君臣有义,夫妇有别,长幼有叙,朋友有信。"④孔子论仁,没有从人伦关系来讲,而是从普遍性的人己关系来讲的,以仁为人际关系的最高原则,不限于某一伦。孟子论仁,有时从伦

---

① 《论语·雍也》。
② 同上书,《颜渊》。
③ 同上书,《宪问》。
④ 《孟子·滕文公上》。

理关系来讲,他说:"孩提之童,无不知爱其亲者;及其长也,无不知敬其兄也。亲亲,仁也;敬长,义也。无他,达之天下也。"①仁是亲亲的推广。孟子又区别了亲亲、仁民、爱物的层次,对于父母应是"亲亲",对于一般人应"仁民",对于一般物应"爱物":"亲亲而仁民,仁民而爱物"②,将亲、仁、爱区分为三个层次。孟子强调了人伦即人与人的关系,但也强调自我。他揭示了所谓大丈夫的标准:"居天下之广居,立天下之正位,行天下之大道。得志与民由之,不得志独行其道。富贵不能淫,贫贱不能移,威武不能屈。此之谓大丈夫。"③大丈夫就是具有崇高的独立人格的人。孟子又说:"故士穷不失义,达不离道。穷不失义,故士得己焉;达不离道,故民不失望焉。"④"得己"即得到了自我,即实现了自我价值。孟子论"天下国家"说:"天下之本在国,国之本在家,家之本在身。"⑤在国、家、身的相互关系中,身是根本。孟子肯定身是家之本,即肯定了个人的重要地位。

儒家重视人伦,是否因此就否定个人的独立人格呢? 这个问题有其复杂的情况,有其演变的过程。汉儒鼓吹"三纲":"君为臣纲,父为子纲,夫为妻纲",强调臣对于君、子对于父、妻对于夫的服从关系。南宋初年罗从彦(二程再传弟子)宣称"天下无不是的父母",陈埴(朱熹弟子)又宣称"天下无不是的君",于是子对于父、臣对于君的关系成为绝对服从的关系。这样,臣对于君、子对于父就丧失了独立的人格。但是,在先秦时代的孔孟学说中,君臣只是相对的关系。孔子虽然宣称"君君臣臣、父父子子",但更主张"以道事君,不可则止"⑥,臣之事君,还要坚持一定原则。孔子论孝,兼重敬养,认为"三年无改于父之道,可谓孝矣"⑦,三年之后还是可以改父之道的。孟子更强调君臣关系是相对的:"君之视臣如手足,则臣视君如腹心;君之视臣如犬马,则臣视君如国人;君之视臣如土芥,则臣视君如寇仇。"⑧荀子亦有"从道

---

① 《孟子·尽心上》。
② 同上。
③ 同上书,《滕文公下》。
④ 同上书,《尽心上》。
⑤ 同上书,《离娄上》。
⑥ 《论语·先进》。
⑦ 同上书,《学而》。
⑧ 《孟子·离娄下》。

不从君"之说①。足见先秦儒家并无绝对君权的观念。鼓吹绝对君权的乃是法家。到宋、元、明、清时代,中央集权的君主专制逐渐强化,君权变成绝对的,但在学者思想家中,依然坚持"以天下为己任"、"士可杀不可辱"的"士节",坚持自己的人格独立。这种"士节"虽然是软弱无力的,但仍有重要的历史意义,不能说封建时代的人民完全丧失了独立人格。

男尊女卑的传统由来已久,孟子曾说:"以顺为正者,妾妇之道也。"②他是引述古礼而下此结论的。但是古代也有"妻者,齐也"之训。《白虎通》:"妻者,齐也。"《说文》:"妻,与夫齐者也。"《释名》:"士庶人曰妻。妻,齐也。"在汉唐时代,夫权也不是绝对的。强调妇女的贞节,是南宋以后的事情。

孔子说:"三军可夺帅也,匹夫不可夺志也。"③孔子弟子曾子说:"可以托六尺之孤,可以寄百里之命,临大节而不可夺也,君子人与? 君子人也。"④先秦儒家论人,要求做一个具有独立意志的人。儒家的伦理学说是在肯定个人的独立意志的条件之下要求处理好君臣、父子、夫妇等人伦关系。儒家一方面重视独立人格,一方面又肯定贵贱等级,这里存在着矛盾。这是历史条件决定的。儒家要求做一个在人伦关系中具有独立人格的人。在历史演变过程中,随着专制主义制度的加强,臣对于君、子对于父、妻对于夫,丧失了独立性,这里有一个演变的过程。对于儒学发展过程中的复杂情况,应予以充分的注意。

道家比较重视个人自由,杨朱提出"为我"、"贵己"之说。《孟子·滕文公下》:"杨氏为我。"《吕氏春秋·不二》:"杨生贵己。""为我"、"贵己"之说强调了个人的价值,但其详细内容已不可考。庄子一方面强调自我,企望"保身"、"全生"⑤;一方面又要求超越自我,宣称"至人无己"⑥。道家是对于等级制度提出抗议的思想家。

---

① 《荀子·臣道》。
② 《孟子·滕文公下》。
③ 《论语·子罕》。
④ 同上书,《泰伯》。
⑤ 《庄子·养生主》。
⑥ 同上书,《逍遥游》。

>>> 孔子曾说："三军可夺帅也，匹夫不可夺志也。"先秦儒家论人，要求做一个具有独立意志的人。道家则比较重视个人自由，他们是对于等级制度提出抗议的思想家。图为明朝丁云鹏《三教图》。

墨家主张视人如己,"视人之身若视其身"①,"摩顶放踵利天下为之"②,"以绳墨自矫而备世之急"③,表现了高度的自我牺牲的精神。

法家认为人皆"自为",要利用人们的"自为"的心理以"赏罚"二柄来驱使人民为国君服务。

儒家的基本观点与法家相反,而居于道家与墨家之间,主张由己推人、兼顾人我。

秦朝采取法家的政策,实行"以法为教,以吏为师"的方针,引起人民的反抗,为人民所推翻。汉初尊崇道家黄老之学,取得一定的效果,但不足以巩固政治的统一。于是汉武帝选择了儒学作为统治思想,这其间存在着历史的必然。儒学受到统治者的尊崇和利用,专制君权愈演愈烈,被利用的儒家学说亦愈益成为空洞的形式。马克思说:"君主政体的原则总的说来就是轻视人、蔑视人,使人不成其为人。"④这深刻地揭示了君主专制的本质。在先秦时代,君主专制还没有确定地建立起来,当时的君权还不是绝对的,当时的儒家在承认君权的同时也肯定人作为人的价值,这也是当时历史实际的反映。

三 德智关系问题

德智关系问题是道德与智慧(知识)二者孰轻孰重、孰先孰后的问题。孔子兼重仁智,又以智仁勇并举,仁居于第一位,智居于第二位,虽然没有将智提到第一位,但并不轻视知识。孔门又讨论崇德、辨惑的问题。《论语·颜渊》记载"子张问崇德辨惑",又载"樊迟问崇德、修慝、辨惑",崇德是仁,辨惑属智。孟子鼓吹仁义,有时认为智就是对于仁义的认识,如说:"仁之实,事亲是也;义之实,从兄是也;智之实,知

---

① 《墨子·兼爱中》。
② 《孟子·尽心上》。
③ 《庄子·天下》。
④ 《马克思恩格斯全集》第1卷,北京:人民出版社,1963年第1版,第411页。

斯二者弗去是也。"①也有时认为智有广泛的范围。不限于道德认识,如说:"知者无不知也,当务之为急。"②又说:"如智者亦行其所无事,则智亦大矣。天之高也,星辰之远也,苟求其故,千岁之日至,可坐而致也。"③天文学的知识亦属于智。孟子又尝以"德慧术知"并提,"人之有德慧术知者,恒存乎疢疾。独孤臣孽子,其操心也危,其虑患也深,故达"④。这表明孟子虽然特重道德,但也不贬抑智慧的价值。《易传》强调德智的统一,《系辞下传》云:"精义入神,以致用也;利用安身,以崇德也;……穷神知化,德之盛也。"精义入神、穷神知化,属于智;精义的目的在于提高品德,品德高尚就能穷神知化了。德行与智慧是相互促进的。《中庸》论知行关系说:"博学之,审问之,慎思之,明辨之,笃行之。"又云:"苟不至德,至道不凝焉。故君子尊德性而道问学,致广大而尽精微。"一方面,学问思辨在笃行之先;一方面,德性为问学之本。《中庸》肯定了德与智、知与行的统一。在先秦哲学中,道家表现了深邃的智慧,但道家在理论上却否定了智慧的价值。《老子》说:"绝圣弃智,民利百倍";"绝巧弃利,盗贼无有"。⑤ 庄子说:"名也者相轧也,知也者争之器也。二者凶器,非所以尽行也。"⑥老、庄菲薄智慧,表现了显著的矛盾。

宋明理学中,"尊德性"与"道问学"二者孰先孰后成为一个争论的问题。程朱学派兼重德性与问学,提倡"即物穷理";陆王学派专讲尊德性,轻视对于事物的认识。程朱学说尚能容许对于自然科学的探求,陆王学说则使人脱离了研究自然科学的道路。总起来说,儒家中多数学者的观点是重德而不轻智,虽然少数人表现了反智的倾向,但还不是多数思想的共同观点。

---

① 《孟子·离娄上》。
② 同上书,《尽心上》。
③ 同上书,《离娄下》。
④ 同上书,《尽心上》。
⑤ 《老子》十九章。
⑥ 《庄子·人间世》。

四 生死问题

关于生死问题,中国古代哲学家,无论儒家、道家和墨家,都表现了与宗教家不同的态度。印度和西方的宗教家都把生死问题看做一个非常重要的问题,关心死后如何如何。儒家、道家则把生死看做自然的过程,以为死后问题不必考虑。墨家虽然承认有鬼,但又提倡薄葬,没有注意死后的安排。

《论语》记载:"季路问事鬼神。子曰:'未能事人,焉能事鬼?'曰:'敢问死。'曰:'未知生,焉知死?'"①这充分表现了孔子不愿谈论鬼神生死问题的明智态度。孔子倾向于否认鬼神的存在,不承认死后问题是值得讨论的问题。《易传》云:"原始反终,故知死生之说。"②由生而死,即是由始而终,乃是自然而然的。孟、荀都未谈到死生问题。孟子提出在生与义二者不可得兼的时候"舍生而取义"的原则,但不谈论死后问题。

谈到生死问题较多的是庄子,庄子认为:"死生,命也,其有夜旦之常,天也;人之有所不得与,皆物之情也。"③生死犹如昼夜,都是自然而然的。庄子宣称应"以无为首,以生为脊,以死为尻",应知"生死存亡之一体"④。生死存亡乃是统一过程的不同阶段。扬雄综合了儒道两家关于生死的观点,得出一个结论说:"有生者必有死,有始者必有终,自然之道也。"⑤这是中国古代哲学家关于生死问题的基本观点。

佛教输入以后,宣扬三世轮回,讲所谓来生来世、因果报应,这是从印度传来的宗教迷信。坚持儒家观点的思想家则予以反驳。何承天著《达性论》,揭示三世报应的谬误说:"至于生必有死,形毙神散,犹春荣秋落,四时代换,奚有于更受形哉?"指

---

① 《论语·先进》。
② 《易传·系辞上传》。
③ 《庄子·大宗师》。
④ 同上。
⑤ 《法言·君子》。

出所谓来生来世都是谬妄的。三世报应之说宣传善有善报、恶有恶报,造做天堂地狱的迷信来诱惑人民,正如范缜所说:"惑以茫昧之言,惧以阿鼻之苦;诱以虚诞之辞,欣以兜率之乐。"①于是刘峻著《辨命论》表明儒家的态度:"《诗》云:'风雨如晦,鸡鸣不已。'故善人为善,焉有息哉?……修道德,习仁义,敦孝悌,立忠贞,渐礼乐之腴润,蹈先王之盛则,此君子之所急,非有求而为也。逝而不召,来而不距;生而不喜,死而不戚。"善人为善,不是为了死后的报应,生死乃是自然而然的过程。这重申了古代儒家的观点。

佛教宣传三世轮回,而又以天地日月幻妄,道教则追求长生不死。张载批评佛、道二教说:"彼语寂灭者往而不反,徇生执有者物而不化,二者虽有间矣,以言乎失道则均焉。"②张载更指出轮回说的谬误。张载对于生死的态度是:"存,吾顺事;没,吾宁也。"③生存之时应顺理而生活,老死乃是安息。死是不可避免的,不应有死后祸福的幻想。张载"存顺没宁"二句是理学家对于生死问题的共同观点。

儒家、道家关于生死的态度,基于无神论的观点。西方的一些思想家以上帝存在、灵魂不死为道德的保证。中国儒家、道家的哲学则远非如此。孔子、孟子虽讲天命,但他们所谓天的意义比较抽象,并非活灵活现的上帝。孔、孟也没有灵魂不死的信念。在宋明理学中,更无上帝存在、灵魂不死的观念。理学家所谓天,或指太虚(张载),或指理(程颐),并非有意志的主宰。然而理学家仍然肯定道德有其坚实的基础。理学家关于道德基础的理论未必正确,但是他们不从上帝存在、灵魂不死来论证道德的依据,还是具有一定特色的。

综上所述,中国伦理学说,在天人关系问题上承认人在自然界中具有一定的优越性,具有高于禽兽的价值,在客观的普遍规律不可违抗的条件下仍有实现道德价值的自由;在人己关系问题上,重视人与人的关系,而亦肯定个人的独立人格;在德智关系问题上,强调道德的重要,而亦承认智慧的价值;在生死问题上,肯定有生必有死是自然而然的,不承认关于来生来世的迷信,不向宗教寻求道德的依据,可以说

---

① 《神灭论》。
② 《正蒙·太和》。
③ 《西铭》。

是无神论的道德观。

　　本节所讲的是中国上古及中古时代的伦理思想,这些伦理思想在中国传统文化中曾经起过重要的历史作用,当然也表现了显著的时代局限性。时代前进了,今日应该建立新的伦理学说,但是对于以往的伦理思想也应有一个正确的理解。理解中国伦理思想的基本倾向应是深入理解中国伦理思想的详细内容的关键。

第六节
中国知识分子与人文精神

　　中国知识分子古代称为"士"。士在中国历史上作为一个独立的阶层,始于春秋时期。在殷商和西周时代,有一定知识的人是巫、史。巫、史都属于贵族。到春秋时期,出现了具有一定知识而失去贵族身份的"士"。孟子曾说:"无恒产而有恒心者,唯士为能。"[①]"士"就是没有恒产而有一定理想的知识分子,依靠知识以谋生。孟子对齐宣王说:"今王发政施仁,使天下仕者皆欲立于王之朝,耕者皆欲耕于王之野,商贾皆欲藏于王之市,行旅皆欲出于王之途……其若是,孰能御之?"[②]这区别了仕者、耕者、商贾。"士"有别于耕者、商贾,也不一定是仕者,乃是一个独立的阶层。

　　春秋末期,著名的知识分子有老子、孔子、邓析、孙武等。《史记》说:"老子者周守藏室之史也。"又说:"老子,隐君子也。"老子本为周史,后来不知由于什么原因而

---

① 《孟子·梁惠王上》。
② 同上。

成为一个隐君子。孔子曾仕于鲁,因意见不合而离鲁,周游于卫、楚、陈、蔡之间,晚年回鲁,以教学为事,当时亦被尊为"国老"。邓析是法律专家,《左传》定公九年:"郑驷歂杀邓析,而用其竹刑。"孙武是军事学家,受到吴王阖闾的尊重。到战国时期,士成为各国诸侯争取的对象。当时学者的待遇是相当优厚的。以孟子为例,《孟子》书记载:"彭更问曰:后车数十乘,从者数百人,以传食于诸侯,不以泰乎?孟子曰:非其道,则一箪食不可受于人;如其道,则舜受尧之天下不以为泰,子以为泰乎?……子何尊梓匠轮舆,而轻为仁义者哉?"①孟子虽然不遇于时,然而游事梁、齐之时,随从的弟子是很多的。《史记》记述邹衍的事迹说:"驺子重于齐,适梁,梁惠王郊迎,执宾主之礼;适赵,平原君侧行襒席;如燕,昭王拥彗先驱,请列弟子之座而受业……其游诸侯见尊礼如此。"(这段记述有误,邹衍与平原君同时,而非与梁惠王同时,但备受尊礼,当系事实。与平原君同时的魏王是魏安釐王,可能梁惠王系安釐王之误。)齐国建立稷下学官。《史记·田敬仲完世家》:"宣王喜文学游说之士,自如邹衍、淳于髡、田骈、接予、慎到、环渊之徒七十六人,皆赐列第,为上大夫,不治而议论。"稷下当时成为学术中心之一。从战国时期开始,士、农、工、商称为"四民"。其中士是知识分子,在历史上曾起过重要的作用。

一 以人为本位的哲学

中国古代哲学中最重要的学派有三:儒家、道家、墨家。其中儒家学说可以说是以人为本位的哲学,道家则以"道"为本位,墨家"尊天事鬼"保留了关于天鬼的宗教信仰。后期墨家所著的《墨经》中已放弃了天鬼观念,而注重研究名辩与物理,但仍不能说是以人为本位。明显地以人为本位的学说是儒家之学。

所谓以人为本位即是以人为出发点并以人为终极关怀。《论语》记载:"樊迟问知,子曰:务民之义,敬鬼神而远之,可谓知矣。"②"务民之义"即重视道德教化;

---

① 《孟子·滕文公下》。
② 《论语·雍也》。

"敬鬼神而远之"即对鬼神持存疑态度,虽没有否定鬼神但不求助于鬼神。这是儒家学说的根本宗旨。后来孔子的再传弟子孟子倡言"无鬼神",就否认鬼神的存在了。

儒家以人为本位,肯定人的价值,又承认文化的价值。《孝经》记述孔子之言说:"天地之性人为贵。"孟子强调"人之所以异于禽兽者",荀子宣扬"人之所以为人者"。这所谓人之所以为人者,在于有道德。荀子说:"水火有气而无生,草木有生而无知,禽兽有知而无义,人有气有生有知亦且有义,故最为天下贵也。"①所谓有义,即有道德观念。这与孔子所谓"务民之义"是一脉相承的。

孔子以宣扬文化为己任,《论语》记载:"子畏于匡,曰:文王既没,文不在兹乎?天之将丧斯文也,后死者,不得与于斯文也;天之未丧斯文也,匡人其如予何!"②所谓"文",即今日所谓文化。《周易·象传》云:"文明以止,人文也。观乎天文,以察时变;观乎人文,以化成天下。"③这是中国古代典籍中"文明"、"人文"名词的初次出现。天文指自然现象,人文指人类的精神生活的各种形式。儒家高度肯定了文化的价值。

儒家以人为本位,这是与宗教家以神为本位的思想相对立的。宗教宣扬以神为本、鼓吹上帝创造世界,要求皈依上帝。佛教更将佛置于天帝之上,宣传三世轮回。这些宗教信仰都鄙视人,不承认人本身的价值。儒家承认人类是天地所生的,而肯定人本身具有优异的价值。这是儒家学说的一个特点。儒家这种以人为本位的思想观点可以称之为具有人文精神。

二 坚持人格尊严

儒家宣扬人的价值,其理论基础是承认人具有独立意志,因而具有独立人格。

---

① 《荀子·王制》。
② 《论语·子罕》。
③ 《周易·贲》。

孔子说:"三军可夺帅也,匹夫不可夺志也。"① 人人都有较三军之帅更为坚强的意志,是不能轻易改变的。因为具有独立的意志,也就具有独立的人格。孔子说:"贤者辟世,其次辟地,其次辟色,其次辟言。"② 其所以要辟世、辟地、辟色、辟言,即为了保持独立的人格。孔子不忍辟世,而采取了辟地、辟色、辟言的态度。

孟子提出"所欲有甚于生者"、"所恶有甚于死者",他说:"生亦我所欲,所欲有甚于生者,故不为苟得也;死亦我所恶,所恶有甚于死者,故患有所不辟也。如使人之所欲莫甚于生,则凡可以得生者何不用也?使人之所恶莫甚于死者,则凡可以辟患者何不为也?由是则生而有不用也,由是则可以辟患而有不为也。是故所欲有甚于生者,所恶有甚于死者。非独贤者有是心也,人皆有之,贤者能勿丧耳。一箪食,一豆羹,得之则生,弗得则死。呼尔而与之,行道之人弗受;蹴尔而与之,乞人不屑也。"③ 从所举的例证来看,这所谓"所欲有甚于生者"即指人格尊严;所谓"所恶有甚于死者"即指人格的屈辱。孟子称"所欲有甚于生者"为"义",其所谓义即指坚持自己的独立人格同时亦尊重别人的独立人格。

孟子更提出"以德抗位"的主张,他说:"曾子曰:晋楚之富不可及也,彼以其富,我以吾仁,彼以其爵,我以吾义,吾何慊乎哉?……天下有达尊三,爵一、齿一、德一。朝廷莫如爵,乡党莫如齿,辅世长民莫如德。恶得有其一以慢其二哉?"④ 孟子引曾子之言,强调道德人格的崇高价值,认为人应提高道德的自觉而不屈服于权势。这是对于人格尊严的高度肯定。

《礼记·儒行》提出了士"可杀不可辱"的论断。《儒行》云:"儒有可亲而不可劫也,可近而不可迫也,可杀而不可辱也……其刚毅有如此者。"可杀而不可辱,宁死不屈,这是对于独立人格的强烈坚持。

高扬人格尊严是中国知识分子的优秀传统之一。

---

① 《论语·子罕》。
② 同上书,《宪问》。
③ 《孟子·告子上》。
④ 同上书,《公孙丑下》。

三 个人对于社会的责任

中国古代哲学家不但宣扬人格尊严,而且强调社会责任心。孔子面对隐者的讥讽而叹息说:"鸟兽不可与同群,吾非斯人之徒与而谁与?"[①]这就是肯定,个人对于社会是有一定责任的。孟子以"平治天下"自负,他说:"夫天未欲平治天下也,如欲平治天下,当今之世,舍我其谁也?"[②]这固然表现了傲慢自大的态度,也表现了强烈的社会责任心。孟子虽然不得志于当时,但对于后世却发生了深沉广远的影响。与孟子同时的宋钘、尹文以救世济民为志,《庄子·天下》篇述宋钘、尹文之学云"愿天下之安宁,以活民命,人我之养,毕足而止。以此白心。……见侮不辱,救民之斗;禁攻寝兵,救世之战。以此周行天下,上说下教,虽天下不取,强聒而不舍者也。"《天下》篇赞之曰:"图傲乎救世之士哉!"《庄子·逍遥游》亦述宋子的为人说:"而宋荣子犹然笑之,且举世而誉之而不加劝,举世而非之而不加沮,定乎内外之分,辩乎荣辱之境,斯已矣。"宋子"上说下教"、"强聒不舍",表现了高度的社会责任心。"举世誉之而不加劝,举世非之而不加沮",表现了坚强的独立人格。宋子的学风是值得钦敬的。

汉初陆贾追随汉高祖刘邦平定天下,劝诫刘邦说:居马上得天下,不能以马上治之。"居马上得之,宁可以马上治之乎?"这确实表述了关于社会政治的一条客观规律,对于稳定汉初的社会起了积极作用。其后贾谊向汉文帝上《治安策》,董仲舒向汉武帝上《天人三策》,都表现了知识分子对于社会政治的关怀。

《世说新语》记述后汉陈蕃、李膺的言行说:"陈仲举言为士则、行为世范,登车揽辔,有澄清天下之志。""李元礼风格秀整,高自标持,欲以天下名教是非为己任。"陈、李都表现了强烈的社会责任心。

唐代韩愈谏迎佛骨,被贬之后,作诗云:"一封朝奏九重天,夕贬潮州路八千。

---

① 《论语·微子》。
② 《孟子·公孙丑下》。

欲为圣明除弊事,肯将衰朽惜残年!"表现了对社会国家负责的刚直气概。

北宋范仲淹有两句名言"先天下之忧而忧,后天下之乐而乐",为后世所传诵。张载自述学术宗旨说:"为天地立心,为生民立命,为往圣继绝学,为万世开太平。"这表现了哲学家的广阔胸怀。

明末顾宪成主讲东林书院,尝说:"官辇毂,念头不在君父上;官封疆,念头不在百姓上;至于水间林下,三三两两,相与讲求性命,切磨德义,念头不在世道上,即有他美,君子不齿也。"①这也充分表现了对于社会治乱、国家安危的深切关心。

以上举例说明汉、唐、宋、明时代有代表性的知识分子具有深沉诚挚的社会责任心的历史事实。历代具有社会责任心的知识分子很多,《二十四史》及有关史籍中有详细的记载。以上不过略举数例而已。到明、清之际,顾炎武提出"天下兴亡,匹夫有责"的著名观点,黄宗羲著《明夷待访录》、王夫之著《黄书》《噩梦》,都是强烈的社会责任心的明确表述。

真诚的社会责任心,是中国知识分子的优秀传统的重要内容。

坚持人格尊严、重视社会责任心,这都是中国知识分子人文精神的主要内涵。

四 新时代的人文精神

儒家的以人为本位的哲学,一方面宣扬独立人格与人格尊严,另一方面又强调个人对于社会的责任心,这是儒家学说的积极内容。但是,儒家有一个严重的缺点,即承认上下贵贱的等级区分是合理的。《左传》记述孔子的言论说:"贵贱不愆,所谓度也。……贵贱无序,何以为国?"(昭公二十九年)这一条,孔门弟子没有收入《论语》中,可能是《论语》的编纂者有不同意见。但《左传》所记应非虚构。《论语》中所谓君子小人,有的是按道德品质来划分的,有时是按地位高下来划分的。儒家肯定

---

① 《明儒学案·东林学》。

贵贱有别,还是明显的。这是儒学受到历代专制帝王尊崇的原因之一。这是儒家的消极的保守观点。

在中国历史上,对于等级制度持批评态度的是道家。道家认为社会上区分君子、小人是不合理的,断言:"以道观之,物无贵贱。"①道家反对等级区分,宣扬个性自由,这是道家的高明之处,但是道家完全忽视个人对于社会的责任心,就不如儒家了。最强调社会责任心的是墨家,墨家"以绳墨自矫,而备世之急,日夜不休,以自苦为极"②。但墨子"尊天事鬼",又缺乏"人本"精神。后期墨家舍弃了天鬼观念,对于名辩、物理做出了卓越的贡献,但仍没有形成比较完整的人本哲学。汉代以后,墨学中绝了。

1840年鸦片战争以后,中国出现了严重的民族危机,于是救亡图存成为中国知识分子和人民群众的主要问题。经过辛亥革命,到1919年五四运动的前几年,一部分先进的知识分子发起了新文化运动,于是中国文化达到一个新的发展阶段。一部分学者将西方近代的人文主义思想介绍进来,并加以大力宣扬。这在当时是具有重要的进步意义的。有些论者积极鼓吹西方近代的人文主义思想,对于中国传统思想采取了全面否定的态度,却忽略了(或不了解)西方近代的一些人文主义思想家曾经受过中国古典哲学的影响。这就陷于偏失了。中国古典哲学确有其历史的时代的局限性,其中许多观点已经过时了。但是中国古典哲学中确实含有一个以人为本位的优秀传统,这还是应该充分理解、继承发扬的。

应该承认,中国的知识分子,自古以来,有一个人文精神的悠久传统,在古代,这个人文传统虽然受到等级制度和专制主义的束缚,却也发生过一定的进步作用。时至今日,时代进步了,等级制度已经废除了。我们应该在固有的优秀传统的基础之上,吸收西方近代文明的先进成就,更发挥创造性的思维,使人文精神更高度昂扬起来。

---

① 《庄子·秋水》。
② 同上书,《天下》。

第七节
中国传统中的人伦与独立人格

中国传统哲学中,儒家特别重视"人伦",同时又认为人是具有独立意志的,因而应具有独立的人格。儒家的这两种思想观点之间存在着如何的联系呢?近几年来,在所谓"反传统"的思想浪潮中,有的论者认为中国传统文化由于重视人伦因而抹煞了人的独立人格。事实是否如此呢?这是一个关于如何看待中国传统文化的重大问题,现试加以考察和分析。

"人伦"一词最早见于《孟子》。孟子叙述尧舜时代的历史事迹说:"人之有道也,饱食暖衣,逸居而无教,则近于禽兽。圣人(指舜)有忧之,使契为司徒,教以人伦:父子有亲,君臣有义,夫妇有别,长幼有叙,朋友有信。"①据《论语》的记载,孔子曾讲"君君臣臣,父父子子",孔子弟子子路又说过,"长幼之节"、"君臣之义",这些都是关于人伦的表述。

孟子所谓人伦即是人的五种社会关系,每一种社会关系有其一定的准则。父子关系(包括父母与子女的关系)的准则是"亲",即相互亲爱;君臣关系的准则是"义",即君臣都应遵守一定的原则;夫妇关系的准则是"列",即男女的内外之分;长幼包括兄弟及年长者与年幼者的关系,其准则是"序",即先后的次序。朋友之间的准则是"信",即相互讲真话并遵守诺言。孟子认为人伦仍是人区别于禽兽的关键所在。

孟子讲五伦,举出:父子之亲,君臣之义,夫妇之别,长幼之序,朋友之信。《礼

---

① 《孟子·滕文公上》。

记·礼运》提出十义:"父慈子孝,兄良弟悌,夫义妇听,长惠幼顺,君仁臣忠。"对于五伦的每一方都有一定的要求,这是所谓人伦道德的详目。《礼记·大学》云:"为人君,止于仁;为人臣,止于敬;为人子,止于孝;为人父,止于慈;与国人交,止于信。"这里仅举三伦,其所谓"与国人交,止于信",将朋友扩大为国人,"信"就不仅是朋友之间的准则了。

儒家在宣扬人伦的同时,又肯定人具有独立的意志。孔子说:"三军可夺帅也,匹夫不可夺志也。"[1]匹夫指平民,"不可夺"的志即是独立的意志。孔子承认平民也有独立的意志。孟子提出"尚志"之说。《孟子》书载:"王子垫问曰:'士何事?'孟子曰:'尚志。'曰:'何谓尚志?'曰:'仁义而已矣。杀一无罪非仁也,非其有而取之非义也。'"[2]仁义即是人所具有的善良意志。孟子以为发扬人的善良意志是最重要的事情。

一个人,如能"尚志",如能坚持自己的"不可夺"的志,用现在的名词来说,可以说是有独立人格。人格是近代才有的名词,在中国古代谓之人品。孟子提出"大丈夫"的做人标准,可以说就是独立人格的标准。《孟子》书载:"景春曰:'公孙衍、张仪,岂不诚大丈夫哉?一怒而诸侯惧,安居而天下熄。'孟子曰:'是焉得为大丈夫乎?子未学礼乎?丈夫之冠也,父命也;女子之嫁也,母命之,往送之门,戒之曰:往之女家,必敬必戒,无违夫子!以顺为正者,妾妇之道也。居天下之广居,立天下之正位,行天下之大道,得志与民由之,不得志独行其道,富贵不能淫,贫贱不能移,威武不能屈,此之谓大丈夫。'"[3]这就是说,如公孙衍、张仪之流,虽然是"一怒而诸侯惧,安居而天下熄",然而是"以顺为正",只是服从国君的意志,那不足为大丈夫。只有坚持自己的原则,不屈从于别人的意志,不随环境的变化而转移,才可以称为大丈夫。用现在的名词来说,大丈夫即是坚持自己的独立意志的崇高人格。孟子鄙视"以顺为正",强调"得志与民由之,不得志独行其道",即是宣扬具有独立意志的独立人格。

现试就五伦加以分析。君臣关系含有两个层次,一是君与臣僚的关系,二是君

---

[1] 《论语·子罕》。
[2] 《孟子·尽心上》。
[3] 同上书,《滕文公下》。

第一章 人

与民众的关系。古语所谓"率土之滨,莫非王臣",其所谓臣包括民众。君与臣僚同属于统治阶级,但有等级之别。君民之间是阶级对立的关系。儒家讲所谓君臣之义,实际上是掩盖了阶级矛盾。父子是同一阶级的两代关系,其中父处于主导的地位。夫妇也属于同一阶级,古代重男轻女,夫妇之间是不平等的。长幼指同一阶级中的长幼,朋友也指同一阶级内部的朋友。但每一阶级都有其阶级内部的长幼和朋友。总之,五伦是古代人所重视的五种社会关系,其中包含阶级对立的关系及其他不平等的关系。唯朋友是平等的关系,但不同阶级之间难以建立朋友关系。

重要的问题是五伦与独立人格的关系如何,人在五伦的关系网络中是否可以具有独立人格?或者说,人在五伦之中是否就不可能具有独立人格?在父子关系中,父对子当然有独立人格(但事实上也有受虐待的父母),子对父是否也有独立人格呢?在君臣关系中,君当然有独立人格(受权臣挟制的君除外),臣对君是否也有独立人格呢?在夫妇关系中,夫对妻当然有独立人格(也有受悍妻虐待的夫),妻对夫是否也有独立人格呢?很显然,君臣之间是不平等的,父子、夫妇虽属同一阶级,但也是不平等的,作为子、臣、妻的是否具有独立的人格?

从孟子论大丈夫的言论来看,他是认为,为臣之道应不同于"以顺为正"的妾妇之道。在长达两千多年的封建社会中,妇女是不受尊重的,男子还有所不同。孔子说:"事父母几谏。"①这就是说,子对于父,可以保留不同的意见。孔子又说:"以道事君,不可则止。"②"子路问事君,子曰:'勿欺也,而犯之。'"③这就是说,臣对君可以坚持自己的不同的意见。孟子论君臣的相对关系,甚至说:"君之视臣如手足,则臣视君如腹心;君之视臣如犬马,则臣视君如国人;君之视臣如土芥,则臣视君如寇仇。"④荀子论臣道,亦有"从道不从君"之说⑤。从这些言论看来,儒家承认子对于父、臣对于君,是具有相对的独立人格的。所谓"父慈子孝"、"君仁臣忠",表明父与子、君与臣之间都是相对的关系。

---

① 《论语·里仁》。
② 同上书,《先进》。
③ 同上书,《宪问》。
④ 《孟子·离娄下》。
⑤ 《荀子·臣道》。

就实际情况来看,作为子的对于自己的父母要尽为子之道,但是对于别人的父母则只是长幼或朋友的关系。作为臣的对于君要尽为臣之道,但是对于别人或别的臣则是长幼或朋友的关系。臣子与臣子之间,一般人民之间,不能说彼此没有独立的人格。儒家在宣扬人伦的同时又肯定人的独立意志与独立人格,还是有一定理由的。

儒家不但认为人伦关系无损于独立人格,而且认为实行人伦准则是完成独立人格的条件。孟子说:"规矩,方圆之至也;圣人,人伦之至也。欲为君,尽君道。欲为臣,尽臣道。"①能尽量实行人伦之道,就是圣人。圣人就是最崇高的人格。这就是说,如为父则尽父道,为子则尽子道。如为君则尽君道,为臣则尽臣道。处在什么地位,即尽所应尽之道。这样就是圣人。荀子亦说:"圣也者尽伦者也,王也者尽制者也。两尽者,足以为天下极矣。"②荀子所谓"尽伦"即是孟子所谓"人伦之至"。

孟子所谓"尽臣道"并不是"以顺为正"。孟子论人品的层次说:"有事君人者,事是君则为容悦者也。有安社稷臣者,以安社稷为悦者也。有天民者,达可行于天下而后行之者也。有大人者,正己而物正者也。"③这里所谓"事君人"是没有独立人格的;所谓"安社稷臣"、"天民"、"大人"都是具有独立意志因而也是具有独立人格的人。孟子区分了"安社稷臣"、"天民"、"大人"的不同层次,独立人格也有不同的层次。

在春秋战国时代,儒、墨都是愿望以其道"易天下"的,都显示了独立的人格。《周易大传》说:"天行健,君子以自强不息。"又说:"泽灭木大过,君子以独立不惧,遁世无闷。""雷风恒,君子以立不易方。"这些都是独立人格的坚定宣示。《庄子·逍遥游》论述宋荣子(宋钘)的态度说:"而宋荣子犹然笑之,且举世誉之而不加劝,举世非之而不加沮,定乎内外之分,辨乎荣辱之境,斯已矣。"宋荣子可以说是独立人格的重要典型。以庄子为代表的道家追求个人的精神自由,更是高度宣扬独立人格的。

在历史发展过程中,秦汉以后,人伦关系的情况有所改变。汉儒提出"三纲"

---

① 《孟子·离娄上》。
② 《荀子·解蔽》。
③ 《孟子·尽心上》。

(君为臣纲、父为子纲、夫为妻纲)之说,强调君对于臣、父对于子、夫对于妻的主导地位及臣对于君、子对于父、妻对于夫的服从关系。于是臣对于君、子对于父、妻对于夫的相对地位降低了。到了南宋时代,理学家罗从彦(程颐的再传弟子)提出"天下无不是底父母",陈埴(朱熹弟子)又提出"天下无不是底君",于是将君权、父权绝对化了。同时又提倡妇女守节,加强了夫权。于是全国的臣民对于君主而言都丧失了独立的人格。在家庭中,子对于父也不准许有不同意见。所谓君臣、父子、夫妇的人伦成为压制人民的沉重枷锁。应该承认,在中国历史上,"人伦"观念有一个演变的过程。在先秦时代,君臣关系还是相对性的。秦汉以后,君臣关系逐渐变为绝对服从的关系,于是一般人的独立人格受到压抑了。

秦汉以后,人伦关系虽有所改变,但是每一朝代,在朝常有敢言直谏之士,在野更有特立独行之人,都有坚持独立意志而不屈服于权势的独立人格。《后汉书》有"独行传"、"逸民传",《晋书》《唐书》有"隐逸传",等等,都是关于特立独行的人士的记载。对于这些人的历史意义是不应低估的。

"人伦"观念与独立人格的关系在历史上有一个演变过程,有相当复杂的情况,不应简单化。

秦代建立了中央集权的君主专制制度,汉承秦制,也是实行君主专制制度,到明清时代,君主专制更是变本加厉。马克思曾揭示专制制度的本质说:"专制制度的唯一原则就是轻视人类,使人不成其为人。"又说:"君主政体的原则总的说来就是轻视人、蔑视人,使人不成其为人。"[①]中国自秦汉以至明清,广大人民受到专制制度的压迫,中国人民是否都丧失了独立人格,不成其为人了呢?有的论者认为,君主专制时代的中国传统文化就是"使人不成其人",甚至认为中国传统文化中"真正的人不可能萌芽成长"。事实是否如此呢?这是一个值得深入思考的问题。

我认为,马克思对于专制制度本质的揭示,主要是说,在专制制度之下人受到不应有的轻视,并不是说专制制度之下的人民就已经不成其为人了。在中国历史上,在专制制度的高压之下,仍然存在着对抗与斗争。专制君权企图使人不成其为

---

① 《马克思恩格斯全集》第1卷,北京:人民出版社,1963年第1版,第411页。

人,人民虽受压迫,也不是甘受奴役。历史是人民群众创造的,如果人民都已经不成其为人,那如何能创造历史呢? 在中国历史上,多数农民战争就是人民群众反抗"使人不成其为人"的专制制度的斗争。在士大夫、知识分子则有一个"以天下为己任"的传统。所谓"以天下为己任",就是对于天下大事有自己的见解,而且对于天下大事进行积极的参与并企图发挥主导的作用。既然怀抱"以天下为己任"的宏伟意志,当然具有坚强不屈的独立人格。这都是应该承认的。

儒家强调"做人",例如陆九渊说:"人生天地间,为人自当尽人道。学者所以为学,学为人而已,非有为也。"又说:"若某则不识一个字,亦须还我堂堂地做个人。"①这是儒家的一贯态度。儒家承认上下贵贱的等级区分,这是儒家的阶级局限,但是儒家又认为一般平民也是人,不应把平民当牛马看待。儒家是维护君权的,但是并不赞同"使人不成其人"。

怎样才是一个真正的人? 怎样才算"成其为人"? 这是一个值得认真思考的问题。真正的人应是具有独立人格的人,或者说具有真正自觉的人。何谓真正的自觉? 应即对于人与自然的关系以及人与社会的关系都有正确的认识。中国古代是否已经达到人的真正自觉呢?

我认为,中国传统哲学已经达到了人的真正自觉。中国传统哲学对于人与自然的关系和人与社会的关系都已有相当深刻的认识。

人与自然的关系,中国古代哲学中称之为天人之际的问题。中国古代哲学肯定了人在自然界中的重要地位。老子以"人"为"域中四大"之一,"道大,天大,地大,人亦大。域中有四大,而人居其一焉。"②《周易大传》以"人"为天地人"三才"之一。"易之为书也,广大悉备,有天道焉,有人道焉,有地道焉。兼三才而两之,故六,六者非他也,三才之道也。"《中庸》提出"赞天地化育"的最高理想:"唯天下至诚为能尽其性,能尽其性则能尽人之性,能尽人之性则能尽物之性,能尽物之性则可以赞天地之化育;可以赞天地之化育则可与天地参矣。"这虽然只是空想,但确实肯定了人的主观能动性。《礼记·礼运》论人在天地间的意义说:"人者,天地之心也;心者,五行之

---

① 《语录》。
② 《老子》二十五章,从傅奕本。

端也,食味别声被色而生者也。"心是思维器官("心之官则思"),人能认识天地,而人是天地的一部分,人对于天地的认识可以说即是天地的自我认识,所以说人是天地之心。这是一种非常深刻的观点。

个人与社会的关系,中国古代哲学称之为群己关系或人我关系。儒家认为,人与人之间存在着必然的联系,任何人都不能脱离人群而生存。孔子说:"鸟兽不可与同群,吾非斯人之徒与而谁与?"[①]人只能与人相"与",即只能在人的共同体中生活。荀子论人与别的物类的不同说:"力不若牛,走不若马,而牛马为用,何也?曰:人能群,彼不能群也。……故人生不能无群。"[②]儒家强调了"群"的重要意义。儒家以"仁"为最高的道德原则,仁的出发点就是承认自己之外还有别人,肯定了人与我的必然联系。儒家关于"人生不能无群"的观点是符合人类生活的实际的。

中国古代哲学家能正确认识人与自然的关系和人与社会的关系,可以说达到了"人的自觉"。中国古代哲学家关于人的观念,虽然没有达到近代思想的水平,也还有一定的理论价值。中国传统文化所谓人,儒家道家的人的观念,可以说就是"真正的人"。如果认为中国传统文化中还没有"真正的人"的观念,只能是对于历史的无知。

近代西方的一些个人主义者鼓吹"个人本位,自我中心",事实上并不符合人类生活的实际,那不是真正的人的自觉。我认为,所谓真正的人不可能是一个"自我中心"的人,更不可能是一个自以为"唯我独尊"的人。真正的人应是富于同情心,富于社会责任感的人。

宋明理学,特别是朱熹与王守仁,都强调"理欲之辨",宣扬"存天理灭人欲",表现了忽视改善物质生活的重要性的偏向,于是有人认为宋明理学是"泯灭人性"的。事实上,宋明理学都主张发扬人的善性,人的善性即人的善良意志,发扬人的善良意志,哪能说是"泯灭人性"呢?儒家也承认"食色性也","饮食男女,人之大欲存焉",但是认为人不应过分追求物质需要的满足,而应努力提高个人的精神境界。这是有重要意义的。"理欲之辨"的确有偏失,但还不能谓为"泯灭人性"。王夫之、戴震

---

① 《论语·微子》。
② 《荀子·王制》。

提出"理存于欲"的学说,已经纠正了理学的偏误了。

传统思想中的"三纲"观念,随着时代的演变,已经成为历史的陈迹了(虽然还有一定的影响),但是对于"五伦"观念,还应加以分析。辛亥革命推翻了帝制,所谓"君臣之义"也就不存在了。辛亥革命虽然没有完成反封建的任务,但是辛亥革命以后,谁再想做皇帝都是绝对不可能的了,这是一项巨大的进步。男女平等是时代的潮流,"夫妇有别"的古训也应该废除了。父子、长幼是以自然关系为基础的人际关系,还是不能否认的。"父慈子孝",如加以正确的解释,也还是必要的,父母有抚养、教育子女的责任,子女有尊敬、赡养父母的义务。"朋友有信"更必须肯定。我们现在建设社会主义的新文化,对于传统的"人伦"观念要加以改造。我们要建立社会主义的人际关系,其中包括新型的家庭关系以及新型的朋友关系。无论是父子、夫妇、长幼、朋友,都应该相互尊重、互敬互助。这是首要的原则。(原题为《人伦与独立人格》)

第八节
中国古代的精神生活与精神境界

精神生活与物质生活都是现在常用的名词,在古代虽没有这类名词,却也认识到精神生活与物质生活的区别。《管子》云:"仓廪实则知礼节,衣食足则知荣辱。"仓廪实,衣食足,是物质生活的内容;知礼节,知荣辱,是精神生活的内容。孟子说:"人之有道也,饱食暖衣,逸居而无教,则近于禽兽。圣人有忧之,使契为司徒,教以人伦。"饱食暖衣是物质生活,教以人伦是精神生活,这种区别还是明显的。

《管子》所谓"仓廪实则知礼节,衣食足则知荣辱",表明物质生活是精神生活的基础。孟子也说:"今也制民之产,仰不足以事父母,俯不足以畜妻子,乐步终身苦,凶年不免于死亡,此唯救民而恐不赡,奚暇治礼义哉?"也承认必须先解决物质生活的问题。但是孟子又说:"饱食暖衣,逸居而无教,则近于禽兽。"这就是说,物质生活是提高精神生活的必要条件,而非其充足条件。物质生活问题解决了,精神生活可能很缺乏。孟子所谓"逸居而无教则近于禽兽",也是符合事实的。

古代儒家承认物质生活的重要。孔子论为邦之道"足食、足兵、民信之矣",以足食为首。《礼记·礼运》肯定"饮食男女,人之大欲存焉"。但是儒家认为精神生活是更有价值的。孔子说:"饭疏食,饮水,曲肱而枕之,乐亦在其中矣!不义而富且贵,于我如浮云。"①更有"君子食无求饱、居无求安"②,"君子谋道不谋食","君子忧道不忧贫"之训③,都是强调精神生活高于物质生活。孔子称赞颜渊:"一箪食,一瓢饮,在陋巷,人不堪其忧,回也不改其乐,贤哉回也!"④就是说,颜渊虽然过着贫苦的物质生活,却有高尚的精神生活,所以是值得赞扬的。

颜子"一箪食,一瓢饮",还有一箪之食、一瓢之饮,如果连一箪之食、一瓢之饮也没有,那又当如何呢?孔子厄于陈蔡,绝粮,从者病,莫能兴,"于是使子贡至楚,楚昭王兴师迎孔子,然后得免"⑤。这就证明,一定程度的物质生活还是必要的。

物质生活是人类生存的基础,而精神生活则是人类与其他动物不同的特点。如果一个人毫无精神生活,那就与其他动物没有区别了。

人们的精神生活,彼此之间,存在着很大的区别。有的精神生活比较丰富高尚,有的精神生活则比较平淡。中国古代哲学家特别注重提高精神生活。不同程度的精神生活可以说具有不同的精神境界,人们的精神境界有高低、深浅之分。先秦哲学中,关于人生的精神境界谈论较多的是孔子、孟子、老子、庄子。这里略述孔、孟、老、庄关于精神境界的思想。

孔子自述云:"吾十有五而志于学,三十而立,四十而不惑,五十而知天命,六十而耳顺,七十而从心所欲不逾矩。"⑥"从心所欲不逾矩"即情感与道德原则完全符合

---

① 《论语·述而》。
② 同上书,《学而》。
③ 同上书,《卫灵公》。
④ 同上书,《雍也》。
⑤ 《史记·孔子世家》。
⑥ 《论语·为政》。

毫无勉强,这是孔子所达到的最高境界。孔子又自述为人的态度说:"其为人也,发愤忘食,乐以忘忧,不知老之将至云尔。"①这是孔子在楚国时讲的,当时年未七十。孔子又对颜渊、子路言志说:"老者安之,朋友信之,少者怀之。"②这老安少怀表现了孔子"泛爱众"的仁心。"孔子贵仁"③,但是孔子认为还有比仁更高的境界,就是"博施于民而能济众"的"圣"的境界。"子贡曰:如有博施于民而能济众,何如?可谓仁乎?子曰:何事于仁,必也圣乎?尧舜其犹病诸!"④孔子以"博施于民而能济众"为最高境界,即以最有益于广大人民的道德实践为最高境界。

孔子所讲的最高境界,虽然极其崇高,但朴实无华。孟子讲自己的精神境界,则表现了玄想的倾向。孟子提出"浩然之气",他说:"我善养吾浩然之气。……其为气也,至大至刚,以直养而无害,则塞于天地之间。其为气也,配义与道,无是馁也,是集义所生者,非义袭而取之也。行有不慊于心,则馁矣。……必有事焉而勿正,心勿忘,勿助长也。"⑤这所谓气指一种状态,"浩然之气"指一种广大开阔的精神状态。"以直养而无害,则塞于天地之间",即感觉到自己的胸中之气扩展开来,充满于天地之间,即与万物合而为一。孟子又说:"万物皆备于我矣!反身而诚,乐莫大焉。"⑥万物皆备于我,即万物与我合而为一,成为一个大我。孟子又说:"夫君子所过者化,所存者神,上下与天地同流,岂曰小补之哉!"⑦上下与天地同流,即与天地生成万物的过程相互契合。孟子谈论修养的最高境界,再三从自我与天地万物的关系立论,这与孔子只讲人际关系不同了。孟子的精神境界表现了浩大的心胸,也表现了神秘主义倾向。

老子以"无为"为人生的最高原则,宣称"为学日益,为道日损,损之又损,以至于无为,无为而无不为"。无为即任其自然。《老子》上下篇中关于精神境界的论述不

---

① 《论语·述而》。
② 同上书,《公冶长》。
③ 《吕氏春秋·不二》。
④ 《论语·雍也》。
⑤ 《孟子·公孙丑上》。
⑥ 同上书,《尽心上》。
⑦ 同上。

甚显豁;《庄子·天下》论述关尹、老聃之学,所讲却比较显明。《天下》云:"以本为精,以物为粗,以有积为不足,澹然独与神明居。古之道术有在于是者,关尹老聃闻其风而悦之。""以本为精,以物为粗",即超脱普通事物,而研求事物的本根。"澹然独与神明居",即独具最高的智慧。

这表现了《庄子》五千言的基本态度。

庄子对于精神境界有详细的论述。庄子一方面宣扬"齐物",否认了价值差别的客观性;一方面又表现了厌世的情绪,希求"游乎尘垢之外"。

庄子认为:"自其异者视之,肝胆楚越也;自其同者视之,万物皆一也。"①"以道观之,物无贵贱。""万物一齐,孰短孰长?"②这是齐物观点。但在与惠施的一次谈话中,庄子以鹓鶵自比:"夫鹓鶵发于南海,而飞于北海,非梧桐不止,非练实不食,非醴泉不饮。"③又强调了严格的价值选择。在《逍遥游》篇中,以"背若泰山,翼若垂天之云,搏扶摇羊角而上者九万里"的大鹏与"腾跃而上,不过数仞而下"的斥鷃相比。接着论列不同的人品说:"故夫知效一官、行比一乡、德合一君,而征一国者,其自视也亦若此矣。而宋荣子犹然笑之,且举世誉之而不加劝,举世非之而不加沮,定乎内外之分,辨乎荣辱之境,斯已矣。彼其于世未数数然也。……夫列子御风而行,泠然善也,旬有五日而后反,彼于致福者未数数然也。此虽免乎行,犹有所待者也。若夫乘天地之正,而御六气之辩,以游无穷者,彼且恶乎待哉?"所谓"知效一官、行比一乡、德合一君,而征一国者",指普通做官的人,这是境界不高的;宋荣子(即宋钘)不以毁誉为荣辱,有独立的气概;列子御风而游,而仍有所待。唯有"乘天地之正,而御六气之变,以游无穷"才是真正的逍遥,这是庄子所讲的最高精神境界。

庄子的这种精神境界,亦称为"天地与我并生,万物与我为一"的境界。《齐物论》:"天下莫大于秋豪之末,而太山为小;莫寿于殇子,而彭祖为夭。天地与我并生,而万物与我为一。"庄子提出"天地与我并生,而万物与我为一",是从齐寿殇、等大小

---

① 《庄子·德充符》。
② 同上书,《秋水》。
③ 同上。

立论的。天地虽久,亦可以说与我并生;万物虽多,亦可以说与我为一。这样就超越了小我,感到与天地同在了。这是一种神秘主义的境界。

庄子所谓"天地与我并生,万物与我为一",与孟子所谓"万物皆备于我"、"上下与天地同流"基本相似。但孟子所讲是以道德实践为基础的,其浩然之气是"集义"所生。庄子则主张"忘年忘义"[1],这就大不相同了。

孟、庄所讲的最高精神境界,都包含主观的浮夸的倾向。孟子所谓浩然之气,"其为气也,至大至刚,以直养而无害,则塞于天地之间"。事实上一个人的气是有限的,何能充塞于天地之间?"万物皆备于我",我作为个体也是有限的,如何能兼备万物?人可以扩大胸怀,爱人爱物,但是无论如何,个人与万物还是有一定区别的。至于"上下与天地同流",更只是主观愿望了。庄子讲"天下莫大于秋豪之末,而太山为小;莫寿于殇子,而彭祖为夭",由此论证"天地与我并生,而万物与我为一",实则太山大于毫末、彭祖寿于殇子,还是确定的事实。天地长久,人生短暂;万物繁多,物我有别,还是必须承认的。

孟子、庄子论人生最高境界,未免陷于玄远,但是两家论人生修养,也有比较切实的言论。孟子说:"君子之于物也,爱之而弗仁;于民也,仁之而弗亲。亲亲而仁民,仁民而爱物。"[2]对于亲、民、物,指不同的态度。亲亲是对于父母的态度;一视同仁是对于人民的态度;泛爱万物是对于物的态度。庄子论生活应无情云:"吾所谓无情者,言人之不以好恶内伤其身,常因自然而不益生也。"[3]"不以好恶内伤其身"是道家修养论的基本原则。

宋代理学家受孟子、庄子的影响,也常常将精神生活与天地万物联系起来。张载讲"大心体物",他说:"大其心则能体天下之物,物有未体,则心为有外。世人之心,止于闻见之狭;圣人尽性,不以闻见梏其心,其视天下无一物非我。"[4]又说:"合内外,平物我,此见道之大端。"[5]这即以物我合一为最高境界。程颢讲"以天地万物为

---

[1] 《庄子·齐物论》。
[2] 《孟子·尽心上》。
[3] 《庄子·德充符》。
[4] 《正蒙·大心》。
[5] 《语录》。

一体",他说:"学者须先识仁。仁者,浑然与物同体。"①又说:"仁者,以天地万物为一体,莫非己也。认得为己,何所不至?"②这是主张超越小我,以天地万物的全体作为大我。但天地广阔,万物繁多,如何把天地万物都看做自己,对于天地万物的变化都感同身受呢? 难免陷于空虚无实。

张载、程颢也有比较切实的议论。张载所著《西铭》云:"乾称父,坤称母,予兹藐焉,乃浑然中处。故天地之塞吾其体,天地之帅吾其性,民吾同胞,物吾与也。"这里以天地为父母,即认为人是天地所产生的,"予兹藐焉",承认自己是藐小的。以人民为同胞,以万物为相与。"物吾与也"与"视天下无一物非我",是有一定区别的。承认万物都是吾的伴侣,这是比较符合实际的。

程颢《答横渠书》云:"故君子之学,莫若廓然而大公,物来而顺应。"以廓然大公为精神修养的中心原则,这是比较切合实际的。

冯友兰先生在所著《新原人》中详细论述了人生境界,以"天地境界"为最高境界。在一个意义上讲,孟子所谓"万物皆备于我","上下与天地同流"可以说是天地境界;庄子所谓"天地与我并生. 而万物与我为一",亦是天地境界。但是如此意义的天地境界未免虚而不实,陷于神秘主义。从另一意义来讲,凡对于人在宇宙中的位置,亦即人与天地的关系有所认识,而超拔于流俗的考虑之外的,亦可谓为天地境界。如孔子说"逝者如斯夫,不舍昼夜"③即对于宇宙大化有深刻的认识;孟子说"圣人之于天道也"④以为达到天道为圣人的境界。庄子所谓"乘天地之正,而御六气之辩,以游无穷",即游心于无穷的宇宙而超拔于流俗的考虑之外,这些都可以说达到了天地境界。这一意义的天地境界是比较踏实的。

以上略说中国哲学史上关于精神生活与精神境界的学说的几种类型,虽然都是过去的了,但仍然是值得参照、值得研究的。

人与其他动物不同,不但有物质生活,而且有精神生活,不但追求本能的满足,

---

① 《程氏遗书》卷二上。
② 同上。
③ 《论语·子罕》。
④ 《孟子·尽心下》。

而且追求真、善、美的精神价值。真是对于世界的正确认识,善是适当处理人与人、人与物的关系,美是超乎本能的愉悦之感。在社会主义社会,人们摆脱了阶级剥削与不平等的权力压迫,应能逐渐消灭卑鄙与野蛮。人们应能实现高尚的精神生活。今天的社会中,拜金主义、个人享乐主义还比较流行,这些都是缺乏精神生活的表现。古代哲学家力求充实精神生活、提高精神境界的言论,仍然是具有启发意义的。(原题为《精神生活与精神境界》)

第九节
中国传统中的生命与道德

在中国哲学史上,有关于"义利之辨"与"理欲之辨"的争论。在西方哲学史上,有理性主义与乐利主义以及唯意志论、非理性主义的争论。事实上,这些争论所争辩的中心问题是生命与道德的关系问题。所谓利,指有益于生活。所谓欲,指生活中的要求。所谓意志,也是生命的表现。而所谓义、所谓理,指生活所应遵循的准则。"理义"亦即道德。生命、生活与理义、道德,究竟有如何的关系?这确实是一个根本的理论问题。

孟子说:"生亦我所欲也,义亦我所欲也。"这表明生与义、生命与道德,都是重要的,都是应该肯定的。孟子又说:"二者不可得兼,则舍生而取义者也。"这表明,在生命与道德不能两全的情况下应该舍生取义,宁牺牲生命也要实践道德。"舍生取义"的根据究竟何在呢?这是应该深入思考的问题。

一 生命与生命力

　　一切生物都具有一定的生命力。生命力即是能改变环境以维持其生命、发展其生命的力量。植物、动物都表现了一定的生命力,而人的生命力最为显著。作为一个人,必须有充沛的生命力。为了维持生命力、发展生命力,必须满足一定的需要。所谓欲望、所谓情感,即是对于生命需要的意识。生活中有所需要,在意识中便表现为欲为情。在这一意义上,欲与情是应该肯定的。然而欲与情又包含许多矛盾,因而引发了许多问题。

　　一切生物都具有生命力,但是人的生命有其特点。人的生活是社会生活,每个人都生活于社会中,不可能脱离社会而生存。人只能在社会中保持其生命力,发展其生命力。人的生活是社会化的生活,可以说表现了生命力的社会化。古代思想家已有见于此。孔子说:"鸟兽不可与同群,吾非斯人之徒与而谁与?"荀子说:"力不若牛,走不若马,而牛马为用,何也?曰:人能群,彼不能群也。"人的生活是群居生活,即社会生活,人不可能脱离社会而生存,人的生命力只有在社会中才能保持和发展。这是关于人生的重要事实。

二 生命力的充实与调节

　　每一个人,作为一个人,必须保持自己的生命力。生命力的保持与发展有待于欲望的满足。追求欲望的满足,亦即追求利益。人与人之间,各自追求自己的利益,往往发生矛盾冲突。如果人与人之间的矛盾冲突过于激烈,毫无调和之余地,势必同归于尽。为了保持社会生活的继续存在,必须对于个人利益的冲突加以调节,使人与人之间遵守一定的行为准则。这类准则即是道德。道德即是调节社会中人与人之间的关系的基本准则。

道德起源于原始社会,当时既未分阶级,也未分等级。在阶级社会,不同的阶级有不同的道德。但道德都是调节个人行为的准则。

人,作为具有社会性的生命,不但有物质生活的需要,而且有精神生活的需要。《礼记》说:"饮食男女,人之大欲存焉。"这是人的物质生活需要。物质生活还需要衣服、居室、舟车等等。但是人不仅有物质生活,还有超越物质生活的精神生活。何谓精神生活?精神生活即是对于真、善、美的追求。何谓真?真即是对于客观事物的正确认识。何谓善?善即正确处理人际关系的准则,亦即道德。何谓美?美即艺术的享受。其他动物对于事物只能有感觉,人类则具有对于事物的理性认识,努力追求真理。别的动物也有合群的,人则具有社会生活的自觉,有意识地实践善的原则。人更有创造艺术品作为一种精神享受。真、善、美是同等重要的,在这里着重讲善的问题。

人与人之间有竞争的关系,也有合作的关系。西谚有云:人对人是豺狼。事实上,如果人对人仅仅是豺狼的关系,则人类久已灭亡了。其实豺狼也是合群的,并不互相残杀。人与人之间的合作,胜过人与人之间的斗争,然后社会才能存在,才能发展。恩格斯说:"自然界中死的物体的相互作用包含着和谐和冲突;活的物体的相互作用则既包含有意识的和无意识的合作,也包含有意识的和无意识的斗争。"[①]合作与斗争是同时存在的。道德即调节斗争与合作的基本准则。

三 道德与群体生命

道德是处理人际关系的准则。

每一个人都是一个个体,然而个体不是孤立存在的。个体存在于群体之中。作为一个人,不但要考虑个人的利益,而且要考虑别人的利益,考虑群体的利益。在这个意义上,道德标志着对于个体利益的超越。

---

① 恩格斯:《自然辩证法》,北京:人民出版社,1971年第1版,第283页。

自古以来,人们聚居而为族。经过历史的发展,人类分成许多民族。每一民族有自己的语言文字,有自己的传统文化。每一民族形成为一个持续存在的共同体。每一个民族共同体可以说有其持续不断的生命,可以称之为群体生命。群体生命大于个体生命。道德的要义在于每一个人不但要追求个体的利益,而且要考虑群体的利益,也可以说道德在于群体生命的自觉。

　　孟子提出,生与义二者不可得兼应舍生取义。"生亦我所欲也,义亦我所欲也",二者协调一致,这是正常的情况。"二者不可得兼,则舍生而取义",这是特殊情况。在什么情况之下,二者不可得兼呢?这主要是两种情况:一是在民族的独立受到威胁的情况下,为了保卫民族的生命,可以牺牲个人的生命。一是在个人的人格尊严受到威胁的情况下,为了保持个人的人格尊严,宁死不屈。

　　应该承认,民族的群体生命大于个人的个体生命。这是道德的一项基本原则。

　　人格尊严是一个历史的范畴。在等级制社会中,将人分为不同的等级,有贵族,有平民,有贱民。贵族具有尊严,平民亦有一定的人格,贱民则受奴役。平民坚持人格尊严,表现了反对奴役的斗争,孟子说:"生亦我所欲,所欲有甚于生者,故不为苟得也;死亦我所恶,所恶有甚于死者,故患有所不辟也。……非独贤者有是心也,人皆有之,贤者能勿丧耳。一箪食,一豆羹,得之则生,弗得则死,呼尔而与之,行道之人弗受,蹴尔而与之,乞人不屑也。"历史上有不受嗟来之食的故事,即为了保持人格的尊严。"所欲有甚于生者,所恶有甚于死者",即肯定人格高于生命。然而生命还是人格的本原,如果没有生命,也就没有所谓人格。

　　从"所欲有甚于生者,所恶有甚于死者"的意义上来说,可以说道德高于生命。应该承认,道德本于生命,而在一定意义上又高于生命。

四 生与义、富与仁的统一

　　"生亦我所欲也,义亦我所欲也",这是正常的情况。在正常的情况中,一方面要充实生命力,一方面要提高道德自觉性、遵守道德的制约。生命与道德是相需相成的。充实生命力必须满足物质生活的需要,也即满足一定的欲望,但是欲望的满足不可能是无节制的,如果无节制的追求欲望的满足,而纵欲无度,必然会戕害生命,同时也要加剧人与人之间的矛盾冲突,而引起纠纷扰乱。为了保持生命的正常发展,保持人与人之间的协调。生命的充实提高与道德的自觉自律都是必要的。

在中国思想史上,儒家是基本上肯定生命的,但是一部分儒者重义轻利、存理去欲的学说,对于物质需要的重要性认识不足,比较忽视了充实生命力的必要性,对于民族的发展产生了消极影响。与重义轻利、存理去欲的思想成为对照的是纵情肆欲、唯利是图的流俗思想,追求个人享乐、见利忘义。这种流俗思想,自古有之,于今为烈。这种庸俗作风,既违背了道德的准则,也逆反了生命的规律,是不足取的。

孟子曾引阳虎之言曰:"为富不仁矣,为仁不富矣。"这所谓为富指执政者聚敛民财,所谓为仁指施行仁政。聚敛民财与施行仁政确实是相互违反的。但是,如果从另一意义来讲,如果为富指经营商业,为仁指做有益于人民的事情,则为富与为仁还是可以相容的,不但可以相容,而且相得益彰。据闻现代日本有一位企业家提出"仁富合一"的主张,运用仁富合一来经营企业,取得显著的成就。这是值得注意的。事实上,在中国历史上,实行仁富合一的,也不乏先例。如孔子弟子子贡,善于货殖,但作为孔门弟子,也是"以仁为己任"的,表现了很高的道德品质。当代有许多国外华人企业家,致富之后,大力资助祖国的文教事业,这也是富仁合一的典范。

社会生活必须分工,在社会中有人为增加物质财富做贡献,有人为提高人类的精神生活做贡献。仁富可以合一,然而也不妨分途。在精神领域中,有人致力于探求自然的奥秘,有人沉思人生的终极价值。这都是应该鼓励的。

我国实行改革开放以来,在邓小平建设有中国特色的社会主义理论的指引之下,社会主义市场经济取得很大的发展。但是,社会上也出现了拜金主义、享乐主义、极端个人主义的不良风气。拜金主义、享乐主义、极端个人主义,都可以称为"为富不仁",这是妨碍社会的正常发展的。

发展社会主义市场经济,必须健全法制;在健全法制的同时,更必须提倡社会主义道德,必须建立社会主义的良风美俗。社会主义的人际关系应是友爱互助的新型关系。在当代资本主义国家中,社会风气中出现一些颓风,如家庭解体之类,但在西方社会中,注意公共卫生(不随地吐痰)、遵守公共秩序(乘车不拥挤)等已蔚然成风,而我国社会在这些方面尚有待于整饬。货真价实、童叟无欺,是千百年来商业活动的准则,而今天却假药、假货充斥于市场之中。这都说明,建立良风美俗,还有待于艰苦的努力。

富(经济)属于物质文明;仁(道德)属于精神文明。物质文明与精神文明是相待相成的,必须兼顾并重。原则既已明确,理想必能实现。

第二章

文

中国文化的优良传统的核心是关于人生意义、人生价值、人生理想的基本观点。我们所谓"人本",不是说人是世界之本,而是说人是社会生活之本。

第一节
中国传统文化的发展演变及发展规律

  所谓文化有广义、狭义之分。最广义的文化指人类所创造的一切,考古学所谓"史前文化"指最广义的文化而言。最狭义的文化专指文学艺术,这即"文化部"所谓文化。一般意义的文化指与经济、政治有区别的意识形态及其物质化的成果,包括哲学、宗教、科学、技术、文学、艺术。哲学存载于哲学典籍之中,宗教有其经典、寺院和仪式,科学有其仪器及书册,文学有其作品,艺术更表现为书法、绘画、乐器以及建筑、雕刻等等,都有其物质载体。这些都是文化的内容。物质载体是凝固的,其中所含蕴的精神和意义却需要正确的理解。本节所谓文化指包括哲学宗教、科学技术以及文学艺术的文化。中国传统文化包括中国传统的哲学宗教、科学技术和文学艺术。

  文化的内容是广泛的、复杂的,其中哲学宗教、科学技术与文学艺术属于不同的层次。在广泛而复杂的文化体系中,哲学和宗教居于主导地位。哲学是世界观,科学技术与文学艺术在一般情况下都是在有意或无意中受到哲学思想的影响,当然也会对于哲学思想的发展起一定的作用。我对于科学技术史和文学艺术史都没有专门的研究,不敢强不知以为知,所以本节的论述以传统的哲学思想为主。因此,本节只是一个"以管窥天"的初步尝试而已。

>>> 物质载体是凝固的,其中所含蕴的精神和意义却需要正确地理解。本书所谓文化指包括哲学宗教、科学技术以及文学艺术的文化。图为宋朝赵佶《文会图》,描绘了唐十八学士雅集创作的情景。

第二章 文

一 中国文化的形成

中国文化起于何时？目前史学家尚无定论。《周易·系辞下传》说："古者包牺氏之王天下也，仰则观象于天，俯则观法于地，观鸟兽之文与地之宜，近取诸身，远取诸物，于是始作八卦，以通神明之德，以类万物之情，作结绳而为罔罟，以佃以渔。……包牺氏没，神农氏作，斫木为耜，揉木为耒，耒耨之利，以教天下……日中为市，致天下之民，聚天下之货，交易而退，各得其所。……神农氏没，黄帝尧舜氏作，通其变，使民不倦……垂衣裳而天下治。"这是《周易大传》作者的远古文化起源论。司马迁作《史记》，"自黄帝始"。汉代以后，关于"三皇五帝"的传说很多。五四运动以后，20年代至30年代，国内出现了疑古思潮，对于传说的三皇五帝一概持否定态度，认为伏羲、神农、黄帝、尧、舜都是神话人物，实际并无其人，甚至也否认了大禹治水的历史真实性。由于甲骨文的发现，商代的历史总算肯定下来了，夏代仍在怀疑之列。但是近几十年的考古发现，证明中国确有很长的历史，中华民族的历史不是缩短了，而是伸长了。夏代的真实性已逐渐肯定下来。我认为伏羲、神农、黄帝虽然是传说人物，也未必全无事实根据。伏羲指畜牧时代的代表人物，神农指农耕时代的代表人物，黄帝指发明了宫室衣裳的时代的代表人物。尧、舜、禹是春秋战国时期儒、墨、道、法诸家学者共同承认的，未必出于人们的臆造。近来中国古代神话的研究者认为尧、舜本是神话人物，后来转化而为历史人物，是神的人化。我则认为，从先秦诸子的记述来看，尧、舜、禹本来是历史人物，后来《山海经》等把舜、禹转化为神，无宁是人的神化。汉代纬书也曾经将孔子神化，幸而《论语》《左传》《史记》都保存了关于孔子的记载，孔子还是被还原为人。我认为，在殷周以前，中华民族（当时称为华夏族）已有长久的历史，这是应该充分肯定的。

商代宗教和艺术已相当发展，保存至今的商代青铜器的精美，至今犹令人赞叹。商代的甲骨文表明当时文字已很繁富。《尚书·周书·多士》记述周公说："唯殷先人，有册有典。"这表明商代已有典籍，但都失传了。孔子说："夏礼吾能言之，杞不足征也;殷礼吾能言之,宋不足征也。文献不足故也,足则吾能征之矣。"①孔子已叹夏、商之礼"文献不足",今日更难考其详情了。甲骨文提供了商代史迹的一些证据,但仍然是不完备的。

《尚书》的《洪范》篇,传本列在《周书》,《左传》记述春秋时期士大夫的对话,其中引用《洪范》中的文句,却称为《商书》。20 年代有人怀疑《洪范》是战国的作品,但《左传》中记述春秋时卿大夫已引用《洪范》的文句,足证在春秋时《洪范》已是公认的典籍,不是后人依托。(郭沫若先生认为《洪范》是孔子之孙子思所作,更是主观臆断。)《洪范》是中国上古时代第一篇有系统的理论文章。《洪范》提出五行、五事之说:"一五行,一曰水,二曰火,三曰木,四曰金,五曰土。……二五事,一曰貌,二曰言,三曰视,四曰听,五曰思。"五行是关于自然事物的类别,五事是关于人的认识的初步分析。

《周易》古经可能是西周初年的作品。《周易·系辞下传》说:"《易》之兴也,其当殷之末世、周之盛德邪? 当文王与纣之事邪?"从《周易》引述了一些周初的故事而没有引述其后的故事来推测,《周易》应是西周初年编成的。(有人认为《周易》出于战国,也是无据之说。)《周易》提出了六十四卦的完整体系,含有对立统一的辩证观点。

孔子赞美周代文化:"周监于二代,郁郁乎文哉!"②从《尚书·周书》的记载来看,周公旦确是文化史上一个重要人物,他提出"敬德保民"的思想,对于以后儒家有深远的影响。要之,殷周时代是中国传统文化形成的时期。

西周末年,伯阳父提出"天地之气"的观念,史伯提出"和实生物、同时不继"的命题(近人或谓伯阳父与史伯是一个人,但尚无确据),表明西周末年哲学思想已达到一定的水平。

孔子是中国文化史上一个承前启后的文化巨人。孔子生于纪元前 551 年,到现在已两千五百多年。孔子以前的中国历史也已有两千五百多年了。韩非说:"殷周七百余岁,虞夏两千余岁。"③表明春秋战国以前,华夏族已经有两千多年的发展

---

① 《论语·八佾》。
② 同上。
③ 《韩非子·显学》。

过程。孔子的伟大贡献是兴办民间教育,把"学在官府"的文化传授给一般平民,从而促进了文化学术的发展。孔子总结了夏、商、周三代的文化成就而提出了自己的一贯之道,这一贯之道即是"仁",仁的主要含义是"己欲立而立人,己欲达而达人",即自己要求立达,也协助别人立达,既肯定自己,也承认别人。孔子以此为道德的最高原则。孔子总结了自古以来的生活经验,提出了最高的道德原则,而对自古以来的原始宗教不感兴趣。他宣称:"务民之义,敬鬼神而远之,可谓知矣。"[1]他不谈死的问题,不谈鬼神。这种"务民义远鬼神"的思想态度,对于尔后中国文化的发展发生了深远的影响。

与孔子同时而年辈稍长的是老子。他写出了中国第一部哲学著作《老子》。《老子》提出了中国第一个本体论学说。以往人们都认为天地是最根本的,《老子》认为天地不是最根本的,还有比天地更根本的,即是"道"。"道"是天地万物的最高本原。所谓道就是自然世界的普遍规律。《吕氏春秋·当染》有"孔子学于老聃"的记载,《礼记·曾子问》叙述了孔子问礼于老聃的故事。但《老子》书有批评礼的文句,因此后来有人提出了《老子》的作者是否老聃的疑问。(这个疑问是北魏崔浩首先提出的。)30年代以来,许多史学家将《老子》一书列为战国时期的著作。但是,《论语》中记述了孔子对于"以德报怨"的批评,而"以德报怨"之说见于《老子》书中。从《老子》全文看,有少数文句确定是出于战国(如"绝仁弃义"之类),大多文句亦无必然出于战国的明证。因此,近年多数史学家仍然肯定孔老同时的旧说。孔子与老子是春秋末期两个大思想家,双峰并峙,开辟了中国哲学思想的洪流。孔子是中国伦理学说的最大宗师,老子是中国自然哲学的最大宗师。

二 中国文化的发展

战国时代是中国文化大发展的时期,当时诸子并起,百家争鸣,最主要的有六

---

[1] 《论语·雍也》。

大学派,即儒、墨、道、法、名、阴阳。儒家宗述孔子,其主要代表是孟、荀。墨家是战国初年墨子所创立的反对儒学的新学派,宣扬兼爱非攻、非乐非命,但保留了关于鬼神的宗教信仰。道家宗述老子,其主要代表是庄子。法家商鞅在秦国实行变法,富国强兵,后来韩非发展商鞅的学说。名家重视名辩的研究,主要代表有惠施、公孙龙。阴阳家以阴阳五行解说世界现象,主要代表是邹衍。

儒、墨当时并称"显学",《吕氏春秋》说:孔、墨"从属弥众,弟子弥丰,充满天下";"孔墨之后学,显荣于天下者众矣,不可胜数"[①]。儒家的特点是宣扬"仁义",通习《六经》,"《诗》以道志,《书》以道事,《礼》以道行,《乐》以道和,《易》以道阴阳,《春秋》以道名分"[②]。墨家的特点是宣扬"兼爱",而对于名辩(逻辑)、几何、物理学有较精深的研究,在中国逻辑史、科学史上做出了较大的贡献。

道家是隐者之学,但也有广泛的影响。道家长于抽象思维,对于本体论的问题进行较深的探索,而又表现了菲薄知识、排摒文化的倾向。孔子主张"博学于文";墨子亦"好学而博";老子则宣扬"绝圣弃知"、"绝巧弃利";庄子指斥"文灭质、博溺心",要求回到原始的"素朴"。老子、庄子的这些言论是对于当时的等级制度的抗议。

法家富于实际政治经验,是在政治上占优势的学派。商鞅、吴起、韩非主张"以法治国",确有重要的进步意义。但商鞅、韩非完全忽视道德教育的社会作用,排斥一切文化学术,就陷于偏谬了。唯有齐国一些推崇管仲的法家学者兼重法教,提出了比较全面的政治、经济理论。齐国的法家学者依托管仲,编撰《管子》一书,是先秦学术的一部重要文献。(《管子》一书是汉代刘向编定的,他是将以"管子"为题的论文编为一书,并不是将"稷下"学者的论著都收在内。近年有些史家认为《管子》是稷下著作的汇编,不合事实。)

先秦诸子表现了各自立说、展开争鸣的学风。《庄子·逍遥游》论述宋钘的态度说:"宋荣子犹然笑之,且举世誉之而不加劝,举世非之而不加沮,定乎内外之分,辨乎荣辱之境。"作为自由思想家,坚持自己的独立见解,不随世俗的毁誉而改变自己的见解。《庄子·徐无鬼》记载庄子和惠子的对话云:"庄子曰:'然则儒墨杨秉四,

---

① 《吕氏春秋·当染》。
② 《庄子·天下》。

与夫子为五,果孰是邪?'……惠子曰:'今夫儒墨杨秉,且方与我以辩,相拂以辞,相镇以声,而未始吾非也,则奚若矣?'"旧说公孙龙字子秉,实无确据,秉疑宋字之误,指宋钘而言。惠子的态度是"未始吾非"。事实上,不仅惠子如此,儒、墨、杨、宋亦莫不如此。

不但各学派之间展开辩论,而且同一学派中间更存在着不同的支派。韩非说:"自孔子之死也,有子张之儒,有子思之儒,有颜氏之儒,有孟氏之儒,有漆雕氏之儒,有仲良氏之儒,有孙氏之儒,有乐正氏之儒。自墨子之死也,有相里氏之墨,有相夫氏之墨,有邓陵氏之墨。故孔墨之后,儒分为八,墨离为三。"[1]这样,大的学派之内又有不同的支派,这充分显示了战国时期的学术自由。

在战国时期,天文学、算学、医学、农学也都有一定的发展,惜乎许多史料已经遗失了。《吕氏春秋》中保存了战国时期天文学、农学的一些资料。中医的经典《黄帝内经》可能是汉代编成的,其中许多基本观点可能起源于战国。

总之,春秋战国时代是中国文化史上一个辉煌昌盛的时代。

三 中国文化的演变

秦始皇吞并六国,建立了统一的政权,听从李斯的建议,焚书坑儒,把《诗》《书》《史记》以及"百家言"都烧了。这是中国历史上第一次实行文化专制主义,是文化发展所遭遇的一次严重挫折。但秦朝在农民起义的冲击下迅速灭亡,证明秦朝"以法为教、以吏为师"的专制政策是行不通的。汉朝建立,采取了道家"与民休息"的政策,收到了显著的成效。但是道家之学,标榜"因循无为",不能适应文化武功进一步发展的要求,于是汉武帝采纳了董仲舒的建议,"罢黜百家,独尊儒术",开始了儒家经学占统治地位的"经学时代"。灿烂辉煌的春秋战国"诸子时代"结束了。(春秋、战国时期应称为"诸子时代",史家有时称为"子学时代",不够恰当。"经学"是以

---

[1] 《韩非子·显学》。

"经"为研究对象,晚周诸子并非以"子"为研究对象,只应称为"诸子之学",不宜简单地称为"子学"。)春秋战国时代思想活跃、学术繁荣的盛况消失了。

董仲舒建议"独尊儒术、罢黜百家",是为了实行"《春秋》大一统"的方针,保证当时中央集权的政治统一。这个建议的实施确实保证了政治上的统一,却是以牺牲学术繁荣为代价的。秦始皇焚书,对于中国文化的发展带来了惨重的后果。上古文献《尚书》缺残不全了,六国的国史荡然无存(到西晋时代才发现了魏国的《纪年》);惠施是博学之士,《庄子·天下》篇说:"惠施多方,其书五车。"而《汉书·艺文志》仅仅著录《惠施》一篇,其余都逸失了。汉武帝罢黜百家,道家仍有其潜势力,流传不绝,阴阳家的一部分学说被董仲舒所吸收,法家的"刑名法术"仍为统治者所采用,此外墨家和名家的学术却倏然断绝了。墨家对于名辩之学(逻辑)、物理之学有重要贡献,汉代以后竟无人继承,这是一项严重的损失。(幸而《墨子》一书还保存下来,使后人有所考见。)

汉武帝设置五经博士,以"通经"为士人进身的阶梯,严重地限制了学术的发展。西汉后期出现了"纬书"和"图谶",宣传粗陋的迷信,更腐蚀了人们的思想意识。经学逐渐流入繁琐,"一经说至百余万言"[1],失去了维系人心的作用。儒士所宣扬的名教(君臣父子名分之教)也逐渐流为形式。东汉末年,郑玄遍注群经,实现了各派经学的综合。尔后,汉代经学陷于衰落了。

两汉时代,在经学占统治地位的情况下,自然科学仍有较大的发展。在天文学上,盖天说、浑天说、宣夜说,各有师传,交相辉映。张衡创制浑天仪、地动仪,更是发放异彩。医学家总结了先秦以来的医学成就,编撰成中医的经典著作《黄帝内经》;东汉后期张仲景更加以发展,撰写了《伤寒论》。此外,算学、农学也有一定的发展。史学家司马迁写出了不朽名著《史记》[2],汉代学术,虽然在经学的笼罩之下,仍然有光辉的成就。

魏晋时代,玄谈盛行,中国文化的发展转入一个新的时期。玄谈的兴起是对于汉代经学的反动,是一次相对的思想解放,从汉代经学的束缚中解放出来。当时以

---

[1] 《前汉书·儒林传》。
[2] 原名《太史公书》。

《老子》《庄子》《周易》称为"三玄",实际上是崇尚老庄,以《老》解《易》。何晏、王弼兼崇孔、老,嵇康则公开声称"非汤武而薄周孔"、"越名教而任自然"。当时老庄道家学说盛行起来。《晋书·王衍传》云:"魏正始中,何晏、王弼等祖述老庄立论,以为天地万物皆以无为本。"《晋书·向秀传》云:"庄周著内外数十篇,历世方士虽有观者,莫适论其旨统也。秀乃为之隐解,发明奇趣,振起玄风,读之者超然心悟,莫不自足一时也。惠帝之世,郭象又述而广之。儒墨之迹见鄙,道家之言遂盛焉。"这都说明了道家学说流行的情况。当时还有人研究"墨辩"(鲁胜),有人探讨公孙龙(阮裕),呈现出思想活泼的景象。

当时玄学的思想观点也影响到文学艺术,形成为一代风尚。

西晋之世,裴頠著《崇有论》,对于道家"贵无"的思想提出了犀利的批判。西晋的覆亡,坚持抗敌斗争的刘琨总结"国破家亡"的教训,得出了"聃周虚诞"的结论,对于玄谈之风进行了谴责。两晋南北朝时代,中国传统文化处在动荡的过程之中。

两汉之际,佛教开始传入中国,到南北朝时代,佛教逐渐流行起来。佛教一方面宣扬"神不灭论",大讲"三世轮回"的迷信;一方面又宣扬"心作万有,诸法皆空"的唯心论。三世轮回的说教取得了流俗群众的信仰;玄虚奥妙的唯心论哲学吸引了许多读书人的心灵,在许多人的心目中,佛学的高深远远超出于儒学之上。东汉末年,道教兴起,崇奉老子为教祖,实际与道家之学是有区别的。到隋唐时代,儒、佛、道并称为三教。佛教是从印度传来的宗教,道教是上古时代原始宗教的改造,儒教本非一般意义的宗教。《中庸》说:"天命之谓性,率性之谓道,修道之谓教。"所谓教乃是教导、教化之义。我们不能因儒教亦称为教,就将儒学看做宗教。

佛教的传入,标志着中印文化的接触,印度的一部分文化输入到中国,中国吸收了印度文化的一些成分。中国的人民大众本来宗教意识比较淡薄,儒学不谈论死后的问题,而佛教大谈其生死问题,从而赢得了很多群众的信从。佛教对于文学、绘画、音乐、建筑也都发生了一定的影响。

东晋时期,佛教信徒往往假借玄学的名词概念来宣扬佛学,到隋唐时代,佛学渐渐表现了中国化的趋向。天台宗、华严宗固然继承了印度佛教的传统,也会综了中国道家的一些思想观点,表现了一定的创造性。慧能所创立的禅宗南宗,更推进了佛学的中国化。但在传承关系上禅宗仍然自称继承了印度佛学的传统。中国佛教的流传与盛行,表明中国文化并不拒绝外来的文化,并且能够吸收、消融外来的文化。印度佛教徒到中国来传教,中国却没有人到印度去宣扬中华文化。这表明中国人的缺点不在于不接受外来文化,而是缺乏到国外宣扬本国文化的毅力。

唐代韩愈发动对佛、老的批判,以复兴儒学为己任,但是没有能够建立超越佛、老学说的理论体系。到北宋时代,理学兴起,才恢复儒学的权威。周敦颐以《周易》为凭借,汲取了道家的一些观点,写成《太极图说》《通书》,是理学的开端。张载以"气"为最高范畴来说明世界的本原,对于老子"有生于无"与佛教"以山河大地为见病"的唯心论进行批判。程颢、程颐以"理"为最高范畴,提出"天者理也"、"性即理也"的命题,建立了以"理"为中心观念的比较完整的体系。到南宋,朱熹、陆九渊分别继承并发展了北宋时代的理学思想。

宋、元、明、清时代是中国传统文化演变的一个新阶段,在这个阶段中,理学占有主导的地位,因而对于理学的性质及其在中国传统文化中的地位,应进行较详的分析。由于理学是先秦儒学的继承和发展,所以评价理学不得不牵涉到先秦儒学的评价问题。因此,这里尝试讨论三个问题:1. 儒家人生理论的基本性质,2. 理学与佛、老的关系,3. 理学的历史作用。

关于儒家人生理论的基本性质,主要的问题是:儒家是肯定人的价值、人的尊严的,还是否定人的价值、人的尊严的? 近年以来,有人认为中国儒家思想具有"人文主义"或"人本主义"的性质;也有人认为"人文主义"或"人本主义"乃是西方近代的思想,是古代所未有,而儒家更是否定人的价值、人的尊严的,更谈不上人文主义或人本主义。我认为,所谓人文主义或人本主义固然是西方近代的思潮,但也不是毫无历史的渊源,古希腊的哲学对于西方近代的影响是不可忽视的。有的文学史家认为,西欧 17 世纪末年至 18 世纪中叶,"中国的人文主义思想传入欧洲,并对西欧的启蒙运动发生作用"[①]。这并不是没有根据的臆说。

儒家是怎样看待人的呢?《孝经》记述孔子之言云:"天地之性人为贵。"这不一

---

① 范存忠:《中国的人文主义与英国的启蒙运动》,载《文学遗产》1981 年第 4 期。

定是信史,但孔子将人与鸟兽区别开来,在《论语》的记载中还是比较明显的。《论语》云:"厩焚。子退朝,曰:'伤人乎?'不问马。"①这明确把人与马区别开来。又载孔子遇隐者长沮、桀溺之后叹息说:"鸟兽不可与同群,吾非斯人之徒与而谁与?"②这明显地肯定了"斯人"与鸟兽的区别。孔子尝说:"三军可夺帅也,匹夫不可夺志也。"③这明确肯定人是具有独立的意志的。孔子虽然分别了君子、小人,而肯定匹夫也有其不可夺的意志,匹夫未必是君子,而匹夫之志也是必须重视的。

孟子提出"良贵"之说,他认为:"人人有贵于己者,弗思耳。人之所贵者,非良贵也。赵孟之所贵,赵孟能贱之。"④这就是认为人人都具有天赋的内在价值。荀子论物类的异同说:"水火有气而无生,草木有生而无知,禽兽有知而无义。人有气有生有知亦且有义,故最为天下贵也。力不若牛,走不若马,而牛马为用,何也?曰:人能群,彼不能群也。人何以能群?曰:分。分何以能行?曰:义。"⑤这认为人之所以为贵在于有知而且有义,义是能群之道。古代汉语所谓贵,就是今日我们所谓价值。应该承认,先秦儒家确实肯定了人的价值。先秦儒家的这些观点,被后代儒家所继承,这里仅举一例。南北朝时,何承天著《达性论》来反驳佛教三世轮回之说,就是根据人与禽兽不同来立论的。他说:"天以阴阳分,地以刚柔用,人以仁义立。人非天地不生,天地非人不灵。……夫民用俭则易足,易足则力有余,力有余则志情泰,乐治之心于是生焉。……安得与夫飞沈蠉蠕并为众生哉?"⑥这是说,人在天地之间有重要的作用,把人类与鸟兽鱼虫并称为"众生"是谬误的。宋明理学家也都强调人与禽兽的区别。

马克思说过:"专制制度的唯一原则就是轻视人类,使人不成其为人。"⑦马克思这句话深刻揭露了专制制度的本质。有人据此推论,以为儒家是专制主义的哲学,

---

① 《论语·乡党》。
② 同上书,《微子》。
③ 同上书,《子罕》。
④ 《孟子·告子上》。
⑤ 《荀子·王制》。
⑥ 《弘明集》卷四。
⑦ 《马克思恩格斯全集》第1卷,北京:人民出版社,1963年版第1版,第411页。

因而也是轻视人类、贬低人类的。我认为这种推论是不能成立的,不能把专制主义制度与中国儒家学说等同起来。孔子反对"言莫予违"的个人独裁,孟子宣称"民贵君轻",都不是赞同专制制度的。宋明理学受到专制帝王的尊崇,实际上理学家经常企图"格君心之非",更经常批评当政的宰执,理学家的"王霸之辨"表明他们并不赞同现实的专制制度。(近人多讥"王霸之辨"为迂阔,其实王霸之辨含有贬抑专制制度的意向。)

有人认为儒学是压抑人的,宋明理学更是否定人性的,其主要理由之一是认为儒家宣扬禁欲主义。事实上这是对儒学的不正确的理解。孔子赞扬"贫而乐",这是就个人修养来说的;孔子论治国之道,却是以"富"为先而"教"次之,明确肯定了"富之"的重要。孟子提出"寡欲"之说,寡欲并非禁欲。孟子的原则是"与民同乐"。孟子对齐宣王说:"今王与百姓同乐,则王矣。"齐宣王说:"寡人有疾,寡人好货。"孟子说:"王如好货,与百姓同之,于王何有?"齐宣王又说:"寡人有疾,寡人好色。"孟子说:"王如好色,与百姓同之,于王何有?"①基本原则是"与民同乐"。孟子不排斥"好货"、"好色"的欲望,怎能说是禁欲主义呢?孟子所反对的是不顾人民疾苦的奢侈纵欲。

最为人们垢病的是宋明理学的"存天理,去人欲"观点。多数哲学史论著都指斥这是禁欲主义,事实上这也是错误的理解。朱熹明确地讲:"饮食者,天理也;要求美味,人欲也。"②又说:"饥便食,渴便饮,只得顺他。穷口腹之欲便不是。"③有些人认为宋明理学否定人们的一切生存欲望,那只是"想当然"耳。但也应指出,理学家对于人民物质生活的提高确实不够重视,这是理学的缺点之一。

关于理学与佛老的关系,自金朝佛教徒李纯甫崇佛诋儒以来,不少论者认为理学是"阳儒阴释"。这个问题必须加以分析。李纯甫说:"伊川诸儒,虽号深明性理,发扬六经圣人心学,然皆窃吾佛书者也。"④事实上,这是诬罔之词。理学家曾研读

---

① 《孟子·梁惠王下》。
② 《朱子语类》卷十三。
③ 同上书,卷九十六。
④ 《宋元学案》卷一〇〇《屏山鸣道集说略》引。

第二章 文

过佛书,受过佛学和道家的影响,但理学的根本宗旨与佛老不同。理学乃依据孔、孟的基本观点,汲取了佛、老的一些思想资料,回答了佛教、道家所提出的理论问题,从而丰富了儒家学说的内容。理学的最主要的概念范畴来自《周易大传》,而《周易大传》被认为是孔子的著作,所以理学家以孔子的继承者自居,确实是有理由的。理学的基本立场是和孔、孟一致的,与佛、老的立场是大不相同的。

张载、二程都尝"出入"佛、老,既"入"而又能"出",这表明张、程具有独立思考的精神。张、程汲取了佛、老的一些思想资料,加以改造,从而丰富了儒家的理论体系,这是合乎思想发展的规律的。

禅宗佛教的南宗,虽然推进了佛学的中国化,但仍继佛教之统,自称是达摩的传人。理学家虽然研习过佛典,但仍是继孔、孟之统,这表现了理学的民族性,理学是自觉地为民族文化服务的。如果宋儒自称为佛学的支流而不努力建立自成系统的理学体系,那么民族文化史也就黯然失色了。

宋代文化在当时居于世界文化的前列,科学技术、文学艺术都有高度的发展,对于世界文化发生过重大影响的"四大发明",即是北宋时代完成的。宋代的封建的生产关系还继续在发展。有人认为宋代已处于封建社会的末期,一切都走下坡路了,那是没有事实依据的。

宋明理学在历史上的实际作用如何呢？这是一个非常复杂的问题,必须进行全面的考察和分析。这里只提出最重要的两点:第一,理学增强了民族的凝聚力;第二,理学又促进了礼教的强化,起了束缚自由思想的不良作用。宋、元、明、清时代是国内民族矛盾错综复杂的时代,如何抵御少数民族的侵略,是汉族人民不得不注意的实际问题。理学强调民族大义,对于保卫民族主权起了一定的作用。宋元之际、明清之际,坚持抗战的爱国志士大都是受到理学的熏陶的。南宋抗元,南明抗清,都失败了,但是元、清的统治阶层都接受了"汉化",在这些少数民族的"汉化"过程中,理学起了重大的作用。应该承认,理学增强了汉族文化的同化力。这也表现了理学的积极作用。另一方面,理学助长了封建社会的父权、夫权以及君权。程颐曾经宣称:"饿死事小,失节事大。"这句话运用在民族关系上,使人坚持民族气节,起了提高民族意识的作用。但程颐此言本是对妇女改嫁问题而发的。南宋以后,强调妇女的守节,成为压抑妇女的沉重枷锁。程门后学又提出"天下无不是的父母",使父子关系成为绝对服从的关系;尔后又有人提出"天下无不是的君",使君臣关系也成为绝对服从的关系。君权、父权、夫权,都变成绝对性的,中国的封建社会变得空前严酷。关于君权,理学家中存在着不同意见,张载、程颐等原亦幻想自己能够"为王者师",朱熹亦经常向皇帝提出不同意见。但后来理学家的这类幻想完全破灭了,专制主义越来越加强。明代后期,东林学派展开了"士权"与"王权"的斗争,也受到当权派的疯狂打击,知识分子始终受到专制主义的压抑。总而言之,理学的历史作用是功过交参、损益互见的。

明代后期,万历年间,西方基督教的传教士利玛窦等来中国传教,带来了西方哥白尼以前的科学知识,是为西学东渐的开始。当时西方的科学知识吸引了一部分中国士大夫。西学虽然没有得到广泛的传播,也没有遭到拒绝。同时西方传教士也将中国的儒学介绍给西方,引起了西方思想家莱布尼兹(Leibniz)、沃尔夫(Wolff)、伏尔泰(Voltaire)等人的注意。可以说,明代末期至清代初期,即16世纪末到18世纪初,中西文化曾经有一段交流的过程。

明清之际,涌现出一些进步思想家,使中国传统哲学思想达到了一个新的高峰。黄宗羲提出比较明确的民主思想,顾炎武阐明了考证的科学方法,王夫之对宋、明以来学术思想进行批判的总结。明政权覆灭、清政权初建,当时民族矛盾与阶级矛盾错综复杂,政治上的控制比较宽松,容许学者们从事新的探索,从而达到了较高的成就。明清之际的思想学术,与宋明学术相比,确实是有所前进。但是从世界范围来看,西方的文化学术,从16世纪以来,突飞猛进,日新月异,相比之下,中国的传统文化瞠乎其后了。

在西方中世纪,哲学成为"神学"的奴婢。经过科学家、思想家多年的艰苦斗争,终于从"神学"的羁绊中解放出来,于是自然科学取得飞跃发展,哲学亦超迈前古。在中国,直至明、清时代,"经学"仍然是笼罩着学术界的最高权威。从明初开始,以八股文取士,使知识分子疲精耗神于无用的空文。清代统治者以少数民族入主中原,更大兴"文字狱",以酷刑峻法钳制人们的思想。在严酷的文化专制主义的控制之下,思想僵化,学术枯萎,远远落后于西方了。

1840年鸦片战争的失败,震醒了先进人士,但大多数人民仍在梦寐之中。西学的再次输入,使传统文化受到了严重的冲击。清代末年屡次对外战争失利,中国人民遭遇了严重的民族危机。民族处在危急存亡的严重时刻,传统文化更处在动摇之中。经过辛亥革命到五四运动,人们发出了"新文化"的号召。于是儒学、经学、理学三位一体居于主导地位的传统文化基本结束了,中西文化的异同优劣成为人们热烈讨论的主要论题。新的文化传统虽然没有建立起来,但已开始酝酿了。

四 中国文化的发展规律

从殷周到民国初年,三千多年,中国的传统文化经历了漫长的曲折的演变过程。在这长期的演变过程中,表现了哪些值得注意的规律性呢?中国传统文化发展的规律性是一个非常复杂的问题,这里我只能依据自己的考察和体会,进行初步的宏观概括。我认为,有四点是值得注意的:1. 思想自由与文化发展的必然联系,2. 人的自觉的提高是文化发展的核心,3. 文化开放与文化进步的联系,4. 时代精神的更替与民族精神的消长。

在中国文化漫长的发展过程中,有几次思想活跃、学术繁荣的时期,第一次是春秋战国时期,第二次是魏晋时期,第三次是北宋时期,第四次是明清之际。春秋战国时期,百家争鸣,学派林立。当时各诸侯国都尊重知识分子,从不干预知识分子的著书立说,当时可以说是思想自由的时代。魏晋之世,虽然"时局多故",但统治集团忙于争取政权,对于学术却较少干涉,所以当时思想也比较活泼,文化呈现了新的景象。北宋时代,学术繁兴,王安石的"新学",周敦颐的"濂学",邵雍的"象数之学",张载的"关学",程颢、程颐的"洛学",苏轼、苏辙的"蜀学",同时并起,交相辉映。与此同时,天文学家沈括、苏颂在自然科学上也做出了卓越的贡献。宋学表现了创新精神,其时代背景之一是宋代对于士大夫比较尊重,不杀戮士大夫,不干预知识分子的学术活动。明清之际,明政权已经覆亡,清政权对于知识分子采取了怀柔政策,当时文字狱尚未兴起,因而有些明代遗民还保持了学术思想的自由。纵观周秦以来的文化演变,政治控制比较松弛的时期,思想有相对的自由,因而文化的发展也呈现出异彩。

中国传统文化有一个显著的特点,就是以"人"为中心。这是儒学的特点,因为儒学在中国传统文化中居于主导地位,所以也成为传统文化的特点。西方近代有所谓"人文主义"、"人道主义"、"人本主义"。有些学者也用这些名词来称述中国的儒学,有人则不以为然。无论如何,如果说儒学以人为本位,还是应该承认的。所谓本位又是一个模糊名词,所谓以人为本位即是说以人为出发点,从人的问题出发,又以人的问题为归宿。以人为本位,必然以"人的自觉"为中心。所谓人的自觉,至少包括两层含义:1. 同类意识,肯定自己与别人为同类;2. 个性自觉,肯定自己是一个与别人不同的自我。这种思想意识,在孔子的思想中已经存在了。孔子将鸟兽与"斯人之徒"对立起来,显然是承认"斯人之徒"是同类,而鸟兽是异类。孔子宣称"性相近也,习相远也",即肯定人与人是相类的。春秋之时,有许多隐士,自称"辟世之士"。孔子亦说:"贤者辟世,其次辟地,其次辟色,其次辟言。"① 为什么要辟世、辟地呢?就是因为有自己的独立的见解,不愿屈从于人。为什么要辟色、辟言呢?就是因为有自己的独立人格,要求受到尊重。这种思想态度远有端绪。《周易·蛊卦》:"上九,不事王侯,高尚其事。象曰:不事王侯,志可则也。"这种"不事王侯"的人正是坚持自己的独立意志。后来历代史书中记载着许多"特立独行"的人。这些特立独行的人都是"不事王侯、高尚其志"的人,即都是坚持独立意志的人。孟子更强调人的同类意识,他宣称:"故凡同类者,举相似也,何独至于人而疑之?圣人与我同类者。"② 又引颜渊曰:"舜何?人也。予何?人也。有为者亦若是。"③ 特别揭示人与人的同类关系。孟子认为人类同一性的最主要的内容是道德意识,他说:"口之于味也有同耆焉,耳之于声也有同听焉,目之于色也有同美焉,至于心独无所同然乎?心之

---

① 《论语·宪问》。
② 《孟子·告子上》。
③ 同上书,《滕文公上》。

所同然者何也？谓理也，义也。圣人先得我心之所同然耳。"①以理义为"心之所同然"，即认为"人之所以异于禽兽者"在于道德意识，人的自觉即在于道德的自觉。道德意识，古代亦称为"德性"。古代所谓"德性"即是近代所谓"理性"。南宋以后，理学家区别了"义理之性"与"气质之性"，主张发挥义理之性，而改变气质之性。理学家的基本观点是认为人的自觉主要在于理性的自觉。清初的思想家反对把义理之性与气质之性割裂开来，于是王夫之、颜元特别阐扬了"尽性践形"的学说。孟子曾说："形色天性也，惟圣人然后可以践形。"②所谓践形即实现形体所具有的可能。王夫之、颜元特别发挥了"践形"观念。王夫之说："形之所成斯有性，情之所显惟其形。故曰：'形色天性也，惟圣人然后可以践形。'"③又说："人五色而用其明，入五声而用其聪，入五味而观其所养，乃可以周旋进退，与万物交，而尽性以立人道之常。"④颜元说："吾愿求道者，尽性而已矣；尽性者，实征之吾身而已矣；征身者，动与万物共见而已矣。吾身之百体，吾性之作用也，一体不灵，则一用不具。"⑤颜氏弟子李塨说："圣学践形以尽性。耳聪目明，践耳目之形也；手恭足重，践手足之形也；身修心睿，践身心之形也。践形而仁义礼智之性尽矣。"⑥这种"尽性践形"之说，强调发挥耳目手足所固有的潜能，纠正了宋明理学仅强调"心性"的偏向。

如上所述，中国古代哲学中，从孔子以来，即强调对于独立人格的尊重。近年却有些论者声称中国的"民族传统中个人的人格概念并未建立起来"，缺乏"对个人的人格的承认与尊重"。这种论调只表现其对于中国传统哲学的无知而已。当然，传统是有缺欠的，现在对于个人的人格应有更高的认识，但不承认古代思想家所已经达到的水平，妄图泯灭民族的自尊心，只是民族自卑心理的反映。

其次，在中国文化史上，有两次对外开放，一次是印度佛教的输入，一次是西学东渐。佛教东来，正值中国封建社会的盛世，中国人民并不拒绝佛教，而是接纳、吸

---

① 《孟子·告子上》。
② 同上书，《尽心上》。
③ 《周易外传》卷一。
④ 《尚书引义》卷六。
⑤ 《四存编·存人编》卷一。
⑥ 《恕谷年谱》。

收、改造、消化。明代后期,西化传入,至清代中期而中断。其后随着西方列强的武力入侵,西学再次传入。西方已进入资本主义的发达时期,中国还留滞于封建社会的末期。因而这次西学的东渐,引起了巨大的波澜。中华民族欲图生存,必须向西方学习。在向西方学习的过程中,如何保持民族的独立性以及民族文化的独立地位,乃是非常复杂的实际问题。近年许多论者说中国传统文化有所谓"封闭性",实际上不符合客观的历史实际。汉、晋、隋、唐时代,并没有拒绝佛学。明末清初,也未排斥西学。只有清代中期采取了封闭的闭关政策,那只是暂时的。历史证明,容纳外来文化,可以促进本国文化的发展;拒绝外来文化,本国文化也将停滞下来。这是一条客观的规律。但在汲取外来文化的过程中必须保持本民族的独立性,不能使本民族的文化传统归于断绝,否则将陷于受奴役的地位。

最后,谈谈民族精神的问题。一个独立发展的民族文化,必有其不断发展的思想基础,必有其促进文化发展的主导思想,这种主导思想可以称民族精神。民族精神贯穿于民族文化发展过程的各时期的时代精神中。

所谓时代精神有广义狭义之分,广义的时代精神指某一时代的所有的各种思想、思潮的总和,狭义的时代精神专指某一时代能促进社会发展的思想或思潮,而那些陈旧的落后的思想不算在内。但是,思想意识都是非常复杂的,落后的包含进步的,进步的也容纳落后的,有时难以截然分剖。民族精神也有广义狭义之分,广义的民族精神指一个民族所有的具有一定特色的思想意识,狭义的民族精神专指能起促进文化发展的积极作用的精粹思想。中国传统哲学是否有这种精粹思想呢？我认为是有的,其文字的表达就是《周易大传》的两句话:"自强不息"、"厚德载物"。《周易·象传》说:"天行健,君子以自强不息。""地势坤,君子以厚德载物。"传说《周易大传》是孔子撰写的,因而在两千年的学术传统之中,《周易大传》具有崇高的地位与广泛的影响。据近年史学家的考证。《周易大传》应是战国时期儒家学者的著作。《周易大传》的这两句话,表达了当时的进步思想。事实上,"自强不息"是战国时代华夏人民奋斗精神的反映,"厚德载物"是当时华夏人民宽容精神的反映。这种精神在秦、汉以后流传下来。中国人民对内反抗暴政,对外反抗侵略,表现了坚强的奋斗精神。同时务对于不同的宗教采取兼容的态度,向来没有发动对外侵略,表现了宽容精神。民族精神不是一成不变的,随时代的变迁而有消有长、有进有退。当民族精神发扬充盛之时,民族文化就发展前进;当民族精神衰微不振之时,文化也就处在停滞状态之中。这也是一条文化发展的规律。

民族文化传统也包含许多陈旧落后的赘疣,许多陈腐的积习,如重官轻民、长官意志、怙权枉法、因循迟缓、家长作风等等,都是违反民族精神的,应该加以克服。认识、理解民族精神,发扬、提高民族精神,是文化建设的一项严肃的任务。

第二节
中国文化的思想基础与基本精神

关于中国文化的前途,关于东方文化与西方文化的比较,在20年代至30年代,曾经展开过热烈的讨论。现在又重新提起这个问题,其意义何在呢?我认为,现在重新讨论关于文化的问题,主要是适应建设社会主义新文化的需要。我们现在已经进入社会主义建设的时期,我们现在要建设具有中国特色的社会主义物质文明和精神文明,也就是要创造社会主义新文化。社会主义新文化不是能够凭空创造的,必须在传统文化的基础上加以改造,推陈出新。列宁说过:"应当明确地认识到,只有确切地了解人类全部发展过程所创造的文化,只有对这种文化加以改造,才能建设无产阶级的文化,没有这样的认识,我们就不能完成这项任务。"[1]列宁这段名言也适用于中国。我们现在来建设社会主义新文化,必须对文化史进行科学的考察和分析,对于文化史作出科学性的总结。

---

[1] 列宁:《青年团的任务》,见《列宁选集》第4卷,第348页。

一 中国文化发展的基本情况

从上古时代以至两汉,中国文化是独立发展的。先秦诸子的哲学思想,表现了湛深的智慧;先秦时期的自然科学,具有自己独特的面貌;先秦时期的艺术,如商周的青铜器、春秋时代的编钟,其精美的程度至今犹令人赞叹。先秦和西汉文化充分表现了中华民族的创造力。

两汉之际,佛教开始输入;魏晋以后,佛教逐渐产生广泛影响。这是外来文化第一次输入。到隋唐时代,佛教达到了鼎盛。佛教思想与中国固有的传统思想之间,既有相互对峙的一面,又有相互影响的一面。隋唐时代的佛教徒创立了中国佛学,与印度佛学有所不同。但佛教在中国始终没有占据统治地位。宋代理学,虽然采纳了佛学的一些思想资料,但主要是继承、发扬了先秦儒家的学说。但是还应该承认,佛学已经成为中国文化的一个方面,然而这无损于中国文化的独立性格,因为中国佛教已经接受中国本土思想的熏陶而被熔铸在中国传统文化之中了。

中国佛教的情况,说明中华民族善于吸收、采纳并改造外来的文化。

明代后期,西方传教士来华,带来了西方的自然科学知识。一部分士大夫接受了西方的宗教和科学。清初的康熙很重视西学,但雍正却阻塞了西学传播的道路。明末清初的西学东传没有开花结果。鸦片战争以后,西学再次东渐。西方近代资产阶级的自然科学、政治学说和哲学思想不断输入进来。在西方和日本的帝国主义势力侵略之下,中华民族陷入了空前的民族危机。事实证明,固执着传统思想决不能拯救国家的衰败,模仿西方资产阶级的方案亦无助于解除民族的危机。在西方进步思潮的影响下,马克思主义在中国传播开来。事实证明,唯有马克思主义才指明了中国前进的道路。新中国成立,马克思主义成为中国人民的指导思想。中国文化的发展也进到一个新的阶段。在马克思主义普遍真理的指导下,如何认识和改造中国传统文化,如何吸取和鉴别西方近现代的科学知识与哲学思想,是我们当前面临的艰巨任务。

就中国文化从古到今发展演变的情况来看,中国的民族文化表现了三个特点:1. 创造性,2. 延续性,3. 兼容性。中国古代文化是独立发展的,表现出中华民族的创造力。中国文化从上古时代以来延续不绝,虽然经历了时盛时衰的曲折过程,但始终没有中断。中华民族能够吸取外来文化,从不拒绝外来文化,能使外来学术与固有传统融合起来。

中国文化,在明代以前,本居于世界文化的前列。但是,16世纪以来,西方的科学和哲学都突飞猛进,创造出前所未有的丰富成果。而中国则踏步不前,远远落后了。中国明清时代的文化,虽然也有所前进,但与西方比起来,却表现了迟缓性。现在必须急起直追,这是非常紧迫的任务。我们努力进行现代化建设,意即在此。

二 中国文化的思想基础

文化的范围很广,其中包括哲学、宗教、科学、技术、文学、艺术、教育以及生活方式,等等。在这广泛的范围中,起主导作用的是哲学。哲学是自然知识与社会知识的概括和总结,每一时代的自然科学和文学艺术莫不受哲学思想的影响。宗教和哲学更有密切的联系,宗教之中必须包含哲学观点。有的哲学表现为宗教的附庸,有的哲学则表现为宗教的批判。哲学可以说是文化总体的指导思想,也可以说是文化发展的思想基础。

中国古代哲学是中国古代文化的思想基础。

先秦时期,儒墨并称显学。道家之学是隐士的思想,虽非显学,却也有广泛的影响。法家的政治学说在当时也起了实际的作用。汉代"罢黜百家、独尊儒术",从此儒学居于统治地位,但道家学说仍流传不绝,法家的部分思想被吸收在儒学之中。唯有墨家之学中绝了。后来佛教传入,又出现了道教。哲学学派的分合消长的基本情况是:两汉、魏晋时期——儒道交融,墨学中绝;唐、宋、元、明时期——三教并行,儒学居首。哲学的这种形势对于文化的发展产生了巨大的影响。

现在就三个方面来讲哲学对文化发展的影响。

（一）天人观

中国古代哲学可以称为"天人之学"。"天人之际"是中国哲学的总问题，"天人之际"即人与自然的相互关系。文化即自然状况的改造，所以，人与自然的关系问题也是关于文化方向的根本问题。关于天人观，中国哲学中存在着两种对立的观点，一为天人合一，二为天人交胜。天人合一的思想导源于孟子"知性则知天"的学说，肯定人性与天道是统一的。董仲舒宣扬所谓"人副天数"、"天人相类"，是天人合一的粗陋形式。到宋代，在张载、程颢、程颐的哲学中，天人合一才获得了比较明确的理论意义。张载的《西铭》以形象譬喻的形式表述了天人合一的观点，他说："乾称父，坤称母，予兹藐焉，乃混然中处。故天地之塞吾其体，天地之帅吾其性。民吾同胞，物吾与也。"这就是说，人是天地生成的，天地犹如父母。充塞于天地之间的气，构成了天地的体，也构成我的身体；统率天地变化的是天地的本性，也是我的本性。人民是我的兄弟，万物是我的朋友。我与天地万物有统一的密切关系。这就是天人合一的主要含义。

荀子强调"明于天人之分"，刘禹锡提出"天与人交相胜"的学说，具有深刻意义，但没发生广泛影响。在宋、元、明、清哲学中占主导的正是天人合一的思想。

张、程的天人合一学说含有复杂的意义，至少包含三项意义：1. 人是自然界的一部分，是自然界所产生的。2. 人必须遵循自然界的普遍规律，自然界的普遍规律与人的道德原则是一致的。3. 人生的理想是天人和谐，人与万物应该"并育而不相害"。近代西方有一个流行的观点，认为原始人的思想是物我不分，人还没有把自己与自然界区分开来；到了文明时代，人才把自己与自然界区分开，这标志着人的自觉。这种看法是基本正确的。但是，应该注意，如果把中国哲学中所谓天人合一与原始社会的物我不分混为一谈，就大错特错了。中国哲学所谓天人合一是经过区分物我之后的重新肯定人与自然的统一，也就是在承认人与自然的区别之后重新肯定人与自然的统一。原始的物我不分是原始的肯定，承认人与自然界的区分是对于原始思想的否定；在承认人与自然的相对区别的基础上重新肯定人与自然的统一，应是否定之否定。张、程两家都认为理解天人合一才是人的自觉，这是有一定理由的。但是,张、程都把自然的普遍规律与人的道德原则混为一谈,就陷于失误了。

西方近代强调战胜自然,把自然看做敌对的力量,其结果出现了破坏生态平衡的偏弊。中国哲学强调天人合一,在改造自然方面效果不大,在保持生态平衡上却有重要意义。

(二) 价值观

中国哲学中,与文化发展关系最密切的是关于价值的思想学说。古代虽没有价值观的名称,却有关于价值的学说。儒家强调道德的价值,孔子说:"君子义以为上"①,"好仁者无以尚之"②,就是认为道德是至高无上的,人们为了实现道德理想可以牺牲生命,"志士仁人,无求生以害仁,有杀身以成仁"③。孟子更明确肯定人人都具有自己的价值,"人人有贵于己者"④,他认为这固有的价值是天赋的,是别人不能剥夺的。而这固有价值的内容就是"仁义忠信、乐善不倦"的品德。荀子虽然不承认道德是天赋的,但也肯定人的价值在于"有义","人有气,有生,有知,亦且有义,故最为天下贵也"⑤。儒家的观点可称为道德至上论。墨家强调"天下之大利","国家百姓人民之利",认为公共利益是最高的价值,道德的最高准则就是天下之大利:"仁人之所以为事者,必兴天下之利,除去天下之害,以此为事者也。"⑥墨家的观点可称为公利至上论。道家强调价值的相对性,认为儒墨所讲的仁义都只有相对的价值。《庄子》宣称"以道观之,物无贵贱。以物观之,自贵而相贱"⑦,认为价值差别只是主观的偏见。道家的观点可称为相对价值论。法家与儒家相反,完全否认道德的价值,韩非说:"夫严家无悍虏,而慈母有败子,吾以此知威势之可以禁暴,而德厚之不

---

① 《论语·阳货》。
② 同上书,《里仁》。
③ 同上书,《卫灵公》。
④ 《孟子·告子上》。
⑤ 《荀子·王制》。
⑥ 《墨子·兼爱中》。
⑦ 《庄子·秋水》。

足以止乱也。"①他专讲严刑峻法的效用,否认道德教育的功能,"吾以是明仁义爱惠之不足用,而严刑重罚之可以治国也"②。这种观点可称为道德无用论。

秦朝用法家的学说,兼并了六国,但统一六国之后,不久即陷于崩溃,证明法家思想不足以维持长治久安。汉代独尊儒术,自两汉至明、清,儒家的价值观占有统治地位,成为中国传统文化的主导思想。儒家反对追求个人私利,强调道德理想高于物质利益,这对于精神文明的发展起了积极的推动作用。儒家虽然没有排斥公共利益,但也不重视道德理想与公共利益的必然联系,其结果未免脱离实际,陷于空疏。这种倾向在宋明理学中更明显地表现出来。

儒家还宣扬"和为贵"③,以和谐为价值的最高标准。中国古代哲学中所谓和有两层意义:1. 西周末年史伯云:"以他平他谓之和。"④以他平他即会合不同的事物而达到平衡,即多样性的统一。2. 汉初贾谊云:"刚柔得道谓之和,反和为乖。"⑤和即相互顺应,不相冲突。一般所谓调和、和顺,都是此义。第一层意义强调必须包容不同的方面,第二层意义强调不同方面必须相互顺应、避免冲突。两层意义的"和为贵",对于中国文化的发展都有深刻影响。

(三) 思维方式

在思维方式方面,中西之间是否有根本差异呢?我认为,人类的思维方式,不同民族之间,既有共同性,又有差异性。应该说是异中有同,同中有异。西方古代,形式逻辑比较发达,亚里士多德已提出比较完整的形式逻辑体系。中国古代也有形式逻辑,但远不如古希腊的精密完整。西方古代已提出辩证法,中国古代的辩证思维却较西方古代为发达,《老子》《易传》的辩证法已达到较高水平。但到近代,德国哲学的辩证法又远远超过中国。如果说中国古代哲学表现了具有独特风格的思维方式,那就是中国的辩证思维。

---

① 《韩非子·显学》。
② 同上书,《奸劫弑臣》。
③ 《论语·学而》。
④ 《国语·郑语》。
⑤ 《贾子·道术》。

中国古代的辩证思维属于理论思维,其中包含抽象思维。过去有人认为中国哲学缺乏抽象思维,那是根本错误的。中国古代哲学有自己的一套概念范畴,有些概念范畴具有深刻而丰富的含义,虽然不易理解,但不失其明确性,如何能说中国古代缺乏抽象思维呢?中国的抽象思维与西方的抽象思维有所不同而已。中国传统的思维方式,确有自己的特点,这主要表现为两种基本观点,一为总体观点,二为对立统一观点。儒道两家都注重从总体来观察事物,重视事物之间的联系。《易传》宣扬"见天下之动而观其会通",就是强调总体观点。老子、孔子都重视观察事物的对立方面及其相互转化。孔子讲"叩其两端",老子讲"万物负阴而抱阳""反者道之动",《易传》更提出"一阴一阳之谓道"。这都是深刻的辩证观点。到宋代,张载宣称"两不立则一不可见,一不可见则两之用息",明确提出了对立统一的普遍规律。王夫之哲学中更充满了辩证思维。在中国医学理论中,辩证思维有突出的表现,显示了哲学观点在自然科学中的运用。

"天人合一"的天人观,以为道德理想高于物质利益的价值观,辩证的思维方式,可以说是中国传统文化最主要的思想基础。

三 中国文化的基本精神与主要偏向

中国文化的形成和演变有其经济、政治的背景。姑且不论文化与经济、政治的关系,就文化本身来看,文化的各方面可以说体现了哲学的主导作用。在民族哲学中占主导地位的观点,在文化的发展中也起统率的作用。在中国封建时代,儒学占统治地位,于是儒学的长处和短处、优点和缺点,也导致了中国文化的长处和短处、优点和缺点。当然,这里也存在着交互作用。

中国文化持续发展,已有数千年之久,延续不绝,虽有时衰微而可以复盛,必然有其不断发展的精神支柱。这精神支柱可以称为中国文化的基本精神。这里所谓精神,指文化发展的内在源泉。我认为,中国文化的基本精神来自儒家哲学,来自儒家所提倡的积极有为、奋发向上的思想态度。孔子自称"发愤忘食、乐以忘忧",重视

"刚毅",表现了积极有为的态度。这种思想在《易传》中有进一步的发展。《易传》提出"刚健"观念,又提出"天行健,君子以自强不息"的著名命题。"健",即运行不止,亦即刚强不屈之意。"自强不息"即主动地努力向上、绝不懈怠。这包含勉力向前、坚忍不拔的意义。我们现在经过考证,确定《易传》是战国时代的作品,但在汉、魏至明、清,多数学者都认为《易传》是孔子的著作。《易传》在过去是以孔子手笔的名义发生影响的。这种"刚健"、"自强"的思想在两千多年的长时期中激励着正直人士奋发向上,努力前进,不屈服于恶势力,坚持与外来的压迫斗争。历史上,坚持反对不法权贵的忠直之士,尽力抵抗外来侵略的民族英雄,孜孜不倦探索真理的思想家、科学家,致力于移风易俗的文学家、艺术家,都体现了"自强不息"的刚健精神。

过去有一种说法,以为中国文化是主静的,西方文化是主动的,以主静与主动作为中西文化的主要区别。我认为,这种观点是片面的,不能反映全面的实际情况。主静是道家的思想,虽然有广泛的影响,但还没有占主导地位。《易传》云"动静不失其时,其道光明"①,这是儒家的态度。宋儒周敦颐吸取道家观点,宣扬"主静",但后来程、朱、陆、王都讲"动静合一",反对专门主静。

后来王夫之、颜元更强调动的重要。如果认为中国文化是静的文化,那是缺乏充分理由的。

儒家宣扬"自强不息",对于中国文化的发展确实具有重要的积极意义。但是儒家思想也表现了一定的偏向,最显著的一点是儒家把"德"与"力"对立起来,看不到德与力的密切联系。孔子曾说:"骥不称其力,称其德也。"②事实上,千里马之所以为千里马,不但在于其性情温良,也在于其日行千里的力量。孟子以"以德服人"与"以力服人"为王与霸的区别,事实上他所推崇的商汤、周文不但有德,而且有力。与儒家相反,法家韩非又菲薄道德,专门强调"气力"。王充提出兼重德力之说,但没有引起人们的注意。道德的提高是重要的,力量的培养也是重要的。人是生物,在提高道德修养的同时,也必须充实生命力,增进改造客观世界的物质力量。如果没有充足的物质力量作为基础,仅仅高谈道德境界的提高,将成为不切实际的空论。

---

① 《易传·艮彖》。
② 《论语·宪问》。

中国传统文化在儒学所表现的偏向的影响下,忽视生命力的培育,这不能不说是一个严重的欠缺。

中国文化本来居于世界文化的前列。但是,到了15—16世纪,西方文化突飞猛进,西方科学技术迅速发展,中国落后了。我们的民族没有产生出自己的哥白尼、培根、伽利略那样的近代实证科学奠基人。这既有物质的原因,也有思想的根源。这和儒家哲学既不重视实际的观测,又不鼓励精密的分析,是有一定联系的。我们不但要学习近代西方的科学知识,更要学习近代西方实证科学的观测方法和分析方法。

四 中国文化发展的方向

我们的历史任务是建设社会主义新文化。社会主义新文化既不同于中国古代的封建文化,也不同于近代西方的资本主义文化。从社会制度来说,我们已经超过西方,但是我们的生产力、科学技术还很落后,所以要努力进行现代化建设。对于中国旧有的封建文化和西方现仍存在的资本主义文化,应如何看待呢?

首先应明确的是,社会主义文化应以马克思主义的普遍真理为指导原则,这是确定不移的。但是,马克思主义并不排斥封建时代和资本主义时代所有对于人类文明的贡献。列宁说:"无产阶级文化应当是人类在资本主义社会、地主社会和官僚社会压迫下创造出来的全部知识合乎规律的发展。"[1]又说:"只有用人类创造的全部知识财富来丰富自己的头脑,才能成为共产主义者。"[2]列宁为我们指明了创造社会主义文化的唯一正确的道路。

中国文化发展的前途,既不可能是固有封建文化的继续,也不可能是西方资产阶级文化的移植,只能是社会主义文化的创造。在创造社会主义文化的过程中,必须考察、分析、批判继承固有的传统文化遗产,也必须考察、分析选择、吸取西方的文

---

[1] 列宁:《青年团的任务》,见《列宁选集》第4卷,第348页。
[2] 同上。

化成就。拒绝继承历史遗产是狂妄无知的表现,拒绝吸取国外的先进文化成就也是愚昧落后的态度。

最重要的还是在前人成就的基础上努力创新。

中华民族是富于创造力的民族,在建设社会主义新文化的事业中必能发挥出巨大的创造力。

第三节
中国文化传统与民族精神

每一个伟大的民族都有其一定的文化传统。中华民族的文化是世界文化中的一个具有显著特色的典型,在历史上曾经发放出灿烂的光辉。但到了近代,中国传统文化与西方近代文化相比,显然落后了。现在中华民族面临的历史课题是急起直追,力图赶上西方前进的步伐。为此,首先要对传统文化进行反思。

一 民族文化的延续与变革

中国文化,在几千年延续发展的过程中,已经历过多次的变革。春秋、战国时期是中国文化辉煌发展的时期,诸子并起,百家争鸣,学术成就可与古希腊比美。两汉时期,医学、天文学有高度发展。魏晋时期,玄学兴起。隋唐时期,佛学鼎盛:抽象的理论思维都超过了前代。到宋代,科学、艺术都达到了新的高度,哲学思想亦更加邃密,出现了比较完整的理论体系。明、清时期,中国文化仍在原来轨道上缓慢地前进,而西方却开辟了一个空前的新时代,中华民族瞠乎其后了。

事实上,革故取新就能前进,因循守旧必然落后。现在,中国传统文化正在经历一个舍旧创新的转变过程。中国传统文化是否需要全盘抛弃呢?如果全盘排除传统文化,后果又将如何呢?中国传统中是否也包含继续前进的内在根据?中华民族今日将何以自立于世界文化之林?这些都是必须考虑的严肃问题。

世界近代史证明,如果一个民族完全遗忘了自己的过去,必将失去自己的民族独立性而沦为别的民族的附庸,将甘受别的民族的奴役。这是世界近代史提供的惨痛的经验教训。鸦片战争以来,中国遭受了列强的武力侵略,顽固的守旧派遏制了革新的生机,人民奋起抵抗外来的侵略。如果传统文化中没有孕育着进步的契机,中国人民的发愤图强的坚忍力量将何所依据呢?过去顽固派的妄自尊大是可笑的,如果转而妄自菲薄,也是没有前途的。

二 民族习性与民族精神

古人尝说"国有与立",一个国家必有足以立国的基础。中华民族屹立于世界东方,延续发展了几千年,必然有其足以自立的思想基础。

近三百多年来,中国落后了,这也不是偶然的,必有其一定的原因。正确认识民族延续发展的内在基础,正确了解民族迟缓落后的基本原因,是今天的理论工作者的重要任务之一。

20年代,很多人研讨如何改造国民性的问题,意在考察中国落后的根源。这无疑是必要的。于是揭出了国民的一些劣根性,如愚昧、散漫、奴性、盲从之类。事实上,这些都是在小农经济的基础之上、在专制政治的压迫之下千百年来养成的习性。习性不是遗传性,而是世代养成的习惯。

民族的习性是否就是这些呢?

在中国历史上,屡次发生反对外来侵略的斗争,更屡次出现反对统治者暴政的斗争。这些不能说是奴性盲从的表现,而是反对压迫、反对奴役的英勇斗争。应该承认,中国人民有一个争取自由、争取人格尊严的传统。如果认为中国人民仅只具有一些劣根性,那是没有根据的。

谈论国民性,不能不涉及古代哲学思想。哲学思想根植于民族习性的土壤中,又能起一定的陶铸民族习性的作用。在哲学思想的领域中,从汉代以后,直至辛亥革命,儒学占有统治地位,而道家思想也流传不绝;南北朝隋唐时期,佛教亦发挥了广泛的影响,但在社会上起主导作用的还是儒家学说。儒学鼓吹三纲五伦,三纲是"君为臣纲、父为子纲、夫为妻纲",五伦是君臣、父子、夫妇、兄弟、朋友。在封建时代,三纲之说确实是束缚人民的精神枷锁,随着专制主义的加强,强调臣对于君、子对于父、妻对于夫的绝对服从,斫丧了人民活动的生机。儒学宣扬的三纲之说,确实是阻碍社会进步的沉重枷锁。但是,历史究竟前进了,辛亥革命打破了君为臣纲,五四运动批判了父权和夫权,但是旧思想仍有一定影响。个人崇拜实际上是变相的君为臣纲。家长制作风、重男轻女的旧观念尚待消除。

儒家是否只讲三纲五伦呢?那又不然。孔子维护君权,但是不赞同个人独裁,以为国君如果要求"言莫予违",就会有亡国的危险;更反对暴政,宣称"苛政猛于虎"。孔子肯定人人都有独立的意志,断言"三军可夺帅也,匹夫不可夺志也"。孟子更提出"天爵"、"良贵"之说,认为人人都有自己的内在价值,这价值即在于道德自觉性。孟子宣扬大丈夫的标准是"富贵不能淫,贫贱不能移,威武不能屈",这对于广大人民,特别是对于知识分子,树立了激励人心的榜样。不可否认,儒家这一方面的思想,对于中华民族的精神发展,确实起过积极的作用。实事求是地讲,儒家学说中,除三纲五伦之外,也还有一些具有积极意义的观点。

在一个民族的精神发展中,总有一些思想观念,受到人们的尊崇,成为生活行动的最高指导原则。这种最高指导原则是多数人民所信奉的,能够激励人心,在民族的精神发展中起着主导的作用。这可以称为民族文化的主导思想,亦可简称为民族精神。

民族精神必须具备两个条件:一是有比较广泛的影响;二是能激励人们前进,有促进社会发展的作用。一个民族应该对于自己的民族精神有比较明确的自我认识。

三 "自强不息"、"厚德载物"

有哪些思想可以称为中国人民的民族精神呢？我认为，中国的民族精神基本上凝结于《周易大传》的两句名言之中。这就是："天行健，君子以自强不息"；"地势坤，君子以厚德载物"。在汉代以来的两千多年中，《周易大传》被认为是孔子的著作，因而具有最高的权威，所以这些名言影响广远。广大的劳动人民也具有发愤图强的传统，与《易传》的名言也不无联系。

《易传》虽非孔子所著，但确实是孔学的发展。孔子赞扬"刚毅"，曾子提倡"宏毅"，《中庸》有云："博学之，审问之，慎思之，明辨之，笃行之。有弗学，学之弗能弗措也；有弗问，问之弗知弗措也；有弗思，思之弗得弗措也；有弗辩，辩之弗明弗措也；有弗行，行之弗笃弗措也。人一能之己百之，人十能之己千之。果能此道矣，虽愚必明，虽柔必强。"这就是自强不息精神的体现。《周易集解》引干宝云："凡勉强以进德，不必须在位也。故尧舜一日万机，文王日昃不暇食，仲尼终夜不寝，颜子欲罢不能，自此以下莫敢淫心舍力，故曰自强不息矣。"后世的有志之士，致力于事业学问，亦莫不尽心竭力，昼夜不懈。这正是中国传统文化延续发展的思想源泉。

"厚德载物"即以宽厚之德包容万物，这与"和同之辨"有一定联系。西周末年史伯区别了和与同，他说："夫和实生物，同则不继。以他平他谓之和，故能丰长而物归之，若以同裨同，尽乃弃矣。"① 所谓和即包容不同的事物而保持一定的平衡。孔子亦说："君子和而不同。"② 厚德载物有兼容并包之意，这对于文化发展是非常必要的。在历史上，中国能接受外来文化。佛教东来，被中国人民所容纳；明末西学东传，亦曾受到中国知识分子的重视。清末顽固派拒绝西学，事实上是违背了中国文化兼容并包的基本精神。

---

① 《国语·郑语》。
② 《论语·子路》。

我们说"自强不息"、"厚德载物"是中国文化传统的基本精神,并不是说对于这些问题没有意见分歧,也不是说历史上任何人都能表现这种精神。历史上,每次外族入侵,广大群众奋起反抗,但是总有不少卖国求荣、引狼入室的投降派。在封建时代,奸相佞臣、贪官污吏,更是充满了史册。我们只是说,在传统思想中,广泛流传而又具有推动文化发展的积极作用的,是《周易大传》的"自强不息"、"厚德载物"的精湛思想。这些思想激励着人们奋发向上,不断前进。

四 "中庸"辨析

以前曾经有一种比较流行的见解,认为中国文化的基本精神是"中庸"。对于这个问题,应略加辨析。

"中庸"观念是孔子提出的,他说:"中庸之为德也,其至矣乎!民鲜久矣。"①对于中庸的含义无所解释。但是说"中庸之为德",而不是说"中庸之为道",足证中庸是指一种修养境界,而不仅是指一种抽象原则。孔子又说:"不得中行而与之,必也狂狷乎!狂者进取,狷者有所不为也。"②中行是较高的品德,应与中庸同义。孟子说:"孔子不得中道而与之,必也狂狷乎!狂者进取,狷者有所不为也。"③不说中行而说中道,中行、中道,当是同一意义。总之,中庸、中行、中道,应具有同一含义,指高于狂狷的修养境界。

《中庸》篇有云:"舜其大知也与!舜好问而好察迩言,隐恶而扬善,执其两端,用其中于民,其斯以为舜乎!"所谓执两用中应即对于中庸的解释。《说文》:"庸,用也。"中庸即用中,指随时运用中的原则,处事恰如其分。孔子尝说:"过犹不及。"④后儒解释中庸为"无过无不及",是正确的。

---

① 《论语·雍也》。
② 同上书,《子路》。
③ 《孟子·尽心下》。
④ 《论语·先进》。

"中庸"观念包含一种认识,即许多事情都有一定限度,超过了这个限度,就和没有达到这个限度一样。这就是"过犹不及"。有些事情,确实如此。如饮食、衣着以及睡眠之类,确实是"过犹不及"。但是,许多事情的限度是随时代的演进而改变的。例如所谓"君臣之义",过去认为是必须遵守、不可逾越的。但是近代西方资产阶级打倒了君权,使人类历史大大前进了一步。又如中国封建时代排斥所谓奇技淫巧,阻碍了自然科学的进展;近代西方实证科学长足进步,技术远远超过了前代,促进了文化的高度发展。在历史上,在一定的范围内,超越传统的限度,往往可以实现巨大的飞跃。如果固守"过犹不及"的中道,就不可能大步前进了。因此,"中庸"观念,虽然在过去曾经广泛流传,但是实际上不能起推动文化发展的作用。所以,我以为,不能把"中庸"看做中国文化的基本精神。

近代西方国家都宣扬自己的民族精神。如法国人民宣扬法兰西精神,德国人民提倡日耳曼精神,等等。中华民族必有作为民族文化的指导原则的中华精神。古往今来,这个精神得到发扬,文化就进步;这个精神得不到发扬,文化就落后。正确认识这个民族精神之所在,是非常必要的。

第四节
中国文化优秀传统的生命力

中国文化,自古及今,延续发展了四五千年,在15世纪以前一直居于世界文化的前列。16世纪以后,西方文化迅速发展,中国落后了。鸦片战争以来,中国人民面对外来势力的侵略,奋发图强,努力前进,经过一百多年的艰苦斗争,到1949年新中国成立,"中国人民站起来了"!解决了民族危机,保卫了民族独立。之后又经过曲折的道路,1979年以来加快了现代化建设的步伐,在经济迅速发展的同时文化也将有更大的发展。中国文化何以能延续发展、历久常新、虽衰复盛呢？这里因为中国文化内部含有一个具有生命力的优秀传统。

中国文化的优秀传统也具有多方面的内容，这里只举出其中最重要的核心观念。我认为，中国文化的优秀传统的核心是关于人生意义、人生价值、人生理想的基本观点，可以称为人本观点。所谓"人本"，不是说人是世界之本，而是说人是社会生活之本。"人本"是相对于"神本"而言的。宗教大多以神为本，认为世界是上帝创造的，社会也服从上帝的安排。中国古代的儒家和道家不宣扬上帝创世论，而肯定人在自然界中的地位。道家的学说可以称为自然主义，儒家的学说可以称为人本主义。自汉代以至明清，儒家思想在中国文化中居于正统地位，因而儒家的人本思想在中国传统文化中具有主导的作用。

儒家的人本思想：1. 肯定人的价值；2. 认为人的价值主要在于人具有道德的自觉性，而人的道德自觉性表现为人格的尊严与社会责任心；3. 认为人生理想的最高原则是"和"即多样性的统一。

（一）人何以为最贵

《孝经》记述孔子之言说："天地之性人为贵。"意谓天地之间的生命中人是最宝贵的。人何以最贵？荀子做出了明确的解释。荀子说："水火有气而无生，草木有生而无知，禽兽有知而无义；人有气有生有知亦且有义，故最为天下贵也。"[①] 所谓义即道德原则。人能够具有道德觉悟，所谓是最宝贵的。关于道德觉悟的来源，孟子和荀子两家意见不同。孟子讲性善，荀子讲性恶。孟子认为人们生来即具有道德意识，荀子则认为道德是以长期经验为基础的思虑的抉择。但都认为道德自觉性是人生价值之所在。孟子称之为"人之所以异于禽兽者"，荀子称之为"人之所以为人者"。宋代周敦颐说："二气交感，化生万物，万物生生而变化无穷焉。唯人也得其秀而最灵。"[②] 人为万物之灵，已成为中国传统思想的常识。肯定人的价值，这虽然是常识，却仍然具有深刻的意义。

---

① 《荀子·王制》。
② 《太极图说》。

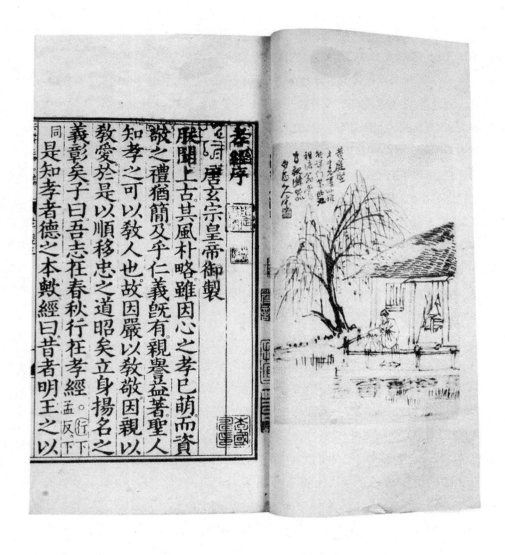

>>>《孝经》记述孔子之言论"天地之性人为贵。"人为万物之灵,已成为中国传统思想的常识。图为《孝经》刻本。

(二) 儒家肯定人的价值,因而强调人的独立意志

《周易》古经曾说:"不事王侯,高尚其事。"①《象传》云:"不事王侯,志可则也。"孔子肯定人人都有独立的意志,他说:"三军可夺帅也,匹夫不可夺志也。"②匹夫即是平民,平民的意志也是不可夺的。孔子以"不降其志,不辱其身"为崇高人格的表现③。"不降其志,不辱其身",用现在的语言来说即保持人格的尊严。孟子提出"良贵"之说,认为人人都具有自己内在的价值,称为"良贵"。他说:"人人有贵于己者,弗思耳。人之所贵者非良贵也。赵孟之所贵,赵孟能贱之。"④"人之所贵"是政治上的爵位,是可以剥夺的。良贵是"贵于己者",即内在的价值,是不可能被剥夺的。孟子的"良贵"说充分肯定了人格的价值。孟子更提出"所欲有甚于生者,所恶有甚于死者",他说:"生亦我所欲,所欲有甚于生者,故不为苟得也。死亦我所恶,所恶有甚于死者,故患有所不辟也。"⑤他举例说:"一箪食,一豆羹,得之则生,弗得则死。呼尔而与之,行道之人弗受;蹴尔而与之,乞人不屑也。"⑥这就表明,所谓"所欲有甚于生者",指人格的尊严;所谓"所恶有甚于死者",指人格的屈辱。为了保持人格的尊严,可以牺牲生命,宁死不屈。于是有"士可杀不可辱"的断言。《礼记·儒行》云:"儒有可亲而不可劫也,可近而不可迫也,可杀而不可辱也……其刚毅有如此者。"两千多年来,"可杀不可辱"成为中国知识分子的一个坚定传统。

儒家肯定人格尊严,同时又强调个人对于社会的责任。孔子曾说:"鸟兽不可与同群,吾非斯人之徒与而谁与?"⑦这就是说,人只能在人群中生活,也就是只能在社会中生活,个人对于社会是负有一定责任的。孟子论处世之道说:"士穷不失义,达不离道。……古之人得志泽加于民;不得志,修身见于世。穷则独善其身,达则兼

---

① 《周易·蛊卦》。
② 《论语·子罕》。
③ 同上书,《微子》。
④ 《孟子·告子上》。
⑤ 同上。
⑥ 同上。
⑦ 《论语·微子》。

第二章 文

善天下。"①儒家学者大多都怀抱兼善天下的志愿,独善其身是不得已,这也表示具有强烈的社会责任心。明清之际进步思想家顾炎武提出"天下兴亡,匹夫有责"的名言,这是多数正直的知识分子的共同呼声。

儒家一方面宣扬个人的人格尊严,另一方面又高度重视个人的社会责任心,这两方面结合起来,构成对于人生价值的正确认识,在历史上起了促进精神文明发展的积极作用。但是,儒家学说也有偏失,表现了严重的阶级局限性,这就是,儒家认为社会中的等级区分是合理的必要的。这是儒家学说产生的社会背景决定的。时至今日,我们已经坚决否定了等级制度,对于所有的等级观念,都应该与之彻底决裂了。

道家是反对等级观念的,在这一点上比儒家为高明。道家宣扬个人的精神自由,但不承认个人对于社会所应担负的责任。庄子假托寓言中的人物说:"予无所用天下为!""孰弊弊焉以天下为事?"②道家完全否定了社会责任心,因而在历史上道家不可能成为占统治地位的思想。在中国历史上,儒、道、释并称"三教",佛学也曾经有高度发展。但佛学是宣传出世的,因而始终未能占有中国学术思想的正统地位。

儒学,从其整体来说,也已过时了。但是儒学关于人生价值的一些精湛思想还是具有一定的生命力的。

(三) 关于人生理想的最高原则,西周时代就已有所论述

西周末年,史伯提出了"和同"之辨,高度肯定了和的价值。史伯说:"夫和实生物,同则不继。以他平他谓之和,故能丰长而物归之。若以同裨同,尽乃弃矣。"③不同的事物相互为"他",聚集不同的事物而得其平衡,即"以他平他",这叫做和,这就能产生出新的事物。同一种东西相加,是不可能产生新事物的。所谓和即是多样性的统一。春秋时代齐国晏子也论述了和与同的区别。他举例说:"君所谓可,而有

---

① 《孟子·尽心上》。
② 《庄子·逍遥游》。
③ 《国语·郑语》。

否焉,臣献其否,以成其可。君所谓否,而有可焉,臣献其可,以去其否。"①这叫做和。如果君所谓可,臣亦曰可;君所谓否,臣亦曰否,那就是同而不是和了。这所谓和指容纳不同的意见,这也是有深刻意义的。孔子也说:"君子和而不同,小人同而不和。"②也肯定了和的价值。孔子弟子有子说:"礼之用,和为贵。"③孟子说:"天时不如地利,地利不如人和。"④儒家继承了史伯和晏子的思想,充分肯定了和的价值。

"和"一方面与"同"相对,一方面与"争"相对。与"同"相对的"和"指多样性的统一,亦即内容丰富而协调一致。这是发展的规律,是创新的原则。与"争"相对的"和"指不同事物的相容相济、相辅相成。有子所谓"和为贵",孟子所谓"人和"主要是这一意谓的"和"。以中国文化与西方文化相比,西方比较注重斗争,中国比较注重和谐。以人与自然的关系而言,西方强调征服自然,中国宣扬天人调谐;以人际关系而言,西方强调自由竞争,中国宣扬和睦共处。事实上,人与自然之间,既有对立,又有统一;人与人之间,既在斗争竞胜,又须和平共处。恩格斯在《自然辩证法》中曾讲道:"在自然界中决不允许单单标榜片面的'斗争'。但是,想把历史的发展和错综性的全部多种多样的内容都总括在贫乏而片面的公式'生存斗争'中,这是十足的童稚之见。"⑤恩格斯这段话是对于斗争哲学的纠正。所谓和也不是全面否定斗争,而是意谓克服矛盾、解决矛盾以达到更高的统一。20世纪初以来,经过两次世界大战,"和为贵"的重要性又逐渐为头脑清醒的人们所承认了。

综上所述,中国哲学中关于人生价值和人生理想的基本原则,确实阐发了一些深湛而正确的思想,这些思想直到今天仍具有一定的生命力。理解这些思想、弘扬这些思想,对于提高民族的自信心与自尊心,是有重要意义的。自鸦片战争以来,中国遭受外国列强的疯狂侵略,反动派与侵略者订立了丧权辱国的不平等条约,志士仁人和广大群众则起而进行不屈不挠的斗争。经过一百多年的艰苦奋斗,终于建立了新中国,取得了光辉的胜利。中国人民的胜利是在新的思想、新的理论的指导

---

① 《左传》昭公二十年。
② 《论语·子路》。
③ 同上书,《学而》。
④ 《孟子·公孙丑下》。
⑤ 恩格斯:《自然辩证法》,北京:人民出版社,1971年第1版,第283—284页。

之下取得的。但是也应承认,中国文化优秀传统关于人生价值、人生理想的精粹思想,也起了鼓舞人民斗志的积极作用。

第五节
中国文化的历史传统及更新

一 文化的层次

文化的含义有狭义、广义之分。狭义的文化指文学艺术,广义的文化包括哲学、宗教、科学、技术、文学、艺术、社会心理、风俗习惯,等等。社会生活可分为三个方面:一是经济,二是政治,三是文化。就是说,社会生活除了政治、经济之外,一切都可以称做文化。这种广义的文化包含三个层次,最高层次是哲学、宗教,这是社会的最高指导思想。第二个层次是文学、艺术、科学、技术,等等。它受哲学、宗教的指导,同时也是哲学的基础和表现。第三个层次是社会心理,其中包括风俗习惯以及一般人的思想意识。哲学与社会心理是相互作用的,哲学经常是社会心理的提高和纠正;社会心理则是哲学思想的普及和庸俗化。一方面,哲学家要纠正、提高社会心理,举例说,在封建社会中,一般人的习惯是追求"富贵利达"、升官发财,哲学家对此持一种批评态度,从老子、孔子开始就看不起总想升官发财的人。哲学所追求的是一种更高的精神境界。另一方面,社会心理也受哲学家的影响。这在中国封建社会后期非常显著。明清时代讲妇女贞节,已成为社会心理。一个女子在丈夫死了以后要守节,这种思想原来是从哲学家的议论来的。宋代的程颐说:"饿死事极小,失节事极大。"这一议论后来就被人们所接受,变成了社会心理,成了封建礼教。这是一种消极的、恶劣的影响。这个问题值得进一步研究。

二 文化发展的基本规律

关于文化发展的基本规律,我想应该注意以下几条。

(一) 民族文化的积累性与变革性

大家都承认,文化是随着经济、政治的变革而变革,随着时代的发展而发展的,文化知识应该不断更新。同时,我们也要承认文化有积累性,古代人所发现的真理,不能随便轻视,还要加以重视,加以学习。例如欧几里得几何学,直到现在还是学习几何学的必修课,尽管现在已经有了非欧几里得几何学,但欧几里得几何学还是要学习。这就是文化发展的积累性。

(二) 民族文化的共同性和矛盾性

民族文化是一个民族各阶级的文化,它有共同性。关于人与自然的关系、关于民族之间的矛盾斗争,不同的阶级或阶层可以有共同的认识与目标。例如水利,各阶级都很重视,通过治水来调节人与自然的关系,既是统治阶级的要求,也是人民的要求。又如,在民族问题上,中国有一个传统,就是保卫民族独立,不向外族屈服。这是民族文化共同性的一面。应该注意,我们同时还应看到,民族文化又有矛盾性,有不同的方面。

列宁讲过,有两种文化,一种是反动文化,一种是带有民主性的文化。这一思想很重要。一个民族中的两种文化,就是民族文化中的对立倾向。专制主义与反专制主义的斗争,科学与宗教的斗争,抗战派与投降派的斗争等等,都是这种对立的表现。在中国历史上,每一个时代都有两种文化的斗争,例如宋朝岳飞主张抗金,秦桧主张投降,人民最后肯定岳飞是民族英雄,认为他代表民族文化的优良传统,而秦桧却遗臭万年,永远被人民唾骂。总之,中国文化也有两个方面,对这种矛盾性也应该注意。

(三) 民族文化的交流和民族的主体意识

在中国历史上,有两次中外文化接触,第一次是西汉末年、东汉初年佛教输入,到魏晋、南北朝、隋唐时期,佛教有了广泛的影响。第二次是"西学东渐"。"西学东渐"分两段:一段是明朝末年到清朝康熙时代,一些西方传教士到中国传播天主教,带来许多西方科学。到了雍正时代,清朝政府采取闭关自守政策,断绝了中外文化的交流。再一段是鸦片战争以后,西学大量输入,中国许多先进人士向西方寻求真理。这两次中外文化接触交流,性质是不一样的。在第一次中外文化接触时,中国处在封建时代,印度也处在封建时代,印度封建文化输入到中国封建文化之中,属于同级的文化交流。而当时中国的政治、经济力量很强大,胜过印度的政治、经济力量。有这种力量做背景,中国能够接触并且消化印度文化。隋唐时期佛学很盛行,但在思想界占主导地位的仍然是儒家思想。发生在明末的第二次外来文化的输入,本来是个好事情,中国许多学者都愿意接受,当时崇祯皇帝也愿意接受西方科学,后来明朝灭亡,清朝兴起,康熙皇帝也愿意接受西方的科学。虽然当时输入的西方科学是伽利略以前的西方科学,但输入进来还是很有好处的。雍正时期由于有其他方面的原因,下令禁海,中断了西方科学的输入。后来随着帝国主义的武力侵略,西学又输入了进来,当时中国顽固派掌权,拒绝西方文化。由于西方文化是武力侵略带进来的,所以一般群众对西方文化也有反感。当时中国大多数人对西方文化还不了解,只有少数进步人物对西方文化有较深的了解。鸦片战争后,中国第一任驻英公使郭嵩焘看到西方经济、政治、学术很高明,便给清朝皇帝上奏折,主张学习西方的先进文化。而当时中国的顽固派反对郭嵩焘,认为他有卖国思想,要不得。郭嵩焘的建议没有被采纳,结果使中国吃了大亏,导致八国联军打到北京。一个民族要进步,应该主动吸取外国的先进文化。不然的话,一个民族固步自封、拒绝接受外国的先进文化,就会落后于其他民族,而落后就要挨打。这是非常重要的一个历史经验。

可是,在接受外来文化时,有一个问题应该注意,就是要保持民族文化的独立性。民族文化的独立性,也可叫做"民族文化的主体意识"。文化是为民族的生存服务的。民族是一个主体,吸收外来文化要为民族服务,使我们这个民族更加发达兴旺。但是不能丧失民族文化的独立性,不能完全跟着人家学,应该发挥自己的主动精神和创造精神。这点在西方各民族中认识得比较清楚。英国文化有英国文化的特点;法国文化有法国文化的特点,法国文化虽然受英国文化的影响,但它要保持法兰西民族的特点;德国文化更是如此。西方每一民族都要保持自己民族的特点,所以,我们学习西方文化,也要保持自己民族的特点,发挥我们的创造精神,这样我们民族的文化才有希望。

三 国民性和民族精神

20世纪20年代,思想界提出了改造国民性问题,这个问题提得很好,像鲁迅先生关于国民性就讲了很多话,当时确实起了进步作用。当时所谓的国民性,主要是指这样一些所谓劣根性:愚昧、守旧、怯懦、盲从、散漫、迟缓、没有时间观念、没有效率观念,等等。所谓国民性,并不是遗传性,而是一些落后的"国民积习"。改造国民性就是改造落后的"国民积习"。这里有一个问题,所谓国民性是否只有劣根性,有没有良根性?假如中华民族只有劣根性,那中华民族就没有在世界上存在的资格了,这就等于否定自己民族存在的价值。新中国成立前,我们这个民族有许多缺点,因而被人称为"东亚病夫一盘散沙"。经过抗日战争、解放战争,成立了新中国,中国人民从此站了起来,很快摘掉了"东亚病夫"、"一盘散沙"的帽子,表现了坚忍不拔、英勇不屈的民族精神。中国人有许多优良的品质,我们不能妄自菲薄。我常想,一个延续了五千余年的大民族,必定有一个在历史上起主导作用的基本精神,这个基本精神就是这个民族延续发展的思想基础和内在动力。在西方,古希腊文化表现了希腊精神,法国人民强调法兰西精神,德国人民宣扬日耳曼精神,东方的日本也鼓吹大和精神。中华民族的精神文明基本的主导思想意识可以称为"中华精神","中华精神"即指导中华民族延续发展、不断前进的精粹思想。我认为,"中华精神"集中表现于《易传》中的两个命题。《易传》讲"天行健,君子以自强不息",自强不息就是永远努力向上,绝不停止,这句话表现了中华民族奋斗拼搏的精神,表现一种生命力,不向恶劣环境屈服。这里有两方面的意思。在政治生活方面,对外来侵略决不屈服,对恶势力决不妥协,坚持抗争,直到胜利。在个人生活方面,强调人格独立。孔子说:"三军可夺帅也,匹夫不可夺志也。"孟子也讲过:"富贵不能淫,贫贱不能移,威武不能屈。"古代儒家强调培养这种伟大人格。这种精神,应该肯定。《易传》中还有一句话:"地势坤,君子以厚德载物。"就是说,要有淳厚的德性,能够包容万物,这是中华民族兼容并包的精神。在西方有宗教战争,不同的宗教绝对不相容。佛教产生于印度,却不为婆罗门教所容。结果佛教在印度被消灭了。在中国,儒学、佛教、道教彼此是可以相容的,这种现象只有中国才有。"天行健,君子以自强不息;地势坤,君子以厚德载物",一个是奋斗精神,一个是兼容精神,"自强不息、厚德载物"这两点可以看成是中华民族精神的主要表现。《易传》中的这两句话,在过去的时代中发生了很大的影响。

四 当代中国的文化形态及其发展趋势

20世纪80年代,新中国已经有三十多年的历史,我们的文化已经不是封建文化,这是人所共知的。那么,当代中国的文化形态又是如何呢?对此,我想提出以下几点看法。

(一) 生活方式的变化和工作方式的依旧

这是一个矛盾。生活方式的变化表现得很显著,以衣、食、住、行而言,现在穿的衣服是西方的样式,不是我们过去时代的衣服;住的楼房是西式的,已经不是中式的四合院。现在中国的城市房屋建筑基本采取了西方的方式。在行的方面,飞机、火车等交通工具也是西化了的。只是在食的方面,不仅中国人吃中国菜,在西方也有许多人吃中国菜。这方面保持了中国原有的特点。现在号召分餐,这点我也完全赞成,在食的方式上实行西化,更符合卫生的原则。总之,在生活方式方面,中国较之过去变化是很大的。

可是，另一方面，有许多社会习惯、工作作风，封建遗风相当严重，最突出的就是尊官贵长，这是一个封建传统，与社会主义精神不符合。

（二）社会制度的先进和经济管理的落后

应该肯定，我们的社会制度比资本主义制度高明，因为我们已经废除了人剥削人的制度，可是我们在经济管理、行政管理方面有许多问题，最根本的问题是不够民主。因为我们历史上没有经过资产阶级民主阶段。西方资产阶级民主也是经历了二三百年才确立起来，而我们从五四运动算起，也还不到一百年，民主传统还没有健全，这是我国现在的一个重要问题。

（三）高尚精神的发扬和民主法制的不足

现在社会上出现许多先进人物，忘己济人、舍己救人、大公无私、自我牺牲，体现这种精神的事情很多，超过了过去的时代，这是应该肯定的，也是令人敬佩的。另一方面，我们缺乏民主传统、法制传统，到现在法制还不够健全，这是一个大缺点。还有不讲信义的不正之风也很严重，这些矛盾现象也应该看到。

（四）科学技术已具备初步基础，可对科学技术重视的气氛还较淡漠

从辛亥革命、五四运动以后，我们已有了自己的科学，不能说我们现在还缺乏科学传统，西方科学那一套办法我们基本上学会了，这是应该承认的。但是，社会对知识重视的程度还不够，这主要表现在重视知识分子还不够，所以在肯定知识的价值方面还要造舆论。

下面，我想对社会主义新中国文化的发展道路谈点自己的看法。

（一）谈谈中西结合的必然性

先讲一个具体例子，比如中西医结合。中国的古代科学到现在还能站得住的，可以和西方科学并列的，就是医学，中国医学是有独特成就的，西方人也承认这一

点。中国医学讲阴阳五行，非常难懂，也比较神秘，但中医治病确有疗效，这是大家公认的。中医的经络学说，关于整体看问题的观点是有价值的。医学应该走中西结合的发展道路。就科学技术方面而论，我们尚落后于西方，我们还有一个现代化的问题。西方社会已经现代化了，不存在现代化的问题，但却又出现"现代化后"的问题。例如，西方现在出现的家庭解体，就属于这方面的问题。无论是中国现代化的问题，还是西方现代化后的问题，我们都要研究，找出科学的答案，做出正确的决策。

(二) 谈谈关于文化的体用问题

清朝末年张之洞宣扬"中学为体，西学为用"，严复提出批评，指出：牛有牛之体，牛有牛之用；马有马之体，马有马之用。不能牛体马用，马体牛用，认为"中学为体，西学为用"根本行不通。严复的批评是正确的。

这里首先要解决体用的意义问题，这里所谓"体"是指原则，所谓"用"是指原则的应用。我们现在讲体用，应该确定：社会主义的基本原则是"体"，科学技术、文学艺术是"用"。社会主义的根本原则就是社会主义民主。我们要健全社会主义民主，可以说民主为体，科学为用。现在不应该以中西分体用，无论讲中体西用或西体中用都是错误的。

概括起来说，中国文化的发展有三条道路。

第一条道路，固步自封、因循守旧，像过去那样，以大国自居，以高明自居，这是做不到的，也是危险的，没有前途的。清朝末年顽固派拒绝西学，是一个惨痛的教训，应该牢记。看来这条道路是走不通的。

第二条道路，全盘接受外国文化，全盘否定民族传统，这也是不可取的，丧失了民族独立性，就会沦为殖民地。西方每一个民族都有其独立性，我们学习西方，如果没有自己民族的独立性，也不是真正学习西方。这同样没有前途，同样是十分危险的。

摆在我们面前的唯一正确的道路，就是主动吸收世界先进的文化成就，同时保持民族文化的独立性，认识本民族优秀的文化传统，发扬创造精神，创造自己的新文化。创造就是发现别人没有发现的客观规律,制造出别人没有制造出的新机器、新工具、新产品。这样才能对世界文化有所贡献,这样才能自立于世界文化之林。这是我们唯一正确的道路。

第六节
中国文化的改造与复兴

一 文化更新的基本规律

中华民族屹立于世界东方,创造了自成体系的中国文化,而且影响广被于东亚地区,成为东亚文化的中心。近代以来,与西方相比,中国严重落后了。由于落后,于是遭受了民族的屈辱,出现了一次一次的革新运动。五四新文化运动更对于传统文化进行了全面的猛烈的批判。于是反传统文化的浪潮涌起,出现了全盘西化的议论,以为必须全盘否定传统文化才能迅速赶上西方。但是事与愿违,全盘西化论只引起了思想的混乱,并没有成为促进文化发展的动力。这主要是因为,全盘西化论违背了文化发展的客观规律。

文化发展的过程包含古今关系(过去与现在的延续关系)、内外关系(本国文化与外邦文化的交流关系)以及内部"两种文化"的关系。列宁关于"两种文化"的论断是非常重要的。民族文化之中既有消极的落后方面,也有积极的进步的方面。民族文化内部所包含的进步的思想意识是文化向前发展的内在契机,亦即本民族文化的生命力之所在。必须对于民族文化的内在生命力有所认识,并加以发扬,才能促进文化的健全发展。

在古今关系方面,要处理好继承与创新的关系,创新只能是在批判继承上有所前进,要超越传统必须首先了解传统。在内外关系方面,要处理好开放与独立的关系,文化的发展要借鉴外邦文化、吸收外邦文化,但同时要保持民族的主体性、独立性。必须资外以宏内,不能徇外而蔑内。如果失去了民族文化的独立性,那就沦为外邦文化的附庸了！如果丧失了民族的自尊心和自信心,文化的正常发展也将是不可能的。

二 文化体系的分析与综合

　　文化包含多层次、多方面、多项目的内容。每一项目又包含许多要素。每一时期的民族文化形成为一个枝叶扶疏的宏大体系,其中各个项目、各个要素密切相关,但不是清一色的"铁板一块",其中的项目、要素有些是密切结合不可离析的,有些不但可以离析而且是相互矛盾,相互差异的。

　　举例来说,文化的核心部分是哲学思想。中国古代哲学有许多派别,春秋战国时期百家争鸣,各自立说,相互辩诘;汉代以后,儒学定于一尊,但道家、墨家的反儒篇章(如《墨子·非儒》《庄子·盗跖》)仍保存下来,并未毁弃。隋唐时代,三教并尊,道佛与儒学鼎足而立。宋代理学兴起,号为正学,但反对理学的言论仍大量存在。这些情况表明,自古及今,文化的不同要素纷然杂呈,都是可以分别观之的。

　　文化的发展过程就是文化的不同要素的新故推移、选择取舍的过程。就中国古代哲学而论,汉代初期选择黄老之学作为主导思想,兼容百家之说,但黄老之学比较缺乏进取精神,于是汉武帝采纳董仲舒的建议,独尊儒术、罢黜百家,于是转入经学时代,其最严重的后果之一是曾经与儒并称"显学"的墨学中绝。(墨学的中绝还有社会原因)墨学的中绝,对于后来名辩之学与物理之学的发展有严重的影响。而近代西方学术的特色之一正是名辩之学(逻辑)与物理之学有巨大的发展。从一定意义上可以说,儒、墨的盛衰显示了中西的异同。

　　综观古今中外的历史,许多文化要素是可离可合的,而每一时期的选择也有得有失。

　　有些文化要素是不相容的,如民主与专制、科学与迷信。有些文化要素则是相容的,如道德与法律、文治与武功。在历史上,有的思想家往往将相容的认为不相容。韩非在《难势》中引述慎到之说"贤智未足以服众,而势位足以屈贤者也",从而下结论说"夫贤势之不相容亦明矣"。事实上,贤与势是相辅相成的,并非不相容。中国历史上所谓治世如文景之治、贞观之治都是贤势结合的典型。儒家重义而轻利,实则义利是统一的;法家重法而贱学,实则文化教育与法制是相辅相成的。

　　我们现在创建社会主义的新中国文化,其任务之一是对于中国传统与西方文化进行分析选择,然后将古今中外的一切有价值的文化成就综合起来。分析综合的过程包含改造与提高,而不是简单的缀集。这是一项创揩性的艰巨工程。

三　正确认识中国文化的精粹思想

　　想了解中国文化的前途,必须了解中国文化中的精粹思想。在中国传统哲学中,有一些真知灼见、精思睿智,对于文化的发展、民族的昌盛,曾起过鼓舞、激励的指导作用。这里举出四点 1. 人格意识,2. 有机整体观,3. 刚健自强思想,4. 爱国观念。这些都是有生命力的精粹思想,值得认真体会,大力发扬。

(一) 人格意识

　　《周易·蛊卦》:"上九,不事王侯,高尚其事。象曰:不事王侯,志可则也。"这是赞美不事王侯的人具有崇高的人格。孔子肯定每一个人都具有独立的意志,他说:"三军可夺帅也,匹夫不可夺志也。"①孔子又论当时的处世态度说:"贤者辟世,其次辟地,其次辟色,其次辟言。"②这辟世、辟地、辟色、辟言虽然情况不同,但都表现了独立的人格。孟子引述曾子的言论说:"晋楚之富不可及也,彼以其富,我以吾仁;彼以

---

①　《论语·子罕》。
②　同上书,《宪问》。

其爵,我以吾义,吾何慊乎哉?"①这表现了不屈服于权势的独立人格。孟子更提出了大丈夫的人格标准:"富贵不能淫,贫贱不能移,威武不能屈.此之谓大丈夫。"②这大丈夫的人格理想到今天仍能给人以深切的启迪。儒家都很重视人之为人,主张保持作为"人"的人格。孟子提出"人之所以异于禽兽者",荀子提出"人之所以为人者"。孟子以为人之所以异于禽兽者在于"皆有不忍人之心",荀子以为人之所以为人者在于"有辨",即能辨别应当做的和不应当做的。

道家不赞同儒家关于人的理解,而更强调个人的独立自由。《庄子·外篇》云:"古之所谓得志者,非轩冕之谓也,谓其无以益其乐而已矣。……故不为轩冕肆志,不为穷约趋俗。……丧己于物,失性于俗者,谓之倒置之民。"③不要丧己于物,不要失性于俗,即保持自己的独立人格。

汉宋儒者大都宗述孔、孟,重视保持一定的独立人格。秦始皇建立了中央集权的专制主义制度,其后经历汉、唐、宋、明以至清代。专制主义愈演愈烈。专制主义就是要奴役人民,"使人不成其为人"。但知识分子士大夫以及广大人民也不断进行反专制的斗争。汉代以至明清,统治阶级与劳动人民的阶级斗争时缓时烈,同时存在着王权与士权斗争。士大夫虽然是维护君权的,但也重视自己的独立人格,力图发挥自己的作用,因而有一个"以天下为己任"的传统。《世说新语》记载:"陈仲举言为士则。行为世范,登车揽辔,有澄清天下之志。……李元礼风格秀整,高自标持,欲以天下名教是非为己任。"④陈蕃、李膺可以说是知识分子力图移风易俗的典型。明代设"廷杖",以摧残士气;清代大兴文字狱,以禁锢思想。这都是王权压制知识分子的措施,而知识分子以气节为尚,以不同的方式勉力保持自己的"人品"。

(二) 有机整体观

众所周知,中国古代哲学富于辩证思维。辩证法是一个翻译名词,如果用中国

---

① 《孟子·公孙丑下》。
② 同上书,《滕文公下》。
③ 《庄子·缮性》。
④ 《世说新语·德行》。

固有的名词,可称为"通变法"。中国哲学把天地万物看做一个整体,整体中各个部分息息相关。这整体之中充满了变化,变化的普遍规律是对立统一。老子提出"反者道之动",所谓"反"即是否定性,老子认为否定是运动的基本方式。《周易大传》提出"一阴一阳之谓道"、"刚柔相推而生变化"、"生生之谓易"等精湛命题,明确揭示对立统一是普遍规律、对立的相互作用是变化的根源。宋代张载阐发《周易大传》的观点,提出"两"与"一"的观念,揭示对立与统一的相互关系:"两不立则一不可见,一不可见则两之用息","一故神,两故化"。肯定对立统一是变化的源泉。中国的辩证思维更表现于医学理论之中。由于辩证思维的高度发展,中国没有产生西方近代所谓"形上思维方式"。(按:"形上思维方式"是黑格尔的用语,恩格斯采用之,其实应称为分解的思维方式。)事实上,辩证思维方式与形上思维方式是互相补充的。

(三) 刚健自强思想

儒家和道家之间,曾经有关于重刚和贵柔的意见分歧。老子贵柔,以为柔弱可以胜刚强;孔子重刚,以为"刚毅木讷近仁"。《周易大传》提出"刚健"、"自强"的原则。《文言传》云:"大哉乾乎!刚健中正,纯粹精也。"《象传》云:"大有,其德刚健而文明,应乎天而时行,是以元亨。"又云:"大畜,刚健笃实辉光,日新其德。"这都是对于刚健之德的赞扬。《象传》云:"天行健,君子以自强不息。"意谓天体运行无休止,人应法天,永远向上,决不停息。儒家的刚健自强思想,在中国的长期历史上,对于知识分子和广大人民起了鼓舞、激励的积极作用,在今天看来,仍然具有重要的理论和现实意义。道家的"以柔克刚"的思想,作为一种策略手段,也曾受到重视,但没有成为主要的指导原则。时至今日,我们应该着重发扬的还应是"刚健自强"的精神。

(四) 爱国观念

自古以来,中国即有保卫民族独立的爱国思想。孔子称管仲为仁,其理由即是管仲保卫了华夏的文化使不受夷狄的凌侵。他称赞管仲说:"管仲相桓公,霸诸侯,一匡天下,民到于今受其赐,微管仲,吾其被发左衽矣。"①在春秋时期,华夏族与戎狄族交错杂处,到汉代而融合为汉族(汉族的名称当时还没有)。汉魏以后,存在着汉族与匈奴、鲜卑、契丹、女真等少数民族的斗争,到现代而融合为中华民族。在历史上,各族之间曾经有过不同形式的斗争,如宋辽金之争、满汉之争,在今日看来,都属于国内民族的斗争,但在历史上各族人民都在为保卫本族主权而奋斗,而且其间存在着正义与非正义的区别。比如宋代抗金斗争、清初反清斗争,都具有爱国的意义。宗泽岳飞奋力抗金,文天祥、谢枋得誓不降元,都表现了爱国的热忱,是值得歌颂的。

在古代,爱国与忠君是密切联系的,但也有一定的区别。《左传》襄公二十五年记述晏子在崔抒杀君之后说:"君民者岂以陵民?社稷是主。臣君者岂为其口实,社稷是养。故君为社稷死,则死之;为社稷亡,则亡之。若为己死,而为己亡,非其私匿,谁敢任之?"晏子区别了君与社稷,这是有重要意义的。社稷指国家政权,君与社稷的区别即君与国的区别。孟子则说:"民为贵,社稷次之,君为轻。"②又说:"有事君人者,事是君则为容悦者也。有安社稷臣者,以安社稷为悦者也。"③亦区别了社稷与君。所谓"安社稷"即保卫国家的主权,"安社稷"不仅是忠于君而已。应该承认,历代反抗异族入侵不惜牺牲个人生命的志士仁人,确实是爱国主义的民族英雄。

明清之际,顾炎武、王夫之、吕留良等思想家宣扬"华夷之辨",虽然含有轻视少数民族的狭隘民族主义的倾向,但以维护民族主权的爱国思想为主要内容。他们坚决反对异族入侵,但决不赞同对外侵略。他们是主张不同民族和平共处的。应该承认,中国历代知识分子和劳动人民有一个爱国主义的传统。

鸦片战争以来,中国遭受外国列强的侵略,爱国志士、广大群众,奋起抗争,表现了炽烈的爱国主义的激情。经过百年的艰苦战斗,中国人民取得伟大的胜利,"中

---

① 《论语·宪问》。
② 《孟子·尽心下》。
③ 同上书,《尽心上》。

国人民站起来了"！这一百多年的爱国思潮与过去历史上反抗异族入侵的斗争是一脉相承的。

四 文化创新之路

我们现在的历史任务就是建设社会主义的新中国文化。这一方面要批判继承传统文化的优秀遗产，一方面要选择吸收西方文化的先进成就。无论批判继承优秀传统或选择吸收西方成就，都要以社会主义的基本原则作为标准。社会主义社会是遵照辩证唯物主义（包括历史唯物主义）的基本原则建立起来的，辩证唯物主义应是社会主义社会的最高指导原则。辩证唯物主义开辟了探索真理的广阔道路，指导着人们不断前进。

五四新文化运动高举科学与民主两面旗帜。其实在"五四"以前，严复已经大力提倡科学，孙中山的民权主义亦即民主主义。五四新文化运动特别宣扬科学与民主，仍有振聋启聩的作用。过去以为科学和民主都是舶来品，是中国本来没有的。事实上，中国古代既非没有科学，也非全无民主。英国著名科学家李约瑟撰写了几大本的《中国科学史》（原文是"中国科学与文化史"，译本改为《中国科学技术史》，不尽合原意）。以充分的证据证明中国是有科学的，不过没有发展成近代实验科学。一般认为，西方古希腊曾实行贵族的民主制，而中国只有专制制度，这也不合事实。姑不论唐虞（尧舜）政制。在春秋时期，郑子产不毁乡校，表现了明显的民主作风。孟子的"民贵君轻"之说是民本思想，还不是民主思想，但是孟子还说过："左右皆曰贤，未可也，诸大夫皆曰贤，未可也；国人皆曰贤，然后察之，见贤焉，然后用之。左右皆曰不可，勿听；诸大夫皆曰不可，勿听；国人皆曰不可，然后察之，见不可焉，然后去之。左右皆曰可杀，勿听；诸大夫皆曰可杀，勿听；国人皆曰可杀，然后察之，见可杀焉，然后杀之。故曰国人杀之也。如此，然后可以为民父母。"①国事由国人来决定，

---

① 《孟子·梁惠王下》。

这不是民主思想吗？后来宋元之际邓牧著《伯牙琴》，明清之际黄宗羲著《明夷待访录》，都提出了明显的民主思想。中国传统思想中存在民主思想的端绪，不过没有产生资本主义的民主制度而已。

了解中国古代科学曾经有丰富的成就，了解中国古代也曾有初步的民主思想，可以增强民族的自信心和自尊心。当然更要保持虚心的态度。

提倡科学，要重视可以作为科学的理论基础的哲学。发扬民主，要重视可以作为实现民主的条件的道德。

文化的发展必然包含哲学思想的繁荣。我们要坚决肯定辩证唯物论的主导地位，同时要贯彻百家争鸣的正确方针。这两者之间并无矛盾。因为辩证唯物论并不排斥任何新发现的真理，而违反真理的谬论只有在辩论中才能加以克服。

社会主义社会以社会主义的人道主义作为道德的最高准则，对于传统道德要进行分析改造。千百年来劳动人民所赞扬的传统美德，如"廉洁"、"信义"、"勤俭"，仍应大力宣扬。要改造"忠"的观念，废除忠于君主、忠于个人的忠，宣扬忠于民族、忠于人民、忠于祖国的忠。要改造"孝"的观念，取消绝对服从的愚孝，提倡在人格平等的基础之上的父慈子孝、敬老慈幼。传统道德的最高规范是"仁"，"仁"可以说是古代的人道主义。我们今天实行社会主义的人道主义，在一定意义上也可以说是"仁"的批判继承。

建设社会主义的新中国文化，既要慎重总结传统文化，又要虚心学习西方文化，同时更要发挥创造性的思维，在前人已有的基础上，有所发现，有所发明，有所创造，有所前进。只有在哲学、科学、文学、艺术等各方面都呈现了繁荣兴盛的景象，社会风俗亦有大的改进，才能表现出社会主义文化的优越性。

中国人民有勇气、有决心建成社会主义的中国新文化。

第七节
中国文化的回顾与前瞻

一 中国文化发展的基本规律

中国文化发展的基本规律,是一个很复杂的问题。中国文化有五千年的历史,从上古时代,从黄帝、尧、舜以来,中国文化在延续发展、长期演变的过程中,表现出一些规律性。这里,我提出三条来,我以为这三条对于我们认识中国文化都是比较重要的。

第一,中国文化是一个包含多方面、多层次内容的体系,其中哲学思想居于主导地位。

文化是个范围很广的概念。文化是政治经济的反映,有什么政治、经济,就有什么文化。文化包含哲学、宗教、科学、技术、文学、艺术、教育,等等。文化不光是思想,而且有实物成品。例如,哲学思想,必须写出来,成为著作;艺术家要生产艺术品;科学家要出成果。文化是个多层次、多方面的结构体系,但起主导作用的是哲学思想。这一点,中国与西方和印度有所不同。在西方、在印度,宗教成为文化的中心,西方中世纪尤其是这样。虽然到了近代有所改变,但宗教的地位仍然很重要。中国则不同,虽然在中国有佛教、道教等宗教,但都不占主导地位,占主导地位的是哲学思想。中国医学的许多基本概念,如阴阳五行等,是从中国古代哲学来的。文学艺术也都受哲学思想的影响,古代著名文学家李白、杜甫、韩愈、柳宗元等的文学作品,都受哲学思想的深刻影响,与中国哲学有密切的联系。

第二,在中国文化演变过程中,哪个时代思想比较自由,那个时代文化就比较发展。文化的发展与思想自由有必然的联系。

以春秋、战国时期为例。春秋、战国是历史转变时期,思想有很大自由,出现了百家争鸣的局面,诸子百家,思想比较活泼、丰富,那时学术高度发展,出现了许多大思想家。例如孟子、庄子,他们是同时代的人,但二人思想的距离很远。现在看来,他们的思想各有千秋,不能否定哪一家,各自都有特殊的贡献。

到了汉朝,"罢黜百家、独尊儒术",经学占了统治地位。西汉的思想比较简单,没有先秦时期那样丰富了。到了魏晋时期,经学衰落,当时思想又比较自由,比较活泼,出现了玄学。这是因为当时对文化的控制较为放松。玄学的理论思维水平高于两汉经学。

后来到了北宋时期,出现了理学。理学的理论思维水平又高于玄学,它吸收了佛学一些思想资料,使儒学得到进一步的发展。北宋时期,哲学、科学技术、文学艺术都有空前的发展,这是由于当时国家政权对文化的控制较松。宋太祖赵匡胤立了一个碑,告诫他的子孙后代,不许杀戮士大夫,只能对其贬官、免职。这是一条优待知识分子的政策。于是,文化就得以有较大的发展。清朝大兴文字狱,动不动就杀头,文化发展就比较困难了。所以,思想自由与文化发展有必然的联系。

第三,在文化演变过程中,既要吸收外来文化,又要保持自己文化的独立性,这样文化才能健康地发展。

在中国文化发展过程中,中华民族不拒绝外来文化。例如,佛学是从印度传进来的。佛学东来,流传很广,后来产生了中国佛学。中国佛学同印度佛学有很大差别,中国佛学以佛学为主,吸收了儒家、道家的许多思想。以后又产生了理学。理学是以儒学为主,吸收了道、佛的思想。所以,文化交流、文化融合,是文化发展的一个重要关键,不吸收外来文化,文化就很难发展。明末,西方传教士利玛窦等到中国,带来西方的科学,对中国文化的发展有所促进。但不久中国发生政治动乱,明朝灭亡。清初康熙也注意吸收西方的算学,雍正则采取闭关政策,不许西方传教士再来中国,拒绝吸收西方文化,于是中国文化逐渐处于停滞状态,中国文化越来越落后。鸦片战争后,西学东渐,西方文化、科学技术空前发展,比中国文化高得多,但清朝的顽固派拒绝接受西学,使中国吃了大亏。中国文化大大落后了。清末以来,发生了中西之争、新旧之争。到 20 世纪 20 年代,关于文化的争论很多,一派是东方文化论,认为东方文化、中国文化比西方文化高明,因而拒绝向西方学习,这当然是错误的思想,对文化的发展起消极的作用。另一派正相反,是全盘西化论,认为中国"事事不如人",必须全盘西化。这是丧失了自己的民族自信心、民族自尊心,是半殖民地的奴化思想,同样是错误的。总之,东方文化论和全盘西化论都是片面的、错误的。中国文化发展的唯一出路是吸收西方文化之长处,建立社会主义的新文化。一部近代史证明了一个真理:"只有社会主义才能救中国。"现在应该认识,只有社会主义才能振兴中华。

二 中国文化的特点

这是中西文化比较问题,只有从比较中,才能看出中国文化的特点。

文化具有时代性,也具有民族性,过去的所谓中国文化其实是封建时代文化,所谓西方文化其实是西方近代资产阶级文化,两者乃不同时代的文化。但是文化还有民族性,同一时代的文化也有差别,如近代英国与近代法国,都属于资产阶级文化,但却有差别。中国封建文化与西方封建文化也有差别,这就是民族性的表现。中西文化比较是个复杂问题,既要看到文化的时代性,又要看到文化的民族性。

20—30 年代有一种流行看法:认为西方文化是向外的,面对自然界;中国文化则是向内的,面向内心。西方文化主动;中国文化则是主静,以宁静为主。这种观点在 30 年代比较流行。还有一种观点,说西方文化是物质文明,中国文化是精神文明。实际上,这些看法都是片面的观点,是单纯的同一性的观点,看不到东西方文化多方面的、复杂的情况。进行文化比较,应避免这种单纯的同一性观点,应该有全面的辩证的观点。无论是中国文化还是西方文化,都是矛盾的统一体,都具有两重性,包含多方面。中国文化固然注重内向,但也有向外方面,也面向自然,不面向自然就不成其为文化。同样,西方文化也有向内方面。古希腊哲学家苏格拉底就讲过,"你要认识你自己",这就是向内了。

过去中国确有主静的思想,老庄哲学就是主静的,认为静比动更根本。但是中国哲学中也还有主动的,认为动是主要的。宋代理学家周敦颐是主静的,可是他的学生程颐就对主静有所修改。清初有两位哲学家王夫之和颜元,都是主动的,王夫之特别强调运动,他认为运动是最根本的、最重要的,认为必须努力活动,人生才有意义、才有价值;颜元特别反对主静。这些思想家主动的思想是从哪里来的?是根源于《周易》,《易传》强调"刚健",就是主动的。过去认为《易传》是孔子的著作,现经考证,《易传》并非孔子自己所写,但它是以孔子的名义发挥影响的。中国古代哲学,儒家和道家都有深远影响,但居主导地位的还是儒家。认为中国文化只是主静,那是不正确的。

此外,认为中国文化是精神文明,西方文化是物质文明,更是大错。中国也有物质文明,西方也有精神文明。事实上,资本主义精神文明,比封建主义精神文明更高些。东西文化有差别但也有许多相同之点。有一个流行看法,认为中国文化重义轻利,西方文化重利轻义,这也是片面的观点。在中国也有强调物质利益的思想家,在西方也有强调"义"的思想家,德国康德重义轻利,恐怕比中国哪一位哲学家都更明显、更严格。他认为讲道德不能有丝毫关于利益的考虑,要为道德而道德,为原则而原则,这样才是道德。这种观点,比宋明理学更有过之,更为极端。

究竟中西文化的差别在什么地方?我认为中西文化只有相对的区别。中国文化比较重视人与自然、人与人之间的和谐统一的关系,西方文化比较重视人与自然、人与人之间的分别对立的关系。在中国文化里,认为人与自然不是敌对的关系,而是亲密的关系,人离不开自然,自然也离不开人。过去讲"天人合一",人与自然是互相统一的,人可以改变自然的实际情况,但人不能违背自然的根本规律,彼此有统一的关系。"天人合一"是个复杂的问题,这里不必多讲。总之,人不能光讲征服自然,还要顺应自然。关于人与人的关系,过去中国讲人伦,君臣、父子、夫妇、兄弟、朋友是五伦,即五种社会关系。人们在生活中要搞好这些关系,人与人之间应该保持温暖,相互关怀。中国文化比较偏重这方面。汉代以后,五伦演化为三纲,强调臣对君、子对父、妻对夫的服从,就逐渐成为对于人民的精神枷锁了。西方文化比较注重人与自然相互对立的方面,讲人与自然的对抗,人要征服自然。关于人与人的关系,西方强调个人独立,个性自由,不受他人干涉。中国文化与西方文化,表现了两种偏向。应该说,人与自然、人与人的关系都有两个方面,它们之间是对立而统一的关系,是辩证的关系。中国传统的封建文化,看到一个方面,忽视另一方面;西方资产阶级文化也只注意一个方面,而忽视另一面,这两种偏向都应加以纠正。

总起来说,中国文化的发展过程,是不同倾向之间相互斗争、相互融合的演变过程,从而形成中国传统文化的总的情况。应该承认,中国传统文化中既有可以促进文化发展的思想观点,也有阻碍文化发展的思想观点。所以对中国文化要进行具体的分析,它具有两重性,包含两个方面。能促进文化发展的思想,是文化进一步发展的动力和根基。另一方面阻碍文化发展的思想,就成为阻碍我们前进的沉重包袱。

那么,哪些思想对中国文化起促进作用呢?我初步的看法,认为《周易》里的两句话有重要作用。一句是"自强不息",一句是"厚德载物"。原话是:"天行健,君子以自强不息。""地势坤,君子以厚德载物。"意思是说:天体、日月、星辰,昼夜运行,今天太阳从东方出来,明天太阳也一定从东方出来,太阳不会懒惰,永恒运动,许多行星也是这样,人就应自强不息,永远前进,勉力向上,决不停止。我认为自强不息的观点就是中华民族五千年来延续发展的思想基础,是中华民族的基本精神。这是一个方面。另一方面"厚德载物",大地包容万物,兼容并蓄,什么东西在地上都可生长,人应胸怀广大,无所不容。这些思想观点,在民族关系上,表现特别明显。一方面,中华民族是坚强不屈的,不向任何外来势力屈服,坚决保卫民族独立。另一方面,主张国与国之间的和平,反对扩张主义,我不向你扩张,你也不要向我扩张,互相保持和平,"协和万邦"。坚决保卫民族独立,就是爱国主义的传统,这是非常可贵的。所以说,《易传》里的"自强不息"、"厚德载物"的思想,是中华民族延续发展的思想基础,当然《易传》中也还有许多错误的思想观点。

那么,哪些思想成为文化前进的阻力呢?这主要有两点:一是因循守旧、不愿变革的思想。《诗经》讲"不愆不忘,率由旧章",这是个惰性思想,起了严重的消极作用。二是悠闲散漫的习惯。中国过去长期处于农业社会,因而没有时间观念,不讲效率。在现在世界上,如果不讲效率,悠闲散漫,那是一定要失败的。封建时代的散漫习惯至今还有一定的影响。

总之,中国传统文化比较重视人与自然、人与人之间的和谐统一的关系,西方则比较重视人与自然、人与人之间的分别对立的关系。

中国文化有两重性,包含不同方面:积极的方面,具有自强不息的思想传统,鼓励艰苦奋斗,不怕任何困难,抗拒外来侵略。保持民族独立,保持每个人人格独立。这积极方面是主要的,对文化发展有促进作用。另外,还有消极方面,主要是惰性保守思想,不希望变革的思想,这是农业社会的反映。所以,中国传统文化包含两个方面。积极方面可以作为发展的精神支柱、前进的动力,消极方面则成为沉重的包袱。这里有一个情况要注意,就是,文化传统中积极、健康的因素,其内容比较深邃、精湛,往往不易了解,不易领会;但是消极方面,那些陈腐的思想,却容易保留,往往不易甩掉,摆脱不了。好东西不容易保持,坏东西不容易甩掉。要认识这个情况,应花大力量,保持好的,消灭、克服消极的。

近三百年来,即清初以来,中国文化与西方相比,远远落后了。西方自 16—17 世纪开始突飞猛进,发展了近代文明,而中国还是传统文明,越来越落后,只是近年来才缩短距离。中国传统的封建文明,长期停滞,原因很复杂,从现象上看,中国没有经过英、法那样的资产阶级革命,因而缺乏民主传统(西方的民主传统经过二三百年才确立起来,是资产阶级革命的成果)。同时中国没有经过产业革命,所以缺乏近代科学技术。这是中国文化的大缺点。一是缺乏民主传统,一是缺乏实证科学。五四运动提出两个口号,一是民主,一是科学,这在历史上起了重大作用,现在还很重要;现在还要再加一条:社会主义。只有社会主义才能救中国,也只有社会主义才能振兴中华。必须发扬社会主义民主,才能突飞猛进,有更大的发展。社会主义文化要吸收资产阶级所取得的成就,要吸收产业革命的成就,同时要克服封建文化、资产阶级文化的缺陷。

三　中国文化发展的方向

中国文化应该和可能怎样发展呢？我们已经建立了社会主义制度,我们是社会主义新中国,因此,中国文化发展的方向,应是建设社会主义的新中国文化。我们已进入社会主义阶段,在社会制度方面已走在资本主义前面了,应该发挥社会主义制度的优越性,我们的文化才能发展。

建设社会主义的新中国文化,一方面,必须认识中华民族文化长期延续发展的根基。中华民族延续五千年,必然有其精神支柱、精神力量,这一点应当充分认识,这就是民族自觉。另一方面,必须认识中国文化近三百年来落后的原因。中国近代为什么落后？为什么没有西方那样的资产阶级革命,没有西方那样的产业革命？对此应作深刻、认真的探索。中国人民正在进行现代化建设。有人提出中国传统文化与中国现代化的冲突,认为我们要搞现代化,但中国传统文化是个包袱,必须放下包袱,才能前进。我认为,所谓中国传统文化与现代化的冲突,主要表现在四个方面,实际上是封建时代遗留下来的思想习惯与现代化的冲突。

第一,尊官贵长的陈旧传统与民主精神的冲突。谁要做了官,谁是什么长,就受尊敬,这是封建思想传统。古代儒家,特别是法家提倡尊官贵长,商鞅讲过一句话,"贵贵而尊官"。这个思想与民主精神处于对立的地位;尊官贵长与社会主义原则也是相违背的。但由于是长期形成的传统习惯,一时不易消除掉。

第二,因循守旧的陈旧传统与革新精神的冲突。中国几千年农业社会,形成因循守旧、不思进取的思想习惯,这种思想习惯与现代化是格格不入的,是相冲突的,必须改掉。

第三,家庭本位与个性自由的冲突。中国农业社会,实行家长制,家长管束子女,限制、阻碍了个性自由。西方资本主义社会,特别强调个性自由,中国旧社会强调家庭,把家庭看得很重要,确实妨碍个性发展。这里讲的是过去传统与现代化的冲突,今天已经不是原来那个样子,多少有所改变,现在有许多子女不听父母的话,当然不正确的应当不听,但是有的正确的应该听的也不听。这个问题也是复杂的,如婆媳关系,过去婆婆管儿媳妇,儿媳妇受气,如今有的却倒过来了。共产主义道德主要是讲集体主义,要讲为人民服务,发扬集体主义精神,但同时应尊重个人,肯定个人独立性。

第四,悠闲散漫习惯与重视纪律、效率的冲突。

辛亥革命前讲中国人一盘散沙,不能团结起来。这也是农业社会的现象。现在做什么事都要认真,遵守时间。

所谓传统文化与现代化冲突,主要表现在以上四个方面。这些都要进一步改革。

看到传统文化与现代化的冲突是必要的,这方面应该研究;但同时也要看到,传统文化思想中还有不少积极、健康的思想观点,可以作为前进的根基,看不到这一点就不能前进,光讲冲突是片面的。我以为传统文化有与现代化冲突的一面,也还有与现代化相契合的一面。这是中国文化的优秀传统的表现。

首先,民本思想。中国没有经过西方那样的资产阶级革命,因而没有成熟的民主传统,可是有民本思想,"民为邦本",把人民视为国家的根本。孟子讲"民为贵,社稷次之,君为轻",肯定人民的重要。民本思想可以作为民主思想的基础。春秋时代有个故事,郑国的大政治家子产不毁乡校,当时郑国有许多人到"乡校"去批评郑国政治,有人对子产说,他们随便议论政治,批评你,这不好,应当加以禁止,把乡校取消,子产说那不行。他说:"夫人朝夕退而游焉,以议执政之善否,其所善者,吾则行之,其所恶者,吾则改之,是吾师也,若之何毁之?吾闻忠善以损怨,不闻作威以防怨。"子产的确是春秋时代伟大的政治家,他不毁乡校,愿意接受别人的批评,并且把批评他的百姓看做自己的老师。这点具有民主作风,值得肯定。所以,中国传统文化虽没有明确的民主理论,但是有民本思想。若把民本思想加以提高,就是民主了。可见,中国还是有优良传统的。

第二,革新思想。中国过去虽然因循守旧思想是主要的,占统治地位,但也不乏主张变革的思想。例如《易传》就有许多主张变革的思想。《易传》里讲,"革去故,鼎立新",说"穷则变,变则通,通则久","变而通之以尽利"。认为应该变时就要变。

虽然讲得比较简单,但确是一种变革思想,可以加以提高、发展。

第三,重视人格独立。中国过去缺乏明确的个性自由思想,但比较重视人格独立,承认每个人有独立的意志,孔子说:"三军可夺帅也,匹夫不可夺志也。"你可以把三军的统帅捉去,但一个普通平民有什么样的志向,你不能加以改变。他赞美伯夷、叔齐,说:"不降其志,不辱其身。"他们的志愿不因为别人的影响而改变,坚持自己的志愿,保持自己独立人格,不受屈辱。在战国时代还有一句话,叫做"士可杀不可辱"。对于知识分子,你可把他杀掉,但不能侮辱他的人格。中国传统文化重视人格独立,这是具有积极作用的观点。孟子肯定每个人都有本然的价值,"人人有贵于己者",叫做"良贵",即固有的价值。西方讲天赋人权,中国没有,但中国自孟子以来,肯定人人都有自己的人格价值。

我们说唯心主义思想是错误的,但唯心主义肯定主观能动作用,这一点是合理的。宋、明时期的陆王学派,陆象山、王阳明都是主观唯心主义者,但他们有一个贡献,即强调每个人的主观能动性。陆象山说过,最重要的是要做一个人,如我不认识一个字,也要堂堂正正做一个人。这对文化的发展是有贡献的。王阳明的致良知也是先验道德论,但也含有正确的因素,他肯定每个人有独立思考、独立判断的能力。不能一遇到问题就去查书,应该凭自己的独立思考能力,做出正确的判断来。他从唯心主义观点来肯定个性自由,起过进步作用。

应该说,在传统文化中,有大量的消极思想观点,应该努力加以克服;但也有大量积极的、有价值的思想观点,应该肯定,应该发扬。认为过去都是一团糟,那就没有前进的基础,也不符合历史事实。"言必称希腊",称希腊还是必要的,但言必称希腊,忘了自己的祖宗,忘了先秦诸子,就不好了。一方面要吸收西方先进的东西,一方面要保持自己文化的独立性。总而言之,对中国传统文化要分析,对西方近代文化也要分析。最主要一点,我们现在已进入社会主义时代,从社会制度来讲,我们走在资本主义前面了,但是生产技术、民主精神方面,我们的包袱太多太重,这方面还要积极努力。我们要反对文化保守主义,反对复古主义。不学西方是不对的,资产阶级很多成就要学习。社会主义新中国文化,必须继承封建时代文化取得的成就,也要吸收西方资产阶级文化取得的成就;同时还要克服过去遗留下来的陈旧的封建糟粕,克服西方资产阶级腐朽的东西。我们要反对历史虚无主义,对传统一概否定,认为中国一无是处,这即所谓全盘西化论。这是根本行不通的。我们是社会主义社会,有比西方更优越的地方,应该自己认识自己。历史虚无主义是错误的,文化保守主义也是错误的。总起来说,我们应该在马克思主义普遍真理的指导下,综合东西方文化的贡献,创造社会主义的新文化。

第三章

智

中国是世界上哲学思想繁荣发达的国家之一,中华民族是富于哲学思想的民族。每一时代重要哲学家的独到见解,构成中国哲学发展过程的重要环节。

第一节
中国古代哲学源流

中国是世界上哲学思想繁荣发达的国家之一,中华民族是富于哲学思想的民族。中国古代哲学是独立发展的,中古时代虽曾受印度佛教的影响,但是占主导地位的仍是中国固有思想的继续和发展。到了近代,西方思想传入了,出现了试图融合中西的思潮。马克思主义哲学的传入,开辟了中国哲学思想发展的新阶段。

中国哲学的发展过程主要是唯物主义和唯心主义对立斗争和相互影响相互推移的过程,同时包含辩证法思想与形而上学观点的对立斗争。中国古代的唯物主义和唯心主义都经历了两千多年的发展演变的过程,可谓源远流长。

在中国哲学的长期发展过程中,每一时代的重要哲学家都有自己独到的见解,提出一些典型性的观点,构成哲学思想发展过程的重要环节。本节选述先秦时期至明清的重要哲学家的主要思想,借以说明中国古代哲学的起源与流变。

一 先秦哲学

(一)中国古代哲学的开端

中国古代哲学,根据现存资料来看,可以说萌芽于殷周之际。西周初年写成的《洪范》提出五行之说,以水、火、木、金、土为自然界最基本的事物。(近人或谓《洪范》是战国时代的作品,实无确据。《左传》记载春秋时人的议论,多次引用《洪范》的文句,足证《洪范》是西周作品。)西周初期写成的《周易》古经,以乾(天)、坤(地)、震

(雷)、艮(山)、离(火)、坎(水)、兑(泽)、巽(风)八卦为自然界最基本的现象,都是企图对自然界的复杂现象做出解释,是原始的哲学思想。西周末年,伯阳父(周太史)以"天地之气"的秩序即"阴"和"阳"的相互关系来说明地震现象,标志着哲学思想的进一步发展。殷周的哲学思想是与宗教意识结合在一起的,《洪范》承认上帝,《周易》本系占卜之书,伯阳父把自然变化与国家兴亡联系起来,都表现了哲学思想与宗教迷信的混杂。

春秋战国时代是奴隶制没落、封建地主所有制逐渐形成的时期,哲学思想异常活跃,涌现出许多重要思想家。当时社会的不同阶级、不同阶层都有自己的哲学代言人,诸子并起,形成"百家争鸣"的盛况。汉代史学家总结先秦思想,分为儒、墨、名、法、道德、阴阳六家。事实上还有不属于六家的"接万物以别宥为始"的宋钘尹文学派、"为神农之言"的许行学派等。

(二)孔子

儒家的创始人是孔子(公元前551—前479),名丘,字仲尼,鲁国人。孔子生活于奴隶制向封建制转化的初期,是当时"士"阶层的代言人。士本来是奴隶主贵族的最低层,到春秋时代,多数的士失去了贵族的地位,成为自谋职业的自由民。孔子是第一个把过去贵族专有的文化知识传授给一般平民的教育家,是中国历史上第一个以"讲学"为事的思想家。

孔子考察了夏、商、周三代的礼制,在三者之中,他赞扬周礼,但同时又认为周礼也需要有所"损益"。他赞美"礼乐征伐自天子出"的王权,但没有把希望寄托于当时的周王室。他提出了"道之以德"的政治理想,周游齐、卫、陈、蔡等国,希望实行自己的政治主张,但找不到真正支持他的国君,最后回到鲁国,专门从事教学,系统地整理了殷、周以来的文化典籍。

孔子保留了西周以来关于天命的信仰。天命思想起源很早,殷代以"天"为世界的最高主宰,殷王室以为自己的政权是受自"天命"。周代灭殷,西周政治家周公(姬旦)提出"天命靡常"的思想,认为天命不是固定的,以人是否有德为转移。孔子继承周公的天命思想,既信仰天,又强调德。孔子所谓天有时指有意志的最高主宰,有时又指广大的自然。可以说孔子所谓天,是从"主宰之天"到"自然之天"的过渡。孔子尊重天命,却怀疑鬼神,这在当时是有进步意义的。孔子很少谈论"天道",而肯定一般事物的变化。"子在川上曰:逝者如斯夫!不舍昼夜。"① 承认事物变化有如川流。

孔子以"仁"为最高的德。仁字的本义是"相人偶",即承认别人是和自己一样的人。孔子讲仁,尝说仁就是"爱人"②,这是仁的主要意义。"爱人"亦即"己欲立而立人,己欲达而达人"③。这即自己愿意成立,也希望别人成立;自己愿意上进,也希望别人上进。孔子以为懂得礼才能成立,"立于礼"④,"不知礼,无以立也"⑤,欲求立达,必须待人以礼,所以又讲:"克己复礼为仁。"⑥ 礼属于外在的形式,仁属于内在的感情。孔子认为:"仁重于礼人而不仁,如礼何?"⑦ 如果没有内在的感情,外在的形式便没有价值了。

作为一个教育家,孔子提出了许多关于认识方法和学习方法的有价值的见解。孔子阐明了"学"与"思"的相互联系,"学而不思则罔,思而不学则殆"⑧。学与思必须并重,但学还是基础,"吾尝终日不食,终夜不寝,以思,无益,不如学也"⑨。孔子重视"多闻"、"多见"⑩,更强调"一以贯之"⑪。多见多闻属于学,"一以贯之"属于思。孔子虽然讲过"生而知之者上也"⑫,但是明确认为自己是"学而知之者"。所谓"生而知之",不过虚悬一格而已。孔子关于学思的见解是中国古代认识论的开始,在中国哲学史上有重要意义。

---

① 《论语·子罕》。
② 同上书,《颜渊》。
③ 同上书,《雍也》。
④ 同上书,《泰伯》。
⑤ 同上书,《尧曰》。
⑥ 同上书,《颜渊》。
⑦ 同上书,《八佾》。
⑧ 同上书,《为政》。
⑨ 同上书,《卫灵公》。
⑩ 同上书,《述而》。
⑪ 同上书,《卫灵公》。
⑫ 同上书,《季氏》。

(三) 墨子

墨家的创始人是墨子（公元前 480—前 397），名翟，是手工业小生产者的思想家。墨子虽然没有从根本上反对贵贱等级制度，但是强调"官无常贵，而民无终贱"，主张"虽在农与工肆之人，有能则举之"①。这在一定程度上反映了劳动人民的愿望。

墨子反对儒家所讲的烦琐礼节，"背周道而用夏政"②，推崇大禹治水的刻苦奋斗精神。墨子及其弟子都是"以绳墨自矫，而备世之急；日夜不休，以自苦为极"③。在战国时代，儒、墨并称"显学"。

墨子反对儒家的天命论，把"力"与"命"对立起来，认为国家的安危治乱、个人的富贵贫贱都不是命所决定的，关键在于勤劳与懒惰，在于肯用力或不肯用力。墨子讲"非命"但又宣扬"天志"、"明鬼"，肯定上帝鬼神的存在。"非命"论有进步意义，"天志"、"明鬼"则比儒家更落后了。

墨子的中心思想是兼爱，主张"视人之国，若视其国，视人之家，若视其家，视人之身，若视其身"④。孔子的仁是推己及人、由近及远，是有差等的爱。墨子兼爱则是不分远近、不别亲疏的无差等的爱。墨子重视实际利益，"兼相爱"也就是"交相利"尽力做有利于人民的事情。但是墨家没有阶级观点，墨子的一些后学的活动实际上是为当时的统治者卖力。

墨子重视"谈辨"，于是提出了判断言论是非的标准问题，强调"言必有三表"，即三个标准。哪三个标准呢？"有本之者，有原之者，有用之者。于何本之？上本之于古者圣王之事。于何原之？下原察百姓耳目之实。于何用之？发以为刑政，观其中国家百姓人民之利。"⑤本之古者圣王之事即根据过去的历史经验；原察百姓耳目之实即考察当时人民的感觉经验；发以为刑政，观其中国家百姓人民之利即考察实

---

① 《墨子·尚贤上》。
② 《淮南子·要略》。
③ 《庄子·天下》。
④ 《墨子·兼爱中》。
⑤ 同上书，《非命上》。

际运用的效果。墨家"三表"的真理标准学说基本上是一种唯物主义的经验论,这是墨家在认识论上的主要贡献。

墨子的天志论保留了宗教迷信,墨子的三表说表现了认识论上的唯物主义观点。这是墨子哲学思想中的显著矛盾。

(四) 老子

道家的创始人是老子,亦称老聃。老子是一个隐士,关于他的生平事迹,缺乏明确的记载。《老子》一书是道家的权威著作,有人说是与孔子同时的老聃写的,有人认为是战国前期的太史儋所著,历来争论不休,迄无定论。从《老子》一书的内容和影响来看,至晚是战国前期的作品。

《老子》第一次明确地提出"道"的学说。孔子、墨子都承认天是最高的存在,《老子》第一次提出了天的起源的问题,认为天不是最根本的,最根本的是"先天地生"的道。这道是无形的,"视之不见名曰夷,听之不闻名曰希,搏之不得名曰微……复归于无物,是谓无状之状,无物之象"①,却又是实在的,"惚兮恍兮,其中有象;恍兮惚兮,其中有物"②。这道非有非无,亦有亦无,是超越有无的绝对。这道"先天地生"③,"渊兮似万物之宗……湛兮似或存,吾不知谁之子,象帝之先"④。否定了天帝之最高权威,以道为天地万物的本原。

《老子》道的学说,一方面有反对宗教神权的意义,企图追求超越一切相对事物的绝对,表现了抽象思维的空前提高;另一方面,所谓道是思维的虚构,并不是客观实际的反映,以思维的虚构为世界的本原,在这个意义上,应当说是一种客观唯心主义思想。

《老子》提出了对立而相互依存、相互转化的学说,"有无相生,难易相成,长短相

---

① 《老子》十四章。
② 同上书,二十一章。
③ 同上书,二十五章。
④ 同上书,四章。

形,高下相倾"①。"物或损之而益,或益之而损"②。"祸兮福之所倚,福兮祸之所伏"③。这是《老子》的辩证法思想。《老子》强调"反",认为一切事物发展到一定限度就要转向反面。"反者道之动"④,"正言若反"⑤。《老子》书中对立转化的思想对于以后哲学思想的发展有深远的影响。

在伦理学说方面,《老子》主张保持原始的朴素的道德,反对后起的人为的道德,"绝圣弃智,民利百倍;绝仁弃义,民复孝慈"⑥。《老子》以"无为"为最高的政治理想,要求统治者尽可能地少干涉人民,"太上下知有之,其次亲而誉之,其次畏之,其次侮之"⑦。《老子》激烈攻击了统治者对于人民的压榨和迫害,"民之饥,以其上食税之多,是以饥"⑧。"民不畏死,奈何以死惧之"⑨?他要求回到没有压迫没有文化的原始社会,"小国寡民,使有什伯之器而不用;使民重死而不远徙;虽有舟舆,无所乘之;虽有甲兵,无所陈之;使人复结绳而用之"⑩。只保留最原始的生产工具,连文字也不要。

《老子》的哲学是隐士的哲学。在春秋、战国时期社会中有一些隐士,具有一定的文化知识,拒绝和当权者合作,宁愿过自食其力的生活。这些隐士,反对现实的政治,和劳动人民比较接近。《老子》一书在一定程度上反映了春秋战国时期农民小生产者(属于自由民)的愿望。

(五)战国时期儒家思想的发展——孟子、《易传》、荀子

孔子的弟子很多,受到诸侯国君的重视,宣扬孔子的学说。到战国时代,儒家

---

① 《老子》二章。
② 同上书,四十二章。
③ 同上书,五十八章。
④ 同上书,四十章。
⑤ 同上书,七十八章。
⑥ 同上书,十九章。
⑦ 同上书,十七章。
⑧ 同上书,七十五章。
⑨ 同上书,七十四章。
⑩ 同上书,八十章。

之中又分出不同的派别,其中影响较大的有孟子和荀子。与孟子同时,还有一些传授《周易》的学者,依托孔子,撰写了一些解说《周易》的著作,后人称为《易大传》,其中表述了一些深刻思想。

孟子(约公元前372—约前289),名轲,邹国人。孟子发挥了孔子"仁"的学说,提出了"性善"论,认为"人之所以异于禽兽者"在于人有"恻隐之心、羞恶之心、恭敬之心、是非之心",这些就是仁、义、礼、智的"端",这"四端"是天赋的,是道德的基础。恻隐之心即同情心,以同情心为人的本性,就是把人类的社会感情看做道德的根源。孟子以仁义礼智为首要的德目,又以孝悌忠信为初步的德目,提出系统的德目论。

孟子区别心与耳目的不同作用,"耳目之官不思而蔽于物,物交物,则引之而已矣。心之官则思,思则得之,不思则不得也"①。孟子强调了思的重要,即强调理性认识的重要。

孟子以天为最高主宰,人所以能思,是天所赋予的,"此天之所与我者"②,于是孟子把天与人的心性统一起来,"尽其心者,知其性也;知其性,则知天矣"③。初步提出了"天人合一"的观点。

孟子又把天与民联系起来,"天视自我民视,天听自我民听"④。于是他提出了民贵君轻的观点,"民为贵,社稷次之,君为轻"⑤,认为国君是可以"变置"的,社稷也是可以"变置"的,而人民是不可能变置的,民心是政权的基础。这是明显的民本思想,在中国思想史上起了非常进步的作用。

《易大传》简称《易传》,包括《彖》上下、《象》上下、《文言》《系辞》上下、《说卦》《序卦》《杂卦》。其中《杂卦》晚出,其余也非一人一时之书,但基本上是战国前期的著作。《易传》中最具特色的思想是关于变化与对立统一的观点。《易传》肯定了世界事物的变化,"在天成象,在地成形,变化见矣"⑥。世界是不断更新的,"日新之谓盛

---

① 《孟子·告子上》。
② 同上。
③ 同上书,《尽心上》。
④ 同上书,《万章上》。
⑤ 同上书,《尽心下》。
⑥ 《易传·系辞下》。

德,生生之谓易"。而变化的根源在于对立面的相互作用,刚柔相推而生变化"①,"刚柔相推,变在其中矣"②。刚柔的对立就是阴阳的对立,一阴一阳,一正一反,相互推移,相互转化,就是事物的根本规律。《易传》提出"一阴一阳之谓道"③的深湛命题,是中国古代关于对立统一规律的精辟思想。《易传》所谓道即普遍规律。

《易传》所谓道,与《老子》所谓道意义不同。《老子》所谓道是超越对立面的最高的绝对,《易传》所谓道则是对立统一的根本规律。《易传》也探讨了天地起源问题,认为天地的起源是原始的浑然未分的统一体,"易有太极,是生两仪,两仪生四象,四象生八卦"④。汉代学者解释"太极"为"淳和未分之气",基本上是正确的。两仪既生之后,一阴一阳,相互对立而统一,才有所谓道。《易传》把道与器对立起来,"形而上者谓之道,形而下者谓之器"⑤。道是无形的,器是有形的。道是抽象的规律,器是具体的实物。

《易传》强调变化,因而肯定了政治上变革的重要:"天地革而四时成,汤武革命,顺乎天而应乎人。革之时大矣哉!"⑥这里所谓革命指政权的转移。《易传》认为在一定的条件下夺取政权是必要的。《易传》表达了战国时代新兴地主阶级的愿望。

荀子(约公元前325—约前235),名况,字卿,亦称孙卿子,是战国末年的重要思想家。

荀子否认了主宰之天,批判了"天命"论,认为天只是物质性的存在,天是没有意志的,天有其客观的普遍规律,与人间的吉凶祸福毫无联系。"天行有常,不为尧存,不为桀亡。"⑦荀子强调天与人的区别,"故明于天人之分,则可谓至人矣"⑧。于是提出了"制天命而用之"的光辉命题:"大天而思之,孰与物畜而制之? 从天而颂

---

① 《易传·系辞上》。
② 同上书,《系辞下》。
③ 同上书,《系辞上》。
④ 同上。
⑤ 同上。
⑥ 《彖·革》。
⑦ 《荀子·天论》。
⑧ 同上。

之,孰与制天命而用之?"①既肯定了自然界的客观规律,又肯定了人的主观能动性。

荀子反对孟子的性善论,主张"性恶"论,宣称:"今人之性,生而有好利焉,顺是,故争夺生而辞让亡焉;生而有疾恶焉。顺是,故残贼生而忠信亡焉。"②认为所谓礼义是圣人"积思虑、习伪故"而制定的,不是人的本性,荀子也讲"人之所以为人者"③,但认为人之所以为人者不在于人的本性,而是本性的改造。孟子以"四端"为性,四端必须"扩而充之";荀子则以为有待于学习的都不是性,"凡性者,天之就也,不可学不可事;礼义者圣人之所生也,人之所学而能,所事而成者也"④。孟子、荀子所谓性,意义不同。事实上,所谓"争夺"、"残贼",也不是完全无待于学习的。

荀子比较深入地考察了知识来源与认识方法的问题。知识来源于感官与心,"耳目鼻口形能各有接而不相能也,夫是之谓天官;心居中虚以治五官,夫是之谓天君"⑤。感官接触外物,能辨别外物的异同,心则能"缘耳而知声,缘目而知形"⑥。心经过一定的修养,就能"疏观万物而知其情,参稽治乱而通其度"。荀子初步讨论了感觉经验与理性认识的关系。

荀子在仁、义、礼三者中,特别强调了礼的重要,他所谓礼包括行为规范和政治制度。他反对贵族世袭,他的所谓礼是符合新兴地主阶级利益的道德准则。

(六) 稷下"道""气"学说与庄子

《老子》提出了道和无为的学说以后,产生了广泛的影响,齐国稷下学者和庄子分别朝不同的方向发展了《老子》关于道的学说。

战国时期,齐国设立稷下学宫,招纳不同学派的学者。其中有些学者推崇春秋时期著名政治家管仲,假托管仲的名义撰写了许多关于哲学和政治问题的文章,后人把这些文章编纂成《管子》一书,其中保存了管仲的遗说,但大部分都是战国时代

---

① 《荀子·天论》。
② 同上书,《性恶》。
③ 同上书,《非相》。
④ 同上。
⑤ 同上书,《天论》。
⑥ 同上书,《正名》。

的思想,大部分是依托管仲名义的。其中哲学思想较多的有《牧民》《形势》《权修》《枢言》《心术上》《心术下》《白心》《内业》等篇。(近人或谓《心术上》《心术下》《白心》《内业》等四篇是宋妍、尹文的著作,实无确据。从这四篇的内容看,基本上和《管子》中的《形势》《枢言》的观点一致,而与《庄子·天下》篇关于宋妍、尹文的论述不同,不能说是宋、尹著作。)

《管子》放弃了主宰之天的观念,肯定天就是广大的虚空。"天曰虚,地曰静"①,天地是有一定规律的,"天不变其常,地不易其则,春秋冬夏不更其节,古今一也"②。这"天不变其常"的命题是荀子"天行有常"的前导。《管子》受《老子》的影响,肯定有所谓道,"虚而无形谓之道"③;"万物以生,万物以成,命之曰道"④。道是万物生成的所以然。关于道与天地的关系,《管子》明确肯定道是在天地之间,"道在天地之间也,其大无外,其小无内"⑤,这就与《老子》以为道"先天地生"的唯心主义区别开来,走向唯物主义。

《管子》书中提出"精气"说,以为人与物都是精气合成的。"凡物之精,此则为生,下生五谷,上为列星,流于天地之间,谓之鬼神;藏于胸中,谓之圣人。"⑥又说:"精也者,气之精者也。"⑦精即精气。五谷是精气所生的,鬼神只是游散的精气;圣人的智慧来自胸中的精气。"下生五谷"的精气与"藏于胸中"的精气是否一类呢?《管子》没有说明。这种学说认为人与物都是精气合成,是一种唯物主义的观点,但是认为精神作用的来源是身体以外的精气,这又表现了形神二元论的倾向。

庄子(约公元前360—约前280),名周,宋国人。系统地发挥了《老子》的客观唯心主义。庄子完全接受并发展了《老子》道的观念,肯定道是先天地生的最高本原,"夫道有情有信,无为无形……自本自根,未有天地,自古以固存,神鬼神帝,生天生

---

① 《管子·心术上》。
② 同上书,《形势》。
③ 同上书,《心术上》。
④ 同上书,《内业》。
⑤ 同上书,《心术上》。
⑥ 同上书,《内业》。
⑦ 同上。

地,在太极之先而不为高,在六极之下而不为深,先天地生而不为久,长于上古而不为老"①。庄子宣称道"在太极之先",这含有反对儒家以太极为世界本原的意义。

庄子继承了《老子》关于对立面相互依存、相互转化的观点,而又认为对立面既然相互依存、相互转化,也就没有区别了,于是陷入否认对立面的差别的诡辩论。庄子以为:"方生方死,方死方生","其分也,成也,其成也,毁也,凡物无成与毁,复通为一"②。生与死、成与毁都是相互转化的,也就没有差别。又说:"天下莫大于秋毫之末,而大山为小;莫寿于殇子,而彭祖为夭。地与我并生,而万物与我为一。"③大小无定,寿夭无别,天地虽久,可谓与我并生;万物虽多,可谓与我为一。庄子从诡辩达到了物我一体的神秘主义。

庄子提出对于知识的疑问:"吾生也有涯,而知也无涯,以有涯随无涯,殆已。"④看到有限的生命与无限的知识的矛盾。庄子又以为言语的意谓是不确定的,"言者有言,其所言者特未定也。果有言耶？其未尝有言耶"⑤？更指出辩论不可能决定是非,这些问题的提出表明了理论思维的深化。但庄子虽然提出了问题,却不能提出正确的解答,于是走向鄙弃感官、废除语言的神秘主义,以"堕肢体、黜聪明、离形去知"的"坐忘"为最高的精神境界,认为这样才能"同于大通"⑥,才能体认宇宙本原的道。在认识论上,庄子由怀疑论走入直觉主义。

《庄子·外篇》是庄子后学的作品,与《内篇》肯定道"先天地生"不同,提出"道兼于天"⑦的观点,又提出"通天下一气"的观点,"人之生,气之聚也,聚则为生,散则为死……故曰通天下一气耳"⑧。这些观点都可谓唯物主义的观点。应该承认,庄子后学的一派从唯心主义转向了唯物主义。

---

① 《庄子·大宗师》。
② 同上书,《齐物论》。
③ 同上。
④ 同上书,《养生主》。
⑤ 同上书,《齐物论》。
⑥ 同上书,《大宗师》。
⑦ 同上书,《天地》。
⑧ 同上书,《知北游》。

中国园林传统

>>> 庄子完全接受并发展了《老子》道的观念,并且他达到了物我一体的神秘主义。图为元朝刘贯道《庄周梦蝶图》。

(七) 名辩思潮

战国时期,出现了一些"辩者",专门研究关于名实关系和方法论的问题,汉代史学家称之为名家,其主要代表是惠施和公孙龙。

惠施(约公元前370—约前300),宋国人,曾任魏惠王的宰相,著作已经散佚,仅《庄子·天下》篇中保存了他的"历物"之意十项命题,其比较重要的五项命题是:1."至大无外,谓之大一;至小无内,谓之小一"。2."无厚,不可积也,其大千里"。3."天与地卑,山与泽平"。4."日方中方睨,物方生方死"。5."大同而与小同异,此之谓小同异;万物毕同毕异,此之谓大同异"。惠施的学说主要是强调"同异"的相对性,认为事物之间的差别都是相对的,对立面都是相互转化的。所谓大一指无穷的宇宙,所谓小一指最小的单元,类似西方原子论所谓原子。据《庄子·天下》篇记载,惠施曾经"遍为万物说",他是比较重视对于万物的研究的。

公孙龙(约公元前330—约前242),赵国人,他所提出的著名论题是"白马非马"和"离坚白",公孙龙着重研究概念与实物的关系问题,所谓"白马非马"即说白马的概念不同于马的概念,所谓"离坚白"即说坚的概念与白的概念没有必然联系。公孙龙提出"指物"学说,物即具体的实物,指即抽象的概念。公孙龙论名实关系,肯定"夫名,实谓也",有唯物主义倾向,但他又宣称"物莫非指",把实物归结为概念,就陷入唯心主义了。

惠施的学说包含较多的辩证法,也夹杂不少诡辩;公孙龙强调了概念之间的区别,却忽视了概念之间的联系,他和其他辩者提出了许多诡辩的命题。墨家本来注重"谈辩",到战国时代,后期墨家比较系统地研究了关于认识和辩论方法的问题。墨家认为,知识可分为三种:闻名、说知、亲知。"传受之,闻也;方不障,说也;身观焉,亲也。"[①] 闻知是传授来的知识,说知即不受空间限制的推论知识,亲知是直接经验的知识。

墨家又提出关于名的类别,名分为达名、类名、私名。"物达也,有实必待之名

---

① 《墨子·经说上》。

也；命之马，类也，若实也者，必以是名也；命之臧，私也，是名也止于是实也。"[1] 达名是普遍概念，类名是特殊概念，私名是个体名称。《墨经》精确地区别了普遍、特殊与个别。

墨家更提出"辩"的原则是"以名举实，以辞抒意，以说出故，以类取，以类予"[2]。名是表示实的，辞即今所谓命题，是表达一定思想的；说即论证，是提出立辞的理由。墨家关于辩的方法有详细的讨论，在中国古代逻辑史中有重要贡献。

墨家依据唯物主义观点反驳了庄子对知识的怀疑和公孙龙的诡辩。针对公孙龙"白马非马"，肯定"白马马也"；针对"离坚白"，肯定"坚白不相外"[3]，即一石的坚性和白性是相互结合的。

（八）法家、阴阳家及其他学派

法家思想导源于齐国的管仲；战国初期，魏有李悝、吴起，都是法家的前驱。商鞅（约公元前390—前338）在秦国主持变法，提出一套变法的理论。同时的申不害（约公元前401—前337）强调君主驾驭臣民的"术"；慎到（约公元前370—约前290）强调"势"（即君主的权力）的重要性。战国末年，韩非（约公元前280—前233）综合了"法"、"术"、"势"的观点，建立了一套比较完整的政治学说。

商鞅、韩非提出历史演变的观点，认为古昔的制度不适用于今日，制度应随时改变。这是一种比较进步的历史观，有一定的哲学意义。商鞅、韩非强调法治，却完全忽视文化学术的积极作用，认为仁义、道德不但无用而且有害，完全不认识道德教育的价值，同时他们不理解人民对于政权的意义。

齐国推崇管仲的稷下学者也属于法家，但是观点与商鞅、韩非不同，兼重"礼"与"法"既强调法的重要，也肯定礼义的价值。《管子》一书是齐国法家学者依托管仲而编撰的，其中的政治理论避免了商韩学说的片面性。

战国末期，齐国邹衍（约公元前340—约前260）提出"五德转移"的历史观，以五

---

[1] 《墨子·经说上》。
[2] 同上书，《小取》。
[3] 同上书，《经上》。

行的生克来解释历史,同时提出"大九州"的地理学说,以为"儒者所谓中国者于天下乃八十一分居其一分耳"。当时人称邹衍为"谈天衍",可能他还有关于天文的言论,但是已经失传了。邹衍的特点是"深观阴阳消息",所以,汉代学者称之为阴阳家。

战国时期,在儒、墨、道、名、法、阴阳六家之外,还有持论在道家与墨家之间的宋钘、尹文学派。宋钘(约公元前382—约前300)、尹文(约公元前360—约前280)提出"别宥"学说,"接万物以别宥为始"①,别宥即消除主观片面性。宋子立说,志在救世。"以禁攻寝兵为外,以情欲寡浅为内"。禁攻寝兵之说接近墨子,情欲寡浅之说接近老子。宋子是一个积极的"救世之士",与老子不同,他又不隶属于墨家的组织,而是一个独立的思想家。宋、尹是一个独具特色的学派。

与孟子同时,还有"为神农之言"的许行。许行主张君主"与民并耕",提倡一种平均主义,反映了农业劳动者的愿望。

先秦哲学是中国古代哲学的开创时期,诸子争鸣,思想活跃,研讨了许多深刻的理论问题,达到了理论思维的高度水平。先秦哲学所提出的概念范畴。如天、道、气、理、性、命、智、思、仁、义等,对于以后汉唐宋明哲学的发展具有深远的影响。先秦哲学是中国中古以后哲学发展的思想渊源。

二 秦汉哲学

秦国实行商鞅的法制,国富兵强,终于兼并六国,建立了统一的中央集权的封建专制主义大帝国。但是秦国不顾惜民力,加重了对于人民的压榨,终于激起了陈胜、吴广领导的农民大起义。秦朝的专制统治迅速崩溃,于是刘邦建立了汉朝。汉朝初年,鉴于秦国灭亡的教训以及经济凋敝的情况,采取了"与民休息"的政策,以黄老之学为指导思想。战国时期,有些道家学者依托黄帝,发展改造了老子学说,号称"黄老之学",其内容与《管子》书中的思想比较接近,在自然观上倾向于唯物主义,在

---

① 《庄子·天下》篇。

政治思想上在老子"无为"学说的基础上吸取了一些法治的观点。

黄老学说有利于经济的恢复,但无助于文化的繁荣,于是汉武帝刘彻采纳了董仲舒(约公元前190—约前105)的建议,"罢黜百家、独尊儒术"。当时,为了适应统一帝国的政治形势,确有统一思想的需要。但是利用行政手段禁绝不同学说的流行,阻碍了学术思想的发展,于是先秦思想活跃的盛况一去难返了。

董仲舒为了巩固统一的中央政权,为了防止农民的反抗,提出"天人感应"的客观唯心主义学说。一方面,"屈民而伸君",强调君权的尊严;一方面又"屈君而伸天",设法用天意来限制君权的膨胀。董仲舒的天人感应论,对于荀子"制天命而用之"而言,是一个严重的倒退。这表示地主阶级取得政权之后,开始趋向于保守了。

董仲舒之后,天人感应思想弥漫于整个思想界,出现了大量的"谶"、"纬"之书,宣扬落后的宗教迷信。于是进步思想家展开了对于谶纬迷信的批判,其主要代表是东汉初期的王充(公元27—约107)。王充在所著《论衡》中举起"疾虚妄"的旗帜,全面地批判了当时流行的各种迷信。王充以"天道自然"的观点反驳天人感应论的"天地故生人"的思想,指出天地生人生物都是自然而然的,天没有意志也没有情感;指出天地是巨大的,人体是微小的,人的举动不可能感动天地。王充以为人与物都是天地生成的,天地万物"俱禀元气",元气是天地万物的根本。王充更以精密的论证批判了鬼神迷信,断言人的精神不可能脱离身体而独立存在,人死不能为鬼。王充更详细地分析了认识来源问题,指出知识来自感官经验,反驳了"圣人生知"的谬论。王充的唯物主义是鲜明的,具有战斗性。但王充信持的自然命定论,对于人的主观能动性重视不够,这是他的主要局限。

汉朝设立五经博士,经学兴盛。从前汉到后汉,经师传授不绝。经师解经,往往限于烦琐。后汉末年,郑玄遍注群经,集汉代经学之大成。汉朝政权的腐败,导致民不聊生,引起黄巾大起义,摧毁汉代的政权,经学也盛极而衰了。

三 魏晋南北朝隋唐时期的哲学

（一）魏晋时期玄学和反玄学思想

从东汉到魏晋时期，逐渐出现了一些豪强地主，形成门阀世族。这些门阀世族拥有大量土地和为他们服务的奴仆，享有政治上的特权，而他们自己"不亲细务"，连管理工作也不愿干。这些门阀世族是拥有特权的社会寄生虫，起了阻碍社会进步的严重消极作用。魏晋时代流行的玄学思潮就是这些门阀世族的意识在哲学上的反映。当时以《老子》《庄子》《周易》为"三玄"，是玄学家据以谈论的经典。

玄学始于何晏（约公元193—249）、王弼（公元226—249）。何晏、王弼祖述老子，强调"有生于无"，认为有形有色的"有"必须依靠"无"才能存在。"有之为有，恃无以生"①。"有之所始，以无为本"②。所谓有指物质存在，所谓无指没有任何规定性的绝对。何、王讲"有"以"无"为本，即认为一切相对的事物，都依靠于超越一切相对的绝对。他们区别了相对与绝对，这有一定的理论意义；但是他们不了解绝对即在相对之中，把绝对看做超越一切的，这个绝对只能是一种思维的虚构。因此何晏、王弼的思想在本质上是一种客观唯心主义。

与何晏、王弼同时的还有阮籍（公元210—263）、嵇康（公元223—262）。阮籍、嵇康也尊崇老庄，但不讲"有生于无"。阮籍以天地的总体为自然，"天地生于自然，万物生于天地"③。嵇康以元气为天地的原始，"元气陶铄，众生禀焉"④。阮籍、嵇康的特点是主张以老庄的"自然"反抗儒家的"名教"。嵇康高唱"越名教而任自然"，阮籍的行为"不拘礼教"。阮籍、嵇康指斥虚伪的礼教，有一定的批判意义，对于当时的封建社会秩序也起了一定的破坏作用。

---

① 何晏：《道论》。
② 王弼：《老子注》。
③ 阮籍：《达庄论》。
④ 嵇康：《明胆论》。

魏晋时期,玄学风靡一时,但也有反玄学的思想。针对何晏、王弼的"贵无"以及阮籍、嵇康的非毁名教,西晋时期,裴頠(公元267—300)提出"崇有论"。裴頠不承认无能生有,认为原始的有是自生的,"夫至无者无以能生,故始生者,自生也。自生而必体有"①。自生之物,以有为体。裴頠以为道不是无,而是原始的有的总体,"夫总混群本,宗极之道也"。裴頠指出,如贵无贱有必至于"遗制"、"忘礼","礼制弗存,则无以为政矣",社会秩序就无法维持了。裴頠肯定有是根本,这是一种唯物主义的观点。魏晋时期的"有无"之辨,表现了唯物主义与唯心主义的斗争。

　　与嵇康同时的向秀(约公元227—约277),曾为《庄子》作注;到西晋时期,郭象(约公元252—约312)依据向秀所注,"述而广之",写成《庄子注》。这是一部重要的玄学著作,提出关于有无问题的新观点。郭象不承认有生于无,"无既无矣,则不能生有",于是否认所谓造物者,而认为一切的"有"都是自生的。"故造物者无主而物各自造"。裴頠肯定"始生者自生",郭象则以为任何物都是自生的,"物各自生而无所出",他称之为"独化"。他更以形与影、罔两相提并论,"涉有物之域,虽复罔两,未有不独化于玄冥者也"。这样,把形与影和罔两同等看待,所谓有的物质性也就不明确了。郭象反对造物主,这表现了唯物主义倾向,但是他所谓有不具备明确的物质性,终于违离了唯物主义。

(二) 南北朝时期佛教哲学与范缜对佛教的批判

　　佛教自汉代从印度经中亚细亚传入中国,经过魏晋时期,到南北朝,逐渐流行起来。东晋之时,佛教徒受当时玄学的影响,仍讲有无问题。僧肇(公元384—414)依据佛教经典,著《不真空论》,对于有无问题的讨论做了总结。僧肇以为万物既非有亦非无:"万物果有其所以不有,有其所以不无。有其所以不有,故虽有而非有;有其所以不无,故虽无而非无。虽无而非无,无者不绝虚;虽有而非有,有者非真有。"万物已经显现出来了,故非无;然而显现出来的万象却是不真实的,故非有。"欲言其有,有非真生;欲言其无,事象既形。象形不即无,非真非实有。""譬如幻化人,非

---

① 《崇有论》。

无幻化人,幻化人非真人也。"这样,僧肇把万物万象都看做幻化,这是一种明显的唯心主义。他又著《物不迁论》,否认运动变化的实在性,更是一种违背真理的诡辩。

与僧肇同时的慧远(公元334—416)著《法性论》,宣称"至极以不变为性,得性以体极为宗",也是宣扬一种形而上学的唯心主义。慧远又大力宣传佛教的因果报应理论和神不灭论,以为人之神不随形而俱灭,"神也者……感物而非物,故物化而不灭;假数而非数,故数尽而不穷"①。佛教宣扬"来生受报"的因果报应论,神不灭论是来生受报说的前提。

南北朝时期,进步思想家提出了对佛教因果报应论与神不灭论的批判。何承天(公元370—447),著《达性论》,断言:"生必有死,形毙神散,犹春芳秋落,四时代换,奚有于更受形哉?"不承认离形独在的灵魂,更不存在所谓来生来世了。

在理论上给予佛教神不灭论以深刻而犀利批判的是范缜(约公元448—约515)。范缜著《神灭论》,提出形质神用说,从根本上否认了神不灭。他说:"形者神之质,神者形之用,是则形称其质,神言其用。"质是实体,用是实体所具有的作用,作用是不可能脱离实体而存在的。"神之于质,犹利之于刃;形之于用,犹刃之于利。利之名非刃也,刃之名非利也。然而舍利无刃,舍刃无利。未闻刃没而利存,岂容形亡而神在。"形体死亡,神用也就随之消灭了。范缜以"质用"关系说明形神,从根本上解决了形神关系问题。范缜的《神灭论》遭到了梁武帝萧衍等人的围攻,但是他坚强不屈,表现出了战斗的唯物主义的坚定立场。

(三)隋、唐时期的佛学

隋唐时期,佛教大盛。由于国家政治的统一,寺院经济的高度发展,佛教理论的长期准备和积累,佛教进入鼎盛阶段,出现不同的佛教宗派。其中天台宗、唯识宗、华严宗和禅宗,各自提出内容比较丰富的理论体系。

天台宗形成于隋代,创始人是智顗(公元538—597),其主要理论是"一心三观"和"三谛圆融"。认为事物现象都是由因缘凑合而生的,所以都是空无的,都是假名,

---

① 《沙门不敬王者论》。

以此为假名,这就是中道。"众因缘生法,我说即是无,亦为是假名,亦是中道义。"①天台宗认为心可以从空、假、中三方面来看待事物现象,称为"一心三观"。又认为空、假、中三层道理是相即相通的,互不妨碍,谓之"三谛圆融"。天台宗把事物现象都看成是虚假的,但不否认假相的存在,自以为高明,这是一种宗教的唯心主义。

  唯识宗的创始人是玄奘(公元600—664),介绍并宣传印度佛教的唯识学说,认为一切唯"识"所变,不能离开"识"而独立存在,强调"唯识无境"。唯识宗讲所谓"三性三无性",三性是:一遍计所执性,即人们普遍执著现象世界为实有;二依他起性,即现象都是依靠条件而产生的;三圆成实性,即从一切现象依条件产生而体悟到主体客体都空,从而达到对最高实体的认识。三无性是:一相无自性,二生无自性,三胜义无性,总之否认事物现象的实在。唯识宗对于识做了分析,提出八识之说,内容过于烦琐。

  华严宗的代表是法藏(公元643—721),其理论宗旨是"理事无碍"和"事事无碍"。事指万事万物,理指统摄一切事物的本体。理是事的本体,事是理的显现,两者是统一的,谓之"理事无碍"。千差万别的事都是理的体现,所以事与事也就相互交融,谓之"事事无碍"。比如一颗微尘,也具是理体,因而和其他万事万物互相包容。任何一个事物都包括一切事物,一切事物都包容于每一事物之中。一即一切,一切即一。华严宗歪曲了事物之间的联系,虽然提出了一些辩证观点,但终于陷入唯心主义的诡辩。

  禅宗的主要代表是慧能(公元638—713),他创建了与其他各个佛教宗派都不同的"顿教"。他特别强调"顿悟",直指人心,见性成佛。慧能在"得法偈"中说:"菩提本无树,明镜亦无台,佛姓(性)常青(清)净,何处有尘埃?"又说:"我于忍和尚(慧能之师弘忍)处,一闻言下大伍(悟),顿见真如本性。"他强调一旦认识本性,就成为佛。"前念迷即凡,后念悟即佛。"禅宗因主张顿悟成佛,故称为"顿教"。这种成佛的简易法门使佛教空前大普及,在唐代后期广泛流行起来。

  佛教天台宗、唯识宗、华严宗,都有一套深奥难懂的理论,令人感到高深莫测,

---

① 《中论·观四谛品偈》。

其实基本上都是唯心主义谬论,但也接触到一些比较深刻的问题。禅宗提出了一种简易直接的成佛方法,更富于欺骗性。佛教的学说对于中国宋、明时代的唯心主义哲学有重要的影响。

(四) 韩愈、柳宗元、刘禹锡的哲学思想

唐代统治者尊崇佛老,虽然不废儒学,三教并重,其实儒家的势力比较衰微。唐代中期以后,韩愈(公元 768—824)批判佛、老,以复兴儒学为己任。韩愈宣扬尧、舜、禹、汤、文、武、周公、孔子所传之道。这道的内容就是仁义。"博爱之谓仁,行而宜之之谓义,由是而之焉之谓道,足乎己无待于外之谓德。"[①] 仁的含义是博爱,义的含义是行为合宜,由仁义而行就是道,实行仁义来充实自己就是德。"凡吾所谓道德云者,合仁与义而言之也。"[②] 韩愈批判佛、老的"清净寂灭"之道,"子焉而不父其父,臣焉而不君其君,民焉而不事其事"[③],认为佛、老的根本错误是"欲治其心而外天下国家,灭其天常"。他主要是从政治理论方面立论,没有接触到哲学理论的根本问题。韩愈以为"孔子传之孟轲,轲之死不得其传焉"[④],他以继承孟轲自居。韩愈没有提出自己的理论体系,但他在佛、老盛行的时期,毅然举起复兴儒学的旗帜,在儒学的发展过程中起了承前启后的作用。

与韩愈同时的柳宗元(公元 773—819)、刘禹锡(公元 772—842)重新提起天人关系问题。展开了对天人感应论的又一次批判。柳宗元以为"彼上而玄者,世谓之天;下而黄者,世谓之地;浑然而中处者,世谓之元气",这些都是无意识的,"其乌能赏功而罚祸乎"[⑤]。天与人"各行不相预",自然的变化与社会的治乱是没有关系的。柳宗元也谈到天地起源问题,他认为"上下未形"之时,"唯元气存"[⑥],元气是天地的"本始"。

---

① 《原道》。
② 同上。
③ 同上。
④ 同上。
⑤ 《天说》。
⑥ 《天对》。

刘禹锡提出"天与人交相胜"的观点,以为天与人各有其特点,各有其优越之处。"天,有形之大者也;人,动物之尤者也。""天之道在生植,其用在强弱;人之道在法制,其用在是非。"①在自然界,强者制服弱者,这是自然规律。在人类社会,建立礼仪法制,赏善而罚恶,这是社会准则。刘禹锡初步论述了自然规律与社会准则的区别。刘禹锡的结论是"天与人不相预",天不能"预乎治乱",人不能"预乎寒暑",从而反驳了以为"天预人"的迷信思想。

柳宗元、刘禹锡强调"天与人不相预",这是唯物主义思想。但是柳、刘对于佛教采取了妥协态度,没有能够从唯物主义观点来分析、批判佛教唯心主义;面对佛教的比较深奥的唯心主义理论,他们就无力加以剖析了。

四 宋、元、明、清时期的哲学

唐末社会矛盾激化,爆发了黄巢领导的农民大起义,扫荡了门阀世族的反动势力。这次起义虽然被镇压下去了,唐朝政权也不能维持了,出现了五代十国的分裂局面。赵匡胤建立了宋朝,统一了中原地区,同时北方的契丹族和女真族相继建立辽、金政权,与宋对峙。蒙古族兴起,兼并金、宋,建立了统一的元朝政权。经过元末农民大起义,朱元璋建立了明朝。以后明朝被农民起义的浪潮所推翻,东北满族建立的清朝乘机取代了明政权。宋、元、明、清时期是汉族与少数民族经过斗争而达到融合的时期,阶级矛盾与民族矛盾交互错综。当时的主要阶级矛盾是地主阶级与农民的矛盾。明代后期又出现了资本主义生产关系的萌芽。宋、元、明、清时代,科学艺术都有高度的发展,哲学思想也达到了新的高潮。

(一) 周敦颐、邵雍

北宋时期,首先提出一个哲学体系的,是周敦颐(1017—1073)。周敦颐在所著

---

① 《天论》。

《太极图说》中提出一个天地万物生成演化的图式。他认为,世界的最高本原是"无极而太极"(一个版本作"自无极而为太极")。太极动而生阳,静而生阴,阴阳相互作用而生五行(水火木金土),阴阳五行生成万物。无极是无形无象的绝对,太极是最高的本原。无极与太极是一个还是两个,原文语意不明。如果二者是两个,就是说太极是来自无形无象的无极;如果二者只是一个实体,就是说太极本身即无形无象。总之都是认为最高的本体是无形无象,这表现了"有生于无"的观点,因而这种学说是一种客观唯心主义。《太极图说》又讲人极:"圣人定之以中正仁义,而主静,立人极焉。"把孔子孟子的仁义与老子的"虚静"结合起来,表现了调和儒道的性质。周敦颐的学说,后来经过朱熹的推崇和阐释,发生了深远的影响。

与周敦颐同时的邵雍(1011—1077),讲所谓"象数之学"。他在所著《皇极经世》中认为天地的最初本原是太极,太极有动静而生天地;天有阴阳,地有刚柔;阴阳分化为日月星辰,这是"天之四象";刚柔分化为水火土石,这是"地之四象"。由此而生出万物。天地万物的生成遵循一定的"数","一分为二,二分为四,四分为八",以至分为六十四。邵雍以此说明《周易》八卦及六十四卦的成因。他对于八卦与六十四卦做了新的解释,以八卦、六十四卦为万事万物变化的基本图式。邵雍认为这些图式是先于天地而存在的,称为"先天学"。他说:"先天学,心法也,故图皆自中起,万化万事生乎心也。"[1]他又认为太极即道,也即心,他说"道为太极",又说"心为太极"[2]。邵雍的学说是一种明显的客观唯心主义。由于他的学说内容过于穿凿附会,对以后哲学思想的发展影响不大。

(二) 张载、王安石

张载(1020—1077)提出以"气化"说明世界的哲学体系。他在所著《正蒙》中,批判了道家"有生于无"的客观唯心主义,批判了佛教"以天地日月为幻化"否认客观世界实在性的主观唯心主义。张载以"气"把所谓"有"与"无"统一起来,提出"太虚即气","虚空即气"的观点。他认为空若无物的太虚乃气散而未聚的原始状态,气散而

---

[1]　《皇极经世·观物外篇》。
[2]　同上。

为太虚,气聚而为万物。气的聚散变化的过程就是道。"由气化,有道之名。"气具有"浮沉升降动静相感之性",即运动变化的本性。张载着重研究气的变化,提出"一物两体,气也,一故神、两故化"以及"两不立则一不可见,一不可见则两之用息"的辩证观点。气之中含有对立,这对立又是统一的,统一而又对立乃运动变化的内在根源。所谓神即"屈申动静终始之能",即运动变化的潜能。张载强调这"神"性是"气所固有"的。张载又肯定气的变化有一定的"理",他认为"理不在人皆在物"①。理是客观的规律,他强调"穷理"的重要。张载哲学是比较明确的唯物主义思想,在中国哲学史上,张载第一次从哲学基本问题的高度,对佛教唯心主义进行了比较深刻的批判。

与张载同时的政治改革家王安石(1021—1086),在所著《洪范传》中以五行的变化说明万事万物的复杂情况,在所著《老子注》中又以"道"为"元气",这都是唯物主义的观点。但王安石没有提出比较完整的哲学体系,晚年又接受了佛教的一些观点,没有把唯物主义观点贯彻始终。王安石主持变法、肯定变革的必要性、肯定历史是"新故"交替的过程、反对复古,这都是他的进步思想。

(三) 程颢、程颐

程颢(1032—1085)、程颐(1033—1107)兄弟继承并改造了先秦哲学中"理"的范畴(孟子讲"理也义也",庄子讲"依乎天理",《易大传》讲"穷理尽性"),以为天地万物都有"理",天地万物之"理"是统一的,这统一的"理"就是天地万物的最高本原。二程所谓"理"既有自然规律的意义,又有道德准则的意义,而认为人类的道德准则就是天地万物的最高规律,也就是一切事物所以存在的根据。程颢讲"天者理也",又认为"心即是天"②,表现了主观唯心主义的倾向。程颐区别了"形上"与"形下",认为气是"形而下"的,不足为世界的本原;理或道是"形而上"的,才是天地万物的最高根据。程颐又提出"性即理也"的命题③,认为人性的内容即仁义礼智,也就是天理的

---

① 《语录》。
② 同上。
③ 同上。

内涵。这是客观唯心主义的理论。二程把封建社会的道德原则提升到世界本原的崇高地位,为封建社会的等级秩序建立了哲学理论的依据。二程哲学是明显地为地主阶级的根本利益服务的,因而在南宋以后被尊奉为正统的学说。

(四) 朱熹、陆九渊

朱熹(1130—1200)继承二程的思想,又祖述周敦颐,兼采张载、邵雍之说,建立了一个庞大的哲学体系。朱熹明确论述了理气关系天地之间,有理有气。"理也者,形而上之道也,生物之本也;气也者,形而下之器也,生物之具也。"[①]认为从时间来说,理气无先后可说;从形而上下来说,还是应说理是本。理气虽无时间上的先后,理在事物之先,却是无疑的,宣扬"理在事先"、"理在物先"。朱熹认为有理有气然后有心,心是人的知觉,乃"气之灵处",心的存在有待于气。但是心中却包含万理,认为"理具于心";心虽具理,但不能直接认识自己,必须"即物而穷其理",考察事物,穷究事物之理,然后才能达到心的自我认识。在朱熹的体系中,理、气、心的先后层次是比较明确的。这是一种比较细密的客观唯心主义。朱熹哲学反映了地主阶级的根本利益,他要求当时的统治集团以国家的长久利益为重,不要谋求私利。他和当时的统治集团有一定矛盾。朱熹死后,才受到统治集团的尊崇,被推为孔、孟以后最大的贤哲。

唐代韩愈提出尧、舜、禹、汤、文、武、周公、孔子相传之道,朱熹明确肯定"道统"说,以为二程是孟子的继承者。南宋初期,张载、二程的学说被称为"道学"与"理学",因为周敦颐曾经是二程的启蒙教师,于是被推为道学、理学的创始人。

与朱熹同时的陆九渊(1139—1192)推崇程颢,而不钦佩程颐,认为朱熹"即物穷理"的方法有支离烦琐的缺点,主张直接求理于心。陆九渊提出"心即理也"的命题,强调"发明本心",认为"人同此心,心同此理",能反省内求,此理自然明白起来。所谓本心即仁义礼智之心,所谓此理即仁义礼智之理。他把封建社会的道德原则看做最高的理,以为人们生来就有先验的道德意识。陆九渊宣称"宇宙即是吾心,吾心

---

① 《朱子文集·答黄道夫》。

即是宇宙",表现了主观唯心主义的倾向。朱学把理提升到天之上,陆学把理安置在心之中,方法不同,归趋是一致的。

(五)陈亮、叶適

朱陆都着重研究义理、心性的问题,与朱陆同时的陈亮(1143—1194)、叶適(1150—1223)对于理学专门研究义理心性问题提出了非议,认为都是不切实际的无用空谈,没有实际的价值。汉代董仲舒曾说:"正其谊不谋其利,明其道不计其功。"二程、朱、陆都赞扬董氏的这个主张,陈亮、叶適提出了反对的意见。陈亮强调实际应用,"人才以用而见其能否,兵食以用而见其盈虚",以为空谈义理是无用的。叶適指出:"既无功利,则道义者乃无用之虚语耳。"①陈、叶重视"事功"与理学有所不同。陈亮、叶適都肯定道在事物之中,陈亮以为"夫道非出于形气之表,而常行于事物之间者也"②;叶適断言"物之所在,道则在焉"③,这都是唯物主义的观点,但都缺乏详细的论证。陈亮、叶適都没有提出完整的理论体系,他们重视实际问题,这是正确的,却又表现了忽视理论思维的偏向。陈亮、叶適的思想反映了南宋初期一些兼营商业的地主阶层的意识。

(六) 王守仁

南宋后期,程朱之学受到尊崇。南宋政治腐败,终于灭亡。当时坚持民族气节的有志之士大多受过程朱学说的熏陶,虽然无救于国家的危亡,但有助于激励反抗侵略的民心。元朝统一,朱学北传,许衡(1209—1281)大力宣扬程朱之学,起了维护中国文化传统的积极作用。蒙古贵族尊崇佛道二教,但也承认程朱之学是学术的正统。明朝建立,依然尊崇朱学,朱学也逐渐流于形式化了。

明代中期,王守仁(1472—1528)由朱学转向陆学,大力宣传主观唯心主义,称之为"心学"。

---

① 《习学记言》。
② 《勉强行道大有功论》。
③ 《习学记言》。

王守仁断言："心外无理，心外无事，心外无物。"他反对朱熹"即物穷理"，认为不应"析心与理为二"，不应"求理于事物"。王守仁又提出"致良知"的学说，认为学问之道只是"致良知"，即恢复、扩充自己的先验道德意识。他认为良知是天地万物存在的根据，良知自然知是知非，知善知恶，只要坚信自己的良知，则处事接物自然，恰到好处。王守仁"心外无理"、"心外无物"的观点违背了客观真理，但良知学说包含重视个人独立思考的倾向，因而在实际上曾起了反抗陈旧传统的积极作用。

（七）罗钦顺、王廷相

程朱学派以理为最高范畴，陆王学派以心为最高范畴，两派之间也经常展开争论。在明代，还有继承张载学说以气为最高范畴的思想家，其主要代表是罗钦顺和王廷相。

罗钦顺（1465—1547）早年曾经学佛，中年信仰程、朱，晚年对程朱理气学说发生怀疑，提出理在气中的唯物主义观点。罗钦顺指出："盖通天地，亘古今，无非一气而已。"气有动静、往来、阖辟、升降的变化，形成万物万事，而有一定的秩序，这就是所谓理。理"初非别有一物，依于气而立，附于气以行也"①。就是说，理不是气以外的另一个实体。罗钦顺肯定："理只是气之理，当于气之转折处观之，往而来，来而往，便是转折处。"②转折即变化，理乃气的运动变化中的必然性。罗钦顺又批判陆九渊一派的主观唯心主义说："盖发育万物自是造化之功用，人何与焉？……况天地之变化万古自如，人心之变化与生俱生，则亦与生俱尽，谓其常住不灭，无是理也。"③天长地久，人生短暂，何能认为天地依靠人心而存在？

王廷相（1474—1544）肯定气是唯一的实体，"天内外皆气，地中亦气，物虚实皆气，通极上下，造化之实体也"④。他提出"理载于气"，反对以为"理可离气而论"的观点。王廷相认为，天地未分以前，只是元气。"天地之先，元气而已矣，元气之上无

---

① 《困知记》。
② 同上。
③ 同上。
④ 《慎言》。

物。"①气是永恒不灭的,而经常在变化之中。理在气中,气有变化,理也不能不变。王廷相提出"道有变化"的观点:"有气即有道,气有变化,是道有变化。"②程、朱强调"万物一理",王廷相指出:"天地之间,一气生生,而常而变,万有不齐,故气一则理一,气万则理万。"③气既是统一的,又是分殊的;理也既是统一的,又是分殊的。不同的事物具有不同的理。王廷相的理气观与朱熹的理气观正相反。朱熹以为理是气之本,王廷相则以为气是理之本。朱熹所谓理是超越自然界的绝对,王廷相所谓理则是事物变化的规律。王廷相推崇张载之学,他的思想是张载哲学的进一步发展。

(八)黄宗羲、顾炎武

明清之际,阶级矛盾与民族矛盾错综交织,激起人们对于一些理论问题的深入思考,在政权交替的时期,统治集团对于思想文化的控制不甚严苛,于是出现思想活跃的情况,哲学思想达到新的高峰。

黄宗羲(1610—1695)对明代哲学思想进行了一次比较详密的总结,编撰了具有开创性的学术史著作《明儒学案》,又草创宋、元学术史《宋元学案》。在哲学理论上,关于理气问题,他赞扬罗钦顺、王廷相的见解,强调理在气中,他说:"天地之间,只有气,更无理。所谓理者,以气自有条理,故立此名耳。"④这就是说,气是实体,而理不是实体。在心物关系问题方面,他又强调心是最根本的,以为"盈天地皆心也,变化不测,不能不万殊","故穷理者穷此心之万殊,非穷万物之万殊也"⑤。陆九渊讲"人同此心,心同此理"。黄宗羲则肯定心是万殊的,肯定了心的变化。黄宗羲更提出"心即气也"的命题⑥,认为"心即气之灵处",而"气未有不灵者",所以心就是气,这是一种心物合一的观点。黄宗羲以气统理,又以心统气,他的学说包含唯物主义方面,

---

① 《雅述》。
② 同上。
③ 同上。
④ 《明儒学案》。
⑤ 同上书,自序。
⑥ 《孟子师说》。

但终于归结为唯心主义。黄宗羲在政治思想上提出比较明确的初步民主思想,在政治思想上起了卓越的积极作用。

顾炎武(1613—1682)提倡"经世致用"之学,反对抽象的心性空谈,着重研究实际问题,强调对于任何问题,必须有充分证据才能作出结论。他开创了清代考据之学重视实证的学风。在哲学方面,顾炎武赞扬张载"太虚即气"的观点,认为"盈天地之间者气也",强调"非器则道无所寓"[1],表现了唯物主义的立场。

(九) 王夫之

明清之际最重要的哲学家是王夫之(1619—1692)。王夫之批判了道家和程、朱的客观唯心主义以及佛教和陆、王的主观唯心主义,从而发展了张载的唯物主义学说。王夫之指出,理是依凭于气的,"气者理之依也"[2],理不能脱离气而存在,"气外更无虚托孤立之理也"[3]。他提出"天下唯器"的命题,"天下唯器而已矣,道者器之道,器者不可谓之道之器也"[4]。这就是说,道乃具体事物的规律,是从属于事物的。王夫之讨论了"能所"关系问题即主体与客体的关系问题,肯定主体的认识作用是客体所引起的,"所固以发能",而认识必须与客体的情况相符合,"能必副其所",批判了佛教唯心主义"消所以入能"否认客观世界的谬论。王夫之肯定世界是变化日新的,"天地之化日新"[5],提出"静"是"动之静"的观点,即认为运动是绝对的,而静止是相对的,是动中之静。这是一个深刻的辩证观点。

王夫之还提出行先知后的学说。关于知行关系问题,程、朱讲知在行先,王守仁讲知行合一,王夫之指出,知必"以行为功",行"可以得知之效"。认识是依靠实际活动的,是在实际活动中获得的,指出王守仁所谓知行合一实际上是"销行以归知"。在知行问题上,王夫之坚持了唯物主义的观点。王夫之还讨论了许多别的理论问题,建立了一个内容丰富的哲学体系。但他对于程、朱"理具于心"的学说无所批判,

---

[1] 《日知录》。
[2] 《思问录》。
[3] 《读四书大全说》。
[4] 《周易外传》。
[5] 《思问录》。

也还不能把唯物主义观点贯彻到底。

（十）颜元、戴震

颜元(1635—1704)早年喜好陆、王，中年信仰程、朱，后来发现程、朱学说的错误，于是提出了对宋明理学全面的猛烈批判。颜元强调"实事"、"实功"，主张恢复"周孔"（周公、孔子）的"六艺"（礼、乐、射、御、书、数）之学。颜元认为"理气俱是天道"①，理与气是道的两个方面，是不能分离的。颜元强调"习行"，要求"见理于事"，强调实际活动是认识的来源，这些都是唯物主义的观点。但他又承认上帝的存在，保留了唯心主义的残余。颜元的弟子李塨明确提出了"理在事中"②的命题，批判了程、朱所宣扬的"理在事上"的唯心主义。

戴震(1723—1777)是清代中期的反理学思潮的主要代表，戴震坚决反对程、朱、陆、王的思想，对于张载学说则既有批判又有继承。戴震肯定道即气化，即气的变化过程，"道言乎化之不已也"③，"气化流行，生生不息，是故谓之道"④。而道的实际内容就是阴阳五行，"阴阳五行，道之实体也"⑤。气的变化有一定规律，这就是理。理也就是事物之间的区别，"理者，察之而几微必区以别之名也"⑥，"是故明理者明其区分也"⑦。戴震论理，强调区分，理就是每一类事物所具有的特殊规律。戴震提出了对朱熹"理具于心"学说的批判，认为所谓理是外在的，即客观的，存在于事物之中，不是存在于心中，但是心具有认识的能力，能辨识客观事物中的理。"理义在事情之条分缕析，接于我之心知，能辨之而悦之。"⑧陆、王认为心即理，朱熹不承认心即理而认为心中具理，戴震则提出了心与理的关系问题的新观点。戴震这个新说是比较符合实际的，这是他在哲学上的重要贡献。

---

① 《存学编》。
② 《论语传注问》。
③ 《原善》。
④ 《孟子字义疏证》。
⑤ 同上。
⑥ 同上。
⑦ 同上。
⑧ 同上。

宋、元、明、清哲学的最主要的哲学范畴是气、理、心。张载、罗钦顺、王廷相、王夫之、戴震以为气是最根本的,程、朱以为理是最根本的,陆、王以为心是最根本的,这是中国近古哲学思想的基本分野。

1840年鸦片战争以后,中国受西方资本主义殖民势力的侵略,沦为半封建半殖民地的国家。西方自然科学知识和哲学社会科学思想逐步输入,出现新学(西学)和旧学(中学)的矛盾斗争。进步思想家大都向西方寻求救国的真理。由于历史进程的迅速开展,近代思想家大多没有能够提出完整的理论体系,但是都吸取了一些近代科学知识,因而表现出与传统哲学不同的面貌。马克思主义传入中国,以其真理的光辉照亮了历史前进的道路,开辟了中国哲学发展的新纪元。

我们以马克思主义哲学的基本原理为指导来研究中国哲学史,就必须对传统哲学进行科学的分析,批判其中封建性的糟粕,继承其中民主性、科学性的精华;一方面要清除陈腐思想的流毒,一方面要充分了解古代哲学中的优良传统。这是中国哲学史工作者的一项重要任务。

第二节
中国哲学的基本问题

关于哲学的基本问题,恩格斯曾经有明确的论述,他说:"思维对存在、精神对自然界的关系问题,全部哲学的最高问题,像一切宗教一样,其根源在于蒙昧时代的狭隘而愚昧的观念。但是,这个问题,只是在欧洲人从基督教中世纪的长期冬眠中觉醒以后,才被十分清楚地提了出来,才获得了它的完全的意义。思维对存在的地位问题,这个在中世纪的经院哲学中也起过巨大作用的问题:什么是本原的,是精神,还是自然界?——这个问题以尖锐的形式针对着教会提了出来:世界是神创造的呢,还是从来就有的?"①在这里,恩格斯在确定"思维对存在"的关系问题为哲学的最高问题的同时,对于哲学的最高问题做了几种表面上不同的表述:思维对存在的关系问题、精神对自然界的关系问题,世界是否神所创造的还是从来就有的?此外,恩格斯在下文中又谈到"物质和精神关系"的问题。这些都是对于同一问题的不同表述。

恩格斯关于哲学最高问题的论断,是从西方哲学发展史中总结出来的,"思维对存在"是黑格尔的用语。中国古代哲学有自己的一套概念范畴,有自己的一套名词术语,显然不同于西方。中国哲学是否也有哲学的最高问题与西方哲学的相类似而且在某一时期获得了比较完全的意义呢?

我认为,中国哲学也有与西方哲学的最高问题相类似的问题,虽然是用不同的名词概念来表达的,而具有相似的深切内涵,因而具有同等的理论意义。

试以中国哲学与西方哲学进行比较,中国哲学史中与西方哲学所谓思维与存在的问题相类似的问题有四:1.名实问题,2.道器问题,3.有无问题,4.理气问题。与西方哲学所谓精神与物质的关系问题相类似的问题亦有四:1.天意与自然的问题,2.形神问题,3.心物问题,4.能所问题。因为不同的时代有不同的讨论重点,所以表现了这些复杂的情况。前一类问题最后归结为"理气"问题,后一类问题最后归结为"心物"问题。以下试以历史顺序略述这些问题讨论的梗概。

(一) 名实问题

在先秦哲学中与西方所谓"思维与存在"问题在字面上最为相近的是名实问题。名即概念,是思维的内容。实即具体存在,是思维的对象。但在中国哲学中,名实问题没有上升为哲学的最高问题。孔子讲"正名",强调"名之必可言也,言之必可行也",而未谈名与实的关系。庄子说过"名者实之宾也"②,未有详论。公孙龙著《名实论》,肯定"夫名,实谓也"。《墨子·小取》云"以名举实",亦明确断定了名与实的关系。荀子著《正名》,提出了关于名实的详细理论。在先秦哲学中,名实问题主

---

① 见《马克思恩格斯选集》第4卷,北京:人民出版社,1963年第1版,第220页。
② 《庄子·齐物论》。

要是认识论和逻辑学的问题。汉、晋时代偶而有人谈到名实问题,宋、明时代很少人论及名实关系了。

(二) 道器问题

"道"的观念和"器"的观念都是老子首先提出的。老子说:"道常无名朴。"① 又说:"朴散则为器。"② 老子尚未直接将道与器二者对举。将"道"与"器"二者对举作为相互对立的基本范畴的是《易传》。《系辞上传》云:"形而上者谓之道,形而下者谓之器。"后儒对于所谓道有不同的解释,因而对于道器关系有不同的观点。张载以"气化"言道,他说:"由气化,有道之名。"③ 戴震更加发挥说:"道犹行也,气化流行生生不息,是以谓之道。"④ 程朱学派则以道为理,朱熹说:"卦爻阴阳,皆形而下者,其理则道也。"⑤ 以气化为道,则道器关系乃是宇宙的整体过程与个别具体事物的关系。以理为道,则道器关系是理与事物的关系。由于对道有不同解释,于是道器问题归结为理气问题。

(三) 有无问题

老子提出"天下万物生于有,有生于无"⑥。何晏、王弼阐释老子学说,以为无即是道。但是老子论道,固言其为"无状之状,无物之象"⑦,又说"惚兮恍兮,其中有象;恍兮惚兮,其中有物。"⑧ 论道与天地的关系时,更说"有物混成,先天地生"⑨。可以说老子所谓道非即是无,而是有与无的统一。何晏、王弼提出"天地万物皆以无为本"之说,其所谓"无"是超越物质世界的本体。可以说是非物质性的绝对。"无"只

---

① 《老子》二十二章。
② 同上书,二十五章。
③ 《正蒙·太和》。
④ 《孟子字义疏证》。
⑤ 《周易本义》。
⑥ 《老子》二十二章。
⑦ 同上书,二十八章。
⑧ 同上书,四十章。
⑨ 同上书,十四章。

存在于人的观念中,从这个意义来说,可以说何晏、王弼的学说是一种客观唯心论。裴𬱖著《崇有论》反驳何晏、王弼的"贵无论"。裴𬱖所谓"有"指具体的物质存在。有无之辨是唯物论与唯心论对立的一种形式。后来张载、王夫之都从深层理论上否定了所谓无的客观实在性。但是在宋元明清时代有无问题已不是一个重要争论问题了。

(四) 理气问题

理气问题是到宋代才明确起来的。张载以气为最高本原,以为理从属于气;程颢、程颐以理为最高本原,以气从属于理。朱熹明确表述了对于理气关系的观点,他说:"天地之间,有理有气,理也者,形而上之道也,生物之本也;气也者,形而下之器也,生物之具也。"①这发展了二程的学说。明罗钦顺提出理在气中,王廷相认为"理载于气",王夫之断言"气外更无虚托孤立之理"。

关于理气的争论的性质是比较明显的。理是思维的对象(可思而不可感),气是感觉的对象(可感而亦可思)。理气问题与思维与存在的问题是同一类型的。可以说理气问题是思维与存在的问题的中国形式,也可以说思维与存在的问题是理气问题的西方形式。

复次,略述有关精神与物质的关系的问题。

(一) 天意与自然

殷周时代,人们信仰天命,认为上帝主宰一切,一切事物都是上帝安排的。到西周末年,逐渐发生了对天帝的怀疑。孔子一方面保留天命的信仰,一方面又倾向于以天为客观实在的观点,所以讲"天何言哉?四时行焉,万物生焉"。老子提出"道法自然"的命题,否定了天命、天志,认为一切都是自然而然的。老子的"自然"观念具有非常深刻的理论意义。《管子》讲"天不变其常",荀子宣称"天行有常,不为尧存,不为桀亡",其所谓天指物质性的天空而言。董仲舒又宣扬"天意",王充则强调

---

① 《朱子文集·答黄道夫》。

"自然"。天意与自然的辩论的中心问题就是:"世界是神创造的呢,还是从来就有的?"

(二) 形神问题

形神问题即身心关系问题,在先秦哲学中即已提出来了。《管子·内业》云:"凡人之生也,天出其精,地出其形,合此以为人。"认为人是由天的精气与地的形气结合而成的。"精也者,气之精者也。"精与形都是气,然而来源不同。荀子提出"形具而神生"①,肯定形是神的基础,但未加详论。桓谭、王充都著论力图证明人的精神不能脱离人的形体而存在,对于无神论做出了重要贡献。佛教东来,宣传神不灭,于是范缜著《神灭论》,提出形为质而神为用的明确观点,论证神只是形的作用,而作用不可能脱离质体而存在。南北朝以来,虽然佛教的灵魂不灭,三世轮回之说长期广泛流行;但应承认,范缜的形质神用之说确已正确解决了形神问题。

(三) 心物问题

心物问题即精神与物质的关系问题。在中国哲学史上,首先以心与物对举的是孟子。孟子说:"耳目之官不思而蔽于物,物交物,则引之而已矣。心之官则思,思则得之,不思则不得也。"②物在外,心在内,耳目在内外之间。"物交物"指耳目与外物相交,耳目亦可谓物。而与心相对。《管子·心术下》云:"无以物乱官,毋以官乱心,此之谓内德。"亦以"心"、"官"、"物"三者并举。《孟子》《管子》论心与物,都是从认识过程来讲的,未论及心与物孰为根本的问题。《孟子》《管子》都承认外物的客观存在,这还是明显的。佛教东来,宣扬"唯心"、"唯识"之说,以为"心作万有,诸法皆空"③,否定物质世界的客观实在性。傅奕、韩愈反对佛教,都是从伦理政治来立论,未能从基本理论问题加以批判。首先从基本理论问题上批判佛教的是张载,张载指出:"释氏不知天命,而以心法起灭天地,以小缘大,以末缘本,其不能穷而谓之幻

---

① 《荀子·天论》。
② 《孟子·告子上》。
③ 宗炳:《明佛论》。

妄,真所谓疑冰者与?"①天地是大是本,人心是小是末,而佛教"诬天地日月为幻妄",是根本错谬的。张载更论心与物的关系说:"人本无心,因物为心。"②认为心的内容在于对物的认识。朱熹认为心与外物是相对的,他说:"盖人心之灵莫不有知,而天下之物莫不有理,惟于理有未穷,故其知有不尽也。"③王守仁提出"心外无物"之说④,否定了物质世界的客观实在性。在心物问题上,唯物主义与唯心主义的矛盾对立是非常显明的。

(四) 能所问题

能所问题即是认识的主体与客体的关系问题,这个问题也起于先秦时代。《管子·心术上》:"人皆欲知,而莫索其所以知,其所知,彼也;其所以知,此也。不修之此,焉能知彼?"这区别了"所以知"与"所知"。所以知即人的认识作用,所知即认识的对象。荀子《解蔽》云:"凡以知,人之性也;可以知,物之理也。"这所谓"以知"即"所以知",所谓"可以知"指所知。佛教传入中国,提出关于"境"、"识"之说,以识为能知,以境为所知,宣扬离识无境的唯心主义。王夫之对于能所问题做了精湛的分析,他说:"境之俟用者曰所,用之加乎境而有功者曰能,能所之分,夫固有之,释氏为分授之名,亦非诬也。乃以俟用者为所,则必实有其体;以用乎俟用而可以有功者为能,则必实有其用。体俟用,则因所以发能;用用乎体,则能必副其所。"⑤这明确指出,主体对于客体的认识是客体所引起的,而且必须符合于客体的实际。这是唯物主义的观点。

能所问题只是心物问题的一个方面。

在西方近代哲学中,思维与存在的问题与精神与物质的关系问题合并成为一个问题,所以恩格斯将二者相提并论。在中国宋明哲学中,心性与物理的关系问题也可以说是理气问题与心物问题的结合。在宋明哲学中,关于心性与物理的关系,

---

① 《正蒙·太和》。
② 《语录》。
③ 《大学章句》。
④ 《传习录》。
⑤ 《尚书引义·召诰无逸》。

主要有三个学说,一是张载与王夫之、戴震的理在事物说,二是程、朱的理具于心而非即心说,三是陆、王的心即理、心外无理说。张载说过:"理不在人皆在物,人但物中之一物耳。"①王夫之说:"言心言性,言天言理,俱必在气上说,若无气处则俱无也。"②戴震说:"理义在事,而接于我之心知。"③这是一种观点。程颐提出"性即理也",又说"天下无性外之物",即谓一切事物都是从属于理的。朱熹赞同"性即理也",又同意张载所说"心统性情",于是认为"理具于心"而心非即理。心中有性故理具于心;心非即性故心亦非即理。这是又一种观点。陆九渊提出"心即理也",王守仁更断言"心外无理,心外无物",批评朱熹"析心与理为二",认为"夫物理不外于吾心,外吾心而求物理,无物理矣,遗物理而求吾心,吾心又何物耶?"④这是另一种观点。王守仁与戴震的观点可谓两极端。由于所谓理具有复杂的含义,所以这些学说的理论意义也是非常复杂的。

黑格尔以绝对理念为世界的最高本原,又称之为绝对精神。在黑格尔的体系中,绝对理念与绝对精神是同一的。在朱子的体系中,最高本原是太极,即最高的理,可称之为绝对理念。但由于朱子不承认心即是理,故他所谓太极不能称之为绝对精神。程颢常讲"只心便是天"。程颐则严格区分了天与心,以为"释氏本心,吾儒本天"。朱熹以为心是有理有气而后有的,心乃"气之灵处",而理是"无情意,无造作"的。所以朱子所谓理不是精神。近几年来,有些论者以为朱子所谓太极即是绝对精神,这是不准确的。我们从事中西哲学的比较研究,应重视其间的细微的同异关系。

思维对存在、精神对物质的关系问题,是西方哲学关于哲学最高问题的表述方式。应该承认,中国哲学关于哲学最高问题具有自己的表述方式。所谓哲学基本问题或最高问题即是世界本原问题,亦即主体与客体的关系问题。在中国哲学中,理气问题可谓相当于西方所谓思维与存在的问题,心物问题可谓相当于西方所谓

---

① 宋本《语录》。
② 《读四书大全说·孟子》。
③ 《孟子字义疏证》。
④ 《传习录》。

精神与物质的问题。这都是对于哲学基本问题的明确表述。应该承认,这些问题是在宋明哲学中逐渐明确起来的。在宋明哲学中,理气问题与心物问题都已有了比较完整的意义。这也足以表明,中国哲学作为在东亚地区有广泛影响的哲学思想,在世界哲学史上确实具有重要的地位。(原题为《中国哲学基本问题辨析》)

第三节
中国古典哲学的价值观

价值观的名称是近代才有的,而关于价值的思想学说,则不论中国与西方,都是古已有之。在中国,至少可上溯到孔子;在西方,至少可上溯到柏拉图。在先秦时期,孔子"仁者安仁"的价值观,与墨子以"国家人民之大利"为最高准绳的价值观,有重要的分歧。孟子"物之不齐,物之情也"的价值观与庄子"万物一齐"的价值观,更是相互对立的。到宋、元、明、清时代,主要的哲学家莫不各有其关于价值标准的观点。应该承认,价值观是中国古典哲学的一个重要方面。一般中国哲学史著作中很少谈到价值观的问题,现试述其大要。

中国古典哲学指先秦至 19 世纪中期 1840 年以前的哲学。西方古典哲学也指 19 世纪 40 年代以前的哲学。在年代上,彼此仿佛。但西方古典哲学包括西方近代资产阶级哲学,中国古典哲学则不包括中国近代资产阶级思想,这却是一个重要的区别。

一般常讲的价值指经济价值或商品价值,但是在经济价值或商品价值之外,还有更根本的价值。人们经常谈论的基本价值是真、美、善。孔子说:"韶尽美矣,又尽善也";"武尽美矣,未尽善也"①。老子说:"天下皆知美之为美,斯恶矣;皆知善之为善,斯不善矣。"②足证孔、老都讲到美、善。真是比较后起的名词,现存先秦古籍中,真字作为一个重要名词,最早见于《庄子》。庄子说"道恶乎隐而有真伪"③,以真与伪对待。在《老子》书中,与真字相当的是信。《老子》云:"信言不美,美言不信。"④与真字意义相同的还有诚,《易传》云"修辞立其诚"⑤,诚即真实之义。

价值是后起的名词,在古代,与现在所谓价值意义相当的是"贵"。贵字的本义指爵位崇高,后来引申而指性质优越的事物。孟子说:"欲贵者,人之同心也。人人有贵于己者,弗思耳矣。人之所贵者,非良贵也。赵孟之所贵,赵孟能贱之。"⑥赵孟之所贵,指爵位而言。人人有贵于己者,便是人所固有的价值了。

价值观的主要问题有二:一为价值的类型与层次的问题,二为价值的意义与标准的问题。价值不止一两个,可分为不同的类型,如真为认识的价值,善为行为的价值,美为艺术的价值等。一件事物对人有用,可以说具有功用价值。如果对人有用的即有价值,人本身也应该有一定的价值。价值虽有不同的类型,但又必有共同的本质,这即为价值的意义所在。价值更有基本的标准,符合一定标准才能称为价值。此标准何在? 这是一个更根本的问题。

这些关于价值的问题都是非常抽象的。关于价值的学说是高度的抽象思维,但是我们不能因其高度抽象而否认其重要意义。关于价值的思维对于立身处世确实具有重要的意义。《庄子·秋水》的寓言中设问:"然则我何为乎,何不为乎? 吾辞受趣舍,吾终奈何?"《秋水》篇虽然以"夫固将自化"否定了这个问题,其实这个问题是否定不了的。"辞受趣舍"就包含了价值的问题。人生有无价值? 人生的价值何在? 如何生活才有价值? 这些是每一个要求自觉的人所不得不回答的问题。人生价值问题也就包含关于真、美、善的价值的问题。

---

① 《论语·八佾》。
② 《老子》二章。
③ 《庄子·齐物论》。
④ 《老子》八十一章。
⑤ 《文言》。
⑥ 《孟子·告子上》。

试以时代先后略述春秋以来重要哲学家的价值观。

一 春秋时代的三不朽说

《左传·襄公二十四年》记载:"穆叔如晋,范宣子逆之,问焉,曰:古人有言曰,死而不朽,何谓也?……穆叔曰……豹闻之,太上有立德,其次有立功,其次有立言。虽久不废,此之谓不朽。"穆叔即鲁国贵族叔孙豹,所谓太上就是最有价值的。以立德、立功、立言为三不朽,就是肯定德、功、言都有价值,而以立德为最上,即肯定德是最高价值。这"三不朽"之说对于后人有深远的影响。

二 孔子"义以为上"、"仁者安仁"的道德至上论

孔子提出"君子义以为上"①,"好仁者无以尚之"②的命题,认为道德是至上的。上字和尚字相通,都是表示价值。孔子所谓义指道德原则,义的内容就是仁,仁是最高的道德规范。在孔子的理论体系中,义还是一个"虚位"范畴,而不是一个具体的道德规范(韩愈《原道》区别了定名和虚位,有重要的理论意义)。孔子没有以仁义并举(仁义并举,始于墨子)。孔子又说:"仁者安仁,知者利仁。"③"安仁"即安于仁而行之,"利仁"即以仁为有利而行之。仁者实行仁德,不是以仁为有利,即不以仁为手段,而以仁为目的。"知者利仁",是有所为而为;"仁者安仁",则是无所为而为。"仁者安仁"即认为仁具有内在的价值,这种观点可以称为内在价值论。

孔子以道德为最高价值,所以说:"志士仁人,无求生以害仁,有杀身以成仁。"④

---

① 《论语·阳货》。
② 同上书,《里仁》。
③ 同上。
④ 同上书,《卫灵公》。

仁者安仁,知者利仁,在安仁、利仁的情况,仁与生并无矛盾。但在一定的条件下,生与仁不能两全,便应牺牲生命以实现仁德。在杀身成仁之际,就达到了道德的最高境界。

孔子把"道""义"与富贵区别开来,他说:"富与贵,是人之所欲也,不以其道得之,不处也。贫与贱,是人之所恶也,不以其道得之,不去也。"①又说:"士志于道,而耻恶衣恶食者,未足与议也。"②又说:"饭疏食,饮水,曲肱而枕之,乐亦在其中矣。不义而富且贵,于我如浮云。"③有"以其道得之"的富贵,有"不以其道得之"的富贵,前者不悖于道义,后者则是"不义而富且贵"。在孔子看来,富贵的价值是相对的,道与义才是最高价值。(孔子承认有"以其道得之"的富贵,即肯定等级差别是正当的,这表现了他的阶级性。)

道义与富贵的关系问题也就是道德原则与物质利益的关系问题。孔子区别了义与利,他说:"君子喻于义,小人喻于利。"④孔子并不完全否定利,要求"因民之所利而利之"⑤,但认为义具有比利更高的价值。

孔子以为道德的价值高于物质利益,其实际意义是认为人的精神需要比物质需要更为重要。人的基本的精神需要就是要有独立的人格,人与人之间要相互尊重各自的独立人格。这就是道德的基本原则。孔子肯定人人有独立的意志,他说:"三军可夺帅也,匹夫不可夺志也。"⑥有独立意志即有独立的人格。孔子肯定伯夷、叔齐是"求仁而得仁",又说伯夷、叔齐"不降其志,不辱其身",就是肯定伯夷、叔齐为了坚持自己的独立意志而不惜牺牲生命。

孔子又区别了力与德,他说:"骥不称其力,称其德也。"⑦这表现了重德轻力的倾向。孔子也说过:"桓公九合诸侯不以兵车,管仲之力也。如其仁,如其仁!"⑧这

---

① 《论语·里仁》。
② 同上。
③ 同上书,《述而》。
④ 同上书,《里仁》。
⑤ 同上书,《尧曰》。
⑥ 同上书,《子罕》。
⑦ 同上书,《宪问》。
⑧ 同上。

也肯定了力的作用,但总的倾向是强调德的价值,比较忽视力的价值。力与德的关系问题是关于人生价值的一个重要问题。

西周末至春秋之时有关于"和同"的评论,史伯与晏子都强调和的重要。孔子亦讲"君子和而不同"①,孔子弟子有子说:"广礼之用,和为贵。"②所谓和即多样性的统一。史伯宣称"夫和实生物,同则不继。以他平他谓之和,故能丰长而物归之;若以同裨同,尽乃弃矣"③。这就是认为"和"是有价值的,"同"则无价值。这种"和为贵"的思想,可以说是关于价值标准的学说,具有重要的理论意义。这个"和"字,到战国时期,被理解为随顺不争之意,其实在春秋时期是指不同事物的结合。

三 墨子崇尚公利的功用价值论

墨子与孔子不同,以"国家百姓人民之利"为最高价值。墨子提出"言必有三表",何谓三表?"有本之者,有原之者,有用之者",而最重要的是"用之"。"于何用之?发以为刑政,观其中国家百姓人民之利。"④"国家百姓人民之利"是最重要的。墨子强调"兴天下之利",他说:"仁人之所以为事者,必兴天下之利,除去天下之害。"⑤墨子以利为言论行动的最高准则:"凡言凡动,利于天鬼百胜者为之。凡言凡动,害于天鬼百姓者舍之。"⑥

墨子也讲"义",认为"万事莫贵于义"⑦。而义所以可贵,在于义是有利于人民的。他说:"今用义为政于国家,人民必众,刑政必治,社稷必安。所为贵良宝者,可以利民也。而义可以利人。故曰义天下之良宝也。"⑧《墨经》更以"利"来解"义",说

---

① 《论语·子路》。
② 同上书,《学而》。
③ 《国语·郑语》。
④ 《墨子·非命上》。
⑤ 同上书,《兼爱中》。
⑥ 同上书,《贵义》。
⑦ 同上。
⑧ 同上书,《耕柱》。

"义,利也"①,此利指公利而言,义就是公利。

墨子非乐,尝和儒者辩论乐的问题。"子墨子问于儒者曰:何故为乐?曰:乐以为乐也。子墨子曰:子未我应也。今我问曰:何故为室,曰:冬避寒焉,夏避暑焉,室以为男女之别也。则子告我为室之故矣。今我问曰:何故为乐?曰:乐以为乐也,是犹曰:何故为室,曰室以为室也。"②墨子认为,任何事物必有一定的用处,才有存在的价值,否则就没有价值。荀子批评墨子说"上功用,大俭约,而慢差等"③。墨子的价值观可以称为功用价值论。

与儒家不同,墨子比较重视"力"的价值。墨子认为人与别的动物不同,必须靠用力才能生存:"今人固与禽兽、麋鹿、飞鸟、贞虫异者也……赖其力者生,不赖其力者不生。"④他所谓力是广义的,王公大人的"听狱治政",农夫的"耕稼树艺",妇女的"纺绩织纴",都属于用力。他强调力的重要:"昔桀之所乱,汤治之;纣之所乱,武王治之。……天下之治也,汤武之力也。……今贤良之人,尊贤而好道术……遂得光誉令闻于天下,亦岂以为其命哉?又以为力也。"⑤墨子以"力"与"命"对立起来,而没有把"力"与"德"对立起来。在墨子的思想体系中,力与德是统一的。

四 孟子宣扬"天爵"、"良贵"的人生价值论

孟子明确提出关于人的价值的学说,他认为人人都有自己固有的价值,称为"良贵",亦称"天爵"。他说:"欲贵者,人之同心也。人人有贵于己者,弗思耳矣。人之所贵者,非良贵也。赵孟之所贵,赵孟能贱之。"《诗》云:"既醉以酒,既饱以德。言饱乎仁义也,所以不愿人之膏粱之味也;令闻广誉施于身,所以不愿人之文绣也。"⑥

---

① 《墨子·经上》。
② 同上书,《公孟》。
③ 《荀子·非十二子》。
④ 《墨子·非乐上》。
⑤ 同上书,《非命下》。
⑥ 《孟子·告子上》。

又说:"有天爵者,有人爵者。仁义忠信,乐善不倦,此天爵也;公卿大夫,此人爵也。"①人人有贵于己,人人都有自己固有的价值,这固有的价值是天赋的,是不可能剥夺的。世间爵位之贵是当权者给予的,那是可以剥夺的。这固有的"天爵"、"良贵"就是道德品质。

孟子认为人人有"耳目"、"口腹"的物质要求,又有内心的精神要求,其间有价值的不同。他说:"人之于身也,兼所爱;兼所爱,则兼所养也。……体有贵贱,有小大。无以小害大,无以贱害贵。养其小者为小人,养其大者为大人。今有场师,舍其梧槚,养其樲棘,则为贱场师焉。养其一指而失其肩背,而不知也,则为狼疾人也。饮食之人,则人贱之矣,为其养小以失大也。饮食之人无有失也,则口腹岂适为尺寸之肤哉?"②又说:"耳目之官不思而蔽于物……心之官则思,思则得之,不思则不得也。"③这就是说,饮食是必要的,但是,如果一个人仅仅追求饮食,就是一个无价值的人了。人有道德意识,这道德意识才是人的价值之所在。人必须有道德的自觉,这种道德的自觉依靠心的思维作用。

孟子肯定人的价值,所以要求人与人之间应相互爱敬。他说:"食而弗爱,豕交之也。爱而不敬,兽畜之也。"④要把人当人看待,这是孟子的基本观点。

孟子讨论了"生"与"义"的问题,他认为,生是重要的,义也是重要的;如果二者不能两全,应舍生而取义。他说:"生亦我所欲也,义亦我所欲也,二者不可得兼,舍生而取义者也。生亦我所欲,所欲有甚于生者,故不为苟得也。死亦我所恶,所恶有甚于死者,故患有所不辟也。"⑤他更举出"所欲有甚于生者,所恶有甚于死者"的事例说:"一箪食,一豆羹,得之则生,弗得则死。嘑尔而与之,行道之人弗受;蹴尔而与之,乞人不屑也。"⑥饥饿已甚的人,也不肯接受"嗟来之食"。生命固然重要,人格尤其重要,孟子"舍生取义"的名言对于中华民族的民族精神的形成具有极其深

---

① 《孟子·告子上》。
② 同上。
③ 同上。
④ 同上书,《尽心上》。
⑤ 同上书,《告子上》。
⑥ 同上。

刻的意义。

与生义问题密切相关的是义利问题,孟子严格区分了义与利。他告诫梁惠王说:"王何必曰利,亦有仁义而已矣。"①他更警告说:"上下交征利而国危矣。"与墨家不同,孟子所谓利指私利而言。孟子更将"利"与"善"对立起来。他尽力反对追求私利,但也不谈论公利。他认为道义的价值高于一切物质利益。

孟子更区别了德与力,他说"以力假仁者霸,霸必有大国;以德行仁者王,王不待大。汤以七十里,文王以百里。以力服人者,非心服也,力不赡也;以德服人者,中心悦而诚服也,如七十子之服孔子也"②,把"以力服人"与"以德服人"对立起来。事实上,汤武"革命",不仅是有德,而且也是有力的。但孟子也不是完全轻视力,尝说"智,譬则巧也;圣,譬则力也"③,圣人也可谓有力。他是认为德的价值高于力的价值的。

孟子肯定物与物的差别,他断言:"夫物之不齐,物之情也。或相倍蓰,或相什百,或相千万。"④事物不但性质不同,而且价值不同。孟子明确肯定了人的价值,在人类生活中他更强调精神生活的价值。

五 道家"物无贵贱"的相对价值论

老子提出价值的相对性的问题,他认为美丑、善不善都是相互依存的,没有绝对的差别。老子说:"天下皆知美之为美,斯恶矣;皆知善之为善,斯不善矣。"⑤人们都知美之为美,这就是已有恶存在了;人们都知善之为善,这就是已有不善存在了。他又说:"美之与恶,相去若何?"⑥事实上,美与丑相去不远。老子更认为,宠与辱、贵

---

① 《孟子·梁惠王上》。
② 同上书,《公孙丑上》。
③ 同上书,《万章下》。
④ 同上书,《滕文公上》。
⑤ 《老子》二章。
⑥ 同上书,二十章。

与患都是相对的。他说:"宠辱若惊,贵大患若身。何谓宠辱若惊? 宠为下,得之若惊,失之若惊,是谓宠辱若惊。何谓贵大患若身? 吾所以有大患者,为吾有身。及吾无身,吾有何患?"①受宠实是受辱,如果受之而惊;荣贵实是大患,如果以身任之。(此章旧注多不得其解,唯王弼注略得其旨。王注云:"宠必有辱,荣必有患,宠辱等,荣患同也。"又云:"为吾有身,由有其身也。")老子更举出"贵大患若身"的例证说:"金玉满堂,莫之能守;富贵而骄,自遗其咎。"②以富贵骄人,终必罹患。

老子认为,唯有摆脱了世间的贵贱,才是最贵的。他说:"挫其锐,解其分;和其光,同其尘,是谓玄同。故不可得而亲,不可得而疏,不可得而利,不可得而害,不可得而贵,不可得而贱,故为天下贵。"③这里"不可得而贵"与"故为天下贵"两个贵字意义不同。前句所谓贵是世间的贵,指取得爵位而言;后句所谓贵,指真正的价值。

庄子发挥老子的学说,进一步论证价值的相对性。庄子认为是非、善恶、美丑都是相对的。《庄子·齐物论》论美说:"毛嫱丽姬,人之所美也,鱼见之深入,鸟见之高飞,麋鹿见之决骤,四者孰知天下之正色哉?"又论是非善恶说:"仁义之端,是非之涂,樊然殽乱,吾恶能知其辩?"他进而否认了是非善恶的区别,"是不是,然不然"。《庄子·大宗师》云:"与其誉尧而非桀,不如两忘而化其道。"庄子以为根本不必进行价值判断。

《庄子·秋水》提出"物无贵贱"的命题,它说:"以道观之,物无贵贱;以物观之,自贵而相贱;以俗观之,贵贱不在己。……以趣观之,因其所然而然之,则万物莫不然;因其所非而非之,则万物莫不非,知尧桀之自然而相非,则趣操睹矣。"又说:"以道观之,何贵何贱,是谓反衍。……万物一齐,孰短孰长? ……何为乎,何不为乎? 夫固将自化。"从普遍性的"道"看来,不存在贵贱之分。"反衍"即向相反的方面转化。贵可转为贱,贱可转为贵,贵贱无别。"自化"即自然变化。何为何不为,不必考虑取舍,一切任其自然。但是,事实上,取舍是不可避免的。《秋水》下文云:"明于权者不以物害己。……谨于去就,莫之能害也。"还是要有去就,要避免灾害。庄子的

---

① 《老子》,十三章。
② 同上书,九章。
③ 同上书,五十六章。

价值观终于陷入自相矛盾。

庄子提出真伪问题:"道恶乎而有真伪,言恶乎而有是非?"①认为一般人所谓知不是真知,只是斗争的工具。"知出乎争。……知也者争之器也。"②庄子否认普通知识的价值,他认为真知是对于道的直觉。

六 《易传》与荀子关于价值标准的学说

《易传》认为贵贱差别是由天高地下的自然秩序决定的。《系辞上》说:"天尊地卑,乾坤定矣。卑高以陈,贵贱位矣。"天在上,地在下,天是最尊贵的,天地之间的万物各有一定的贵贱之位。《易传》认为,天地之间有道,《易传》赞美道的功用说:"一阴一阳之谓道,继之者善也,成之者性也。仁者见之谓之仁,知者见之谓之知,百姓日用而不知,故君子之道鲜矣。显诸仁,藏诸用,鼓万物而不与圣人同忧,盛德大业至矣哉!富有之谓大业,日新之谓盛德。"③一阴一阳对立统一是基本规律,称为道。此道发育万物,可称为仁,这是此道的表现,此道可谓具有盛德大业,而盛德大业的含义就是富有日新。《易传》以"日新"为盛德,以"富有"为大业,即认为富有日新才是最高的价值。这可以说是一种关于价值标准的观点。(此节"显诸仁"以下数语的主词都是道。"盛德大业"是对于道的赞美,也是对于天地的赞美,因为道是天地之道。)这也就是认为,内容丰富、不断更新的才有价值。

荀子肯定人类具有高于其他物类的价值,他说:"水火有气而无生,草木有生而无知,禽兽有知而无义。人有气,有生,有知,亦且有义,故最为天下贵也。"④人所以最贵,在于有义。荀子讲"性恶"与孟子讲"性善"不同,但承认人的特点是"有义",则与孟子相同。荀子认为义是保持人类生活安定的必要条件。他说:"故人莫贵乎生,

---

① 《庄子·齐物论》。
② 同上书,《人间世》。
③ 《易传·系辞上》。
④ 《荀子·王制》。

莫乐乎安,所以养生安乐者,莫大乎礼义。"①和孟子一样,荀子也极力贬斥只知追求物质利益的人。他说:"以从俗为善,以货财为宝,以养生为己至道,是民德也。"②"不学问,无正义,以富利为隆,是俗人者也。"③他把道义与势利对立起来:"志意修则骄富贵,道义重则轻王公,内省而外物轻矣。"④重道德而轻富贵,这是儒家的共同观点。

荀子以为价值的最高标准是"全尽",他论学问说:"全之尽之,然后学者也。君子知夫不全不粹之不足以为美也……君子贵其全也。"⑤完全而精粹才是最有价值的。他又说:"积善而全尽,谓之圣人。彼求之而后得,为之而后成,积之而后高,尽之而后圣。"⑥这是荀子关于价值标准的学说。

荀子亦谈到德与力的问题,他说:"君子以德,小人以力。力者德之役也。"⑦有力者应为有德者服务,德贵于力。但又认为治理国家,应兼重德力,他说:"全其力,凝其德。力全,则诸侯不能弱也;德凝,则诸侯不能削也。"⑧既充实国力,而又以德服人,这样就可以"常胜"⑨了。这个观点是比较全面的。

七 法家的道德无用论

与儒家以道德为至上相反,韩非则以道德为无用。他认为"仁义惠爱"是不足以治国的。他说:"世之学者说人主,不曰乘威严之势以困奸邪之臣,而皆曰仁义惠爱而已矣。世主美仁义之名而不察其实,是以大者国亡身死,小者地削主卑。……

---

① 《荀子·强国》。
② 同上书,《儒效》。
③ 同上。
④ 同上书,《修身》。
⑤ 同上书,《劝学》。
⑥ 同上书,《儒效》。
⑦ 同上书,《富国》。
⑧ 同上书,《王制》。
⑨ 同上。

吾以是明仁义爱惠之不足用,而严刑重罚之可以治国也。"①韩非把道德与法律完全对立起来。他又说:"治强生于法,弱乱生于阿。君明于此,则正赏罚而非仁下也。爵禄生于功,诛罚生于罪,臣明于此,则尽死力而非忠君也 君通于不仁,臣通于不忠,则可以王矣。"②他以父母教子为例证来说明惠爱的无效,"今有不才之子,父母怒之弗为改,乡人谯之弗为动,师长教之弗为变。……操官兵,推公法而求索奸人,然后恐惧,变其节,易其行矣。故父母之爱不足以教子,必待州部之严刑者,民固骄于爱,听于威矣"③。这里用不才之子不听教训来说明仅靠惠爱不足以治国,是正确的。但是他完全不了解教育与法律是相辅相成的,于是完全抹杀了道德教育的作用。韩非强调实用,他说:"夫言行者以功用为之的彀者也。……今听言观行,不以功用为之的彀,言虽至察,行虽至坚,则妄发之说也。"④"故明主举实事,去无用,不道仁义诸故,不听学者之言。"⑤把仁义道德完全看成无用,这种观点可谓狭隘功用论。

韩非否认道德的价值,仅承认权力的价值。他论历史的演变说:"古人亟于德,中世逐于智,当今争于力。"⑥又说:"上古竞于道德,中世逐于智谋,当今争于气力。"⑦他所谓力,在上为权力,在下为勇力。孟子重德轻力,韩非则崇力贬德;孟子还给力以一定的地位,韩非则认为道德完全是迂腐无用的。秦统一六国,以韩非学说治理天下,仅仅二世就灭亡了。历史证明韩非的极端专制主义是不可取的。

---

① 《韩非子·奸劫弑臣》。
② 《外储说右下》。
③ 同上书,《五蠹》。
④ 同上书,《问辩》。
⑤ 同上书,《显学》。
⑥ 同上书,《八说》。
⑦ 同上书,《五蠹》。

>>> 董仲舒尊崇孔子,重新肯定道德的价值。孟子是重德清力的,却也给力一定的地位。图为明朝仇英《孟母三迁图》(局部)。

第三章 智

八 董仲舒"莫重于义"的价值观

董仲舒尊崇孔子,重新肯定了道德的价值。他认为人之所以为贵在于有道德。他说:"人受命于天,固超然异于群生。入有父子兄弟之亲,出有君臣上下之谊;会聚相遇,则有耆老长幼之施。粲然有文以相接,欢然有恩以相爱,此人之所以贵也。"①有道德是人贵于物的特点,所以道德的价值高于物质利益。他提出"身之养莫重于义"的命题:"天之生人也,使之生义与利。利以养其体,义以养其心。心不得义不能乐,体不得利不能安。义者心之养也,利者体之养也。体莫贵于心,故养莫重于义。……夫人有义者虽贫能自乐也,而大无义者虽富莫能自存。吾以此实义之养生人大于利而厚于财也。"②物质利益是养护身体的,道德是培养心灵的,在身体之中,心灵最贵,所以道德具有更高的价值。董仲舒更提出一个著名命题:"仁人者,正其道不谋其利,修其理不急其功。"③这两句话,《汉书·董仲舒传》引作"正其谊不谋其利,明其道不计其功"。《汉书》所引的这两句后来发生了深远的影响,成为义利之辨的公式。

九 王充提倡"德力具足"的价值观

王充着重讨论了德与力的问题,他认为治国之道应德力并重。他说:"治国之道所养有二:一曰养德,二曰养力。养德者养名高之人,以示能敬贤;养力者养气力之士,以明能用兵。此所谓文武张设,德力具足者也。……夫德不可独任以治国,力

---

① 《汉书·董仲舒传》引。
② 《春秋繁露·身之养重于义》。
③ 《对胶西王越大夫不得为仁》。

不可直任以御敌也。"①一方面要尊崇道德,一方面要培养实力。这里所谓力指勇力。王充论力,有时也取其广义,如说:"人有知学,则有力矣。文吏以理事为力,而儒生以学问为力。……故博达疏通,儒生之力也;举重拔坚,壮士之力也。"②壮士有力,儒生也有力。王充更详论各种不同类型的力说:"故夫垦草殖谷,农夫之力也,勇猛攻战,士卒之力也;构架斫削,工匠之力也;治书定簿,佐史之力也;论道议政,贤儒之力也。人生莫不有力,所以为力者或尊或卑。孔子能举北门之关,不以力自章,知夫筋骨之力不如仁义之力荣也。"③这就是说,体力是力,脑力也是力。不同类型的力之中也有尊卑之分。王充高度评价了知识道德的力量。他严厉指斥了"饱食终日无所用心"的"饱食之人",他说:"人生禀五常之性,好道乐学,故辨于物。今则不然,饱食快饮,虑深求卧,腹为饭坑,肠为酒囊,是则物也。倮虫三百,人为之长。天地之性人为贵,贵其识知也。今闭暗脂塞,无所好欲,与三百倮虫何以异?而谓之为长而贵之乎?"④王充提倡德力并重,也认为知识道德是价值最高的。

十 宋明理学的价值观

宋、明时代的理学家继承孔孟学说,极力宣扬人生的价值和道德的价值。他们阐释孔、孟的观点,有时讲得比较明显易懂。理学家中讲道德价值最透彻的是周敦颐。周敦颐说:"颜子一箪食,一瓢饮,在陋巷,人不堪其忧,而不改其乐。夫富贵,人所爱也;颜子不爱不求,而乐乎贫者,独何心哉?天地间有至贵至爱可求而异乎彼者,见其大而忘其小焉尔!"⑤又说:"天地间,至尊者道,至贵者德而已矣。至难得者人,人而至难得者,道德有于身而已矣。"⑥这是说,世间的富贵并不是至贵的,至贵

---

① 《论衡·非韩》。
② 《效力》。
③ 同上。
④ 《别通》。
⑤ 《通书》。
⑥ 同上。

者是道德。周敦颐又说:"君子以道充为贵,身安为富,故常泰无不足;而铢视轩冕,尘视金玉,其重无加焉尔。"①周氏这些言论虽然基本上是重述孔、孟的论点,但比较明白晓畅,足以发人深省。

邵雍以数字表示人的价值,他说:"有一物之物,有十物之物,有百物之物,有千物之物,有万物之物,有亿物之物,有兆物之物。生一一之物,当兆物之物,岂非人乎?有一人之人,有十人之人,有百人之人,有千人之人,有万人之人,有亿人之人,有兆人之人。生一一之人,当兆人之人者,岂非圣乎?是知人也者,物之至者也,圣也者,人之至者也。"②又说:"唯人兼乎万物,而为万物之灵。如禽兽之声,以其类而各能得其一,无所不能者人也。推之他事亦莫不然。……人之生,真可谓之贵矣。"③人的能力兼乎万物,所以是最贵。

张载提出对于《易传》所谓"富有"、"日新"的解释,他说:"富有者大无外也,日新者久无穷也。"④又解释"久"、"大"说:"久者一之纯,大者兼之富。"⑤一之纯、兼之富,就是丰富而不驳杂,这可以说是关于价值标准的规定。

程颐说:"人人有贵于己者,此其所以人皆可以为尧舜。"⑥又说:"君子所以异于禽兽者,以有仁义之性也。"⑦人的价值在于有道德意识。程颐又说:"君子所贵,世俗所羞;世俗所贵,君子所贱。"⑧这揭示了学者的价值观与世俗的价值观的对立。世俗所追求的是声色货利、富贵权势,学者所追求的则是道德理想。

程颐高度赞扬了董仲舒关于义利的观点,他说:"正其谊不谋其利,明其道不计其功。此董子所以度越诸子。"⑨后来的朱熹、陆九渊虽然在许多学术问题上相互争论,但都强调义利之辨。兹不具述。

---

① 《通书》。
② 《皇极经世·观物内篇》。
③ 《观物外篇》。
④ 《正蒙·大易》。
⑤ 《至当》。
⑥ 《程氏遗书》卷二十五。
⑦ 同上。
⑧ 《程氏易传·贲卦》。
⑨ 《程氏遗书》卷二十九。

宋明理学家重视道德修养,注重"身体力行",在生活上也达到了较高的修养境界。理学亦称为道学。清初以来,道学为许多人所诟病,近年更有许多人贬斥道学家为伪君子。事实上确有不少标榜道学的人言行不一致,可谓伪君子、假道学。但是许多属于道学的思想家确实安于清苦的生活,表现了坚定的志操,虽然难免迂阔,却并非虚伪。正如程颐所说:"君子所贵,世俗所羞;世俗所贵,君子所贱。"因而遭到一些人的非议,这是可以理解的。

十一 王夫之"珍生务义"的价值论

孟子虽然宣扬"舍生取义",但是没有否认生命的价值,所以说"生亦我所欲也"。老子提出"夫唯无以生为者,是贤于贵生"①,表现了贬低生命的倾向(事实上,老子还讲过"长生久视之道",所谓"无以生为"不过是"正言若反"之一例)。佛教则以生为苦,要求解脱。宋明理学强调道德的价值,对于生命的价值重视不够。针对这些情况,王夫之提出"珍生"之说。他说:"圣人者人之徒,人者生之徒。既已有是人矣,则不得不珍其生。"②人是生物,就应该珍视自己的生命。珍视生命,就应该珍视自己的身体,应该反对一切鄙视身体的观点。他批评道家和佛教说:"贱形必贱情,贱情必贱生,贱生必贱仁义,贱仁义必离生,离生必谓无为真而谓生为妄,而二氏之邪说昌矣。"③王夫之充分肯定了生命的价值。

但是生活必须合乎道义才有真正的价值,王夫之说:"将贵其生,生非不可贵也;将舍其生,生非不可舍也。……生以载义,生可贵;义以立生,生可舍。"④生活必须体现道义,这样的生才是可贵的。在必要的时候,应该舍生取义。王夫之这样正确地阐明了生与义的关系。他更提出"务义"之说。他说:"立人之道曰义,生人之用

---

① 《老子》七十五章。
② 《周易外传》卷二。
③ 同上。
④ 《尚书引义》卷五。

曰利。出义入利,人道不立;出利人害,人用不生。……利义之际,其为别也大,利害之际,其相因也微。夫孰知义之必利,而利之非可以利者乎?……智莫有大焉也,务义以远害而已矣。"[1] 义与利是对立的统一,有一定的界限。利与害也是对立的统一,经常相互转化。专意求利,却常常得害;唯有专意遵义而行,才能免除祸害。王夫之关于生义关系的学说是孟子思想的发挥,但是讲得比孟子更透彻了。

十二 对于中国古代价值观的评价

中国古典哲学中的价值观主要是讨论两方面的问题:一是价值类型和层次的问题,二是价值的基本标准的问题。关于价值的类型与层次,儒家强调道德至高至上,认为道德具有内在价值,可谓内在价值论。墨家从功用来肯定道德的重要,可谓功用价值论。道家指出儒墨所谓道德的相对性,要求回到自然,可谓价值相对论。法家否认道德的价值,专讲实际功用,可谓道德无用论,亦可称为狭隘功用论。

关于价值标准,西周末史伯及早期儒家主张"和为贵",以多样性的统一为价值的准则。荀子提"全尽"说,《易传》提出"富有日新"说,认为内容丰富而不断更新的才具有最高价值。

两汉以后,儒家的价值观占据了统治地位,成为中国文化的主导思想。儒家肯定人的价值,强调道德的重要,这对于封建时代精神文明的发展起过巨大的作用。但在义利关系、德力关系的问题上,儒家尤其是宋明理学的见解表现了严重的偏向。董仲舒以及程、朱、陆、王诸学派,忽视了公利与私利的区别,专门强调道义,表现了脱离实际的倾向。孟、荀重德轻力,还给力以一定地位,而后儒则很少谈到力的问题了。墨子、王充肯定力的重要的观点湮没无闻,一般人则追求"声色货利"、"高官厚禄",又汩没于庸俗习气之中,也不注意如何提高物质文明的问题。明代中期以后,中国文化停滞不前,在世界范围内逐渐落后,既有其社会经济的原因,也有其

---

[1] 《尚书引义》卷二。

思想的根源。

近代常以真、美、善并举。在中国古代,美、善经常相连并提,而真字则多系单独出现。真是知识的价值,美是艺术的价值,善是行为的价值。三者属于不同的领域。先秦儒家所谓诚即道家所谓真。宋、明以后真字才广泛流行。庄子标出真字,但庄子鄙视一般的知识。儒、道两家都把体认(直觉)看做最高的认识,轻视实际观测的分析知识。唯有墨家重视分析与实际观测。墨学中绝,给中国自然科学的发展带来了严重的不利影响。儒家推崇礼乐,对于艺术的发展有积极意义。墨家非乐,忽视了艺术的价值。事实上科学与艺术是相辅相成的。

儒家强调道德的尊贵,高度赞扬"不降其志,不辱其身"的志士仁人,这对于中华民族的成长和发展,确实起了巨大的积极作用。但是,道德理想与物质利益是密切相关的。如果忽视人民的物质利益,则道德将成为空虚的说教了。

价值论的问题是非常复杂的,中国古代的价值学说,虽不如近代西方的繁复和详密,也有其独到的内容。本节仅仅举出一些具有典型性的观点,有些具体问题,还有待于进一步研究。

第四节
中国哲学关于理性的学说

"理性"是现代汉语中常用的名词。但是,理性一词,在中国古代典籍中却属罕见,理性是一个来自西方的翻译名词。中国哲学中有没有与现在所谓理性相当的观念呢? 回答是肯定的。我认为,《中庸》所谓"德性",《易传》和《大学》所谓"明德",就是指理性而言。而宋儒所谓"义理之性"就更与理性相似了。理性的意义、性质与作用,是哲学理论中的一个重要问题。中国哲学对于理性是怎样讲的呢? 这是中国哲学史研究中必须注意的问题。考察中国古代哲学关于理性的学说，对于深入理解中国古代的伦理学说与认识论，对于进行中西哲学比较研究，都是非常必要的。现试举出中国哲学史上关于理性的一些具有典型意义的学说略加评析。

理性是一个认识论的范畴，又是一个伦理学的范畴，其认识论的意义与伦理学的意义既有区别又有联系。中国古代哲学中，认识论与伦理学是密切结合的，这也增加了问题的复杂性。从唯物主义观点来看，理性即认识客观规律的能力或认识道德准则的能力。在西方哲学史上，不同的哲学家对于理性有不同的见解。在中国哲学中，不但不同学派关于理性的观点不同，而且所用来表示理性的名词也不同，这些都是应该深入考察的。

一 孟子"心所同然"的理性学说

孔子曾经谈到"学"与"思"的关系，他说："学而不思则罔，思而不学则殆。"[①] 又说："吾道一以贯之。"[②] 所谓思，所谓一以贯之，都属于理性认识。但孔子没有提出关于思的较详理论，对于仁与性的关系也未加论列。在中国古代哲学史上，第一个比较明确地提出关于理性的学说的是孟子。孟子"道性善"[③]，性善论的主要思想即肯定人是有理性的。孟子所谓性指"人之所以异于禽兽者"[④]，即人与其他动物不同的特点。这个特点，孟子以为在于人有思维作用。他区别了耳目与心，"耳目之官不思而蔽于物，物交物，则引之而已矣。心之官则思，思则得之，不思则不得也"[⑤]。耳目之官即感官，心是思维器官。心能思，于是以"理义"为然。他说："心之所同然者何也？谓理也，义也。圣人先得我心之所同然耳。"[⑥] 孟子以为"理义"是"心之所同

---

① 《论语·为政》。
② 同上书，《里仁》。
③ 《孟子·滕文公上》。
④ 同上书，《离娄下》。
⑤ 同上书，《告子上》。
⑥ 同上。

然",即人人所共同承认的。人人都有以理义为然的心,这就是性善的证明。

孟子论性,经常从"心"来说,他认为心与性是统一的。他说:"尽其心者,知其性也。"①又说:"君子所性,仁义礼智根于心。"②心与性有何区别?孟子没有提出明确的规定。从孟子论性的话来看,他所谓性包含道德感情与道德意识,他尝论"性善"的根据说:"恻隐之心,人皆有之;羞恶之心,人皆有之;恭敬之心,人皆有之;是非之心,人皆有之。恻隐之心,仁也;羞恶之心,义也;恭敬之心,礼也;是非之心,智也。仁义礼智,非由外铄我也,我固有之也,弗思耳矣。"③这里恻隐、羞恶、恭敬,可以说是道德感情,而是非之心应说是道德意识。所谓"心之所同然",应是共同的"是非之心"。宋儒把恻隐、羞恶、恭敬、是非都说成情,是不恰当的。

孟子虽然没有提出"理性"观念,他所谓"性善"之性,实际上是指现代汉语中所谓理性。孟子认为人有"仁义礼智"之性,此性基于恻隐、羞恶、恭敬、是非之心。这即所谓"仁义礼智根于心"。他区别了耳目之官与心之官,即区别了感官与思官,这含有区别感性认识与理性认识的意义。孟子宣扬人有善性,但认为这善性仅仅是个萌芽,必须培养扩充。④孟子强调必须肯定人人有道德感情与道德意识的萌芽,这是孟子关于理性的学说的基本观点。

二 《墨经》中关于心的观点

《墨经》云:"循所闻而得其意,心之察也。""执所言而意得见,心之辩也。"⑤循闻得意,执言得意,这都属于现在所谓理性认识。《墨经》又云:"虑,求也。"《经说》云:"虑也者,以其知有求也,而不必得之,若睨。"⑥虑即思考问题。《墨经》中也有几条关

---

① 《孟子·尽心上》。
② 同上。
③ 同上书,《告子上》。
④ 同上书,《公孙丑上》。
⑤ 《墨经·经上》。
⑥ 同上书,《经说上》。

于感性认识的命题,兹不具引。从上引三条看来,《墨经》是承认在感性认识之上还有理性认识的。早期墨家特别重视感性经验,后期墨家在《墨经》中已经肯定理性认识的作用了。

三 道家对于理性认识的批评

《老子》一书中包含许多深湛的智慧,但又有贬抑知识的倾向。《老子》强调"知常":"知常曰明,不知常,妄作凶。"[①]知常即通晓普通规律,这属于普通所谓理性认识。但《老子》以为这不是最高的认识。最高的认识是"见道",即所谓"不窥牖,见天道"[②]。这种认识称为"玄览":"涤除玄览,能无疵乎?"又说:"明白四达,能无知乎?"[③]"玄览"是无知之知,是超越一般知识的认识,用现在名词来说,即直觉。

庄子亦鄙薄普通的知识,他认为最高的认识是"离形去知,同于大通"[④],这种认识是"以无知知",是"徇耳目内通,而外于心知"[⑤]。这种认识是对于道的直觉。

老子菲薄仁义,"绝仁弃义,民复孝慈"[⑥]。《庄子·外篇》中更提出对于儒家以仁义为人性的反驳,他说:"彼民有常性,织而衣,耕而食,是谓同德。……同乎无知,其德不离;同乎无欲,是谓素朴,素朴而民性得矣。及至圣人,蹩躠为仁,踶跂为义,而天下始疑矣。……毁道德以为仁义,圣人之过也。"[⑦]道家把仁义和道德对立起来,认为道德是素朴的本性,仁义是人性的改造。这所谓"素朴"的"道德",实际上是指原始社会不带阶级烙印的道德。庄子对于仁义的批评揭示了普通所谓道德的相对性。

---

① 《老子》十六章。
② 同上书,四十七章。
③ 同上书,十章。
④ 《庄子·大宗师》。
⑤ 同上书,《人间世》。
⑥ 《老子》十九章。
⑦ 《庄子·马蹄》。

道家鄙视一般所谓知识,又非议儒、墨所谓仁义,表现了反理性的倾向。在汉宋哲学中,推崇孟子、宣扬理性的儒家学说与推崇老庄、有反理性倾向的道家思想,成为相互对峙的两种思潮。

四 荀子"以心知道"的理性学说

荀子重新肯定了理性认识的价值。荀子既反对庄子,也反对孟子。孟子"道性善",荀子则讲"性恶"。他认为天生的本性之中并无道德感情和道德意识,道德准则是圣人考虑人们的长远利益而制定的。他说:"凡性者天之就也,不可学、不可事;礼义者圣人之所生也,人之所学而能、所事而成者也。……圣人积思虑、习伪故,以生礼义而起法度。"①事实上,荀子所谓性与孟子所谓性意义不同。孟子所谓性专指人之所以异于禽兽的特点,荀子所谓性则指生而具有的自然本能。

荀子强调心的思虑与抉择的作用,他说:"性之好恶喜怒哀乐谓之情,情然而心为之择谓之虑,心虑而能为之动谓之伪。"②为心具有思虑抉择的作用,圣人考虑生活的长远利益,于是制定道德原则。荀子论"先王之道,仁义之统"的必要说:"彼固天下之大虑也,将为天下生民之属,长虑顾后而保万世也。"③道德是有智慧的圣人"长虑顾后"而提出的。这思虑抉择的作用,属于理性认识。

荀子高度重视心的抉择作用,他认为心有节制欲望的力量。他说:"故欲过之而动不及,心止之也。心之所可中理,则欲虽多,奚伤于治?欲不及而动过之,心使之也。心之所可失理,则欲虽寡,奚止于乱?故治乱在于心之所可,亡于情之所欲。"④社会治乱的关键在于"心之所可"合理不合理,"所可"即所以为然。如何才能使"心之所可中理"呢?这就需要懂得"道"。"人何以知道?曰心。心何以知?曰虚

---

① 《荀子·性恶》。
② 同上书,《正名》。
③ 同上书,《荣辱》。
④ 同上书,《正名》。

一而静。……虚一而静,谓之大清明,万物莫形而不见,莫见而不论,莫论而失位。"[1]这"知道"的认识是通晓天地万物以及古今治乱的普遍规律的认识,这可以说是高度的理性认识。

荀子的基本观点是:人有认识天地万物和社会治乱的客观规律的能力,由于认识治乱的规律,于是制定道德准则,道德准则是根据生活经验而制定的,不是天生固有的。这种理解客观规律的认识作用,可以说是理性的基本含义之一。孟子与荀子从不同方面肯定了理性的价值。

荀子虽然不承认"性"中有理义,但是也认为人有认识理义的能力,他说:"涂之人也,皆有可以知仁义法正之质,皆有可以能仁义法正之具。"[2]他肯定"涂之人者皆内可以知父子之义,外可以知君臣之正"[3]。荀子所谓性专指自然本能,所以不承认这种认识"仁义法正"的能力为"性"。总之,荀子只承认理性认识的价值,不承认先验的道德意识。

五 《易传》《大学》《中庸》的"明德"与"德性"观念

孟子强调人有善性,但没有为人的善性确立一个专门名称。

《易传》《大学》中有所谓"明德",《中庸》中有所谓"德性"。据宋代注释家的解释,所谓"明德"、所谓"德性"即指人的善性而言。我认为,宋儒的这种解释是有根据的。

传说《易传》是孔子的著作,但从《易传》的内容看,《易传》当是孔门后学的著作,大概写成于战国时代。传说子思作《中庸》,但是今存的《中庸》可能有后人附益的部分。《大学》讲"齐家、治国、平天下",反映战国时期的情况,当也是战国时期的作品。

---

[1] 《荀子·解蔽》。
[2] 同上书,《性恶》。
[3] 同上。

《易传》云:"明出地上晋,君子以自昭明德。"①提出"明德"的观念,但未作解释。《大学》云:"大学之道,在明明德,在亲民,在止于至善。"朱熹注:"明德者,人之所得乎天,而虚灵不昧,以具众理而应万事者也。"朱氏虽然是依据自己的学说来注释的,但亦非全属臆断。《大学》下文说:"《康诰》曰:克明德。《太甲》曰:顾諟天之明命。《帝典》曰:克明峻德。皆自明也。"从以"天之明命"来解说明德看,明德当是指天赋的道德本性。所谓"自明"即自己认识自己的本性。

《中庸》:"说自诚明,谓之性;自明诚,谓之教。诚则明矣,明则诚矣。"这是以"诚"为人的本性。何谓"诚"?《中庸》云:"诚者天之道也,诚之者人之道也。诚者不勉而中,不思而得,从容中道,圣人也。诚之者,择善而固执之者也。"这所谓"诚者天之道"可以说有两层意义,一是认为诚是天地的特性,二是认为诚是人所生而具有的天性。以诚为天道,即认为天地变化有其一定的必然性;以诚为人的天性,即认为人性是善的。

德性指人的道德本性。"德性"一词,到宋代,经过张载、程颐的发挥,成为传统哲学的一个重要概念。德性即道德本性,其中包括"知善知恶"的道德意识和"好善恶恶"的道德感情。中国哲学所谓德性,与近代德国哲学家康德所谓实践理性有相类之处。

六 汉唐时代的"性有善有不善"的观点

战国时期有人提出"性可以为善,可以为不善"②,即承认人有向善的可能性,又有为恶的可能性。到汉代,董仲舒提出性有善而非全善的学说,他说:"善出性中,而性未可全为善也。"③孟子认为"有善端"即可谓"性善",董仲舒则以为"有善端",还不能称为"性善",这是由于孟子所谓性与董仲舒所谓性意义不同。孟子所谓性专指

---

① 《易传·晋卦·象传》。
② 《孟子·告子上》。
③ 《春秋繁露·深察名号》。

"人之所以异于禽兽"的特点,董仲舒所谓性则指人的自然本性。董仲舒认为,人既有仁性,也有贪性,他说:"天两有阴阳之说,身亦两有贪仁之有性。"① 贪性指情欲,仁性即道德意识。董仲舒承认人有"仁性"即承认人有一定的道德意识。他说"人受命于天,固超然异于群生",人有父子兄弟之亲,出有君臣上下之谊,会聚相遇,则有耆老长幼之施,粲然有文以相接,欢然有恩以相爱,此人之所以贵也。"② 这些道德修养,都可以说是"仁性"的发展。董仲舒的观点是,人是有理性的,但是也有违反理性的情欲。而且理性有待于培育才能发展。

扬雄提出"性善恶混"的命题:"人之性也,善恶恶混。修其善则为善人,修其恶则为恶人。"③ 基本观点是和董仲舒一致的。

战国时期还有人提出"有性善,有性不善"④,即认为有些人的性是善的,有人些的性是不善的。董仲舒也区别了"圣人之性"、"斗筲之性"与"中民之性"⑤。王充更明确区分了上、中、下三类不同的人性。到唐代,韩愈明确提出"性三品"说。韩愈说:"性之品有三,而其所以为性者五;情之品有三,而其所以为情者七。曰何也? 曰性之品有上中下三:上焉者善焉而已矣,中焉者可导而上下也,下焉者恶焉而已矣,其所以为性者五:曰仁,曰礼,曰信,曰义,曰智。……情之品有上中下三,其所以为情者七:曰喜,曰怒,曰哀,曰惧,曰爱,曰恶,曰欲。"⑥ 这种观点就是认为有的人生来就具备道德意识,有的人生来有一些道德意识但不完备,有的人生来完全没有道德意识。这也,就是意味着:有的人具有天赋的理性,有的人则不具备,天赋理性不是人人具备的,而且具有理性的人们也有程度的差异。

---

① 《春秋繁露·深察名号》。
② 《举贤良对策三》。
③ 《法言·修身》。
④ 《孟子·告子上》。
⑤ 《春秋繁露·实性》。
⑥ 《原性》。

七 张载、程颐关于"德性"的观点

张载区别了"德性所知"与"见闻之知",他说:"世人之心,止于闻见之狭。圣人尽性,不以见闻梏其心。……见闻之知乃物交而知,非德性所知;德性所知不萌于见闻。"①所谓见闻之知即感性认识,所谓"德性所知"则是比感性认识更高一级的认识。

何谓"德性"? 张载说:"德不胜气,性命于气;德胜其气,性命于德。穷理尽性,则性天德,命天理。"②如果道德修养没有胜过自己的感情欲望,就认为个人的感情欲望是自己的本性;如果道德修养胜过了自己的情感欲望,就以道德为自己的本性了。张载认为,人的道德本性与广大自然的本性是一致的。他说:"形而后有气质之性,善反之则天地之性存焉。故气质之性,君子有弗性者焉。"③人的道德本性也即天地的本性,这"天地之性"与那以感情欲望为内容的"气质之性"是不同的。这天地之性即所谓"天德"。天德的内容为何? 张载说:"大率天之为德,虚而善应。"④这"虚而善应"的"天德"也即"阴阳不测之谓神"的神。他认为,"上天之载"以及人人物物都具有所谓神。这神亦即"屈伸动静终始之能",神即运动变化的功能。

张载以为所谓"德性所知"是以道德修养为基础的对于天地神化的认识。他说:"《易》所谓穷神知化,乃德盛仁熟之致,非智力能强也。""穷神知化,乃养盛自致,非思勉之能强,故崇德而外,君子未或致知也。"⑤所谓德性所知的对象是天地神化;德性所知的方法是"崇德",即进行道德修养。张载以为人人物物都具备神化,因而德性所知也即对于自己的神化本性的自我认识。

张载的学说艰涩难懂。古代汉语中的德字有两项意义,一指普通所谓道德,一

---

① 《正蒙·大心》。
② 同上书,《诚明》。
③ 同上。
④ 《正蒙·乾称》。
⑤ 同上书,《神化》。

指本性。张载所谓"天德"却混淆了德字的两种意义,这是张载学说中的内在矛盾。他所谓德性所知是对于天地神化的认识,从这一点来说,类似理性认识。但是他又强调德性所知"非思勉之能强"它不仅脱离见闻,而且超越思维,可谓一种直觉的认识。张载所谓德性,也就不是思辨的理性,而是道德的理性。

程颐区别了德性之知与闻见之知,他说:"闻见之知非德性之知,物交物则知之,非内也,今之所谓博物多能者是也。德性之知不假闻见。"①这所谓德性之知与张载所谓德性所知基本相同,但也有一定的区别。张载所谓德性所知是"合内外于耳目之外",还属于内外之合;程颐所谓德性之知则是内而非外,是由德性自发的认识。

关于"德性",程颐未多解释,但关于"性"则有较详解释,他认为所谓性的内容就是仁义礼智信,他说:"自性而行皆善也,圣人因其善也,则为仁义礼智信以名之。"②性的内容即仁义礼智信五德。既然如此,所谓性与所谓德性应是同一概念。

程颐提出"性即理也"的著名命题,说:"性即理也,所谓理性是也,天下之理,原其所自,未有不善。"③这里以理性二字连用。在《程氏遗书》中以理性二字连用仅此一次。这句亦可读为"所谓理,性是也"。依古代汉语的常例,似应说"所谓理,即性是也"。但没有即字,所以这里也可能确实是把理性二字连为一词。程颐所谓理有两层意义:一为道德原则,二为普遍规律。因而程颐所谓"性即理"也有两层意义:一是性中含有道德原则,二是性体现了天地万物的普遍规律。程颐以性为理,他所谓性可谓即天赋的道德意识。

程颐不讲神秘的直觉,所以程颐所谓德性之知即理性认识,但他割断了理性认识与感性的联系,也就陷于错误了。

---

① 《程氏遗书》卷二十五。
② 同上。
③ 《程氏遗书》卷二十二上。

八 朱熹及其弟子关于"本然之性"与"义理之性"的学说

朱熹继承张载、程颐的学说,并加以发展,提出了比较详细的关于性、情、心的理论。他比较明确地论述了性与情的区别与联系,以及性与心的区别与联系。

朱熹肯定性即理,亦即天赋的仁义礼智之理。他说:"性即理也。天以阴阳五行化生万物,气以成形,而理亦赋焉……于是人物之生,因各得其所赋之理,以为健顺五常之德,所谓性也。"①又说:"性是实理,仁义礼智皆具。"②性的内容就是仁义礼智诸德。朱熹还讲过:"以天道言之,为元亨利贞……以人道言之,为仁义礼智。"③他认为天道和人性是一而二、二而一的。

朱熹区别了两种不同意义的性。他说:"有两个性字,有所谓理之性,有所谓气质之性。"④仁义礼智之性是"理之性",与"气质之性"不同。气质之性有善有恶,理之性则有善无恶。所谓"理之性",朱熹亦称之为"本然之性",或"天命之性",或"天地之性"。

如何证明人有仁义礼智之性呢?证据在于人有恻隐、羞恶、辞让、是非之情。朱熹说:"恻隐、羞恶、是非、辞逊是情之发,仁义礼智是性之体,性中只有仁义礼智,发之为恻隐、辞逊、是非,乃性之情也。"⑤恻隐、羞恶、辞让,可谓道德感情,是非应说是道德认识,并非感情。朱熹认为这些都属于感情,这是不恰当的。而且所谓情也不限于恻隐、羞恶、辞让,还包括喜怒哀乐等,朱熹也承认:"喜怒哀乐,情也。"⑥总之,朱熹是从恻隐、羞恶、辞让、是非来论证仁义礼智之性的。

朱熹更强调性与心、情的区别,他说:"盖性中所有道理,只是仁义礼智,便是实

---

① 《中庸章句》。
② 《朱子语类》卷五。
③ 同上书,卷六十八。
④ 同上书,卷九十五。
⑤ 同上书,卷五。
⑥ 《中庸章句》。

理……若是指性来做心说,则不可。"①心中包含性,但心并不是性。心包含性和情,而心之所以为心在于知觉,他说:"人心但以形气所感者而言尔,具形气谓之人,合义理谓之道,有知觉谓之心。"②朱熹强调性与知觉的区别。他说:"性者人之所得于天之理也,生者人之所得于天之气也。……然以气言之,则知觉运动,人与物若不异也;以理言之,则仁义礼智之禀,岂物之所得而全哉?"③知觉运动是心的作用,而性只是理。他又说:"灵处只是心,不是性,性只是理。""所觉者心之理也,能觉者气之灵也。"④心是能觉,性属于所觉。朱熹这样严格区分了心与性。朱熹还认为,心是有善有恶的,而仁义礼智之性则是纯善无恶的,"心有善恶,性无不善"⑤。在朱熹看来,所谓性不同于认识作用,性乃所应认识的内容。朱熹强调"性即理",不承认"心即理"只讲"理具于心"。他说:"心包万理,万理具于一心。"⑥只有达到道德修养的最高境界,才能实现"心与理一心","心与理一"是仁者所达到的修养境界。这"心与理一"的心,称为道心。道心可谓纯粹的道德意识,也即道德本性的自觉。

朱熹强调性与情与心的区别,在朱熹的体系中,所谓性善之性不只是道德感情或道德意识,而是道德感情或道德意识的根据或基础。他认为,因为人具有道德本性,然后才表现为道德感情,才发展为道德意识。朱熹所谓"理之性"是超越感情和认识的。朱熹的本然之性可谓超越的理性。

朱熹提出了"理之性"的观念,朱氏弟子陈埴提出"义理之性"的观念。⑦ 陈埴以后,"义理之性"的名词逐渐流行起来。

---

① 《语类》卷四。
② 同上书,卷一四〇。
③ 《孟子集注·告子上》。
④ 《语类》卷五。
⑤ 同上。
⑥ 《语类》卷九。
⑦ 参见《性理大全书》卷三十一引。

九 陆九渊、王守仁的"善性"、"良知"观念

朱熹强调性、情、心三者的区别。陆九渊则否认这三者有何区别,他认为如果区别心、性、情等,就陷于烦琐了。陆九渊肯定人有良心善性,他说:"人要有大志,常人泪没于声色富贵间,良心善性都蒙蔽了。"①这"良心善性"就是人之所以为人者,他说:"人当先理会所以为人,深思痛省。"又说:"天之所以予我者。如此其厚,如此其贵,不失其所以为人者耳。"②此"良心善性"是完满无缺的。朱熹强调心与性、性与情的区别,有分别感性与理性的意义。陆九渊则不重视感性与理性的划分,而把一切都归之于主观意识。

陆九渊特别强调"德性"的重要,他所谓德性主要是指天赋的道德意识。由于陆九渊不重视感性与理性的划分,所以陆九渊死后,朱熹评论说:"可惜死了一个告子。"因为朱熹认为告子和陆九渊都是以知觉运动为性。

王守仁继承陆学,标榜"致良知"。他认为良知即"是非之心",是人人具备的,这"良知"即天赋的道德意识。孟子以是非之心与恻隐之心等并列,王守仁则特别强调是非之心。他说:"良知只是个是非之心。是非只是个好恶。只好恶,就尽了是非。只是非就尽了万事万变。"③"是非"是一个认识问题,"好恶"是一个感情问题。王守仁以为道德认识与道德感情是密切结合的。他认为,只要肯定自己的良知。就可达到很高的道德修养境界,"人若知这良知诀窍,随他多少邪思枉念,这里一觉,都自消融。真个是灵丹一粒,点铁成金"④。但是他也认为良知有待于扩充,尝说:"我辈致知,只是各随分限所及。今日良知见在如此,只随今日所知扩充到底;明日良知又有开悟,便从明日所知扩充到底。"⑤

---

① 《语录》。
② 同上。
③ 《传习录》。
④ 同上。
⑤ 同上。

王守仁强调"致良知",其意义比较复杂,有承认人人都具有独立思考能力的倾向。他的良知学说在一定程度上起了冲击陈旧教条的作用,因而在当时产生了很大的影响。

人确实具有思维能力,但是思维能力的培养和提高也离不开学习。认为是非之心是"不虑而知,不学而能"的,把道德意识完全看成是先验的,这是错误的观点。

十 王廷相、王夫之关于"德性"的论断

王廷相重新申述了性有善有不善的观点,认为人既有为善的可能,也有为恶的可能,圣人以人的善性为根据,从而制定道德准则。他说:"人之生也,性禀不齐,圣人取其性之善者以立教,而后善恶准焉。"① 王廷相又认为,仁义礼智的原则是圣人制定的,圣人制定道德原则,以人性中固有的"何以相生、相安、相久"②的倾向为依据。王廷相还反对性善论,他说:"自世之人观之,善者常一二,不善者常千百,行事合道者常一二,不合道者常千百。……故谓人心皆善者,非圣人大观真实之论。"③ 他是根据实际的考察而立论的。

王廷相提出了对于所谓德性之知的反驳,他认为一切知识都是来自"见闻"与"思"的结合,没有不以见闻为基础的知识。他说:"心者栖神之舍,神者知识之本,思者神识之妙用也。自圣人以下,必待此而后知。故神者在内之灵,见闻者在外之资。物理不见不闻,虽圣哲亦不能索而知之。……夫圣贤之所以为知者,不过思与见闻之会而已。世之儒乃曰思虑见闻为有知,不足为知之至,别出德性之知为无知,以为大知。嗟乎! 其禅乎! 不思甚矣。"④ 最高的知识也是见闻与思虑的结合,"不假见闻"的德性之知是不存在的。王廷相坚持了唯物主义的反映论,他高度评价了"思"

---

① 《慎言·问成性》。
② 同上。
③ 《雅述·上篇》。
④ 同上。

的价值。王廷相承认人性中有"可以相生、相安、相久"的倾向,但这种倾向并非知识的来源,知识是由见闻思虑而获得的。王廷相比较明确地区分了道德起源问题与认识来源问题。

王夫之在本体论方面宣扬了唯物主义观点,在人性论方面受程朱学派的影响较深,也肯定人有仁义礼智之性,他说:"天以其阴阳五行之气生人,理即寓焉而凝之为性。故有声色臭味以厚其生,有仁义礼智以正其德,莫非理之所宜。"① 人是由气生成的,气中有理,气中之理表现在人身上就是性,性有两个方面:一为仁义礼智之性,一为声色臭味之性。仁义礼智之性就是道德的基础。他又说:"广盖性者,生之理也。……仁义礼智之理,下愚所不能灭,而声色臭味之欲,上智所不能废,俱可谓之为性。"② 所谓"生之理",即生活必须遵循的规律,这是人的本性所具备的。这所谓仁义礼智之性也即对于仁义礼智的知能。他说:"原于天而顺乎道,凝于形气,而五常五行之理无不可知,无不可能,于此言之则谓之性。"③ 对于五常五行,人既能知之,又能行之,这就是人的道德本性。王夫之把所谓"仁义礼智之性"解释为对于仁义礼智的"知"与"能",这就消除了朱熹所讲理是超越认识的观点。王夫之又解释德性说:"好善恶恶,德性也。"④ 德性即好善而恶不善的自然倾向,性也不是超感情的。

王夫之以性为"生之理",同于朱熹,但王夫之反对朱熹"理为气本"之说,强调理在气中,他说:"夫性即理也,理者理乎气而为气之理也,是岂于气之外别有一理以游行于气中者乎?"⑤ 王夫之又不同意以恻隐、羞恶、恭敬、是非为情之说,他认为:"恻隐、羞恶、恭敬、是非之心,性也,而非情也。夫情,则喜怒哀乐爱恶欲是已。"⑥ 这也是与朱熹不同之处。

王夫之宣称"仁义礼智"之性是受之于天,天如何赋予人以仁义礼智之性呢?这里他接受了朱熹所讲天道元亨利贞与人道仁义礼智两者统一的观点,他说:"性里

---

① 《张子正蒙注》卷三。
② 同上。
③ 《张子正蒙注》卷一。
④ 同上书,卷三。
⑤ 《读四书大全说》卷十。
⑥ 同上。

面自有仁义礼智信之五常,与天之元亨利贞同体。"①又说:"元亨利贞之理,人得之以为仁义礼智。"②把自然界的普遍规律与人类的道德准则牵合比附起来,这就是陷于失误了。

王夫之的独创观点是性日生日成说。他认为性是可变的,初生的性是性,后来养成的也是性,他说:"夫性者生理也,日生则日成也。……初生之顷,非无所命也。何以知其所命,无所命,则仁义礼智无其根也。……二气之运,五行之实,始以为胎孕,后以为长养,取精用物,一受于天产地产之精英,无以异也。形日以养,气日以滋,理日以成。……目日生视,耳日生听,心日生思;形受以为器,气受以为充,理受以为德。……未成可成,已成可革。性也者,岂一受成型,不受损益也哉?"③这里所谓"目日生视,耳日生听",是说感性认识日益增进;所谓心日生思,是说理性认识也日益增进。所谓"理受以为德",是说对于客观规律的认识增进了,道德修养境界也就随之提高了。王夫之的"性日生日成说"是对不变的人性观点之否定。

与王廷相不同,王夫之承认在一定意义上可以说有德性之知,他提出对德性之知的新解释,他说:"德性之知,循理而及其原,廓然于天地万物大始之理,乃吾所得于天而即所得以自喻者也……德性诚有而自喻,如暗中自指其口鼻,不待镜而悉。"④又说:"孝者不学而知,不虑而能,慈者不学养子而后嫁,意不因知而知不因物,固矣。"⑤对于天地本原的推理知识,关于孝慈的道德认识,都属于德性之知,王夫之对德性之知的解释比较简略,没有详细的论证。

十一 戴震"心能辨理义"的学说

戴震反对宋明理学关于心性的学说,提出自己对于孟子性善论的新解释。他

---

① 《读四书大全说》卷九。
② 同上书,卷十。
③ 《尚书引义》卷三。
④ 《张子正蒙注》卷四。
⑤ 《读四书大全说》卷一。

认为,所谓性善是说人能认识理义。理义不是心中固有的,而是存在于事物的相互关系之中,心能就事物加以剖析而认识理义。他说:"明理义之悦心,犹味之悦口、声之悦耳、色之悦目之为性。味也声也色也在物,而接于我之血气,理义在事而接于我之心知。血气心知,有自具之能,口能辨味,耳能辨声,目能辨色,心能辨夫理义。"①味、声、色是客观的,理义也是客观的;味、声、色是感官的对象,理义是心知的对象。心如何辨别理义呢?"理义在事情之条分缕析"②,"心之明之所止,于事情区以别焉,无几微爽失,则理义以名"③。必须对事情进行分析才能发现其中的理义。戴氏论理,强调理在于人我感情的平衡:"理也者,情之不爽失也……以我之情絜人之情而无不得其平是也。……情得其平,是为好恶之节,是为依乎天理。"④这种"情得其平"的理,必须就事情进行精细的考察才能发现出来。戴震认为,所谓性善,就是说人有高度发展的认识作用,能辨别事情所蕴含的理义。他说:"人以有礼义异于禽兽,实人之知觉大远乎物则然,此孟子所谓性善。"⑤朱熹反对以知觉运动为性,戴震却正是以知觉运动论性,他说:"知觉运动者人物之生,知觉运动之所以异者人物之殊其性。"⑥戴氏这里所谓知觉是广义的,泛指认识作用。

心不但能"辨理义",且能"悦"理义,这所谓"悦"就不仅是认识作用,而是属于感情了。所谓性善的主要意义,不仅在于心能辨理义,更在于心能悦理义。戴震学说的特点在于肯定所辨所说的理义是客观的,是事情的相互关系。但是所谓"悦"的感情却不能说是客观的了。

这能辨理义而且悦之的能力,也就是所谓德性。宋明理学认为人的德性是本来充足的,戴震则认为人的德性有其发展的过程,他说:"试以人之形体与人之德性比而论之,形体始乎幼小,终乎长大;德性始乎蒙昧,终乎圣智。其形之长大也,资于

---

① 《孟子字义疏证》卷上。
② 同上。
③ 《原善》卷中。
④ 《孟子字义疏证》卷上。
⑤ 同上书,卷中。
⑥ 同上。

饮食之养,乃长日加益,非复其初;德性资于学问,进于圣智,非复其初明矣。"①戴震此说表现了发展观点。

戴震论德性,也注意德性与天道的联系,认为人类道德有其天道的根据,他说:"自人道溯之天道,自人之德性溯之天德,则气化流行生生不息,仁也。……在天为气化之生生,在人为其生生之心,是乃仁之为德也;在天为气化推行之条理,在人为其心知之通乎条理而不紊,是乃智之为德也。"②天道之生生与条理就是仁义礼智的根源,仁义礼智反映了天道的生生而条理。

如果懂得天道与人的德性的联系,这就达到"天德之知",戴氏说:"天德之知,人之秉节于内以与天地化育俟者也。……心之精爽以知,知由是进于神明,则事至而心应之者,胥事至而以道义应,天德之知也。"③这所谓"天德之知"与张载所谓"德性所知"、程颐所谓"德性之知",有同有异。天德之知是对于"天德"的认识,"心达天德"④。这与张、程所讲相同;但张、程以为德性之知"不假见闻",戴氏则肯定"德性资于学问",强调了经验知识的重要。

戴震关于"心"、"性"的学说,在中国哲学史上,是超过前人的。但是,这时已到了18世纪,西方资产阶级哲学已经有长足的进步了。

十二 中国古代哲学的理性学说的评价

"温故而知新",重温一下中国古代哲学家对于理性问题的见解,当是有益的。人能否认识客观规律?人如何认识客观规律?人能否认识道德准则?人如何认识道德准则?道德准则与客观规律的关系如何?这些都是中国古代哲学家经常讨论的问题,如用现在常用的名词来说,就是关于理性的问题。

---

① 《孟子字义疏证》卷上。
② 同上书,卷下。
③ 《原善》卷中。
④ 同上。

在中国古典哲学关于理性的学说中,唯物主义与客观唯心主义、主观唯心主义的分野是比较明显的。例如王守仁强调良知,所谓良知即先验的道德意识,他宣称这良知就是世界的本原。把人的道德意识看做天地万物的根源,这表现了主观唯心主义的狂想。

程颐、朱熹宣扬"性即理",认为作为人的本性之理即世界的本原之理,作为天地本原的理与作为人的本性的理是一非二,这就是把人的道德意识客观化,使之成为"脱离了物质、脱离了自然的、神化了的绝对"①。这是客观唯心主义的观点。

不论客观唯心主义还是主观唯心主义,都是"把自然界作为理性的一部分,而不是把理性看做自然界的一小部分"②。

唯物主义思想家方面,意见有分歧。荀子否认先验的道德意识,认为道德准则是圣人"积思虑"、考虑社会生活的长远利益而制定的,圣人自己也没有先验的道德意识。荀子宣扬"性恶",而也肯定人"皆有可以知仁义法正之质,皆有可以能仁义法正之具",既然人"皆有可知仁义法正之质,皆有可以能仁义法正之具",就应承认"性可以为善",与所谓"性恶"互相矛盾了。张载试图从物质世界的统一性中引出道德原则,显然没有成功。他的关于"德性所知"的言论更走向直觉主义。王廷相否认脱离思虑见闻的"德性之知",贯彻了反映论,但关于"性中之善"没有讲清楚。王夫之否认在物质世界之上独立自存的理,但在道德起源问题上却承认人有天赋的道德意识,对于人的德性也不能做出适当的说明。

戴震批判程、朱、陆、王的先验道德论,否认先验的道德意识,这接近于荀子,但不同意荀子所谓"性恶",仍然肯定"性善",肯定人有"德性",认为人不但有"辨理义"的能力,而且有"悦理义"的感情。承认心"悦理义",这就回到了孟子。道德意识与道德感情的关系如何,仍然是一个没有解决的问题。

理性观念是有阶级性的,资产阶级思想家所宣扬的理性只是资产阶级的理性。中国自先秦时期以至明清时期的哲学中所谓"德性"、"义理之性"、"良知"等,只是地主阶级思想家的理性观念,还没有提出资产阶级的要求。封建时代的思想家们进

---

① 《列宁全集》第38卷,411页。
② 《列宁选集》第2卷,116页。

行理论思维,当然也要研讨关于理性认识以及关于道德意识的问题,从而提出了关于理性的种种学说。作为人类理论思维发展史的一个阶段的内容,封建时代的理性观念还是值得研究的,对于我们进一步思考关于理性的问题,也可能有一定帮助。只有通晓了自古至今的人类理性观念的发展过程,才能达到对于人类理性的真正自觉。

第五节
中国传统哲学的批判继承

一 学派盛衰的历史总结

中国古代哲学是世界三大哲学传统(中国哲学、印度哲学、西方哲学)中的一个。历史发展到今天,我们应该对它加以科学的检验和总结。全盘否定传统哲学是不科学的态度。科学的态度是实事求是地区别出传统哲学的精华与糟粕。区别的标准,一是看它是否符合客观实际,二是看它是否符合社会发展的利益,这是列宁提出的标准。列宁认为:比无产阶级利益更高的利益,是社会发展的利益,社会发展的利益是最高标准。

在中国,传统哲学思想经历了复杂的发展过程。

在先秦时期,百家争鸣、学术繁荣。那时主要有四大学派:儒家、墨家、道家、法家。每个学派内部又分成许多小学派。这四大学派各有特点:儒家的特点是重视文化的发展。它研究的主要课题是文化应该如何发展,这对中国文化的发展起了推动作用。墨家的特点是宗教与科学相结合。它既相信宗教和上帝,又重视并主张发展科学,这与西方传统哲学有相仿之处。西方的传统就是宗教发达,反宗教的科学也很发达。道家的特点是理论上反对文化、排斥文明,但又主张个人自由。主张个人自由这一点很有价值。法家的特点是讲法制,主张以法治国,这也是有价值的,但它反对文化教育,这是个大缺点。

从汉武帝开始到辛亥革命,儒家学派一直占统治地位。汉代的基本特点是儒学独尊,墨学中绝,道家流传不断。董仲舒提出"罢黜百家、独尊儒术",给中国文化的发展带来了很不利的影响。其中,最明显的是墨学中绝。墨家衰微的原因很复杂。《庄子·天下》篇认为,这是由于墨学的苦行主义造成的。墨家主张生时吃苦、死不厚葬,一般人很难做到,所以它流传不开。王充则认为"墨者之议,自违其术",就是说墨家学说有很多自相矛盾之处。实际上,墨学中绝最重要的原因是它与中国社会的家族本位传统不相适应。孟子就看到了这一点,他说:"墨子兼爱,是无父也。"墨家不注重家庭,主张打破家庭界限,把自己的父亲与别人的父亲同等看待,这与中国的封建制度是不合拍的,所以它衰微了。墨家对形式逻辑、物理学有很大贡献。墨学的断绝对这两门科学以及中国文化的发展都产生了不利的影响。在儒家长期占统治地位的情况下,道家一直作为儒家的补充而存在,它在每一时期都有代表人物。道家反映了与统治阶级不合作的知识分子的态度,它强调个性自由,就这点来说,道家是有贡献的。

从南北朝到隋唐,逐步形成了佛学兴盛、三教(佛教、儒家、道家)并尊的局面。在理论思维方面,佛教的贡献较大。在政治上儒家仍占统治地位。

从宋朝开始,理学兴起。理学也可叫做"新儒家"。它以孔孟学说为主干,吸收道家、佛教的许多思想资料,并解答了道家、佛教提出的问题。理学有一个值得重视的特点,就是它强调每个人的道德自觉性。它认为,人与禽兽的区别就在于人有道德自觉性。人要发挥自己的理性,要体现道德。陆九渊讲,即使我一字不识,也要堂堂正正地做一个人。理学的积极意义,主要表现为它强调一个人的操守、气节。主张维护民族尊严,反对外来侵略。这在民族矛盾加剧的历史条件下,是有积极意义的。它对爱国主义者很有启发。那个时代的爱国志士多受理学的熏陶,最著名的例子就是文天祥。他宁死不屈,为历代人民所称颂。但理学又是一具精神枷锁。明代以后,国内阶级矛盾加剧了,理学强调君权、父权、夫权,起了反动作用。

明末清初,出现了许多进步的思想家。最主要的代表是顾炎武、黄宗羲、王夫之,他们的理论贡献是空前的,具有反传统、反封建专制主义的思想,有一定的启蒙性质。但对这点也不应夸大。中国从乾嘉时期以后逐步采取闭关锁国政策,拒绝吸收西方文化,使中国落后了。

这里顺便谈谈新儒家的问题。西方人所说的"新儒家"有两个意思:一个是指宋明理学,宋明理学亦称"新孔学"。另一个是指所谓儒学的第三期发展。在国内又有人把五四运动到新中国成立前的四位重要学者即梁漱溟、熊十力、冯友兰、贺麟先生说成是"新儒家"。这个观点我不同意。梁先生既赞成儒家,又赞成佛教,把儒家和佛教统一起来。他的这个思想,五四运动以后一直没有改变,在新中国成立后他也根据马克思、恩格斯和毛泽东的观点来论证自己的思想。他是位思想家,但说他是新儒家恐怕不大确切。熊先生本来是学佛学的,后来由佛归儒,推崇孔子。他认为孔子是世界上第一大思想家,《易传》的思想比佛教高明得多。说他是新儒家,他自己也未必能接受。冯先生是继承、发展程朱学说的,但同时他又接受了柏拉图的学说。说他是新程朱派可以,说他是新柏拉图主义也可以。贺先生赞成理学,但也宣扬黑格尔主义。在新中国成立后,冯先生和贺先生都转变了,都表示接受辩证唯物主义,贺先生还加入了中国共产党。说他们是新儒家是不妥当的。关于新儒家,有一点是十分明确的:儒学第一期发展是作为百家之一而存在的;第二期从汉代到辛亥革命,作为正统思想而存在;如果儒学有第三期发展的话,那它也只能作为众多学派中的一个学派,而不可能作为统治思想而存在了。

二 传统价值观的分析

中国传统哲学的核心部分是价值观。以往对这个问题重视得不够。我下面主要提出三个问题进行分析。

(一) 人生价值问题

人生价值的一个主要问题是人类在天地之间占什么地位的问题。孔子认为,人在天地之间占一个重要地位。《孝经》上有一句话,叫做"天地之性人为贵",据说是孔子讲的。这句话确实能代表孔子的思想。"贵"就是价值。孟子认为有两种"贵":一是人人都有的"良贵";一是"人之所贵","人人有贵于己者,人之所贵非良贵也"。良贵是与生俱来的,不是别人给予的,也不是别人能否定、能剥夺的;别人给的贵则是"人之所贵",别人可以给予,也可以否定、剥夺。良贵就是道德意识,只要是人就有道德意识,就有价值。西方一些思想家认为,每个人生来就有天赋的权利,它不是别人给的,而是人本来固有的自然权利。中国传统文化中没有"天赋人权"的观念,但有天赋价值的思想。良贵就是天赋价值。"天赋人权"与"天赋价值"都是主张要把人当做人来看待,这表达了人道主义的一个基本原则。儒家的这一观点,荀子讲得最明确,他说:"水火有气而无生,草木有生而无知,禽兽有知而无义,人有气,有生,有知,亦且有义,故最为天下贵也。"道家也认为人在天地间有特殊的地位。《老子》讲:"道大、天大、地大、人亦大,域中有四大,而人居其一焉。"人在天地之间的地位问题,主要讲的是人类价值,其中也包括个人价值。孔子肯定每个人有独立的意志,"三军可夺帅也,匹夫不可夺志也"。孟子强调人的独立人格,"富贵不能淫,贫贱不能移,威武不能屈"。人具有的独立意志、独立人格,就是人的独立的价值。儒家在强调人有独立的意志、独立的人格的同时,又强调人伦关系。一个人必须恰当地处理君臣、父子、夫妇、兄弟、朋友等人伦关系。其中朋友关系是平等关系,而君臣、父子、夫妇关系实质上是不平等关系。由于过分强调人伦关系,就忽视了个人自由。但在孔子看来,君臣关系不是绝对服从关系,臣可以对君提意见。君如果不采纳,臣可以辞职。孟子更强调君臣关系的相对性,"民为贵,社稷次之,君为轻"。君对臣不好,臣可以视君为仇敌。但是,从汉代以后,尤其宋朝以后,非常强调"三纲",特别是"君为臣纲",否定个性自由,贬低人生价值。程门再传弟子罗从彦说:"天下无不是的父母。"朱熹的一个学生又加了一句:"天下无不是的君。"三纲的理论起了阻碍中国社会发展的反动作用。"五四"时期批孔,主要是批三纲,这是个大进步。

(二) 生命与理想的问题

在人的生活中,一方面,每个人要维持自己的生命;另一方面,人又要有道德、有理想。这二者是统一的,但也有区别。孔子首先提出了这个问题:如果道德原则与人的生命发生了矛盾,是保存生命还是坚持道德原则呢?他认为,"志士仁人,无求生以害仁,有杀身以成仁"①。孟子讲得更明确:"生亦我所欲也,义亦我所欲也。二者不可得兼,舍生而取义者也。"②可见,儒家肯定了生命价值,也肯定了道德价值,并认为道德价值高于生命价值,在二者发生矛盾时,要"杀身成仁"、"舍生取义"。"杀身成仁、舍生取义"的思想在中国历史上起了很大作用。

(三) 和谐与斗争的问题

东周时代有过"和同之辨"。"和"是多样性的统一,不同的东西结合在一起而达到平衡,就是"和"。只是一样东西重叠相加就是"同"。孔子认为:"君子和而不同,小人同而不和。"③晏子讲"和"说:"君所谓可,而有否焉,臣献其否,以成其可。"君的意见如果不完全正确,臣可以提出意见,这是和。如果君主提出的意见,臣只会服从,那就是同。儒家把和作为最高的价值原则,《论语·学而》篇讲"和为贵",《易传》讲"天下同归而殊途,一致而百虑",都是强调多样性的统一。这个观点很有理论价值。可是,后来"和"的含义演变为"融合", 轻视斗争,认为斗争没有价值。道家则更甚,老子特别强调"不争"。墨家也提倡"非攻"。20年代罗素在讲中西文化的不同时说,中国哲学强调和谐、调和,西方哲学强调斗争、竞争。这是有一定道理的。我认为,对斗争的重要性认识不足,这是中国传统哲学的一个缺陷。历史证明,只讲统一不行,只讲斗争也不行。应当是既强调多样性、统一性,又不忽视斗争性。

三 传统思维方式的分析

关于中国传统的思维方式,我主要讲两点。

---

① 《论语·卫灵公》。
② 《孟子·告子》。
③ 《论语·子路》。

（一）整体思维与分析方法的对立

中国传统思维方式有一个特点，就是整体思维。中医非常强调整体，把人体看成是一个整体。同时又把人与整个世界看成是一个整体。这可以说是中国古代的系统观点，在哲学上，也有很多论证。《易传》讲"观其会通"，强调要从统一的角度去观察事物。惠施讲"泛爱万物，天地一体"，天地是一个整体，所以才应该泛爱万物。庄子讲"天地与我并生，万物与我为一"，也强调个人与世界是一个整体。"天人合一"是中国哲学的传统观点。宋明理学特别强调这一点。他们认为，如果一个人只把自己的身体当成是"我"，这只是"从躯壳上起念"（王守仁），没有什么价值；人应该把天地万物都看成是"我"，超越"小我"，以天地万物作为"大我"。我认为，"超越小我"是对的，但以天地万物为"大我"未免陷于空想。以民族为大，比较切合实际。近来有人认为，"天人合一"就是天人不分，是意识不到人与自然的区别的原始意识，没有达到人的自觉。这是完全错误的。这无异于说中国根本没有文化，中华民族是野蛮民族。事实上，"天人合一"的认识，是经过了把人与自然分开这个认识阶段后，进一步认识到了人与自然的统一。这是认识上的否定之否定，是比人与自然对立的观点更高的观点。恩格斯在《自然辩证法》中就多次强调了人与自然的统一、自然界与精神的统一。不重视分析，这是中国传统思维方式的一个严重的缺点。当然，也不是完全不讲分析。《中庸》讲"博学之、审问之、慎思之、明辨之、笃行之"，它讲得还比较全面。明辨就是分析。但事实上，中国传统思维是比较轻视分析的。

（二）实测与反观的对立

中国传统思维比较重视反观，反求诸己，反省自己。但对实测不够重视，这也是个大缺点。反观即体认，也就是直觉。道家特别强调直觉。老子讲"不出户，知天下，不窥牖，见天道"[①]，认为感观经验没用，只要进行直觉就可以了。这是一种直觉神秘主义。《庄子·外篇》认为，有人"以管窥天，以锥指地"，这没有价值，主张用直

---

① 《老子》四十七章。

觉来体验天道。所谓"无思无虑则知道",即超脱抽象思维才能认识道,这是道家的一个重要思想。我认为,直觉就是灵感。它在认识中具有重要作用,但它不是科学研究的基础方法。基础方法是观察和思考。直觉只是观察思考的必要补充。

中国古代的天文学、地质学比较重视实测。张衡、一行、沈括都注重实际观察,并在科学上取得了很大的成就。但在哲学上没有人提出过关于观察的系统理论。英国的培根对观察做出了理论总结,对科学方法论有很大贡献。中国传统思维把实测与直觉对立起来,过分强调直觉而轻视观察。分析方法很不发达,阻碍了科学的发展。

四 批判继承的主要内容

对中国传统哲学的丰富内容应当如何估价呢?我认为,主要有四个方面应该彻底否定,有四个方面应该肯定、发扬。

应该否定的四个方面是:

(一) 封建等级思想,即"三纲"

虽然辛亥革命、五四运动都批判了"三纲",但它的流毒至今还没有肃清,还在起作用。只有彻底破除封建等级特权观念,社会主义的民主思想、平等观念才能确立起来。

(二) 家族本位传统

在中国历史上,家族本位的传统是很严重的,直到现在仍有影响。梁漱溟先生认为,西方是"个人本位,自我中心",中国是讲"人伦关系,互以对方为重"。梁先生的概括有一定道理,但也不够全面。西方讲个人本位,但也有爱国主义。中国的"君为臣纲,父为子纲,夫为妻纲",事实上君、父、夫都不以对方为重。我们要坚决否定家族本位的传统,但不等于提倡个人本位。我们是社会主义国家,应该强调社会本位。当然，也要肯定个人的合法权利、个人的主动作用。人权观念还是应该肯定的。

（三）直觉神秘主义

儒家、道家都讲直觉，不同程度地否定抽象思维，最终陷入了直觉神秘主义。我认为对于直觉神秘主义应加以批判，但也要给直觉一个适当的地位。

（四）笼统思维方式

这种思维方式应该否定。要提倡分析的方法，概念要有确切的含义，命题要有充分的论据。现在有些主张彻底否定文化传统的人，对传统文化本身却不做具体深入的分析，只是笼统地说要反传统，这是以传统的思维方式来反传统。这种思维方式恰恰还是传统的笼统思维方式，仍然没有摆脱传统。

应该继承的四个方面是：

（一）无神论的传统

中国自春秋战国以来，就有无神论的传统，我们应该宣传中国古代的无神论思想，王充、范缜的无神论著作至今仍然是具有光辉的。现在封建迷信活动在某些地区又多起来了，需要我们大力宣传无神论。

（二）辩证思维的传统

中国古代辩证法是包含着丰富理论内容的发展观，如"生生之谓易"、"一阴一阳之谓道"、"一物两体"、"物极必反"、"相反相成"等思想，今天看也还是正确的，值得继承和发扬。

（三）以人为本位的思想传统

孔、孟关于这方面的思想有其积极意义。西方的"天赋人权"思想和中国古代的天赋价值思想都应批判地吸收。它们都是主张要把人当做人来看待，这表达了人道主义的一个基本原则。

(四)爱国主义的传统

坚持民族独立,不侵略别国,也不允许别国侵略我们,这是中华民族的光荣传统,必须继承和发扬。当然,中国过去的爱国主义有个缺点,就是把爱国和忠君混同起来。岳飞的"精忠报国"既有爱国思想,又有忠君思想。这个缺点在明清之际已经被人发现,顾炎武区别了"亡国"与"亡天下",把君与民族区别开来了。

这四个传统是我们的宝贵财富,是不应该否定的。笼统地主张彻底否定传统观念是不科学的态度。马克思、恩格斯在《共产党宣言》中主张同传统观念实行最彻底的决裂,这指的是同反映私有制要求的传统观念彻底决裂,而不是否定一切传统思想。恩格斯认为:德国的工人运动是德国古典哲学的继承者,并以它不仅继承了圣西门、傅立叶和欧文,而且继承了康德和黑格尔的思想传统而感到骄傲。我们应当学习马克思、恩格斯的这种科学态度,彻底批判反映封建所有制要求的陈旧腐朽的传统观念,同时继承和发扬我们中华民族的古典哲学的优秀传统。

现在,留给年轻一代哲学理论工作者的一个重要任务就是:正确认识马克思主义哲学的精髓,正确认识中国传统哲学,正确认识现代西方哲学,发扬独立思考的精神,对当代自然科学、社会科学发展的成果做出理论总结,推动中国哲学向前发展。

第四章

儒

儒家思想是中华民族文化遗产的重要内容,它的一些基本观点在历史上起过重要的积极作用,直至今日仍能启发我们的神智,帮助我们提高精神境界。

第一节
孔子与中国文化

中华民族在几千年的发展过程中,创造了丰富灿烂的中国文化。中国文化是中华民族长期延续、不断发展的精神支柱。斯大林论民族,认为一个民族不但有共同的语言、共同的地域、共同的经济生活,而且还有"表现在共同文化上的共同心理素质"[①]。中华民族确实具有"表现在共同文化上的共同心理素质"。这种"表现在共同文化上的共同心理素质"是在长期的历史发展过程中形成的,一方面有其经济的物质基础,另一方面也有其与社会教育密切联系的思想基础。这种"表现在共同文化上的共同心理素质",是在一些有重要影响的思想家和教育家的引导和培育之下逐渐形成的。而在中华民族的"共同文化"与"共同心理"的形成和发展的过程中,起了最重要、最巨大的作用的,是春秋时期伟大的思想家和教育家孔子。

何谓文化?文化即人类改造自然同时改变人性的一切成就。何谓心理?一般的所谓心理包括对客观世界的正确的和不正确的认识,以及自发的和自觉的主观要求。孔子的学说对中华民族的共同文化和共同心理的形成,起了别人不能比拟的深远影响。

孔子的学说何以能发生这样巨大的影响呢?这首先是由于孔子继承、总结了原始社会后期以来和夏、商、周三代的文化传统。我们现在看孔子,觉得他已经是年代久远了,事实上在孔子以前,中国文化已经有两三千年的漫长历史。韩非说:"殷

---

① 《马克思主义与民族问题》,见《斯大林全集》第 2 卷,294 页。

周七百余岁,虞夏二千余岁。"①尧、舜虽然是传说中的人物,但未必出于虚构。孔子自称"述而不作,信而好古",又说:"周监于二代,郁郁乎文哉!"孔子一生的工作正是对尧、舜以来夏、商、周三代的文化成就进行了一番系统的整理,做出了一次重要的总结。孟子称赞孔子为"集大成",即意谓孔子总结了上古时代的文化思想。孔子的学说不是凭空提出的,而是有其深厚的历史基础。唯其如此,所以才能对后来文化的发展产生了深远的影响。

在古代,孔子是一个继往开来的人物,一方面对于过去的文化进行了一次系统的总结,另一方面又开创了文化发展的新局面。从孔子开始,私人讲学蔚然成风;到战国时期,百家争鸣的盛况蓬勃兴起。

西汉今文经学把孔子装扮为一个神人,那是历史的倒退。古文经学和历史家司马迁则肯定孔子是一位卓越的学问家。在古文经学和历史的传说中,孔子的主要工作是:"删诗书,定礼乐,修春秋,序易传。"这是东汉以来以至明、清时期孔子的具体形象,这是一位卓越的哲学家、教育家的形象。孔子以《诗》《书》教弟子,保存了上古的诗歌和历史文献。孔子在音乐史上也有重要地位。"修春秋"之说,首见于孟子的言论中,近人颇有疑问,但亦不易提出有力的反证。宋代欧阳修开始怀疑《易传》不是孔子所作,但直到近代,许多史学家、易学家仍然承认《易传》表达了孔子的思想。《易传》中有先秦哲学中最精湛的辩证法。如果《易传》出自孔子,孔子的哲学观点就超越老、庄、孟、荀诸子了。《礼记》的《礼运》篇有孔子谈论"大同"的记载,而"大同"是中国古代最高的政治理想。这样,在汉、魏以至宋、明时期中,一般学者心目中的孔子形象,确实是高大的、卓越的。

近年以来,多数哲学史家认为:《春秋》基本上是鲁国史官的手笔,《易传》是战国时期的著作,"大同"学说更是战国时期儒家的思想;关于孔子言行最可靠的资料是《论语》和《左传》中关于孔子的记载。这样,关于孔子的资料较过去时代所承认的大大削减了。虽然如此,专从《论语》和《左传》来看,孔子仍然是一位伟大的思想家、教育家,仍然是为中国文化的发展提供思想基础的最主要的哲人。

---

① 《韩非子·显学》,近人或谓应作虞夏七百余岁,殷周二千余岁。

>>> 孔子是伟大的思想家、儒家学派的代表,他是为中国文化的发展提供思想基础的最主要的哲人。图为元朝佚名《孔子像》。

第四章 儒

孔子的哪些思想观点为中国文化的发展提供了思想基础呢？这主要有三点：第一，积极乐观的有为精神；第二，对于道德价值的高度重视；第三，开创了重视历史经验的优良传统。

孔子虽然承认天命，但不是消极地等待命运的安排，而是积极努力争取达到人力所能达到的最高限度。孔子自称"为之不厌，诲人不倦"[1]；当时的隐者讥讽他是"知其不可而为之者"[2]；他自述自己的生活态度是"发愤忘食，乐以忘忧，不知老之将至"[3]。孔子倡导积极有为，是非常昭著的。他还说过"饱食终日，无所用心，难矣哉！不有博弈者乎？为之，犹贤乎已"[4]。认为博弈比无所事事还好些，这种反对无所作为的态度是非常明显的。

孔子所谓"为之"具有什么具体内容呢？他所从事的活动是什么性质的活动呢？多年以来有一个流行的说法，认为孔子在伦理学说、教育思想方面有所创新，在政治上却是保守的，属于守旧派，他一生不得志，是由于他的政治活动是违反历史发展趋势的。十年动乱时期，"批孔"、"批儒"，更指斥孔子是一个顽固的反动派、复古派、复辟狂。时至今日，这个问题须加以认真考察，分辨清楚。认为孔子守旧、保守，逆历史潮流而动的看法，主要以四项历史资料为依据：1. 孔子反对三桓僭越，2. 孔子反对陈恒杀君，3. 孔子反对鲁用田赋，4. 孔子反对晋铸刑鼎。前两项见于《论语》，后两项资料见于《国语》和《左传》。多数论者都认为当时鲁国的三桓、齐国的田氏属于革新派，鲁用田赋、晋铸刑鼎也都属于革新的措施。当时鲁国的三桓破坏了周礼，齐国的田氏进行了一些改革，晋铸刑鼎，鲁用田赋，都是符合历史潮流的新措施，这些都是事实。孔子反对这些，是否一定是顽固守旧呢？这还要进行具体的分析。当时各国诸侯大夫都从事僭越，这是大势所趋。但这类僭越行为对人民有没有好处呢？事实上那只是加重了人民的负担。孔子尝说："礼，与其奢也，宁俭。"[5]从宁俭勿奢的观点来反对僭越，应该是有积极意义的。田氏篡齐有一定的进步性，

---

[1] 《论语·述而》。
[2] 同上书，《宪问》。
[3] 同上书，《述而》。
[4] 同上书，《阳货》。
[5] 同上书，《八佾》。

但是春秋末年陈恒杀君,据《左传》的记载,仅仅属于权利之争,并无革命意义。孔子反对陈恒杀君,也难以断定其为反动的。后来《庄子》书中讥刺田氏代齐为"窃国者侯",韩非在他们的著作中也指责"田常杀君"①,能说反对陈恒杀君就是守旧反动吗？孔子反对鲁用田赋的理由是反对增税,他的主张是："施取其厚,事举其中,敛从其薄。"②这反对增税的言论,虽然不合乎经济发展的形势,但不能说是反动的。孔子反对晋铸刑鼎的理由是："民在鼎矣,何以尊贵？贵何业之守？贵贱无序,何以为国？"③强调了贵贱的等级秩序。这表现了反对劳动人民的倾向。但是,强调贵贱区分是先秦时期儒、法诸家的共同观点。商鞅论历史的演变说："上世亲亲而爱私,中世上贤而说仁,下世贵贵而尊官。"④法家的"贵贵"更甚于儒家。如果说法家的"贵贵而尊官"的思想在当时也还起过一定的进步作用,何以断言孔子的"尊贵"言论一定是反动的呢？

孔子的政治思想主要有三点：1. 为政以德,2. 君主集权,3. 反对个人独裁与大臣专权。他强调道德在政治上的作用,宣称"政者正也,子帅以正,孰敢不正"⑤？要求统治者在道德上做出表率,这确实具有深刻的意义。孔子宣称："天下有道,则礼乐征伐自天子出；天下无道,则礼乐征伐自诸侯出。"⑥这是中央集权的思想,应该说是符合春秋战国的发展趋势的。以后孟子讲"定于一"⑦,荀子鼓吹"天下为一"⑧,都主张建立统一的中央政权,这种思想都可以说源于孔子。鲁定公问："一言而丧邦,有诸？"孔子回答："人之言曰：予无乐乎为君,唯其言而莫予违也。如其善而莫之违也,不亦善乎？如不善而莫之违也,不几乎一言而丧邦乎？"⑨反对"言莫予违",也就是反对个人独裁。孔子认为,君主虽应有最高权力,但不应个人独裁；同时大臣亦不

---

① 《韩非子》的《难二》《说疑》。
② 《左传·哀公十一年》。
③ 同上书,《昭公二十九年》。
④ 《商君书·开塞》。
⑤ 《论语·颜渊》。
⑥ 同上书,《季氏》。
⑦ 《孟子·梁惠王》。
⑧ 《荀子·议兵》。
⑨ 《论语·子路》。

应专权,"天下有道,则政不在大夫"①。这些思想,应该说都是符合当时历史发展要求的。

过去很多人认为孔子是守旧派,或者认为是复古主义者,其主要理由之一是认为孔子拥护周礼,这个问题还需要做具体的分析。孔子曾说:"周监于二代,郁郁乎文哉!吾从周。"②事实上,孔子并不认为周制是永恒的尽善尽美的。他说:"殷因于夏礼,所损益可知也;周因于殷礼,所损益可知也。其或继周者,虽百世可知也。"③这就是说,对于周礼还应有所损益。他曾评论乐章说:"韶尽美矣,又尽善也";"武尽美矣,未尽善也"④。从这些言论看来,所谓"吾从周"是在三代之中取其最近的,并非认为周制是绝对的好。孔子论仁,有"克己复礼为仁"之说⑤,有些人认为"复礼"即恢复周礼。其实这是望文生义,所谓"复礼"的内容即"非礼勿视,非礼勿听,非礼勿言,非礼勿动",即视、听、言、动无不合礼,并非复古之意。

孔子称赞子产,赞扬子产不毁乡校。⑥ 子产宣称"天道远,人道迩",孔子主张"务民之义,敬鬼神而远之";孔子重礼,子产亦说过"大礼,天之经也,地之义也,民之行也"⑦。孔子的政治思想基本上是和子产一致的。近年以来,许多人都承认子产是进步的政治家,却认为孔子是守旧派,这是不公允的(十年动乱时期,也有人写文章抨击子产,那更是完全荒谬的)。

孔子的政治活动究竟是什么性质的活动呢?《论语》中有一段记载透露了其中的信息。《论语》云:"长沮、桀溺耦而耕,孔子过之,使子路问津焉。……桀溺曰:滔滔者天下皆是也,而谁以易之?且而与其从辟人之士也,岂若从辟世之士哉?……子路行以告,夫子怃然曰:鸟兽不可与同群,吾非斯人之徒与而谁与?天下有道,丘不与易也。"⑧所谓"易之"、"与易"的"易"字是改变之意。孟子批评墨者夷之,曾说:

---

① 《论语·季氏》。
② 同上书,《八佾》。
③ 同上书,《为政》。
④ 同上书,《八佾》。
⑤ 同上书,《颜渊》。
⑥ 《左传·襄公三十一年》。
⑦ 同上书,《昭公二十五年》。
⑧ 《微子》。

"墨之治丧也，以薄为其道也。夷子思以易天下。"① 儒、墨都是企图以其道"易天下"的。

孔子一生的活动也是企图以其道易天下，企图改变"天下无道"为"天下有道"。这种活动固然不是革命的活动，而可谓一种移风易俗、建立理想秩序的活动。

孔子一生，"再逐于鲁，削迹于卫，穷于齐，围于陈蔡"②，并不是因为他是逆潮流而动，违反了历史发展的趋势，而是因为孔子所考虑的是统治阶级的长远利益，不易被人理解，而实际上是适应从奴隶制向封建制转变的要求的。孔子的积极有为的精神是基本上符合社会发展需要的。

孔子的积极有为的思想，在《易传》有进一步的发展。《易传》提出"刚健"、"日新"、"自强不息"的重要原则。《彖传》说："大畜，刚健笃实辉光，日新其德，刚上而尚贤，能止健，大正也。"提倡刚健的精神，宣扬"日新"。《象传》云："天行健，君子以自强不息。"自强不息即勉力向上、不断提高，这是孔子"发愤忘食"精神的发展。《系辞上传》说："日新之谓盛德。"《系辞下传》说："夫乾，天下之至健也，德行恒易以知险；夫坤，天下之至顺也，德行恒简以知阻。"知险而不陷于险，然后为至健；知阻而不困于阻，然后为至顺。《易传》以健顺的统一为最高理想。《易传》的刚健自强的学说激励着历代有志之士奋发向上，确实起了促进文化发展的积极作用。

以上论证了孔子积极有为的思想态度对中国文化的影响。

其次，孔子思想学说的核心是重视道德价值的观点。这种价值观对中国文化发展的影响更是非常深刻的。孔子宣称"君子义以为上"③，认为道德是最有价值的。所谓义即道德原则，义的内容即仁。孔子说："好仁者无以尚之"④，仁是最高的道德规范。（在《论语》中，仁和义不是同一层次的概念。）又说："仁者安仁，知者利仁。"⑤安仁即安于仁而行之，利仁即以仁为有利而行之。仁者实行仁德，不是以仁为有利，而是认为仁德本身具有最高的价值。

---

① 《孟子·滕文公上》。
② 《庄子·盗跖》。
③ 《论语·阳货》。
④ 《论语·里仁》。
⑤ 同上。

何谓仁？仁即"爱人"①，亦即"泛爱众"②，亦即"己欲立而立人,己欲达而达人"③。所谓"爱人"的具体意义就是"己欲立而立人,己欲达而达人"。何谓立？立即能独立生存而不依靠别人。何谓达？达即上进、提高。"己欲立而立人,己欲达而达人。"即自己要求成立,也帮助别人成立；自己要求提高,也帮助别人提高。这是仁的主要含义。

所谓立就是有独立生存的能力,亦即有独立的人格。孔子肯定人人有自己的独立意志,他说："三军可夺帅也,匹夫不可夺志也。"④孔子称赞伯夷、叔齐"不降其志,不辱其身"⑤,以为这是保持独立人格的最高表现。

人人具有"不可夺"的独立意志。孔子认为,做一个人,应该"志于道"⑥。如能"志于道",就可以达到高尚的精神境界。孔子说："士志于道,而耻恶衣恶食者,未足与议也。"⑦又说："饭疏食,饮水,曲肱而枕之,乐亦在其中矣。不义而富且贵,于我如浮云。"⑧志于道的人,虽然生活艰苦,但能自得其乐,这是一种高尚的乐趣。孔子以为,在一定条件下,应该为了实现道德理想而牺牲自己的生命。他说："志士仁人,无求生以害仁,有杀身以成仁。"⑨道德理想比个人生命更为重要。

这里包含精神生活与物质生活关系的问题。孔子承认精神生活以物质生活为基础,《论语》记载："子适卫,冉有仆。子曰:庶矣哉！冉有曰:既庶矣,又何加焉？曰:富之。曰:既富矣,又何加焉？曰:教之。"⑩富之然后才能教之,就是说,须先解决物质生活的问题,才能提高人们的精神生活。从先后次序来说,富之先于教之。但孔子又认为,从重要性来讲,道德却又重于衣食。《论语》载："子贡问政,子曰:足食

---

① 《论语·颜渊》。
② 同上书,《学而》。
③ 同上书,《雍也》。
④ 同上书,《子罕》。
⑤ 同上书,《微子》。
⑥ 同上书,《述而》。
⑦ 同上书,《里仁》。
⑧ 同上书,《述而》。
⑨ 同上书,《卫灵公》。
⑩ 同上书,《子路》。

足兵,民信之矣。子贡曰:必不得已而去,于斯三者何先? 曰:去兵。子贡曰:必不得已而去,于斯二者何先? 曰:去食。自古皆有死,民无信不立。"① 这里有两种顺序,从先后来讲,"足食"居先;从重要性来讲,"民信"最重。"民信之矣",即政府对人民有信,人民也信任政府,这是立国的根本条件。孔子的这些观点,含有非常深湛的思想,表现了辩证思维的光辉。后来王充对孔子去食存信之说提出批评,那是不理解孔子的深意所在。总之,孔子承认精神生活需以物质生活为基础,而又肯定精神生活有高于物质生活的价值。

孔子所谓仁,是"泛爱众"的人类之爱,又是由近及远的差等之爱。仁是等级制度之下的道德原则,含有一定的阶级性。仁并不要求消除阶级差别,而且肯定等级差别。虽然如此,仁具有反对苛政暴政的意义,要求让人民安居乐业,在历史上具有相对的进步意义。

孔子这种重视道德和精神生活的价值观,对于中国文化的形成和发展有深远影响,这至少表现于两个方面:第一,中国文化中存在着一个以道德教育代替宗教的传统;第二,在历代知识分子和劳动人民中存在着一个重视气节、刚正不屈的传统。这两者都是在孔子思想的熏陶下形成的。西方中世纪以来,宗教占统治地位,西方的社会道德是和宗教密切结合的。在中国的南北朝、隋、唐时期,虽然对于天神的信仰以及佛教、道教杂然并存,而占统治地位的儒学却表现了无神论的倾向。儒学亦称为儒教,但是儒教之教绝非宗教之义。孔子说:"务民之义,敬鬼神而远之,可谓知矣。"② 这就是以道德教育代替宗教。经过孔门的宣传,这形成了一个占统治地位的传统。在这个优良传统的影响之下,在士大夫和劳动人民之中,又形成了一个重视气节、操守的传统,敢于和不良势力进行坚决斗争,决不屈服于祸国殃民的恶劣势力,坚持抵抗外来的侵略,排斥一切奴颜婢膝的可耻行为。劳动人民的道德与统治阶级的道德有所区别,但是开明的士大夫和劳动人民都反对祸国殃民的行为,都反对外来的侵略,两者也有一致之处。这种崇尚气节的传统也是在孔子思想影响之下萌发完成的。

---

① 《论语·颜渊》。
② 同上书,《雍也》。

章太炎说:"孔氏古良史也,辅以丘明而次《春秋》,料比百家,若旋机玉斗矣。"①这是认为孔子开创了重视历史的传统。自周初以来,设立了记言、记事的史官,历代因之,所以中国的史书在世界文明古国中最为丰富。这确实和孔子"删诗书、修春秋"有一定关系。重视历史经验,是中国文化的一个显著特点。

总之,孔子对中国文化的贡献是非常巨大的。

然而,孔子的学说,也不是完美无缺,至少有三方面的缺欠:第一,孔子"述而不作",对于创新重视不够;第二,孔子宣扬德治,对于军事重视不够;第三,孔子推崇礼乐,对于生产劳动重视不够。

孔子自称"述而不作"、"好古敏求",重视继承发展历史的传统,宣扬"温故而知新"②,但没有讲过鼓励创新的言论。在这种倾向的影响下,汉代经学、宋明理学以及清儒的考据之学,都没有表现创新的精神,既不致力于自然界的新探索,亦不鼓励生产工具的新创造。

孔子曾说过"俎豆之事,则尝闻之矣;军旅之事,未之学也"③,把礼乐与军旅对立起来。《中庸》云:"子路问强。子曰:'南方之强与?北方之强与?抑而强与?宽柔以教,不报无道,南方之强也,君子居之。衽金革,死而不厌,北方之强也,而强者居之。故君子和而不流,强哉矫!中立而不倚,强哉矫!国有道,不变塞焉,强哉矫!国无道,至死不变,强哉矫!"这区别了南方之强、北方之强与道义之强,意谓道义之强是最高的,而北方强者之强价值较低。事实上,"衽金革、死而不厌"的强也是必需的。在儒家影响下,中国历史上养成了一种重文轻武的传统,这也是一个严重的不足之处。

孔子回答樊迟"请学稼"、"请学为圃"说:"吾不如老农","吾不如老圃",这也是实话,但又批评樊迟道:"小人哉!樊须也!上好礼,则民莫敢不敬;上好义,则民莫敢不服;上好信,则民莫敢不用情。夫如是,则四方之民襁负其子而至矣,焉用

---

① 《訄书·订孔》。
② 《论语·为政》。
③ 同上书,《卫灵公》。

稼!"①这段言论表现了对农稼的轻视,也就是对于生产劳动的轻视。这是剥削阶级鄙视劳动的态度。孔子是地主阶级思想家,他不如此是不可能的。这是孔子的阶级局限性。现在的中国已进入社会主义时代,我们就可能站在新的高度对孔子思想进行正确评价了。孔子是两千多年前的思想家,我们不必苛求古人。关于孔子对中国文化的积极影响与消极影响,我们应有比较明确的认识。

第二节
《周易》经传的历史地位

　　《周易》是中国最古的文化典籍之一。古代传说:伏羲画八卦,周文王重卦为六十四卦,并作卦爻辞,孔子作"传"十篇,称为"十翼",亦称《易大传》。所以《汉书·艺文志》说:"易道深矣! 人更三圣,世历三古。"(伏羲为上古,文王为中古,孔子为下古。)自汉至唐,并无异说。宋欧阳修著《易童子问》,开始怀疑"系辞"非孔子所作。近代以来,疑古思潮高涨,有人认为《周易》古经是春秋时代的作品,《易大传》更非孔子所著。多数哲学史家认为《周易》古经是西周初的作品,《易大传》(简称"易传")是战国时期的作品,也有人认为是战国末至汉代中期的作品。但是有的易学专家仍然肯定《易传》是孔子所著。于是《周易》经传的年代成为一个争论的问题。

　　我们考察《周易》经传的著作年代,首先要考察《周易》经传的流传情况。

　　根据《春秋左传》的记载,春秋时代,已有许多人(各国的贵族卿大夫)运用《周易》来进行卜筮,或引用《周易》的辞句来说明问题。现摘举如下:庄公二十二年,"陈公子完与颛孙奔齐。……齐侯使敬仲为卿。……陈厉公,蔡出也,故蔡人杀五父而

---

① 《论语·子路》。

立之,生敬仲,其少也,周史有以《周易》见陈侯者,陈侯使筮之,遇观䷓之否䷋,曰:是谓观国之光,利用宾于王。"宣公十二年,"晋师救郑……知庄子曰:此师殆哉!《周易》有之,在师䷆之临䷒,曰:师出以律,否臧,凶。……"襄公九年,"穆姜薨于东宫,始往而筮之,遇艮䷳之八,史曰:是谓艮之随䷐,随,其出也。君必速出。姜曰:亡!是于《周易》曰:随,元,亨,利,贞,无咎。元,体之长也;亨,嘉之会也;利,义之和也;贞,事之干也。……有四德者,随而无咎。我皆无之,岂随也哉?……"昭公元年,"晋侯求医于秦,秦伯使医和视之,曰:疾不可为也……在《周易》,女惑男,风落山,谓之蛊䷑。"

昭公二年,"晋侯使韩宣子来聘,且告为政,而来见,礼也。观书于太史氏,见"易象"与鲁《春秋》,曰:周礼尽在鲁矣,吾乃今知周公之德与周之所以王也。"昭公五年,"初,穆子之生也,庄叔以《周易》筮之,遇明夷䷣之谦䷎,以示卜楚丘。"《左传》的这些记载,足以证明:在春秋时代,周、鲁、秦、晋诸国都有人用《周易》进行卜筮,或引用《周易》的文句。其中最早的一条是庄公二十二年的记载,陈公子完少时曾有一位"周史"为之占卜。陈完与齐桓公同时,足见春秋前期,《周易》已受到人们的重视。

《史记》《汉书》记述了儒家传授《周易》的情况。

《史记·孔子世家》说:"孔子晚而喜《易》,序彖、系、象、说卦、文言,读《易》韦编三绝。"

又《仲尼弟子列传》云:"商瞿,鲁人,字子木。少孔子二十九岁。孔子传《易》于瞿,瞿传楚人馯臂子弘,弘传江东人矫子庸疵,疵传燕人周子家竖,竖传淳于人光子乘羽,羽传齐人田子庄何,何传东武人王子中同,同传菑川人杨何,何元朔中以治《易》为汉中大夫。"

《汉书·儒林传》述《周易》的传承,与《史记》略有不同。《汉书》云:"自鲁商瞿子木受《易》孔子,以授鲁桥庇子庸,子庸授江东馯臂子弓,子弓授燕周丑子家,子家授东武孙虞子乘,子乘授齐田何子装。及秦禁学,《易》为筮卜之书,独不禁,故传受者不绝也。……要言《易》者本之田何。"又云:"至成帝时,刘向校书,考《易》说,以为诸《易》家说皆祖田何。"按《汉书》叙述汉代前期史实,多因袭《史记》,此处却与《史记》所说不同,必有所据,而不是随意更改。《周易》传承情况,应以《汉书·儒林传》所说为准。

《汉书·艺文志》的《六艺略》著录"《易经》十二篇"。颜师古注："上下经及十翼，故十二篇。"这就是说：后来称为《易传》的"十翼"，在汉代亦称为经。《汉书·艺文志》著录《易传》：'周氏'二篇，'服氏'二篇，'杨氏'二篇，'蔡公'二篇，'韩氏'二篇，'王氏'二篇，'丁氏'八篇，这是汉儒所著"易传"。这些书后来都亡佚了。

从汉初著作对于《周易》的称引，可以窥见汉初《周易》流传的情况，试举数条：

陆贾《新语》的《明诫》篇云："《易》曰：天垂象，见吉凶，圣人则之。"按所引见《系辞上》，今本作"天垂象，见吉凶，圣人象之"。

《淮南子》的《缪称训》篇云："动而有益，则损随之。故《易》曰：剥之不可遂尽也，故受之以复。"所引见《序卦》，今《序卦》作"剥者剥也，物不可以终尽，剥穷上反下，故受之以复"。

《淮南子·道应训》述孔子曰："夫物盛而衰，乐极则悲，日中而移，月盈而亏。"按：《周易》丰卦《彖传》云"日中则昃，月盈则食，天地盈虚，与时消息"，与《淮南子》此篇所引相近。《汉书·楚元王传》："元王既至楚，以穆生、白生、申公为中大夫。……元王敬礼申公等，穆生不嗜酒，元王每置酒，常为穆生设醴。及王戊即位，常设，后忘设焉。穆生退曰：'可以逝矣！……'《易》称：'知几其神乎！几者动之微，吉凶之先见者也，君子见几而作，不俟终日。'"按：穆生所引《易》文，见《系辞下》。

从《新语》《淮南子》及穆生的引述来看，在西汉初年，《易传》的"系辞"、"序卦"已为学者们所传诵。《史记》称"孔子晚而喜《易》，序彖、系、象、说卦、文言"，其中"序"也可看做动词，而"彖、系、象、说卦、文言"显然是指《易大传》的内容而言。司马迁可能读过这些篇章。

王充《论衡》的《正说》篇云："孝宣皇帝之时，河内女子发老屋，得逸《易》《礼》《尚书》各一篇，奏之。宣帝示博士，然后《易》《礼》《尚书》各益一篇。"《隋书·经籍志》云："及秦焚书，《周易》独以卜筮得存，唯失《说卦》三篇，后河内女子得之。"王充说河内女子得逸《易》一篇，《隋书》却说是三篇。按：《淮南子》已引《序卦》，《史记》已举出《说卦》，可见汉初已有《说卦》、《序卦》流传。足证王充所说是正确的，汉宣帝时增益的一篇当是《杂卦》。

《晋书·束皙传》云："初，太康二年，汲郡人不准盗发魏襄王墓……得竹书数十车。其《纪年》十三篇,记夏以来至周幽王为犬戎所灭,以事接之,三家分,仍述魏事至安釐王之二十年。……其《易经》二篇,与《周易》上下经同。《易爻阴阳卦》二篇,与《周易》略同,爻辞则异。《卦下易经》一篇,似《说卦》而异。"又杜预的《左传集解·后序》亦云:"汲郡汲县有发其界内旧冢者,大得古书。皆简编蝌蚪文字。……《周易》及《纪年》最为分了。《周易》上下篇,与今正同。别有《阴阳说》,而无彖、象、文言、系辞。……其《纪年》篇起自夏殷周,皆三代王事,无诸国别,唯特记晋国。"这里所说魏襄王墓,应是魏安釐王墓。魏王墓中的《周易》二篇,"与今正同",足证汉初田何所传《周易》上下篇在战国时期已经流行,是战国以来的旧本。1973 年,在长沙马王堆汉墓中,发现了帛书《周易》六十四卦①,与通行本《周易》上下篇甚不相同。表明《周易》还有另一传本,可能是楚国的传本,与北方传本不同。而汉代通行的传本是北方传本。

汲冢中"无彖、象、文言、系辞",是否证明当时没有"彖、象、文言、系辞"呢? 我看不必然。我们不能说当时修墓时把所有的《易传》一类书都搜罗进去了,也就不能说当时一定还没有"彖、象、文言、系辞"等《易传》。马王堆帛书中,却不但有《易经》,而且也有《易传》。据报道,帛书《易传》共有五种七篇,有两篇与《系辞》相近似,内容包括今本《系辞》上下篇的大部分及《说卦》的一部分。另外还有《二三子问》二篇,《要》《缪和》《昭力》各一篇(这三篇是有标题的)。

帛书《易传》可能是楚国易学家所传。魏王墓中已有《卦下易经》,表明战国时期类似《易传》的书已有多种。这可说明,汉代以来通行本《易传》是田何或其先师的选本。

综上所说,据《左传》的记载,《周易》六十四卦古经在春秋时已流传于周、鲁、秦、晋诸侯。据陆贾《新语》《淮南子》以及汉初经师穆生所引《易》文,足证《易传》中的《系辞》《序卦》在汉初已为学者所传诵。此即表明,《周易古经》早于春秋时代,而《周易大传》,至少其大部分,是先秦古籍。

其次,当进而考察《周易》经传的著作年代。

---

① 载《文物》,1984 年第 3 期。

旧说伏羲画八卦,伏羲氏是神话人物,画卦之说只是一个来源久远的传说。近人根据出土甲骨的考察,提出八卦起于数字之说,确有依据。这是一个考古学的问题,尚待进一步证明。关于六十四卦,亦有人提出先有六十四卦而后才有简化的八卦之说,此亦不易论定。

《周易》古经中有一些商及周初的故事。如《旅》上九云:"丧牛于易,凶。"(指商王亥的故事。)《既济》九三云:"高宗伐鬼方,三年克之。"(商王武丁的故事。)《泰》六五云:"帝乙归妹以祉,元吉。"(此指殷帝乙的故事。)《明夷》六五云:"箕子之明夷,利贞。"(殷末箕子的故事。)《晋》卦辞云:"康侯用锡马蕃庶,昼日三接。"(周初康叔的故事。)这些故事,都是商及周初的故事,而周成王以后的故事,在《周易》古经中没引用。这就证明《周易》古经应是西周前期作品。(从《周易》古经的卦爻辞中的故事来考证其年代,是顾颉刚首先提出的,见《周易卦爻辞中的故事》。)

郭沫若作《周易之制作时代》,认为《周易》是春秋时期的作品,他举出《周易》中含有"中行"二字的爻辞为证。《益》六三:"中行告公,用圭。"《益》六四:"中行告公从,利用为依迁国。"《泰》九二:"包荒用冯河,不遐遗,朋亡,得尚于中行。"《复》六四:"中行独复。"《夬》九五:"苋陆夬夬,中行无咎。"郭氏认为,"这几条的中行,就是春秋时的晋的荀林父。"又说:"为依迁国当是僖三十一年狄围卫,卫迁于帝丘的故事。……中行独复也就是宣公十二年荀林父帅晋师救郑,为楚所大败,归而请死的故事。"郭说有一定影响,不可以不辨。按《左传》僖公二十八年"晋侯作三行以御狄,荀林父将中行"。其子孙以"中行"为氏,称为"中行氏",荀林父称为中行桓子,其子孙有中行寅、中行偃等,《左传》中未有以"中行"二字称荀氏某人之例,更无称荀林父本人为中行。《左传》僖公三十一年:"狄围卫,卫迁于帝丘。"未言荀林父帅师救卫。按古书往往称"殷"为"衣",未有称卫为"依"之例。又宣公十二年:"晋师救郑,荀林父将中军……楚师军于邲,晋之余师不能军……秋,晋师归,桓子请死。晋侯欲许之,士贞子谏……晋侯使复其位。"按:当时晋国将帅战败之后回国复位者有多人,亦非荀林父"独复",所谓"中行独复"亦与荀林父无关。郭氏所举证据都是不能成立的。而且《左传》庄公二十二年(公元前672年)记载:"齐侯使敬仲为卿……其少也,周史有以《周易》见陈侯者。"(陈敬仲之少时,当早于此。)下距僖公二十八年(公元前632年)

"荀林父将中行"有五十年之久,陈敬仲少时"周史有以《周易》见陈侯者"更在其前,"中行"决非指荀林父而言。现在多数学者都承认《周易》古经的著作年代是西周初期。

关于《周易大传》的著作年代,可以从先秦诸子思想观念的相互影响的轨迹中加以考察。先秦时代许多思想家谈论"天地尊卑"问题。《周易·系辞上》云:"天尊地卑,乾坤定矣。卑高以陈,贵贱位矣。动静有常,刚柔断矣。方以类聚,物以群分,吉凶生矣。在天成象,在地成形,变化见矣。是故刚柔相摩,八卦相荡,鼓之以雷霆,润之以风雨,日月运行,一寒一暑。乾道成男,坤道成女。"《礼记·乐记》云:"天尊地卑,君臣定矣。卑高以陈,贵贱位矣。动静有常,小大殊矣。方以类聚,物以群分,则性命不同矣。在天成象,在地成形,如此则礼者天地之别也。地气上齐,天气下降,阴阳相摩,天地相荡,鼓之以雷霆,奋之以风雨,动之以四时,暖之以日月,而百化兴焉。如此则乐者天地之和也。"这两段文章,语多相同。《系辞》之文,通畅自然;《乐记》之文,则显得矫揉勉强。《乐记》袭用了《系辞》的文句,殊为显然。《隋书·音乐志》引沈约云"《乐记》取《公孙尼子》"。《汉书·艺文志》"诸子略"有《公孙尼子》二十八篇,原注"七十子之弟子"。公孙尼是孔子的再传弟子或三传弟子。《系辞》文句为公孙尼所采,当早于公孙尼子。

又《庄子·天道》云:"夫尊卑先后,天地之行也,故圣人取象焉。天尊地卑,神明之位也。春夏先,秋冬后,四时之序也。万物化作,萌区有状。盛衰之杀,变化之流也。夫天地至神,而有尊卑先后之序,而况人道乎?"

这里"天尊地卑"一语同于《系辞》。从"圣人取象焉"一语来看,这显然是因袭《系辞》。但《天道》篇的年代亦难考定,尚不能由此推断《系辞》的年代。

《庄子·天下》述惠施"历物之意"有云"天与地卑,山与泽平"。这里提出了对于"天尊地卑"的反对意见,可以说是"天尊地卑"的反命题。依照思想发展的规律,反命题应出现在正命题之后。因此,可证《系辞》上篇,至少"天尊地卑"一章应作于惠施"历物"之前,即战国前期。

《系辞》下传有云:"易有太极,是生两仪。"以太极为天地的本原。《庄子·大宗师》云:"夫道有情有信,无为无形……自本自根,未有天地自古以固存;……在太极之先而不为高,在六极之下而不为深。"认为道在太极之先,显然是对于《易传》以太极为最高本原的否定。一定是先有太极观念,然后才会有道"在太极之先"的论点。此即表明,《系辞》应先于《庄子·大宗师》。

要之,《周易·系辞》,至少《系辞》的若干章节,应先于庄、惠,是战国前期的著作。

《系辞》的词句被引用较多,故其年代较易考定。《易传》的其他各篇则引用较少。《礼记·深衣》云:"故《易》曰:六二之动,直以方也。"这是引述《坤》六二的《象传》。《象传》当作于《深衣》之前。但《深衣》的年代亦难考定,至晚当系汉初著作。《易传》各篇的次序,向来是:"彖"、"象"、"系辞"、"文言"①。从这个次序来看,《彖传》《象传》当早于《系辞》。

关于《易传》的最重要的问题是《易传》与孔子的关系问题。汉代传说认为《十翼》都是孔子所作。郭沫若《周易之制作时代》则认为:"孔子与易并无关系"。但是也有一些易学专家仍然承认《易传》是孔子写的。有一个值得注意的情况是:《系辞》和《文言》中有一些章节有"子曰"二字。《系辞》中有"子曰"二字者二十三条,《文言》中有"子曰"二字者六条。有"子曰"二字的章节与无"子曰"二字的章节,情况必有区别。如果《易传》十篇都是孔子自著,何以有些章节加上"子曰"二字?显然孔子自己是不可能加上"子曰"二字的。如果《易传》十篇都是传《易》的经师依托孔子而写的,何以有的章节加上"子曰",有的章节不加"子曰"?这必有其故。我认为,据情理推测,有"子曰"二字的章节,应是传《易》经师所传诵的孔子对弟子讲《易》的语录,是商瞿或馯臂子弓等传授下来的。孔子这些言论,虽然别无佐证,但亦不可一概不予承认。

孔子曾经读《易》,这是历史事实。《论语》记载:"子曰:加我数年,五十以学《易》,可以无大过矣。"②这是孔子学《易》的明证。《释文》云:"学易,如字,鲁读易为亦,今从古。"于是有人认为应作"五十以学,亦可以无大过矣"。但是,"鲁读易为亦",是说鲁将易字读作亦,其本文也作易,作易不误。郑玄、何晏都肯定"学易如

---

① 《汉书·艺文志》:"孔氏为之彖、象、系辞、文言、序卦之属十篇。"
② 《论语·述而》。

字",是正确的。

总之,我们虽然不能完全肯定《周易大传》是孔子所作,但可以肯定《周易大传》的大部分是孔子的再传弟子或三传弟子所编撰的,是战国前期至中后期的著作,在汉、唐时代是以孔子手著的名义发生影响的。《史记》《汉书》所记传《易》的经师中,最有名的是子弓。荀子多次以子弓与仲尼并称。其所称赞的子弓是否馯臂子弓,亦无确证。高亨《周易大传今注》以为,"《象传》可能是馯臂子弓所作",有一定的根据,《系辞》《文言》亦可能是子弓师徒的著作。

复次,当略论《周易》经传在中国文化史上的地位。

《周易》是卜筮之书,这是自古以来的传统观点。《周易》古经包含六十四卦,每卦六爻。每一卦有卦辞,每一爻有爻辞。关于这些卦爻辞的形成过程,高亨《周易古经今注》以为:"古代算卦,一般是巫史的职务。巫史们在给人算卦的时侯,根据某卦某爻的象数来断定吉凶,当然有些与事实偶然巧合的地方,这就是他们的经验。他们把一些经验记在某卦某爻的下面,逐渐积累,成为零星的片段的筮书,到了西周初年才有人加以补充与编订……它的完成当在西周初年。"高氏这一推测,基本上是可以同意的。

六十四卦的卦爻辞,文学非常简晦古奥,不易理解。有些词字的本义如何,难以确定;卦爻辞的原旨何在,更多歧解。自汉以来,直至今日,各家注释,每每失之穿凿,各自立说,莫衷一是。这就说明,《周易》古经确属年代久远,其本来辞旨已经幽晦难明了。

值得注意的是,卦爻辞中含有辩证思想,可以说《周易》是中国古代表现辩证思维的最古典籍。有些卦爻辞的辩证思想是比较显著的,如《泰卦》九三:"无平不陂,无往不复。"《否》卦上九:"倾否,先否后喜。"又如《复》卦:"反复其道,七日来复。"有些卦象亦表现了辩证思维。如《剥》是一阳在上,称之为剥;《复》是一阳在下,称之为复。此即表示,爻序初、二、三、四、五、上,"上"虽居高位,却将消亡;"初"乃新生事物,虽微弱却有前途。这显示深刻的辩证法。《庄子·天下》云"《易》以道阴阳"(此句马叙伦《庄子义证》疑为古注羼入,实无确据,非是)。在《周易》卦爻辞中,尚无作为范畴的"阴阳"观念。但是六十四卦奇偶之变,已显示对立交错之象,显示一定的辩证思维。

儒家尊奉《周易》为神圣经典,主要缘于孔子撰作"十翼"的传说。司马谈《论六家要旨》云:"《易大传》曰:天下一致而百虑,同归而殊途。"这两句见于《系辞》。称为《易大传》,可能是为了区别于汉儒所写的《易传》。《易大传》在诠释《周易》卦爻辞的过程中,提出了非常重要的哲学思想。因为有"十翼",于是《周易》成为一部重要的哲学典籍,在学术史、文化史上产生了深远的影响,滋润、培育了后来的哲学思维。《易大传》诠释卦爻辞,往往是借题发挥,未必尽合原意,但是从而提出了一些新的哲学观念,发放出晶莹的光辉。

《易大传》的理论贡献主要有两个方面:一是揭示了自然世界及社会生活的对立统一的基本规律,并提出了一个具有唯物主义倾向的本体论,达到了先秦时代辩证思维的最高成就;二是提出了以刚健为宗旨的人生观,为中华民族的精神文明奠定了理论基础。

《论语》和《孟子》中关于天道的言论很少,在儒家典籍中,提出了一个较详的天道观者当首推《易大传》。《系辞传》说,"刚柔相推而生变化","一阴一阳之谓道","日新之谓盛德,生生之谓易","天地之大德曰生",这些都是非常精湛的辩证思维的光辉命题。《系辞传》又云:"易有太极,是生两仪,两仪生四象,四象生八卦。"太极即天地未分的整体,是天地的本原。《易大传》的太极论奠定了儒家本体论的基础。

孔子重视"刚毅",在《论语》中已有记载,《易大传》进而提出"刚健"、"自强"的生活原则,《彖传》云:"需,须也,险在前也,刚健而不陷,其义不困穷矣。"又云:"大有,其德刚健而文明,应乎天而时行,是以元亨。""大畜,刚健笃实辉光,日新其德。"《象传》云:"天行健,君子以自强不息。"《易大传》重"刚",是对于老子"贵柔"的矫正,但亦非完全否定"柔",《系辞传》云:"君子知微知彰,知柔知刚,万夫之望。"刚柔是互补的,但应以"刚"为主。这一观点是正确的。《易大传》所宣示的"自强不息"思想,对于历代知识分子和广大群众起了重要的激励鼓舞的作用。

自汉、魏至明、清,《易大传》是以孔子手著的名义受到尊崇的。时至今日,即令不承认《易大传》是孔子手著,但也应肯定《易大传》的理论价值和历史意义。

《周易》经传在中国学术发展史上,起过非常重要的作用。在汉代,《周易》居五经之首。到魏、晋之时,道家之说受到尊崇,而《周易》列为"三玄"之一,仍受重视。

晋裴𬱖著《崇有论》反驳王弼、何晏的"贵无",以《周易》作为评价老子学说的依据。其后佛学渐盛,儒门浸衰,唐代韩愈力图复兴儒学,而未能成功。直到北宋,理学兴起,才回答了佛教的挑战,恢复了儒学作为统治思想的权威。而理学所以能取得对于佛、道的优势,主要是以《周易》经传作为凭借。理学的创始人周敦颐、张载、程颢、程颐,都是深研易学的。周敦颐著《太极图说》,其结语云:"大哉《易》也,斯其至矣!"张载著《横渠易说》,确立了"关学"理论体系的基础,在所著《正蒙》中赞扬《大易》。二程的"洛学"的主要范畴如"道器"、"形上形下"也都是来自《易传》。在历史上,有哲学的易学,有"术数"的易学。《易》经六十四卦本卜筮之书,包含占卜的"术数";《易传》阐发了许多哲学观点,于是《周易》经传成为一部哲学典籍。周敦颐、张载、二程的易学是哲学的易学,同时邵雍的易学则包含一定的术数之说。我们今天研究《周易》,还应把《周易》经传中的哲学观点与关于占卜的迷信区别开来。

　　《周易》经传在中国传统哲学中占有重要的历史地位。直至现代,著名哲学家熊十力先生早年研习佛学,晚岁"归宗大易",特别推崇《大易》的形而上学。《周易》经传是熊十力哲学的一个重要思想源泉,这说明《周易》经传直至今日仍然具有一定的生命力。

第三节
《易大传》的哲学智慧

一 《易大传》著作年代新考

　　汉代以来流传的《周易》一书,包括两部分:一部分是《上下经》二篇,另一部分是《彖》上下、《象》上下、《系辞》上下、《文言》《说卦》《序卦》《杂卦》共十篇。《汉书·艺文志》著录"《易经》十二篇,施、孟、梁丘三家"。颜师古注:"上下经及十翼,故十二篇。"《彖》《象》等十篇,历来称为十翼,现在许多学者称之为《易传》。但在汉代,这十篇并不是简单地称为《易传》;在汉代,《易传》一词实别有所指。《汉书·儒林传》说:"汉兴,田何以齐田徙杜陵,号杜田生,授东武王同子中、洛阳周王孙、丁宽、齐服生,皆著《易传》数篇。……要言《易》者本之田何。"《汉书·艺文志》著录:"《易传》:周氏二篇(字王孙也),服氏二篇,杨氏二篇(名何),蔡公二篇,韩氏二篇(名婴),王氏二篇(名同),丁氏八篇(名宽)。"可见汉代是把汉儒所著对于《周易》的解说称为"易传"。(到宋代,程颐、苏轼的易注也称"易传",南宋朱震著《汉上易传》,杨万里著《诚斋易传》,亦把自己的注解称为"易传"。)而所谓十翼,在汉代并不称为"易传"。

汉初陆贾所著《新语》多次引述《周易》,《辩惑》篇中说:"《易》曰:二人同心,其义断金。"这是引《系辞》的文句①直称"《易》曰"。《淮南子·缪称训》说:"故《易》曰:剥之不可遂尽也,故受之以复。"这是引《序卦》的文句②,也是直称"《易》曰"。司马谈《论六家要旨》说:"《易大传》曰:天下一致而百虑,同归而殊途。"这是引《系辞》的文句③,称为《易大传》。所谓《易大传》,是专指《系辞》,还是泛指《彖》《象》等篇,文献不足,无从断定。但司马迁认为《彖》《象》等都是孔子所作。司马氏父子很可能是把传说孔子作的《彖》《象》《系辞》《文言》《说卦》等篇都称为《易大传》,以别于当时人所著"易传"。

汉代施、孟、梁丘三家所传的《周易》共十二篇,《汉书·儒林传》说:"费直字长翁,东莱人也,治《易》……亡章句,徒以《彖》《象》《系辞》《文言》十篇解说上下《经》。"可见费氏《易》也是十二篇。王充《论衡·正说》篇说:"孝宣皇帝之时,河内女子发老屋,得逸《易》《礼》《尚书》各一篇,奏之。宣帝示博士,然后《易》《礼》《尚书》各益一篇。"施、孟、梁丘三家讲学,正是在宣帝时,三家的十二篇中有一篇是当时才发现的。《隋书·经籍志》说:"及秦焚书,《周易》独以卜筮得存,唯失《说卦》三篇,后河内女子得之。"这又认为《说卦》《序卦》《杂卦》都是宣帝时发现的。但是,《淮南子》已引过

---

① 《系辞上》:"二人同心,其利断金。"
② 《序卦》:"物不可以终尽,剥穷上反下,故受之以复。"
③ 《系辞下》:"天下同归而殊途,一致而百虑。"

《序卦》，司马迁已提到《说卦》，马王堆汉墓出土帛书《周易》，有《系辞》，那《系辞》中包括通行本《说卦》的一段。这都可证《隋书·经籍志》之说是不可凭信的。王充所说增益"一篇"是正确的。这一篇当是《杂卦》。

施、孟、梁丘三家所传十二篇，除《杂卦》是宣帝时发现的以外，其余上下《经》二篇，《象》《彖》等九篇，当是汉初《易》学大师田何的传本。《汉书·儒林传》说："汉兴，言《易》自淄川田生。"又说："要言《易》者本之田何。"田何是战国末前汉初讲授《周易》的重要人物。

《晋书·束皙传》说："初，太康二年，汲郡人不准盗发魏襄王墓，或言安釐王冢，得竹书数十车……其《易经》二篇，与《周易》上下《经》同。……《卦下易经》一篇，似《说卦》而异。"杜预《左氏经传集解后序》说："汲郡汲县有发其界内旧冢者，大得古书……《周易》上下篇与今正同，别有《阴阳说》，而无《彖》《象》《文言》《系辞》，疑于时仲尼造之于鲁，尚未播之于远国也。"魏襄王墓中所藏《周易》上下《经》与通行本内容相同，可见田何所传上下《经》是战国时代旧本之一。马王堆汉墓出土的帛书《周易》不分上下《经》，六十四卦次序亦完全不同，当是另外一种传本。帛书《周易》的《系辞》，与通行本《系辞》内容颇有出入，也不尽同，足证汉初《系辞》也有不同的传本。今本的《系辞》和《彖》《象》等篇当也是田何传下来的，田何的传本必须有其一定的师承关系。

汉代人都认为《彖》《象》《系辞》等篇是孔子所作。《汉书·艺文志》说："文王……作上下篇，孔氏为之《彖》《象》《系辞》《文言》《序卦》之属十篇。"这是传统的说法。宋代欧阳修作《易童子问》，开始怀疑《系辞》非孔子作，叶适继之，清代史学家崔述等又加以论证。现在多数学者都认为所谓十翼确非孔子所作，这已成为定论。这十篇的作者究竟是谁，已无可考。这十篇的著作年代，却还可以考定。这十篇作于何时呢？多数人认为成书于战国时期，也有些人认为作于秦汉之际。郭沫若《〈周易〉之制作时代》说："我相信《说卦传》以下三篇应该是秦以前的作品，但是《彖》《象》《系辞》《文言》则不能出于秦前。大抵《彖》《系辞》《文言》的三种是荀子的门徒在秦的统治期间所写出来的东西，《象》在《彖》之后。"也有些同志认为是秦汉间至汉代中期的作品。李镜池《周易探源》说："《彖传》与《象传》——其年代当在秦汉间；《系辞》

与《文言》——年代当在史迁之后、昭宣之间。《说卦》《序卦》与《杂卦》——在昭宣后。"又说:"现在我的推断是:1.《彖传》和《象传》的《大象》,写于秦朝。《彖》《象》二传是秦汉间作品。2.《系辞》《文言》是经师传《易》的语录遗说的辑录,即从田何到田王孙的口传《易》说。3.《说卦》以下三篇,约在宣元之间。"对于这个问题还须做全面的深入的考察。

司马迁说:"孔子晚而喜《易》,序《彖》《系》《象》《说卦》《文言》。"[①]可见司马迁见过《彖》《系辞》《象》《说卦》《文言》等篇。对于司马迁这句话随意否认或随意曲解,都是不对的。《淮南子·缪称训》引述过《序卦》的文句。陆贾《新语》的《道基》篇说:"于是先圣乃仰观天文,俯察地理,图画乾坤以定人道。……天下人民野居穴处,未有室屋,则与禽兽同域,于是黄帝乃伐木构材,筑作宫室,上栋下宇,以避风雨。"这显然是引述《系辞下》"古者包牺氏之王天下也"一段的语意。又《辩惑》篇引述《系辞上》的"二人同心"二句,这些都足以证明《系辞》《序卦》在汉初已有。如果认为《系辞》的年代"在史迁之后、昭宣之间",《序卦》"在昭宣后",恐怕是疑古太勇,未免主观武断了。

《礼记·乐记》有这样一段话:"天尊地卑,君臣定矣。卑高已陈,贵贱位矣。动静有常,大小殊矣。方以类聚,物以群分,则性命不同矣。在天成象,在地成形,如此则礼者天地之别也。地气上齐,天气下降,阴阳相摩,天地相荡,鼓之以雷霆,奋之以风雨,动之以四时,暖之以日月,而百化兴焉,如此则乐者天地之和也。"这和《系辞上》首段大体相同。《系辞上》说:"天尊地卑,乾坤定矣。卑高以陈,贵贱位矣。动静有常,刚柔断矣,方以类聚,物以群分,吉凶生矣。在天成象,在地成形,变化见矣。是故刚柔相摩,八卦相荡,鼓之以雷霆,润之以风雨,日月运行,一寒一暑。"《系辞》在这里是讲天地和万物的秩序和变化,写得比较自然。《乐记》此段从天地讲到礼乐,讲得比较牵强,看来是《乐记》引用《系辞》的文句而稍加改变。《隋书·音乐志》引沈约说:"《乐记》取《公孙尼子》。"《公孙尼子》的年代也难以确定,但总是战国时代的作品。《系辞》必在《公孙尼子》之前,是没有疑问的。

---

① 《史记·孔子世家》。

宋玉《小言赋》有这样几句："且一阴一阳,道之所贵;小往大来,《剥》《复》之类也。是故卑高相配而天地位,三光并照则小大备。"这显然是引述《系辞上》"一阴一阳之谓道"和"卑高以陈,贵贱位矣"的语意。《汉书·艺文志》著录《宋玉赋》十六篇,《隋书·经籍志》著录《宋玉集》三卷,宋代以后《宋玉集》散失了。《小言赋》见于《古文苑》。传说《古文苑》编于唐代,据考证当系宋初编定的,所以《古文苑》的材料不尽可信,但也不失为一个旁证。如果《宋玉赋》引用过《系辞》的文句,更足以证明《系辞》的年代不可能晚于战国。

《荀子·大略》篇说:"易之咸,见夫妇。夫妇之道不可不正也。君臣父子之本也。咸,感也。以高下下,以男下女,柔上而刚下。"这和《周易》中《咸》卦的《彖》很相类似。《咸》卦的《彖》说:"咸,感也。柔上而刚下,二气感应以相与,止而说,男下女。"这是《大略》篇选录了《彖传》的文句呢,还是《彖传》抄录了《荀子》? 我认为,这首先要看《荀子·大略》篇的体裁。《大略》篇不是一篇系统的论文,而是一篇资料摘录,它摘抄了《荀子》一些篇章中的要语和其他材料。郭沫若曾说:"以荀子那样富于独创性的人,我们可以断定他的话决不会是出于《易传》之剽窃。"①但这里需要做具体分析。从内容看,《大略》篇只是一篇资料摘录,可能是荀子门徒所编,我们不能因为荀子是一个富于独创性的思想家,就断定《荀子》全书各篇都不会引用旧文。这条开端三字是"易之咸",这就足以表明,这条正是引述《周易》中《彖传》的文句而加以发挥。

根据以上的论证,可以断定:《系辞》和《彖传》基本上是战国时代的作品。但究竟是战国时代那个时期的作品呢? 这还需做进一步的考察。

如何做进一步的考察呢? 我们可以从基本概念范畴的提出与演变,从基本哲学命题的肯定与否定,来考察哲学著作的年代先后,一般的情况是:先有人提出一些概念范畴,然后才有人加以评论或否定。先有正命题,然后才会有反命题。这是思想发展的必然的程序。

战国时代思想发展中,有两件事实与《易大传》有重要联系,值得注意。第一,

---

① 见《〈周易〉之制作时代》。

《系辞上》说"天尊地卑,乾坤定矣;卑高以陈,贵贱位矣",肯定了天地的尊卑高下的关系。而《庄子·天下》篇所载惠施《历物》之意十事,第三条是"天与地卑,山与泽平",指出天地的高下关系是相对的。从思想演变来看,惠子的"天与地卑"正是《系辞上》"天尊地卑"的反命题。所以,应该肯定,《系辞》的基本部分在惠子以前就有了。

第二,《系辞上》又说"易有太极,是生两仪",以太极为最高的实体。而《庄子·大宗师》篇说:"夫道有情有信,无为无形,可传而不可受,可得而不可见。自本自根,未有天地自古以固存;神鬼神帝,生天生地,在太极之先而不为高,在六极之下而不为深。"这显然是不承认太极是最根本的,而把道凌驾于太极之上。这是对于"易有太极"的反命题。所以《系辞》的这部分文字应在《庄子·大宗师》篇之前。

关于天地起源问题,儒家和道家有一段斗争的历史。老子最先提出了"道"的范畴,认为道"先天地生"、"可以为天下母",又说:"吾不知其名,字之曰道,强为之名曰大。"这个大字应读为太。《庄子·天下》篇述关尹老聃的学说云:"建之以常、无、有,主之以太、一。"常、无、有是三个观念;太、一是两个观念,指太与一。太即道,一即"道生一"之一。《易大传》的太极,当是受老子影响而略变其说。太极之太是从老子所谓太来的,而添上一个极字,创立了另一个最高范畴。庄子则认为太极只相当于"道生一"之一,道还是在太极之先。这表现了儒道两家的争议。《易大传》的年代应在老子之后、庄子之前。

杜预《左传集解·后序》叙述汲冢竹书说:"《周易》上下篇,与今正同,别有《阴阳说》而无《彖》《象》《文言》《系辞》。"晋代汲冢出土的竹书中没有《易大传》,我们能不能据此断定当时的魏国一定没有《系辞》等篇呢?我认为不能。因为当时的魏国并不是把所有与《周易》有关的书籍都埋藏在魏襄王冢中。所以,这决不能证明当时魏国没有《系辞》等篇,更不能证明当时齐鲁等国没有《系辞》等篇了。

马王堆出土的帛书中有《周易·系辞》,而内容与通行本不尽同;又有别种《周易》解说。这说明汉代初年《系辞》有不同的传本,而解说《周易》的书也不止一二种。汉代以后流行的《易大传》当是田何或田何的先师们所编定的,而田何或他的先师们所不采用的部分,后来都失传了,今日才有所发现。但在历史上发生重大影响的还是田何的传本。

如上所述，我们可以断定，《系辞》的基本部分是战国中期的作品，著作年代在老子以后，惠子、庄子以前。《彖传》应在荀子以前。关于《文言》和《象传》，没有直接材料。《文言》与《系辞》相类，《象传》与《彖传》相类，应当是战国中后期的作品。从《象传》的内容看，可能较《彖传》晚些。

总之，《易大传》的基本部分是战国中期至战国晚期的著作。

二 《易大传》的本体论学说

《易大传》是《周易上下经》的解说，但它的解说却不一定合乎《周易》古经的原意。《易大传》在解说古经时提出了若干关于宇宙人生的创造性见解，就思想的深度而论，可以说达到了先秦哲学的最高水平。《大传》十篇，不是一个人写的，亦非一个时期写成；但各篇的观点还是互相协调的，并无彼此冲突之处。因而十篇的哲学学说构成了一个宏阔的体系。今将《易大传》中比较精深的思想择要列举出来略加诠释。

《易大传》的哲学是唯物论还是唯心论呢？这个问题在学术界还有不同看法，今试就三个方面分别加以考察。

（一）太极、乾元、坤元的意义

《系辞上》说："是故易有太极，是生两仪，两仪生四象，四象生八卦。"对于这几句，历来有不同的解释，众说纷纭，迄无定论。简单说来，有四种不同的解释：第一，天地起源说，以郑玄、虞翻为代表。第二，画卦说，以朱熹为代表。第三，揲蓍说，以胡渭、李塨为代表。第四，大中说，以焦循为代表。

郑玄解释"太极"说："极中之道、淳和未分之气也。"虞翻说："太极，太一也。分为天地，故生两仪也。四象，四时也。两仪谓乾坤也。"所谓"淳和未分之气"，所谓"太一"，指天地未分的统一体。《庄子·天下》篇论关尹老聃之学云："主之以太一。"

太一是太与一。《吕氏春秋·大乐》篇:"音乐本于太一,太一出两仪,两仪出阴阳。"《礼记·礼运》篇:"是故礼必本于太一,分而为天地,转而为阴阳,变而为四时。"这所谓太一不是两个观念,而是一个范畴,指最原始的统一体。这些是"太一"一词的由来。郑玄和虞翻的注解即认为这四句是讲天地的起源。

朱熹《周易本义》说:"一每生二,自然之理也。易者,阴阳之变。太极者,其理也。两仪者,始为一画以分阴阳。四象者,次为二画以分太少,八卦者,次为三画,而三才之象始备。此数言者,实圣人作《易》自然之次第,有不假丝毫智力而成者。画卦揲蓍,其序皆然。"这就是说,作卦次序,先设想一个无形的太极,然后画一奇一偶为两仪,一奇一偶之上又各加一奇一偶为四象(即太阳少阴少阳太阴),四象之上又各加一奇一偶为八卦。朱氏虽也提到揲蓍,而以画卦为主。此说虽然新颖,实不可通。李塨批评画卦说道:"庖牺始作八卦,是《易》自作卦起,未闻始作太极也。且作卦奇偶画也,太极图圈非画矣。……成象之谓乾,则先画乾,效法之谓坤,则次画坤。皆三画卦,以象三才,未闻有一画两画止而谓之阳仪阴仪太阳少阴少阳太阴者。"①这个批评可谓是非常切当的。

李塨反对画卦说,认为"易有太极"四句是讲揲蓍的次序。何谓揲蓍?《易·系辞上》说:"大衍之数五十,其用四十有九,分而为二以象两,挂一以象三,揲之以四以象四时,归奇于扐以象闰,五岁再闰,故再扐而后挂。"这是占筮时数蓍布蓍的方法。唐崔憬曾解释说:"舍一不用者,以象太极,虚而不用也。"②崔氏只说舍一不用是象太极,并未说太极即是舍一不用之一。李塨《周易传注》据崔憬之说又加以引申说:"易,变也,然必有不变者而变者以生。崔憬曰:五十有一不用,太极也,不变者也。有太极之一,乃可用四十九策,分而为二,有奇有偶也。"胡渭《易图明辩》引李塨《与毛太史讯易书》说:"太极者,大衍之舍一不用者也。两仪者,分而为二以象两也。四象者,揲之以四以象四时也。"胡氏又参酌李氏之说提出自己的解释,他说:"所谓太极者,一而已矣。命筮之初,奇偶未形,即是太极。"认为大衍之数五十未分奇偶之全体即是太极。李氏答胡氏书说:"拙解虽成,然清夜思之,尚未自信,以舍一分二揲四

---

① 《周易传注》。
② 李鼎祚:《周易集解》引。

是相连之事,非相生之物也。今得妙解豁然,真是相生之序矣。"①按此说实亦难通。诚如李氏所说,以舍一不用为太极,以分而为二为两仪,以揲之以四为四时,而实际上舍一、分二、揲四只是"相连之事",并非"相生之物"。胡渭以未分奇偶为太极,从未分奇偶到分为奇偶,也只是相连之事,仍非相生之序。而且《系辞上》明说"分而为二以象两"、"揲之以四以象四时",只是"象两"、"象四时"而已,并未说这就是两仪四象的本身。所以,筮蓍说也是不可取的。

焦循《易章句》说:"易谓变而通之也。太极犹言大中也。民虽不知,变而通之,皆有大中之道。"他认为这四句是讲《周易》各卦旁通的道理。此说更是支离不切。焦循在《易话》中引《礼运》"是故夫礼必本于太一"几句而说"此本《上系传》";又引《吕氏春秋·大乐》篇"音乐本于太一"几句而说"此亦本《易传》为说",并且讲"晚周人刺取《易》义以著书,尚可迹而求之"。焦氏既承认晚周人所谓太一即是《系辞上》所谓太极,而又坚持太极即大中,就不能自圆其说了。

我认为,关于《系辞上》"易有太极"四句,历代注家的解说中,仍以郑玄、虞翻的解说比较正确,最为可取。太极即是天地未分的原始统一体。《系辞上》以太极为天地的根源,这是一种朴素的唯物论观点。

《彖上》提出"乾元"、"坤元"的学说。《彖上》说:"大哉乾元,万物资始,乃统天。云行雨施,品物流形,大明终始,六位时成,时乘六龙以御天。"又说:"至哉坤元,万物资生,乃顺承天,坤厚载物,德合无疆,含弘光大,品物咸亨。"所谓元,是始的意思。②乾元即乾之始,坤元即坤之始。乾坤是什么?《系辞下》说:"乾阳物也,坤阴物也。阴阳合德而刚柔有体。"《说卦》说:"乾健也,坤顺也。"乾坤即阳与阴、刚与柔。《咸》卦的《彖》说:"咸感也,柔上而刚下,二气感应以相应。"所谓二气即指阴阳,这也就是认为阴阳是二气。乾元可解为阳气之始,坤元可解为阴气之始。③《彖上》以乾元、坤元即阳气、阴气为万物"资始"、"资生"的根源,这也是唯物论的观点。

《序卦》说:"有天地,然后万物生焉,盈天地之间者唯万物。"又说:"有天地,然后

---

① 《易图明辨》引。
② 《子夏易传》:"元,始也。"据清代学者考证,《子夏易传》即《汉书·艺文志》所载的《韩氏易传》。
③ 《九家易》说:"元者气之始也。"这是汉儒旧说。

有万物;有万物,然后有男女;有男女,然后有夫妇;有夫妇,然后有父子;有父子,然后有君臣;有君臣,然后有上下;有上下,然后礼义有所错。"这认为天地是万物的根源,有万物,然后才有男女的分别,才有夫妇的关系,有了夫妇的关系,才有父子、君臣、上下的关系,然后才有道德规范。父子君臣上下的关系是后起的,不是本来就有的。这也是一种唯物论的观点。

《系辞上》讲"易有太极,是生两仪"。《彖上》说:"大哉乾元,万物资始。""至哉坤元,万物资生。"《序卦》说:"有天地,然后万物生焉。"三说的不同,是层次的不同,基本是一贯的。应该肯定,《易大传》中的天地万物起源论是一种简单朴素的唯物论。

(二)易、道、神、天

《系辞》中多次谈"易"。《系辞》中的易字有三种不同的意义:一指自然变化;一指易卦或易象,即《周易上下经》一书;另一意义是简易之易。1. 如"生生之谓易","故神无方而易无体","天地设位而易行乎其中矣",都是指自然变化的过程。"易有太极"之易,也是指自然变化的过程而言。2. 如说"《易》与天地准","《易》有圣人之道四焉","《易》无思也,无为也",则是指《周易上下经》而言。3. "易简而天下之理得矣","易简之善配至德",则是指简易。这三项意义中,第一项是最重要的。《系辞》肯定自然世界是一个运动变化的过程,这有深刻的意义。这一方面肯定客观世界是运动变化的,另一方面又肯定运动变化的客观实在性。世界是无穷无尽的变化,而运动变化不是虚幻的,乃是世界的真实情况。这个观点与唯心论者以变化为空幻是截然对立的,乃是一种重要的唯物论观点。

"道"也是《系辞》中的一个重要范畴。《系辞上》说:"通乎昼夜之道而知","一阴一阳之谓道"。又说:"知变化之道者其知神之所为乎!"所谓道指事物变化的规律,而这规律的基本内容是一阴一阳即对立两方面的相互推移、相互转化。对立两方面的最浅显的例子是昼夜,所以说"通乎昼夜之道"。

这"道"的范畴在《易大传》的理论体系中居于何种地位? 老子以道为最高范畴,《易大传》是否也与此相同呢? 这个问题必须考察清楚。《系辞上》说:"形而上者谓之道,形而下者谓之器。"这是对后来哲学发展有重要影响的命题。关于"形而上"、"形而下"的含义,历来有不同的理解。我认为,唐代崔憬的解释最有价值。崔憬说:"凡天地万物皆有形质,就形质之中有体有用。体者即形质也,用者即形质上之妙用也。言有妙理之用以扶其体,则是道也。其体比用,若器之于物,则是体为形之下,谓之为器也。假令天地圆盖方轸为体为器,以万物资始资生为用为道;动物以形躯为体为器,以灵识为用为道;植物以枝干为器为体,以生性为道为用。"①崔憬的解释深刻而明晰。宋代以来许多学者都以为"形而上者"是根本的,"形而下者"是从属的,其实并非《系辞》原意。崔憬则以"形而下者"为体,"形而上者"为用。在这里,把体用与器道完全等同起来固然不一定完全恰当,但却能表明"形而上者"之所谓上并不是根本之义。《系辞下》说过:"六爻相杂,唯其时物也,其初难知,其上易知,本末也。"初上指爻位,这以初为本,以上为末。这也可证在《易大传》中所谓"上"并不是根本之义。而且,"一阴一阳之谓道",道的内容是一阴一阳,有阴有阳才有所谓道;阴阳未分的统一体"太极"应比道更为根本。所以,在《易大传》的理论体系中,最高范畴应该是"易"是"太极",其次才是道。这样的理论体系应属于唯物论。

《易大传》改造了神的概念,提出了关于神的新界说。《系辞上》说:"阴阳不测之谓神。"《说卦》说:"神也者,妙万物而为言者也。"阴阳转化,微妙不测,叫做神。所谓不测是表示变化的极端复杂性与不可穷尽性。事物变化,错综复杂,难以穷尽,故称为不测。

《易大传》中的神字有不同的意义。一是指万物的微妙变化,即阴阳不测之谓神。二是指人的智慧、德行的最高境界,如说:"神而明之,存乎其人"②,"神而化之,使民宜之"③。三是指易卦预知未来的奇妙作用,如说:"《易》无思也,无为也,寂然不动,感而遂通天下之故,非天下之至神,其孰能与于此? ……唯神也,故不疾而速,不行而至。"《系辞》极力赞颂易卦的神妙。这三项意义中,第一项意义是根本的。

《系辞》常以神与明并举,两次讲"神明之德"。《系辞下》说:"古者庖牺氏之王天下也,仰则观象于天,俯则观法于地……于是始作八卦,以通神明之貌,以类万物之

---

① 《周易集解》引。
② 《易传·系辞上》。
③ 同上书,《系辞下》。

情。"又说:"阴阳合德而刚柔有体,以体天地之撰,以通神明之德。"所谓神明是什么意思呢?神即阴阳不测之神,明指日月的光照万物。《系辞上》说:"悬象著明,莫大乎日月。"《系辞下》说:"日往则月来,月往则日来,日月相推而明生焉。"《易大传》很重视日月的光明,所谓神明即指自然界的微妙变化与光明。

《易大传》有时也谈到鬼神,如《谦》卦《彖》说:"鬼神害盈而福谦。"《文言》说:"夫大人者与天地合其德,与日月合其明,与四时合其序,与鬼神合其吉凶。"这似乎承认鬼神存在。《系辞上》说:"原始反终,故知死生之说。精气为物,游魂为变,是故知鬼神之情状。"这里以"精气为物"说明神,以"游魂为变"说明鬼,对于鬼神提出了新的解释。何谓游魂?这可以参考《礼记·檀弓》所记延陵季子(吴季札)的话。季子说:"骨肉归复于土,命也。若魂气则无不之也。"游魂即指无所不至的魂气。这样的解释是不同于古代宗教的思想的。

《象传》又有神道设教之说,《观》卦《彖》说:"观天之神道而四时不忒,圣人以神道设教而天下服矣。"所谓神道设教,就是说,肯定鬼神不过是为了立教以使民服而已。《易大传》对于鬼神的态度是游移的,可以说摇摆于无神论与有神论之间,这和《论语》中所记孔子的态度却是一致的。在《易大传》的天地起源论中,没有上帝的位置,《易大传》不承认上帝创造世界。但《易大传》中仍然保留了上帝的观念。《鼎》卦《彖》说:"圣人亨以享上帝,而大亨以养圣贤。"《豫》卦《象》说:"先王以作乐崇德,殷荐之上帝,以配祖考。"《涣》卦《象》说:"先王以享于帝,立庙。"值得注意的是,这些都是讲"享上帝",即宗教祭祀的事情。祭祀上帝,就是所谓"神道设教"吧。《易大传》并没有把上帝纳入它的理论体系中。

在《易大传》中,天字屡见。多数的天字指自然之天,少数的天字表示有意志的天。如说:"天尊地卑,乾坤定矣。""在天成象,在地成形。"又说:"法象莫大乎天地。"其所谓天都是自然之天。《系辞上》又说:"易曰:自天佑之,吉无不利。子曰:佑者助也。天之所助者顺也,人之所助者信也。履信思乎顺,又以尚贤也。是以自天佑之,吉无不利也。"这肯定了《易经》中"自天佑之"的文句而加以说明,这所谓天是有意志的天即主宰之天。《系辞上》又说:"天垂象,见吉凶,圣人象之。"这垂象见吉凶之天,既是昭昭在上之天,又似乎是主宰之天。总起来说,《易大传》谈天,可以说是摇摆于自然之天与主宰之天二者之间,既表现了唯物论的倾向,又保留了古代原始宗教天降祸福的思想。

如上所述,《易大传》关于"易"、"道"、"神"的思想基本上是唯物主义的,而且有深刻的内容;关于"天"与"鬼神"的问题,则未能摆脱原始宗教的影响,可以说徘徊于唯物论与唯心论之间。这种情况,在当时的历史条件下也是很自然的。

(三)"易与天地准"的世界图式论思想

《易大传》是解说《易经》的,对于《易经》的卦象做了许多说明,并且写了不少的赞美之词。在对于《易经》的赞美之词中表现了唯心主义观点。

《系辞》中对于《易经》的说明,主要有两点:第一,肯定《易经》的卦象是仿效、摹写天地万物的实际情况的;第二,强调《易经》的卦爻体系(六十四卦、三百八十四爻)包罗万象,包括了天地万物的一切道理而无所遗漏。这第一点是从朴素的唯物主义反映论出发的;第二点就是认为《易经》的卦爻体系是天地万物运动变化不可违离的图式,可以说是一种世界图式论,因而也就完全陷于唯心论之中了。

《易大传》讲八卦的缘起说:"古者包牺氏之王天下也,仰则观象于天,俯则观法于地,观鸟兽之文与地之宜,近取诸身,远取诸物,于是始作八卦。"①这就是说,八卦的创作基于观察,仰观俯察,近取于自己的身体,远取于外在的事物,然后画出八卦。八卦是八种基本事物。从自然发生次序说,八卦生于四象;从人类的认识说,八卦基于观察。

《系辞》论易象的性质说:"圣人有以见天下之赜,而拟诸其形容,象其物宜,是故谓之象。圣人有以见天下之动,而观其会通……是故谓之爻。"又说:"象者,言乎象者也;爻者,言乎变者也。"②又说:"易者象也。象也者,象也。……爻也者,效天之动者也。"③这就是说,《易经》中的卦象都是反映天下万物的复杂情况的;而每卦的六爻都是反映天下万物的变动的。这是一种朴素的唯物主义反映论的观点。

---

① 《易传·系辞下》。
② 同上书,《系辞上》。
③ 同上书,《系辞下》。

《易大传》充分肯定世界的可知性，以为圣人凭借仰观俯察可以认识天下之理。但《易大传》把所谓圣人的认识过分夸大了，以为所谓圣人可以无所不知、无所不晓："仰以观于天文，俯以察于地理，是故知幽明之故。……与天地相似故不违，知周乎万物而道济天下，故不过。"[①]《易大传》以为《周易上下经》的内容就是圣人的最高认识的成就。《周易上下经》包容了天下之道："易与天地准，故能弥纶天地之道。"（虞翻注："准，同也；弥，大；纶，络。谓易在天地包络万物。"）"夫《易》何为者也？夫《易》开物成务，冒天下之道，如斯而已者也。"（韩康伯注："冒，覆也。"）又说："《易》之为书也，广大悉备。有天道焉，有人道焉，有地道焉。"这就是说，《易经》一书总括了天地人的一切道理。

　　《周易》六十四卦既然包括了天地人物的一切道理，于是就会有奇妙的作用。《系辞上》称赞《周易》的神妙说："君子将有为也，将有行也，问焉而以言，其受命也如响，无有远近幽深，遂知来物。非天下之至精，其孰能与于此？参伍以变，错综其数。通其变，遂成天地之文；极其数，遂定天下之象。非天下之至变，其孰能与于此？《易》无思也，无为也，寂然不动，感而遂通天下之故，非天下之至神，其孰能与于此？"易卦是"至精"、"至变"、"至神"的，能预知未来，能"定天下之象"，"通天下之故"。在《易大传》的作者看来，《周易》便是这样一本至极神妙的书。

　　《易大传》对于《易经》的赞述，本质上是一种世界图式论，这是一种唯心论的说教。事实上，所谓圣人既不可能无所不知，而《周易》一书也决不可能包罗万象。

三 《易大传》中的辩证法思想

　　《易大传》的最重要的贡献是提出了一些比较精湛的辩证观点。《易大传》的辩证思想在先秦哲学中可以说是最丰富的、最深刻的，对于后来辩证思想的发展有巨大的影响。30年代以来学术界对《易大传》的辩证思想已经有过许多论述，这里不

---

① 《易传·系辞上》。

需要做全面的阐释,仅选择其中在当时有独创性的观念做一些分析。

《易大传》辩证思想的最简要的命题是:"刚柔相推而生变化","一阴一阳之谓道","日新之谓盛德,生生之谓易"[①]。这些命题肯定了变化的普遍性永恒性,肯定了对立面的相互转化是最根本的规律,并深刻地说明了变化的根源就在于对立面的相互作用。

《易大传》首先肯定了变化的普遍性。《系辞上》说:"在天成象,在地成形,变化见矣。"天空中可见之象,大地上众物之形,都显现出变化。《系辞上》又解释变化的情况说:"变化者进退之象也。"有进有退就是变化。《易大传》认为,变化的根本要义是"生生"。《系辞上》赞美天地的伟大说:"盛德大业至矣哉!富有之谓大业,日新之谓盛德,生生之谓易"。世界是富有而日新的,万物生生不息。"生"即创造,"生生"即不断出现新事物。新的不断代替旧的,新旧交替,继续不已,这就是生生,这就是易。"日新之谓盛德,生生之谓易。"这两句话虽然简单,但包括了非常深刻的思想。

《易大传》讲变,又讲通。《系辞上》说:"阖户谓之坤,辟户谓之乾,一阖一辟谓之变,往来不穷谓之通。"《系辞下》说:"易穷则变,变则通,通则久。"由此到彼叫做通。通表示变化过程的连续性和对立事物的联系性。

《易大传》探究了变化的根源的问题,提出了"刚柔相推而生变化"的命题。何以有变化?变化的根源何在?在于对立面的相互作用。《系辞上》说:"刚柔相推而生变化。……刚柔者昼夜之象也。"《系辞下》说:"刚柔相推,变在其中矣。……刚柔者立本者也。"《系辞》的这些话都有双重的意义,一层意义指自然的变化,一层意义指卦爻的变化。刚柔即阳和阴。相推即互转,指相互作用。阴阳的对立是变化的根本,所以说"刚柔者立本者也"。

关于对立引起变化,变化源于对立,《易大传》曾再三加以阐明。《系辞上》说:"乾坤其易之缊邪!乾坤成列,而易立乎其中矣。乾坤毁,则无以见易;易不可见,则乾坤或几乎息矣。"乾坤即阴阳,指对立的两方面。有对立即有变化;无对立即无变化,如无变化,对立也就不存在了。《系辞下》说:"乾坤其易之门邪!乾,阳物也;坤,

---

① 《易传·系辞上》。

阴物也。阴阳合德,而刚柔有体。"阴阳的对立是变化之所从出,故云易之门。阴阳是对立的,又是相互统一的,故云"阴阳合德"。

《易大传》的作者,广泛观察了天地万物的变化,于是提出了"一阴一阳之谓道"的精湛命题。一阴一阳,相互对立、相互推移,这就是最根本的规律。所谓一阴一阳,指对立两方面既相互对立又相互联系、既相互违异又相互转化。《说卦》说:"立天之道曰阴与阳,立地之道曰柔与刚,立人之道曰仁与义。……分阴分阳,迭用柔刚。"天道、地道、人道都是对立两方面的统一,阴阳是彼此分别的,而有交迭的关系。

"一阴一阳之谓道"可以说是中国哲学史中关于对立统一原理的最早的表述。

《易大传》运用对立转化的观点说明了一些实际问题。《系辞下》说:"危者安其位者也,亡者保其存者也,乱者有其治者也。是故君子安而不忘危,存而不忘亡,治而不忘乱,是以身安而国家可保也。"安危、存亡、治乱,都是相互转化的,必须提高警惕,才能保持其安、其存、其治。

《易大传》更提出关于"健顺险阻"的深刻思想。《系辞下》说:"夫乾,天下之至健也,德行恒易以知险;夫坤,天下之至顺也,德行恒简以知阻。"(朱熹《本义》说:"至健,则所行无难,故易;至顺,则所行不烦,故简。然其事,皆有以知其难,而不敢易以处之也。……盖虽易而能知险,则不陷于险矣;既简而又知阻,则不困于阻矣。")这就是说,必须知险而能克服其险,然后为至健。必须知阻而能克服其阻,然后为至顺,这些都是深刻的辩证思想。

《易大传》阐明了对立的转化,但不能贯彻到底,而认为尊卑上下的对立是不可能转化的。《系辞上》首段说:"天尊地卑,乾坤定矣。卑高以陈,贵贱位矣。"天尊于上,地卑于下,这种高卑的秩序是不能改变的。社会上贵贱的秩序也是不能改变的,这充分反映了地主阶级的阶级偏见。但《易大传》中的辩证思想还是比较丰富的。

为什么《易大传》能有丰富而深刻的辩证思想呢?这主要是由于《易大传》的作者所处时代的社会生活中充满了复杂的矛盾。《易大传》的文句中也能见到些有关的透露。《易大传》曾讲到忧患,《系辞下》说:"作《易》者其有忧患乎!……《易》之为书也不可远……又明于忧患与故。"又说:"是故其辞危,危者使平,易者使倾,其道甚大,百物不废,惧以终始,其要无咎,此之谓《易》之道也。"《易大传》强调忧患,这正是当时社会矛盾激化的反映。因为见到忧患,所以要求改变当时的现状,于是重视变化,重视对立的转化,于是阐发了关于变化日新与对立统一的精湛学说。《易大传》中的辩证思想是中国古代哲学中的宝贵遗产。

四 《易大传》的人生理想与政治观点

《易大传》的人生理想论也有其特色。《易大传》宣扬刚健有为的人生观,以天人协调为最高理想,把扩充知识("精义"),改进物质生活("利用安身")与提高品德("崇德")三个方面结合起来。

《易大传》认为,天的本性是健,人应效法天的健。《象上》说:"天行健,君子以自强不息。"天体运转不息,故称为健,健是刚强不屈的意思,人应该自强不息,永远努力前进。《文言》赞美乾说:"大哉乾乎?刚健中正,纯粹精也。"刚强而又不过于刚,是理想的品德。《易大传》以为,处事接物,必须知柔知刚。《系辞下》说:"君子知微知彰,知柔知刚,万夫之望。"既应知柔,又应知刚,刚是主要的,柔是次要的。《易大传》的刚健学说是老子守柔学说的反响,是对于老子守柔学说的纠正。

《易大传》提出"裁成天地之道,辅相天地之宜"的命题。《象上》说:"天地交,泰,后以裁成天地之道,辅相天地之宜,以左右民。"(裁成,通行本作财成,荀爽注本作裁成。)裁成是节制完成,辅相是帮助。"裁成天地之道,辅相天地之宜",就是对自然加以适当的调整,使自然更符合人类的要求。《系辞上》说:"范围天地之化而不过,曲成万物而不遗。"这是讲所谓圣人的作用,"范围"也是裁制的意思。

《文言》说:"夫大人者,与天地合其德,与日月合其明,与四时合其序,与鬼神合其吉凶。先天而天弗违,后天而奉天时。天且弗违,而况于人乎?况于鬼神乎?"这里"先天"、"后天"不是后来哲学中所谓先天后天的意思。这里所谓先天指引导自然,所谓后天指适应自然。在自然变化尚未发生之前先加以引导、开发,在自然变化既发生之后又注意适应。这也就是裁成辅相之意。这裁成辅相论可以说是一种天人协调论,一方面要适应自然,一方面又要加以引导开发,使人类与自然界相互协调起来。所谓裁成辅相,实际上主要是指农业生产及礼乐刑政的措施而言。这种学说在一定程度上肯定了人的主观能动性,但主要是肯定"大人"、"君子"的主动作用,并没有认识人民群众的力量。

这裁成辅相论也可以说是对于老子思想的改造。老子曾说:"以辅万物之自然而不敢为。"①《易大传》的态度则是辅万物之自然而有所为。战国后期,荀子提出"制天命"的思想,在先秦是非常突出的。但荀子的这种思想也不可能完全是异论突起、前无所承。我推测荀子可能是受了《易大传》的启发。荀子说:"从天而颂之,孰与制天命而用之?"②《系辞上》说:"见乃谓之象,形乃谓之器,制而用之谓之法。"(荀爽注:"观象于天,观形于地,制而用之,可以为法。")"制天命而用之"与"制而用之",文句有相同之处,这或者是偶合,或者也有一定联系。总之,《易大传》的天人协调学说在先秦哲学中有重要地位,对于后来思想也有深刻的影响。

《系辞下》阐明了知、德、用三者的联系:"精义入神,以致用也;利用安身,以崇德也。过此以往未之或知也。穷神知化,德之盛也。"(朱熹《本义》:"精研其义,至于入神……乃所以为出而致用之本。利其施用,无适不安……乃所以为入而崇德之资。内外交相养、互相发也。")精义是精研事理,即扩充知识;利用是便利实用,即改进物质生活;崇德,即提高品德。精义是为了致用,利用是为了崇德,品德提高就能穷神知化了。三者是统一的。

《系辞上》很重视致用,如说:"利用出入,民咸用之,谓之神。"(陆绩注:"圣人制器,以周民用。用之不遗,故曰利用出入也。民皆用之,而不知其由来。故谓之神也。")又说:"备物致用,立成器以为天下利,莫大乎圣人。"(虞翻注:"神农黄帝尧舜也。"惠栋云:"成器谓网罟耒耜之属。")《系辞下》高度赞扬了各种器具的创造:"斫木为耜,揉木为耒,耒耨之利,以教天下。……刳木为舟,剡木为楫,舟楫之利,以济不通,致远以利天下。……断木为杵,掘地为臼,臼杵之利,万民以济。"《易大传》对于生产工具的价值是充分肯定的,这反映了《易大传》作者对于发展生产的兴趣。

《易大传》的政治思想有两点值得注意,一是强调上下分别而主张"损上益下",

---

① 《老子》六十四章。
② 《天论》。

二是重视"变通",赞扬"汤武革命"。《履》卦《象》说:"上天下泽履,君子以辩上下,定民志。"(程颐《易传》:"君子观履之象,而分辩上下,使各当其分,以定民之心志也。")这是认为必须确定上下的等级秩序。但是,上下之分固须坚持,而也要使上下通气。《泰》卦《象》说:"泰,小往大来吉亨,则是天地交而万物通也,上下交而其志同也。"事实上,统治阶级与被统治阶级是不可能"志同"的。为了缓和统治阶级与被统治阶级的矛盾,《易大传》宣扬"损上益下"的好处。《益》卦《象》说:"益,损上益下,民说无疆;自上下下,其道大光。"《屯》卦《象》说:"以贵下贱,大得民也。"以贵下贱,才能得民心。实际上,所谓"损上益下"不过是在上者将对于在下的剥削压迫略加节制而已。《节》卦《象》说:"节以制度,不伤财,不害民。"不伤财,不害民,就是损上益下了,这实际上还是为统治阶级的长久利益设想的。

《易大传》重视变革。《系辞上》说:"变而通之以尽利。"《系辞下》说:"功业见乎变。"必须变而通之,方能尽利。必须有所变动,才可以称为功业。《革》卦《象》说:"革,水火相息。……天地革而四时成。汤武革命,顺乎天而应乎人,革之时大矣哉!"(郑玄注:"革,改也。水火相息,而更用事,犹王者受命,改正朔,易服色,故谓之革也。")四时的交替是变革,政权的转移也是变革。汤武是用武力取得政权的,所以称为革命。《易大传》肯定,汤武革命,顺乎天时,合乎人心。这里所谓革命不是根本制度的变革,而是指以武力取得政权,改变礼节仪式。这所谓革命虽然有别于我们今天所谓革命,但《易大传》重视变革,还是显著的。这是进步的政治思想。

《易大传》重视变通,颂扬汤武革命。应该承认,《易大传》的思想反映了战国时期新兴地主阶级的要求。

《易大传》的思想是复杂的,有许多方面。本节所讲,不过是《易大传》哲学思想的荦荦大端而已。至于其他细节,这里就不多谈了。《易大传》对于后来哲学思想发展的影响是非常巨大的。以后的唯物主义思想家与唯心主义思想家都从《易大传》中汲取思想营养。应该肯定:《易大传》对于中国哲学思想的发展确实有其不可磨灭的贡献。(原题为《论〈易大传〉的著作年代与哲学思想》)

第四节
张载思想的核心价值

张载是北宋时代唯物主义哲学家,字子厚,凤翔郿县横渠镇人,生于宋仁宗天禧四年(1020),死于宋神宗熙宁十年(1077)。仁宗嘉祐二年(1057)进士,曾任丹州云岩县令。英宗末,任签书渭州判官公事,协助当时渭州军帅蔡挺筹画边防事务。神宗初年,任崇文院校书,不久辞职,回家乡讲学。后又任同太常礼院,不到一年即告退,在回家途中,病死于临潼。因他在横渠镇讲学,当时学者称为横渠先生。

张载少时喜谈兵,当时宋代西部边境常受到西夏割据势力的侵扰,张载曾经计划联络一些人组织武装力量夺回洮西地方。他写信给当时陕西招讨副使范仲淹,讨论边防问题。范仲淹对他说:"儒者自有名教可乐,何事于兵?"劝张载读《中庸》。张载读了《中庸》,认为不够,又阅览了一些佛教、道家的书籍,但仍不满意;他博览群书,研究了天文和医学,逐渐从佛教、道家的影响下相对地解放出来。① 他比较用力研究的是《周易》,他以《易传》为根据来建立自己的哲学体系,对佛教、道家的唯心论进行了批判。这就是张载一生学术研究的道路。

关于张载的哲学思想,近年来出版的几本中国哲学史书籍中,都已有所论述,这里不需要做更全面的系统的介绍了。但还有一些不易理解的问题,一些向来没有解决的疑难问题,仍需要做一些分析和考察。这里谈谈我自己的一些看法,提供读者参考。这里谈三个问题:1. 关于张载哲学的基本观点和政治思想,2. 关于张载在北宋思想斗争中的地位,3. 关于张载的著作。

---

① 《行状》。

一 张载哲学的基本观点和政治观点

关于张载的哲学思想是唯物论还是唯心论,过去曾经有过争论,现在多数同志都承认张载哲学基本上是唯物论了,还有少数人认为是二元论。关于这个问题还需要做一些分析。

张载的自然观的主要命题,依我看来,应该是下列几个:

1. "太和所谓道,中涵浮沉、升降、动静、相感之性,是生絪缊、相荡、胜负、屈伸之始。"① 2. "气之聚散于太虚,犹冰凝释于水,知太虚即气则无无。"② 3. "一物两体,气也。一故神,二故化。"③ 4. "神,天德;化,天道;德其体,道其用,一于气而已。"④ 5. "凡可状,皆有也;凡有,皆象也;凡象,皆气也。气之性本虚而神,则神与性乃气所固有。"⑤

这些命题的主要意思是讲:第一,世界的一切,从空虚无物的太虚到有形有状的万物,都是一气的变化,都统一于气。第二,气之中涵有运动变化的本性;而气之所以运动变化,就是由于气本身包含着对立的两方面,这两方面相互作用是一切运动变化的源泉。

从张载所提出的这些基本命题来看,应该肯定张载的自然观是气一元论,其中包含了一些朴素辩证观点。气一元论是中国古代唯物论的重要形式。

张载所谓"神",最易误解。这所谓神不是指宗教的人格神,也不是指人类的精神作用,而是指自然界中的微妙的变化作用。所以张载说:"天之不测谓神,神而有常谓天。"⑥ 这个神的观念源出于《易传》"阴阳不测之谓神","神也者,妙万物而为言

---

① 《正蒙·太和》。
② 同上。
③ 同上书,《参两》。
④ 同上书,《神化》。
⑤ 同上书,《乾称下》。
⑥ 同上书,《天道》。

者也"。所谓神是指事物变化之内在的动力。

张载还有一些话比较难懂,更易引起误解。最显著的是下列一段:"太虚无形,气之本体;其聚其散,变化之客形尔。至静无感,性之渊源;有识有知,物交之客感尔。"①

从表面上看来,这段话好像是认为太虚是"本体",气是"现象"。过去曾经有人做这样的解释,于是认为张载的哲学是客观唯心论。这其实是误解。张载所谓"本体",不同于西方哲学中所谓"本体",而只是本来状况的意义。张载所强调的正是"太虚即气"。又"至静无感"二句最不易懂。下句"有识有知",显然指人的认识而言,这里"性之渊源"既指人性,也指气之本性。"至静无感"应是指太虚而言。张载说过:"至虚之实,实而不固;至静之动,动而不穷。实而不固则一而散,动而不穷则往且来。"②这里"至虚之实"是指太虚,"至静之动"也是指太虚而言。所谓"至静无感"和"至静之动"应是一回事。"无感"是说没有外感。他说过:"天大无外,其为感者,絪缊二端而已。"③"太虚无体,则无以验其迁动于外也。"④太虚是至大无外的,不可能有外在的移动,这就是所谓"至静无感"了。这段话的主要意思是:太虚是气的本来状况,也是气之本性的根源所在。有些人根据这段话而认为张载是讲"性""气"二元,是一种二元论。这实在也是误解。张载明确说过"神与性乃气所固有",不能说他认为性与气是两个根源。

张载的唯物论思想有不少缺点,是不彻底的。他虽然批判了"虚能生气"即"有生于无"的道家客观唯心论,又批判了"万象为太虚中所见之物"即"以山河大地为见病"的佛教主观唯心论,但他没有完全摆脱道家"以本为精,以物为粗"⑤的影响,总认为宇宙的本原是无形的。他肯定"太虚即气"、"虚空即气"⑥,但又强调太虚的"无形",强调最根本的太虚是无形无象的气。他说过:"运于无形之谓道,形而下者不足

---

① 《正蒙·太和》。
② 同上书,《乾称》。
③ 同上。
④ 同上。
⑤ 《庄子·天下》。
⑥ 《正蒙·太和》。

以言之。"①他所谓道指气化的过程,"由气化,有道之名"②,强调最根本的道是无形的,这就给唯心论留下了余地。他所谓"神"是指微妙的变化作用,明确指出神是"气所固有",但又强调神是"不可象"的,有时把神与气对立起来,"散殊而可象为气,清通而不可象为神"③;又说"太虚为清,清则无碍,无碍故神;反清为浊,浊则碍,碍则形"④。这样过分夸大了太虚的神与有形的气二者的区别。他把所谓"神"讲得非常玄妙,真是神乎其神,以致使他的气一元论罩上了一层神秘主义的云雾。另外,他着重谈论气的能变的本性,认为这"性"通贯于太虚与万物之中,因而是永恒的,但又认为这个性也就是人的本性,于是人的本性也成为永恒的,从而得出了"知死之不亡者可与言性矣"⑤的论断,认为人死以后还有不亡的本性存在,这就和宗教划不清界限了。这些都是张载自然观的局限性。

他的认识论基本上是唯物的,他肯定认识是对于外在世界的认识,外在世界是人的认识的基本前提。他说:"感亦须待有物,有物则有感,无物则何所感?"⑥又说:"人本无心,因物为心。"⑦他强调穷理:"万物皆有理。若不知穷理,如梦过一生。"⑧这"理"是客观的:"理不在人,皆在物,人但物中之一物耳。"⑨理是事物的理,不在人的心内。这些都是唯物主义反映论的观点。他又讲:"今盈天地之间者皆物也,如只据己之闻见,所接几何?安能尽天下之物?"⑩他看到无限的事物与有限的见闻的矛盾,但他找不到解决的方法,于是提出"大心"的神秘主义方法:"大其心则能体天下之物"⑪;提出超越见闻的"德性所知":"见闻之知乃物交而知,非德性所知,德性所知

---

① 《正蒙·天道》。
② 同上书,《太和》。
③ 同上。
④ 同上。
⑤ 同上。
⑥ 《语录》。
⑦ 同上。
⑧ 同上。
⑨ 同上。
⑩ 同上。
⑪ 《正蒙·大心》。

不萌于见闻"①。他所谓"德性所知"是以道德修养为基础的关于宇宙本原的认识。他说:"穷神知化,乃养盛自致。"②穷神知化的认识就是德性所知了。他的认识论可以说是一种唯物论的唯理论,从唯物论反映论出发,强调了理性认识("穷理"、"穷神知化")的重要,却割断了理性认识与感性认识的联系,因而最后陷入了唯心论神秘主义。这是张载认识论方面的局限性。

张载的伦理学说完全是唯心的,他宣扬"民吾同胞,物吾与也"③,提倡"爱必兼爱"④,实际上是宣扬阶级调和论,企图缓和当时激烈的阶级斗争。剥削阶级所讲的"人类之爱",在阶级社会里是不可能实行的。他虽讲爱一切人,但并不要求取消封建等级制度。这种"民胞物与"的说教,只能起麻痹劳动人民革命斗争意识的反动作用,这都是应当批判的。

张载的唯物论虽然有严重的缺点,但他的贡献还是巨大的。张载在自然观上的主要贡献是,他第一次提出关于气的比较详细的理论;他批判了道家的客观唯心论和佛教的主观唯心论,论证了虚空无物的太虚、运于无形的道都是物质性的,太虚、道、神都统一于气,这样初步论证了世界的统一性在于物质性的原理;他又肯定气是运动变化的,运动变化的根源在于气本身所包含的内在矛盾,这样初步论证了物质与运动的内在联系。关于气,他又提出了一个比较明确的界说:"所谓气也者,非待其蒸郁凝聚、接于目而后知之,苟健顺动止、浩然湛然之得言,皆可名之象尔。"⑤就是说,气不一定是有形可见的,而是能运动也有静止(健顺动止)、有广度和深度(浩然湛然)的实体。如果说,从汉代以来,王充高举"疾虚妄"的旗帜,全面批判了天人感应论;范缜解决了形神关系问题,深刻批判了佛教的神不灭论;柳宗元、刘禹锡进一步阐明了"天人不相预"、"天人交相胜"的唯物论学说;张载则比较完整地建立了气一元论的理论体系。范缜、柳宗元、刘禹锡都没有批判佛教"一切唯心"、"万法唯识"的主观唯心论,张载才第一次从思维与存在的根本问题上对佛教展开了

---

① 《正蒙·大心》。
② 同上书,《神化》。
③ 《西铭》。
④ 《正蒙·诚明》。
⑤ 同上书,《神化》。

比较深刻的批判。

张载对朴素辩证法也有重要贡献。他提出"物无孤立之理"①的事事物物都有联系的观点。他提出变化两种形式的学说："变言其著,化言其渐"②,"变则化,由粗入精也;化而裁之谓之变,以著显微也"③。这样第一次指出运动变化有渐变和突变的两种形态。他更提出"两"与"一"的学说："两不立则一不可见,一不可见则两之用息","感而后有通,不有两则无一"④。这是关于对立统一原理的简单概括。他的这些思想闪耀着辩证法的光辉,值得我们深入研究。他也看到对立的斗争,却认为一切斗争都必归于和解："有象斯有对,对必反其为;有反斯有仇,仇必和而解。"⑤这表现了他的时代的和阶级的局限性。

关于张载的政治思想,有一些疑难问题需要讲清楚。张载主张实行"井田",又提倡"封建",从表面看来,他是要复古。他是不是要复古呢?这里需要进行具体分析。

张载说过："贫富不均,教养无法,虽欲言治,皆苟而已。"⑥他要求实行井田,主观上是为了解决贫富不均的问题。当时社会,贫富不均的现象十分显著,谁也不能否认。但在地主阶级学者中,对于这个问题有不同看法。李觏、张载和王安石,都认为贫富不均是不合理的,需要加以调整、改革。而司马光等人则认为贫富不均是理所当然的,这里表现出显明的对照。

张载所提出的井田方案是：把土地收归国有,然后分配给农民,"先以天下之地棋布划定,使人受一方"⑦;取消"分种"、"租种"的办法,"前日大有田产之家,虽以田授民,然不得如分种、如租种矣"⑧。分种即招佃耕种,租种即出租土地,这些都不允许了。但也要照顾大地主的利益,"其多有田者,使不失其为富",让他们做"田官":

---

① 《正蒙·动物》。
② 《易说》。
③ 《正蒙·神化》。
④ 同上书,《太和》。
⑤ 同上。
⑥ 《行状》引。
⑦ 《经学理窟·周礼》。
⑧ 同上。

"随土地多少与一官,使有租税"①,即收取一定区域的什一之税,"其所得亦什一之法"②。而这任命为田官的办法也是暂时的,"及一二十年,犹须别立法,始则命为田官,自后则是择贤"③。这样,地主不能收取十分之五以上的"地租"了,只能收取十分之一的"地税"。这个设想可以说是企图进行一次重大的改革,但又要保留地主阶级的权力,当然是不可能实现的幻想。

张载强调均平,他说:"治天下不由井地,终无由得平。周道止是均平。"④他站在中小地主阶级立场上所讲的均平,与农民阶级所要求的均平不是一回事,实际上不过是要求限制大地主阶层的土地兼并而已。宋明时代,有许多思想家主张实行井田,他们不是要复古,而是主张把土地收归国有,然后分配给农民,使农民为国家耕种,取消大地主阶层兼并土地的特权,借以缓和阶级矛盾。明、清之际的黄宗羲还从明代屯田的实施来论证井田的可行,他说:"故吾于屯田之行,而知井田之必可复也。"⑤这些思想家讲"复井田",实际上是要求改革。

张载又提倡"封建",他说:"井田卒归于封建乃定。"⑥唐代柳宗元写了《封建论》,内容讲得很透彻,得到多数学者的赞扬。但张载却又讲"封建",这是不是一个大倒退呢?不是的。这是由于宋代的政治状况和唐代的根本不同。唐代藩镇割据,破坏了中央集权,柳宗元写《封建论》,意在消除地方割据的分裂状态。宋代开国初期,鉴于藩镇割据的弊害,采取了一系列加强中央集权的措施,国内分裂状态消除了,却又发生了另一偏向,过分削减了地方的权力,使地方一点机动权也没有,以致影响了国防力量。南宋叶适曾谈论唐宋情况的不同说:"唐失其道,化内地为藩镇,内外皆坚而人主不能自安;本朝反其弊,使内外皆柔,虽欲自安,而有大不可安者。故自端拱雍熙以后,契丹日扰,河北、山东无复宁居;李继迁叛命,西方不解甲,诸将

---

① 《经学理窟·周礼》。
② 同上。
③ 同上。
④ 同上。
⑤ 《明夷待访录·田制二》。
⑥ 《经学理窟·周礼》。

不能自奋于一战者,权任轻而法制密,从中制外而有所不行也。"① 张载不一定有叶适这样明确的认识,但他也看到过分集权的弊病,看到当时边防的无力。他认为一切事情都由中央朝廷来管,一定有许多事情管不好。他说:"所以必要封建者,天下之事,分得简则治之精,不简则不精,故圣人必以天下分之于人,则事无不治者。"② 他特别注意边防问题,曾说:"今戎毒日深,而边兵日驰,后患可惧。"③ 他认为"边兵日驰"是治理"不精"的一件事情,需要加以改变。张载所谓"封建",大概最大限于百里之国,较小的则不到百里。他说:"且为天下者,奚为纷纷必亲天下之事?今便封建,不肖者复逐之,有何害?岂有以天下之势不能正一百里之国,使诸侯得以交结以乱天下?"④ 他认为"封建"以百里为限,不可能发生藩镇割据之事。张载提出"封建"的口号是错误的,实际上他是要求适当调整中央与地方的关系。明、清之际顾炎武写《郡县论》,也谈到这个问题。他说:"有圣人起,寓封建之意于郡县之中,而天下治矣。……封建之失,其专在下;郡县之失,其专在上。"⑤ 顾炎武的议论是针对宋、明过分集权的弊病而发的,并不是主张分封反对统一。与顾氏同时的王夫之高度赞扬张载的哲学思想,但他彻底否认了所谓"封建"制的优点。⑥ 看来,所谓"封建",决不是解决中央与地方权限问题的适当方法。

张载讲井田,主观上是企图解决贫富不均的问题;他讲"封建",主观上是企图调整中央与地方的权限。这些问题都是封建制度所不可能解决的矛盾,张载企图在保持地主所有制的条件下解决这些问题,当然是不可能的,他只能提出一些不切实际的空想方案而已。

---

① 《水心文集·纪纲二》。
② 《经学理窟·周礼》。
③ 《张子文集·贺察密学》。
④ 同上。
⑤ 《亭林文集》。
⑥ 《读通鉴论》卷一。

二 张载在北宋思想斗争中的地位

北宋中期,思想战线上,在哲学方面主要有三个学派:第一是王安石的学派,因王安石在执政时颁布《三经新义》,所以他的学派称为"新学";第二是张载的学派,因张载在陕西讲学,所以他的学派称为"关学";第三是程颢、程颐的学派,因为二程在洛阳讲学,所以他们的学派称为"洛学"。

王安石变法,引起新旧党争。旧党以司马光为首,二程也附和司马光。张载虽然没有与王安石合作,但也没有攻击新法。张载在所著《横渠易说》中也讲变的必要,他说:"言凡所治务能变而任正,不胶柱也。……心无私系,故能动必择义,善与人同者也。"①"变而通之以尽利,理势既变,不能与时顺通,非尽利之道。"②"尧舜而下,通其变而教之也。……运之无形以通其变,不顿革之,使民宜之也。"③"凡变法须是通,'通其变使民不倦',岂有圣人变法而不通也?"④他认为情况变了,就应该有所改变,但不应该"顿革",又要求"善与人同",取得人们的同意。他反对"顿革",主张取得人们的同意,这是与王安石的态度很不相同的。

在学术上,张载曾经称道王安石。他说:"世学不明千五百年,大丞相言之于书,吾辈治之于己,圣人之言庶可期乎!顾所忧谋之太迫则心劳而不虚,质之太烦则泥文而滋弊,此仆所以未置怀于学者也。"⑤这里大丞相指王安石,这段话对王安石有赞扬、有批评。所谓大丞相言之于书,当是指王安石的《周官新义》。王安石推崇《周礼》,张载也推崇《周礼》,二人有契合之处。对于当时的新旧党争,张载采取了中立的态度;在私人关系上,他和旧党的联系比较多些。

二程猛烈反对王安石,他们说:"然在今日,释氏却未消理会,大患者却是介甫

---

① 《横渠易说·随》。
② 《易传·系辞上》。
③ 同上书,《系辞下》。
④ 同上。
⑤ 《语录》中。

之学。……如今日,却要先整顿介甫之学,坏了后生学者。"①"如介甫之学……今日靡然而同,无有异者……其学化革了人心,为害最甚,其如之何!"②当时王安石以《三经新义》取士,天下靡然从风,二程认为是大害,极力加以排斥。

二程对于张载,有所肯定,有所否定。二程承认张载以"气"为中心观念,说:"张兄言气,自是张兄作用,立标以明道。"③但二程认为气只是第二性的,不应把气认做第一性的。程颢说:"'形而上者谓之道,形而下者谓之器。'若如或者以清虚一大为天道,此乃以器言而非道也。"④程氏《语录》记载:"又语及太虚,曰:'亦无太虚。'遂指虚曰:'皆是理,安得谓之虚? 天下无实于理者。'"⑤二程认为理才是第一性的。程颢又讲"只心便是天"⑥,他批评张载道:"若如或者别立一天,谓人不可以包天,则有方矣,是二本也。"⑦"或者"也是指张载,张载肯定天(自然界)是不依赖人的意识而独立的,二程从唯心论的观点加以攻击。

但二程极力推崇张载所写的《西铭》,程颢说:"《西铭》某得此意,只是须得佗子厚有如此笔力,佗人无缘做得。孟子以后,未有人及此。得此文字,省多少言语。且教佗人读书,要之仁孝之理备于此。"⑧程颐说:"横渠之言不能无失……若《西铭》一篇,谁说得到此? 今以管窥天,固是见北斗,别处虽不得见,然见北斗,不可谓不是也。"⑨些事实清楚地表明:在自然观方面,张载是气一元论,二程是理一元论,彼此是对立的。在伦理学说方面,张载鼓吹仁孝,二程也鼓吹仁孝,二者是一致了。

关学和洛学,两派的学风颇不相同。关学注意研究天文、兵法、医学以及礼制,注意探讨自然科学和实际问题。在天文学方面,张载发展了西汉以来的地动说,有一定的贡献。洛学则专重内心修养,"涵泳义理",提倡静坐,时常"瞑目而坐"。程颢

---

① 《程氏遗书》卷二上。
② 同上书,卷二下。
③ 同上书,卷五。
④ 同上书,卷十一。
⑤ 同上书,卷三。
⑥ 同上书,卷二上。
⑦ 同上书,卷十一。
⑧ 同上书,卷二上。
⑨ 同上书,卷二十三。

批评张载说"以大概气象言之,则有苦心极力之象,而无宽裕温和之气,非明睿所照,而考索至此,故意屡偏而言多窒"①。这却正说明了张载刻苦考索的精神。张载死后,程门弟子谢良佐批评张门弟子"溺于刑名度数之间"②,也可证两派学风是大相径庭的。

关于关学和洛学的关系,有许多故事,可以表明这两个学派又联系又矛盾的情况。张载本是二程的表叔,在行辈上比二程早一辈;从年岁来讲,也比二程大十几岁。张载和二程常在一起讨论一些学术问题。但张载死后,先曾从学于张后又从学于程的吕大临写《横渠先生行状》,却说张载见二程之后"尽弃其学而学焉"。这显然是不合事实的,程颐曾加以驳斥,说:"表叔平生议论,谓颐兄弟有同处则可,若谓学于颐兄弟则无是事。顷年属与叔删去,不谓尚存斯言,几于无忌惮。"③程颐的态度是比较公允和客观的。后来吕大临把这句改为"于是尽弃异学,淳如也"。但二程弟子中仍有人不顾程颐的训示依然认为张载曾学于程颢,如游酢所写《书明道先生行状后》说:"先生生而有妙质,闻道甚早,年逾冠,明诚夫子张子厚友而师之。"④这些话主要是企图贬低张氏而抬高二程的地位。

北宋末年,关学、洛学两派之间曾经有过相当激烈的斗争,还可以从杨时的一些话中看出。杨时说:"《正蒙》之书,关中学者遵信之与《论语》等,其徒未尝轻以示人,盖恐未信者不唯无益,徒增其鄙慢尔。"⑤"横渠之学,其源出于程氏,而关中诸生尊其书,欲自为一家。"⑥杨时是北宋末南宋初排斥王安石新学、批评张载关学的最出力的人物,他写过《三经义辨》《字说辨》来反对王安石,又极力否认关学的独立地位。

关学宣扬气一元论,洛学标榜理一元论,实际上是泾渭有别的两派。洛学的门徒,为了争夺学术界的领导地位,不惜歪曲事实,编造谎言,力图贬低关学。这个事

---

① 《程子文集·答横渠先生书》。
② 《上蔡语录》。
③ 《二程集》卷三十六《外书》。
④ 《伊洛渊源录》卷三引。
⑤ 《杨龟山集》卷二十。
⑥ 同上书,卷二十六。

实本身就表现出唯物论与唯心论两条路线的尖锐斗争。

杨时的三传弟子朱熹编辑《近思录》，选了周敦颐、程颢、程颐、张载的言论，把张置于二程之次。朱熹又编辑《伊洛渊源录》，选了周、程、邵雍、张载以及程、张弟子的传记材料。从此以后，关学、洛学的界限搞模糊了。周敦颐在北宋本来没有建立自己的学派，他曾经做过二程的家庭教师，但二程却不推崇他。张载与程颢、程颐，虽有联系，本属两派。朱熹编选《近思录》《伊洛渊源录》，推崇周敦颐为道学的创始人，而把张载列于二程之后，实际上是按照自己的意图涂抹历史。朱熹死后，"濂洛关闽"、"周程张朱"，成为流行的口头语，于是张载被看做理学大师之一了。事实上，张载没有把"理"作为他的学说的中心观念。到了明、清时代，王廷相、王夫之、戴震才特别发挥了张载的气一元论哲学。这中间贯穿着唯物论与唯心论的路线斗争。

三 张载的著作

关于张载的著作，有些问题需要进行考察和说明。《近思录》的《引用书目》中所列"横渠先生著作"，有《正蒙》《文集》《易说》《礼乐说》《论语说》《孟子说》《语录》。晁公武《郡斋读书志》所著录的张载著作，有《横渠春秋说》一卷、《信闻记》《横渠孟子解》十四卷、《正蒙书》十卷、张横渠《崇文集》十卷。赵希弁《郡斋读书志附志》及《后志》所载，有横渠先生《语录》三卷、横渠先生《经学理窟》一卷、《横渠易说》十卷。陈振孙《直斋书录解题》中著录的有《易说》三卷、《理窟》一卷、《正蒙书》十卷、《祭礼》一卷。魏了翁《为周二程张四先生请谥奏》中说："张载讲道关中，世所传《西铭》《正蒙》《理窟》《礼说》诸书……"[①]这些都是宋代人关于张载著作的记述。其中一个疑问是：《近思录》的《引用书目》中没有《理窟》。《郡斋读书志》中有一条说："《理窟》二卷，右题曰金华先生，未详何人，为程张之学者。"而赵希弁《郡斋读书志附志》中，则著录有横渠先生《经学理窟》一卷，魏了翁讲张载的书，也以《理窟》与《正蒙》并提。但何

---

① 《道命录》卷九引。

以《近思录》的《引用书目》中没有《理窟》呢？疑朱熹编辑《近思录》时尚未见到《理窟》，或者虽见到而以为不足依据而不取。今存的《理窟》，内容和赵希弁所述目次相同，但其中有些是程颐的《语录》，而从大部分的题材语气来看，又确像张载的话。疑宋代《理窟》有两个本子，一题金华先生，一题横渠先生、金华先生可能是编者。这本书当是张载、程颐语录的类编，后人因其中张载的话较多，所以算做张载的书了。书中只是门人的记录，不是张氏手著的，不完全可信。

《正蒙》《易说》和《文集》中的文章是张载自写的著作，其余都是他历年讲学的记录。《易说》可能是张载早年著作。《程氏外书》中记载尹焞的话说："横渠昔在京师，坐虎皮说《周易》，听众甚众。一夕二程先生至，论《易》，次日横渠撤去虎皮。"[①]张载在开封讲《易》时，可能已经开始写《易说》了。在《易说》中，他的唯物论的基本观点已经具备。《正蒙》是张载晚年的著作，对于唯物论学说又有所发挥，但也添加了不少唯心论的观点。《西铭》的写成，当在《易说》之后、《正蒙》之前，后来也编入《正蒙》中。《西铭》讲"民胞物与"，与程颢"仁者以天地万物为一体"的观点一致，所以深受二程的赞赏。

张载的一部分著作，到元、明时代，就逐渐散佚了。二程的著作，经过朱熹的整理，完整无缺。王安石的著作，除《文集》外，也大部散佚。这里可以看出程朱学派的态度和影响。

通行本《张子全书》，编于何时，编者何人，过去很少人注意。《四库全书总目提要》曾说："此本不知何人所编。"《四库全书》的作者没有进行深入的调查，只是以不了了之。其实这个问题还是可以解决的。

明吕柟在嘉靖五年编著《张子抄释》，序文中说："横渠张子书甚多，今其存者止《二铭》《正蒙》《理窟》《语录》及《文集》；而《文集》又未完，止得二卷于三原马伯循氏。"可见当时还没有《张子全书》，而《张子全书》中的《语录抄》《文集抄》是直接沿用吕柟所摘抄的，可见《张子全书》的编纂在吕柟之后。

清乾隆年间宋廷夸刊本《张子全书》卷首有宋廷夸《附记》说："张子撰著.明以前

---

① 《二程全书》卷三十七，祁宽所记尹和靖语。

散见他书。万历中都门沈芳扬(芳扬,自彰先生字也)守凤翔,搜集为《全书》,说见原刻张某序中。"宋氏所说,当有所据。今存万历刊本《张子全书》,有袁应泰序、张能鳞序,都未谈到这个问题。袁序中仅说:"郡伯沈公表章理学……为建横渠书院,肖像以祀之,并刻其《全书》而属序于余。"顺治刊本《张子全书》喻三畏序,有几句话很值得注意。他说:"遂求先生全集于文献之家,而乡先达果进予而言曰:先生著作,虽传今古遍天下,唯吾郡实为大备。前都门芳扬沈太公祖尊先生教,搜索殆遍,寿之木以广其传,至今家弦户诵,衍先生泽使之灵长者,沈公力也。"根据喻三畏和宋廷尊的说法,我们可以断定:《张子全书》是明万历年间沈自彰编纂的。明末徐必达刻《张子全书》,是在沈自彰以后了。

《张子全书》有许多缺点,它没有采用宋本《张子语录》而采用《语录抄》,《文集》也没有参考《宋文鉴》,仅采用《文集抄》,这都是不足之处。吕柟没有提到《横渠易说》,《全书》保存了《易说》全文,这还是优点。现在这个新编《张载集》,参考了《宋文鉴》,采录了宋本《语录》,又查考了《周易系辞精义》,应该说是一个比较完整的本子了。

《正蒙》艰深难懂,初学须看注解。王夫之的《张子正蒙注》最有名,但他的注也不易懂。比较浅显易懂而且也比较完备的注解,有王植的《正蒙初义》(乾隆刊本),可以参阅。此外还有明刘玑的《正蒙会稿》(明刊本,清刊本),明高攀龙、徐必达的《正蒙释》(明刊卒),清李光地的《正蒙注》(康熙刊本),杨方达的《正蒙集说》(雍正刊本)等。但这些注解都有曲解误释之处,这也需要注意鉴别。

张载的著作中,有精华,有糟粕。他提出许多卓越的思想,也有大量的糟粕,这应该分别观之。可以说,张载开辟了中国古代朴素唯物论哲学的一个新阶段。后来,经过王廷相,到王夫之而达到中国朴素唯物论的高峰。在张载的体系中,理是从属于气的,但他没有来得及批判二程的理一元论。王廷相发挥张氏的观点,比较明确地批判了程、朱"理能生气"的客观唯心论。王夫之高度赞扬张氏的哲学,认为"张子之学……如皎日丽天,无幽不烛"[①],他全面地批判了程朱"理在物先"的客观唯心

[①] 《张子正蒙注序论》。

论和陆王"心外无物"的主观唯心论。戴震以"气化流行"为道,也是张载学说的继承和发挥。所以,张载的哲学确实有深远的积极的影响,对于他的哲学著作确实应该进行深入的研究。(原题为《关于张载的思想和著作》)

第五节
宋明理学的得失

  宋明理学是宋、元、明、清时代占统治地位的哲学思想。北宋时期,周敦颐、邵雍、张载、王安石、程颢、程颐、苏轼、苏辙,各自提出自己的思想学说,在当时形成学派林立的盛况。到南宋初年,周敦颐、张载、程颢、程颐的学说逐渐受到尊重,被统称为理学,朱熹综合了周、张、二程的学说,集理学之大成。同时的陆九渊立论与朱氏不同,但亦推崇周敦颐、程颢,亦属于理学。朱熹晚年受到当时执政的当权派的排斥,但在死后不久即受到尊崇。历南宋、元、明、清,理学成为学术文化上的主导思想。同时,反对理学的思想亦迤逦不绝。北宋时期,王安石的"新学"、苏轼的"蜀学",各在不同的方面与理学对峙。南宋时,陈亮、叶适提倡"事功之学",对理学提出批评。明代后期的李贽,清代的颜元、戴震,都是著名的反理学的思想家。50年代以来,许多历史学家、文学史家,表现了激烈的反理学的态度,认为理学是宋、元以来阻碍社会进步的反动思潮;也有一些哲学家,以中国古典哲学与西方古典哲学对比,从而肯定宋明理学在理论思维上所取得的成就。
  这里试图对于理学的理论成就与历史作用进行一些比较客观的分析。

仆顿首 老妇来病事寻不死但服胃经是性羽
缝合少失节饮食不快且服脾腹健人日推於
尤害子责害不同此至未难二菖氏疫生事
喜事痴犯少子咕上事更此之付一小年二月壹白未
革五事重可见报岁附十品件巻挟善写字
雇夫害束為事門看石名子陸害上石岩者
五问未必子纫烦竹札兄岂无疑真之岂未果
路别写主西事尉医未促附区军作推自言
一脉心直皇起
久矢州楊坚书

>>> 朱熹集理学之大成,他晚年却受到当权派的排斥,但在他死后不久即被尊崇,一直到清朝,理学都是学术文化上的主导思想。图为朱熹与友人像及他的事迹。

第四章 儒

一　宋明理学的基本派别

　　自清初的学术史著作《宋元学案》《明儒学案》以来，许多学术史思想史著作认为宋明理学包括两个学派，即以程颢、程颐、朱熹为代表的程朱学派和以陆九渊、王守仁为代表的陆王学派。我认为这是不准确、不全面的。事实上，理学中还有一个重要学派，即以张载、王廷相、王夫之为代表的学派，可称为张王学派。

　　北宋时期，张载讲学关中，称为"关学"；二程讲学洛阳，称为"洛学"。关学与洛学，在伦理学说方面是一致的，但在本体论方面都是相互对峙的。张载以"气"为世界本原，虽然也讲"理"，而认为"理"只是气的运动变化的规律而非世界的本原。这种观点可称为"气本论"。二程则认为"理"是世界的本原，虽然也讲"气"，而认为"气"是从属于"理"的而非世界的本原，这种观点可称为"理本论"或"理气二元论"。朱熹继承、发挥了二程学说，亦采纳了张载的一些观点作为补充，于是推崇二程为学术正宗，编著《近思录》《伊洛渊源录》来表扬北宋理学，而将张氏"关学"列于二程"洛学"的附庸地位。事实上这是不符合实际情况的。应该承认，张载以气为本，程、朱以理为本，陆九渊、王守仁以心为本，乃是理学中三种不同的本体论学说。

　　明代中期，王廷相批评程朱，继承、宣扬张载的学说。明清之际，王夫之更以阐发"张横渠之正学"为己任，对于程、朱、陆、王提出深刻的批判。显然，张载、王廷相、王夫之是一脉相承的。近年有些思想史论著把王廷相、王夫之称为"反理学"的思想家。既然张载是理学家，何以张载的继承者成为反理学的呢？这是讲不通的。我认为，张、王是理学中的一个独立的学派。把理学思潮简单地析别为程朱、陆王两派，乃是一种偏见。

　　气本论、理本论、心本论，是宋明理学中三个基本派别。

二 理学的基本性质及其历史作用

　　理学是先秦儒家孔孟学说在经过魏晋、隋唐时期道家及佛教的冲击之后的进一步的发展。魏晋时代,老庄"玄谈"盛行;隋唐时代,佛学高度发展。相比之下,儒学相对衰微。韩愈排斥佛、老,力图复兴儒学,但是没有能够提出比较完整的思想体系。到了北宋中期,周敦颐著《太极图说》《通书》,张载著《正蒙》,各自提出内容深湛的理论体系,才恢复了儒学的权威。程颢、程颐聚徒讲学,更发扬了一种新的学风。周、张、二程的思想学说的主要特点是:为孔孟的伦理学说提供本体论的基础,使儒家哲学更加完整,建立了儒家哲学的新体系。

　　这里应该研究的一个问题是,理学与佛老的关系如何?曾经有一个流行的说法,认为理学家都是"阳儒阴释",认为理学表面是儒家,实质上是佛学。又有一种说法:"朱羽陆释",即认为朱学不过是改头换面的道教思想,陆学是禅学。这些都是反对理学的人对于理学的指摘。我认为,这些对于理学的评论和指摘都是没有充足理由的诽谤之词。理学家确曾受到道家、佛教的影响,也采纳了道、佛的一些观念,但理学家的中心思想来自先秦儒家。理学家自称"为往圣继绝学"、"返之六经而后得之",还是符合实际情况的。

　　关于周敦颐与道教的关系的传说颇多,但周敦颐的基本思想还是来自《周易》。张载、二程的弟子都讲张、程曾经"出入佛老"。所谓出入者,谓既"入"而又能"出"。"出入"于不同学派的学说,这正是思想家探索真理的必经途径。周、张、二程,依据古代儒家的经典,回答了佛、老两家所提出的问题,从而丰富了儒家的学说,这正是符合思想发展的客观规律的。

　　为了回答道家、佛教所提出的问题,周敦颐、张载、程颢、程颐确曾苦心孤诣地在儒家经典中寻找答案。他们主要是在《周易》《中庸》等书中找到了根据,参照了《论语》《孟子》《大学》,从而建立起不同于汉儒的理论体系,这是无可非议的。

　　理学家研讨了佛、老两家所提出的问题,汲取了佛、老两家的一些观念,这正是理学家的优长之处。这不应谓之"阳儒阴释",亦不应说是"朱羽陆释"。

理学三大派别都是为孔、孟的伦理学说提供本体论的根据。三派的本体论不同,因而为人伦道德所设定的理论基础也不同。张载从天地万物俱属一气来宣扬"民,吾同胞;物,吾与也"。二程从"万物一理"来断言仁义礼智是天经地义。陆九渊从"心即理"来肯定仁义礼智乃是"本心"。

这种为仁义礼智等道德规范做出理论辩护的学说,在社会生活中的实际作用如何呢？这就涉及理学与宋元明清时代中央集权的君主专制政权的关系问题。

从南宋中期以来,程朱理学受到历代最高统治者的推崇,理学被尊奉为学术的正统。理学肯定上下尊卑的等级差别,拥护君权,在这一方面确实起了维护君主专制制度的作用。这是事情的一个方面。在另一方面,理学宣扬"仁政",反对"苛政",强调"格君心之非",要求统治者端正自己的思想,这又表现限制君权的倾向。程颐曾向宋哲宗进言说:"夫人主处天下之尊,居亿兆之上,只嫌怕人尊奉过当,便生骄心。"①朱熹见宋孝宗,特别强调"正心诚意",这都表现了理学对待君权的态度。董仲舒宣称"屈民而申君,屈君而申天",企图以"天意"来限制君权。理学家不讲"天意",而是以"天理"来限制君权。因此,不能简单地认为理学就是君主专制主义的理论表现。

在实际上,理学起了安定社会秩序的作用,这固然有利于封建统治阶级,但对劳动人民的利益也非完全违反。要而言之,理学是在肯定贵贱等级制度的条件下,要求调和统治阶级与劳动人民的矛盾。宋、元、明、清的最高统治者所以要尊崇理学,就是因为理学确有安定人心、维护社会秩序的作用。理学家强调"义利之辨"、"理欲之辨",其中心意义就是要求尊重社会的共同利益,限制个人的私欲。朱熹、王守仁都宣扬"存天理、去人欲",但是他们并不否认"饮食男女"的基本欲望。他们讲理欲之辨,也不仅仅是对一般人民讲的,主要是对于穷奢极欲的贵族豪强讲的。他们鼓吹理欲之辨,虽然表现了严重的偏向,但还是一种节欲主义,不应认为禁欲主义。近年很多论者认为理学是禁欲主义,也是不符合实际情况的。

---

① 《河南程氏遗书》卷十九。

有一种议论,认为儒学演变到理学,便形成为一种宗教,这更是一种缺乏事实根据的主观臆说,不可以不辨。佛教、基督教、道教、伊斯兰教,都是宗教。宗教都承认鬼神的存在,都特别重视生死问题。而理学恰恰与此相反,既不承认鬼神,也不讲死后问题。宗教都有自己的一套祈祷仪式,理学家决无类似祈祷的活动,与佛教、基督教等大不相同。理学家强调道德教育,在社会生活中确实起了维系人心、安定人心的作用。不同阶层的人民,如果接受理学的教导,便可以感到"心安理得",感到一种精神的满足,感到精神上有所寄托。在这一点,可以说理学具有宗教所有的社会作用。但这正是孔子以来儒家学说的特点,不应据此认为理学是宗教。

宋代以来,以至于近世,都有人讥骂"伪道学",认为有些理学家是虚伪的,口说"仁义道德",心里却向往"高官厚禄",都是些"欺世盗名"之辈。这类"伪道学"确实是存在的。但应该承认,真正的理学家,尤其是周、张、程、朱、陆、王等理学大师,确实是言行一致的。宋、元、明、清时代,著名的理学家都是清官。直至清初,所谓"理学名臣"如张伯行、汤斌等,虽然在学术上皆无所建树,但都属于言行相顾的清官。多数理学家表现了脱离实际的"迂阔"态度,但都能保持学者的优良品德。

三 理学的理论贡献

宋明理学在中国近古时代的理论思维发展史上具有重要地位。理学以孔子、孟子的基本思想(包括《易传》《中庸》的思想)为依据,汲取了道家、佛教的若干观念,用儒家的基本立场加以统率,从而构建了比较完整的哲学体系。理学在中华民族的哲学发展史上做出了一定的贡献。理学的理论贡献最主要的有二:一是发展了先秦哲学中的辩证思维,二是进一步发扬了人的道德自觉性。

周敦颐、张载、程颢、程颐、朱熹都发表了很多关于"对立统一"原则的论述,就中以张载所讲最为精湛。张氏提出"两"和"一"的范畴,两即对立,一即统一。他揭示了"两"和"一"的统一关系,他说:"两不立则一不可见,一不可见则两之用息。"①(如果不存在对立,也就见不到统一;如果见不到统一,对立的作用也就消失了。)又说:"感而后有通,不有两则无一。"②(有相互作用,然后有相互贯通;如果没有对立,也就没有统一。)这些精湛的文句表达了深邃的思想。张载还提出"两故化"的命题,指出对立的相互作用是变化的内在源泉。程颐强调了"物极必反",朱熹指陈了"一中有对"(一事一物之中都包含对立)。这些都是《易传》辩证法思想的进一步的发展。

周敦颐提出"人极"观念,他说:"圣人定之以中正仁义而主静,立人极焉。"③人极即是人生的最高标准。建立"人极",即确定人生理想,达到人的自觉。张载自述学术宗旨云:"为天地立心,为生民立道,为往圣继绝学,为万世开太平。"④天地本来无心,人有自我意识并认识天地,这就是为天地立心了。张载又说:"学者学所以为人。"⑤"学所以为人"就是实现人的自觉。程颢认为,唯有实行仁德,与天地万物为一体,才是达到了人的自觉。他说:"若夫至仁,则天地为一身,而天地之间,品物万形为四肢百体。夫人岂有视四肢百体而不爱者哉!……医书有以手足风顽谓之四体不仁,为其疾痛不以累其心故也。夫手足在我而疾痛不与知焉,非不仁而何?世之忍心无恩者,其自弃亦若是而已。"⑥手足麻痹是不仁,忍心无恩乃是自弃。程颐认为,人的本性在于道德意识,人必须提高道德的自觉。他说:"自性而行皆善也,圣人因其善也,则为仁义礼智信以名之。……舍此而行,是悖其性也。"⑦又说:"人皆有是道,唯君子为能体而用之,不能体而用之者,皆自弃也。故孟子曰:'苟能充之,足以保四海;苟不充之,不足以事父母。'夫充与不充,皆在我而已。"⑧人们或能实行道德原则,或不能实行道德原则,决定于有无道德自觉性。理学家强调了道德方面的自觉能动性。陆九渊说:"人生天地间,为人自当尽人道。学者所以为学,学为人

---

① 《正蒙·太和》。
② 同上。
③ 《太极图说》。
④ 《近思录》引。
⑤ 《语录》。
⑥ 《河南程氏遗书》卷四。
⑦ 同上书,卷二十五。
⑧ 同上。

而已,非有为也。"① 又说:"汝耳自聪,目自明,事父自能孝,事兄自能弟,本无少缺,不必他求,在乎自立而已。"② 所谓自立,就是提高自己的道德自觉性。理学关于道德自觉性的思想渊源于孟子,是孟子学说的阐释。

人的主体能动性具有多方面的内容,有改造环境的主体能动性,有认识的主体能动性,有道德的主体能动性。理学所重视的只是道德的主体能动性。这种关于主体能动性的观点是不完备的,但也具有深刻的理论意义。理学宣扬道德的自觉性,因而特重节操、气节,强调"进退出处辞受之义"。进即提升官职,退即辞官不做,出即出仕,处即隐居,辞即不肯接官职,受即受命任职。进退出处辞受之义即或进或退、或出或处、或辞或受的原则。理学是反对同流合污的。南宋以来,坚持民族气节、不向外来侵略势力屈膝的爱国志士,都是受过理学熏陶的。理学在这一方面的积极作用还是比较显著的。

四 理学的偏失

宋明理学也表现了严重的偏失,给中华民族的文化发展带来严重的消极影响。这主要有两点,一是不重视自然知识的价值,二是不重视社会实际问题的研究。

程颐尝论学云:"学也者,使人求于内也。不求于内而求于外,非圣人之学也。何谓不求于内而求于外?以文为主者是也。学也者,使人求于本也。不求于本而求于末,非圣人之学也。何谓不本于本而求于末?考详略,采同异者是也。是二者皆无益于身,君子弗学。"③ 所谓以文为主,即文章之学。所谓考详略、采同异,即训诂考证之学。程氏以文章之学为"不求于内而求于外",研究天文、地理、医学、农学,就更是"不求于内而求于外"了。程氏以训诂考证之学为"不求于本而求于末",研究社会实际问题,例如理财(经济)、治狱(法律)之学,当更是"不求于本而求于末"了。

---

① 《语录》下。
② 《语录》上。
③ 《河南程氏遗书》卷二十五。

程颐在学术领域内区分了内外、本末,重内而轻外,崇本而抑末,表现了严重的狭隘态度。

陈亮曾批评朱熹所倡导的学风说:"自道德性命之说一兴,而寻常烂熟无所能解之人自托于其间……为士者耻言文章行义,而曰尽心知性;居官者耻言政事书判,而曰学道爱人。相蒙相欺以尽废天下之实,则亦终于百事不理而已。"①这个批判不尽合事实,理学家虽然轻视"文章",但特重"行义",亦不耻言"政事书判";"尽心知性"固然偏于玄远,"学道爱人"与"政事书判"亦无矛盾。朱熹为官从政勤于治事,亦无"百事不理"之弊。陈亮对于朱学的非议,也表现了浅薄轻浮。但程、朱忽视了对于社会实际问题的调查研究,却是比较明显的。这是理学的严重偏向。

理学家基本上都是哲学家,我们不能要求哲学家也在自然科学和社会科学上做出贡献。但是,哲学应该为自然科学或社会科学提供方法论上的启示,为自然科学或社会科学的研究开辟道路,有助于自然科学或社会科学研究的顺利开展。宋明理学都不能起这样的积极作用。在理论上,理学不能引导人们开展自然科学和社会科学的探索;在实际上,理学没能提供促进自然科学和社会科学发展的契机。

在理学的思想体系中,没有孕育着近代实验科学的萌芽,这是理学的一个严重缺欠。

理学不重视自然知识的价值,不重视社会实际问题的研究,与理学所强调的"义利之辨"、"理欲之辨"有一定的关联。尊重"义"与"理"是必要的,忽视"利"与"欲"就不对了。理学忽视物质生活的提高与改善,把"义"与"利"、"理"与"欲"的联系割断了。由于忽视人民的物质生活的提高与改善,于是不重视对于自然世界的研究,不重视对于社会实际问题的探索,其消极影响是严重的。

理学的时代已经过去了,对理学进行反思还是必要的。(原题为《宋明理学评价问题》)

---

① 《龙川文集·送吴允成运干序》。

第六节
王船山哲学的基本精神

　　王船山是明清之际伟大的唯物主义哲学家,他在本体论、辩证法、认识论、伦理学说、历史观等方面,都提出了许多光辉的理论命题,做出了卓越的贡献。他不仅是一个思想深邃的哲学家,也是一个具有高尚志操的爱国志士,表现出坚贞不屈的民族气节,值得后人钦佩敬仰。

　　我们研究船山哲学,要了解他的博大精深的学说体系,要认识他的多方面的理论贡献,更要了解他的哲学思想的基本精神。所谓基本精神,就是他的学说体系中起主导作用的中心思想,是构成他的学说体系的核心的基本观点,也就是他在人类认识史上的创造性的独特贡献。他的哲学思想是深邃而丰富的,因而其基本精神也不是单纯的。这里举出四点:1. 体用胥有,2. 即事穷理,3. 珍生务义,4. 相天造命。略说如下。

一 体用胥有

　　体、用问题是中国古典哲学的一个核心问题。中国古典哲学中所谓体用,具有多层含义,最主要的含义有两个:1. 体指实体,用指作用;2. 体指本质(本性),用指现象。唯物主义者认为物质性的"气"是实体,而事物的本质是客观的不以人的意志为转移的,不能脱离事物而独立;主观唯心主义者不承认客观世界的存在,断言"心"或"识"是唯一的实体;客观唯心主义者则认为在现象世界之先之上还有一个虚无的本体,称之为"道"或"理"。王船山提出"体用胥有"的命题,批判了否认客观世界的主观唯心主义和以虚无为本体的客观唯心主义。他说:"天下之用皆其有者也。吾从其用而知其体之有,岂待疑哉?用有以为功效,体有以为性情,体用胥有而相需以实,故盈天下而皆持循之道。"①这里首先肯定用是有,即肯定客观事物的实际存在,然后从用之有而推证体之有。

在船山著作中,所谓体、用也有两层含义,一指实体与作用,二指本质与现象。如《周易外传》说:"体用相函者也。……体以致用,用以备体。无车何乘?无器何贮?故曰体以致用;不贮非器,不乘非车,故曰用以备体。"②

这里以车器为体,以车的可乘、器的能贮为用,体指实体,指作用。

又如《张子正蒙注》中解释《正蒙》:"中涵浮沉、升降、动静、相感之性,是生絪缊、相荡、胜负、屈伸之始",云:"'中涵'者,其体,'是生'者,其用也。"③

这所谓体指本质,用指作为本质的表现的现象。

前所引船山说的"用有以为功效,体有以为性情",这体指本质而言,用指现象而言。从用之有推证体之有,即首先肯定现象不是虚幻而是实在的,然后断定现象的本质不是虚无的,本质和现象都属于客观实在。这是唯物主义的根本观点。由于体、用有两层含义,因而"体、用胥有"也有两层含义。"用有以为功效,体有以为性情",这是讲本质和现象都属于客观实在。实际上,王船山更强调世界的实体是物质性的气。他说:"虚空者,气之量;气弥沦无涯而希微不形,则人见虚空而不见气。凡虚空皆气也,聚则显,显则人谓之有;散则隐,隐则人谓之无。……若其实,则理在气中,气无非理;气在空中,空无非气:通一而无二者也。而阴阳一太极之实体,唯其富有充满于虚空,故变化日新。"④

张横渠在《张子正蒙注》中说:"阴阳二气充满太虚,此外更无他物,亦无间隙,天之象,地之形,皆其所范围也。散入无形而适得气之体,聚为有形而不失气之常。"⑤

---

① 《周易外传》卷二《大有》。
② 《系辞上传》第十一章。
③ 《张子正蒙注·太和篇》。
④ 同上。
⑤ 同上。

"为虚为实,为清为浊,皆取给于太和绸缊之实体。"①这里明确肯定"太和绸缊"之气是实体。这肯定虚空皆气,就是肯定世界的统一性在于物质性。这固然是发挥张横渠的学说,但比横渠所说更为详密。王船山批判唯心主义者关于本体的虚构说:"故善言道者由用以得体,不善言道者妄立一体而消用以从之。'人生而静'以上,既非彼所得见矣,偶乘其聪明之变,施丹垩于空虚,而强命之曰体。聪明给于所求,测万物而得其景响,则亦可以消归其用而无馀,其邪说自此逞矣。则何如求之'感而遂通'者,日观化而渐得其原也?"②

这里指斥道家和佛教唯心主义者是"妄立一体而消用以从之",这个批判可以说非常深刻,非常精辟,击中了要害。唯心主义玄学家们所虚构的本体如"无"、"真如"、"绝对精神"之类,实际上都是如此。王船山提出"由用以得体"、"日观化而渐得其原",这是唯物主义方法论的一个重要原则,具有极其重要的理论意义。

"体用胥有"是王船山哲学的基本观点。他的"天下唯器"论就是这个观点的引申。关于"天下唯器"的学说,近年论述已多,这里就不详说了。

二 即事穷理

王船山在本体论问题上提出"由用以得体"的方法论原则,在一般理论问题上又提出"即事以穷理"的方法论原则。他说:"有即事以穷理,无立理以限事。故所恶乎异端者,非恶其无能为理也,冏然仅有得于理,因立之以概天下也。"③"即事以穷理"即是就事物的实际情况加以考察分析以达到对于规律的认识;"立理以限事"即是假定一个规律来概括一切实际情况,凡不符合那个规律的就一概加以否认。"即事以穷理"是唯物主义的客观方法,"立理以限事"是唯心主义的主观方法。

---

① 《张子正蒙注·太和篇》。
② 《周易外传》卷二《大有》。
③ 《续春秋左氏传博议》。

王船山又说:"愚谓在天者即为理,不可执理以限天。"①"执理以限天"即设定一个规律,用来限制自然界的实际情况。船山认为,自然界有其客观规律,不可固执一定之理来限制自然界的复杂情况。这是唯物主义方法论的一个重要原则。

王船山充分肯定理的客观性及可知性。理是事物之理,即在事物之中,而人有认识理的能力。人认识客观的理,不能仅靠感官,主要靠心的思维作用,而心的思维作用又以感官经验为依据。他对孟子说的"圣人既竭目力焉,继之以规矩准绳以为方员平直,不可胜用也;既竭耳力焉,继之以六律正五音,不可胜用也;既竭心思焉,继之以不忍人之政,而仁覆天下矣"这一段话做了如下的解释:"规矩准绳元不是目力看出来底,六律元不是耳力听出来底,不忍人之政元不是师心億度想出来底。……规矩准绳因乎象,六律因乎数。圣人不于目求明、于耳求聪,而以吾心之能执象通数者为耳目之则。故规矩、六律之所自制,不得之耳、目者而得之于心思,以通天下固有之象数,此以心而治耳、目也。不忍人之政,上因天时,下因地利,中因人情。圣人不任心以求天下,而以天下固然之理顺之以为政,此以理而裁心思也。故仰观天文,俯察地理,察迩言以执两端而用其中。岂有闭门造车、出门合辙之自用者哉?"②这就是说,仅凭耳力、目力是不能发现自然规律的,发现规律要靠思维,而思维必须符合于客观实际,才能发现规律。既须"以心而治耳目",又须"以理而裁心思"。闭门造车、出门合辙是不可能的。心如何才能"执象通数"呢?王船山没有提出详细的理论,这是受到时代的限制。

王船山不但强调心的思维作用,也充分肯定心对于耳目感官的依赖关系。他说:"一人之身,居要者心也。而心之神明,散寄于五藏,待感于五官。肝、脾、肺、肾、魂魄,志思之藏也,一藏失理而心之灵已损矣。无目而心不辨色,无耳而心不知声,无手足而心无能指使,一官失用而心之灵已废矣。其能孤扼一心以绌群用而可效其灵乎?"③感官经验究竟是思维的依据。唯心主义者强调心的灵妙,其实心是不能脱离感官而孤立的。船山强调思维作用,又肯定心不能脱离感官,这是一种全面的

---

① 《张子正蒙注·参两篇》。
② 《读四书大全说》卷九。
③ 《尚书引义》卷四《毕命》。

观点。王船山更论求知的方法说:"夫知之方有二,二者相济也,而抑各有所从。博取之象数,远证之古今,以求尽乎理,所谓格物也。虚以生其明,思以穷其隐,所谓致知也。非致知,则物无所裁而玩物以丧志;非格物,则知非所用而荡智以入邪。二者相济,则不容不各致焉。"①"大抵格物之功,心官与耳目均用,学问为主,而思辨辅之,所思所辨者皆其所学问之事。致知之功则唯在心官,思辨为主,而学问辅之,所学问者乃以决其思辨之疑。"②这里把致知与格物分为二事。所谓格物是通过观察、考查来发现客观规律;所谓致知是对已发现的规律加以分析、推演,以穷尽其中的义蕴。这里所谓"学问"、"思辨",语出《中庸》"博学之,审问之,慎思之,明辨之"。格物以学问为主,但还要以思辨辅之;致知以思辨为主,但还要以学问来决疑。船山既强调思维与感官经验的区别,又肯定思维与感官经验的联系。这与他的方法论原则"即事以求理"还是一致的。

三 "珍生"、"务义"

在人生观方面,王船山提出"珍生"之说,以反对道家和佛教"以生为妄"的观点。他首先肯定人类必须依靠物质世界而生活,人类生活是有规律的。他说:"夫可依者有也,至常者生也,皆无妄而不可谓之妄也。"③人类是不能脱离物质世界而生存的,而生活实有其客观的规律。船山认为,既已为人,就必须珍视自己的生命。他说:"圣人者人之徒,人者生之徒。既已有是人矣,则不得不珍其生。"④珍视生命,必须体现"健"与"动"。他说:"是故圣人尽人道而合天德。合天德者,健以存生之理;尽人道者,动以顺生之几。"⑤"天下日生而君子日动。动者,道之枢、德之牖也。"⑥"健"

---

① 《尚书引义》卷三《说命中二》。
② 《读四书大全说》卷一。
③ 《周易外传》卷二《无妄》。
④ 同上书,《临》。
⑤ 同上书,《无妄》。
⑥ 同上书,《系辞下传》。

的观念来自《周易》。《周易·象传》说:"天行健,君子以自强不息。"健是运行不息之义。船山认为,健是生的本性,动是生的机能;在生活中,应保持健的本性,顺应动的机能。而动又是道德行为的枢纽。如果不动,也就无从体现道德了。船山强调"健"、"动",纠正了宋儒"主静"的偏敝。

生命是珍贵的,但还有比生命更加珍贵的,就是道德,即所谓"义"。船山说:"将贵其生,生非不可贵也;将舍其生,生非不可舍也。……生以载义,生可贵;义以立生,生可舍。"①"立人之道曰义……故曰'智莫有大焉'也,务义以远害而已矣。"②体现道德理想的生活是可贵的,必须"务义";为了实现道德理想,可以牺牲自己的生命。船山论"义",认为义有层次之不同,有"大义"、"通义"之别。他说:"有一人之正义,有一时之大义,有古今之通义。轻重之衡,公私之辨,三者不可不察。……事是君而为是君死,食焉不避其难,义之正也。然有为其主者,非天下所共奉以宜为主者也,则一人之私也。……此一人之义,不可废天下之公也。为天下所共奉之君,君令而臣共,义也。而夷夏者,义之尤严者也。……义之确乎不拔而无可徙者也。"③"一人之正义"指个人对于所尊奉的君主的关系准则;"一时之大义"指个人对于天下共奉的君主的关系准则;"古今之通义"指民族关系的准则。船山特重"夷夏之辨",认为这是古今之通义,是必须严格遵守的。他强调"夷夏之辨",虽然含有轻视文化落后的少数民族的倾向,但主要是要求划清民族界限,保卫民族的主权。他主张各民族应各守疆土,不相侵犯,既反对异族的入侵,也反对侵略异族。他尝说:"拓土,非道也;弃土,亦非道也;弃土而授之劲敌,尤非道也。"④他主要是要求各族和平相处。他所最强调的是维护民族的独立。

船山重视"君臣大义",这是时代的局限,但他也反对绝对君权的思想。他尝论君臣关系说:"人无易天地、易父母,而有可易之君。"⑤"不仁者不可以为父母,正其名

---

① 《尚书引义》卷五《大诰》。
② 同上书,卷二《禹贡》。
③ 《读通鉴论》卷十四。
④ 同上书,卷二十四。
⑤ 《尚书引义》卷四《泰誓上》。

而仁乃昭。不义者不可以为元后,正其名而后义乃著。"①

君臣关系不是绝对的而是相对的。

他批评所谓"天下无不是底君"云:"'天下无不是底父母',延平此语全从天性之爱上发出,却与敬处不相干涉。若论敬,则陈善闭邪之谓也。苟不见邪,更何所闭?潜室套着说'天下无不是底君',则于理一分殊之旨全不分明,其流弊则为庸臣逢君者之嚆矢;……韩退之唯不知道,故其《拟文王操》有云'臣罪当诛兮,天王圣明',显出他没本领,假铺排勾当……'臣罪当诛,天王圣明',则欺天欺人,欺君欺己,以涂饰罔昧冥行于人伦之际,而可以为诚乎?"②船山严厉批判了"天下无不是底君"的妄论,这表现了他的进步的政治观点。要之,船山认为,为君主而牺牲,不一定是必要的;为维护民族的主权而牺牲,乃是绝对必要的。

四 "相天"、"造命"

《周易大传》有"裁成辅相天地"之说。《象传》云:"天地交泰,后以财成天地之道,辅相天地之宜,以左右民。"《系辞上传》云:"范围天地之化而不过,曲成万物而不遗。"这都是主张对自然界加以调整。王船山继承《周易大传》的这些思想,提出"相天"之说。他说:"语相天之大业,则必举而归之于圣人。乃其弗能相天与,则任天而已矣。鱼之泳游,鸟之翔集,皆其任天者也。人弗敢以圣自尸,抑岂同禽鱼之化哉?……故天之所死,犹将生之;天之所愚,犹将哲之;天之所无,犹将有之;天之所乱,犹将治之。"③圣人可以相天,禽鱼任天,一般人虽非圣人,但与禽鱼不同,也能对天有所改变。船山非常重视人的能动性。他说:"天地之大德者生也,珍其德之生者人也。……人者天地之所以治万物也;……人者天地之所以用万物也。"④"天地之道

---

① 《尚书引义》卷四《泰誓牧誓》。
② 《读四书大全说》卷九。
③ 《续春秋左氏传博议》。
④ 《周易外传》卷六《系辞下传第一章》。

虽无为而不息,然圣人以裁成辅相之,则阴阳可使和,五行可使协,彝伦可使叙,赞之以大其用,知之以显其教,凡此皆人之能。"①调整自然,治理万物,使自然界更合乎人的理想,这是人的作用。先秦哲学中,阐发人的能动作用的是《周易大传》和荀子;宋代以来,强调人的能动作用的,当首推王船山。

王船山还提出"造命"之说。唐代著名的政治家李泌曾讲"君相可以造命",船山加以发挥说:"君相可以造命,邺侯之言大矣!进君相而与天争权,异乎古之言俟命者矣。……推致其极,又岂徒君相为然哉?……岂非君相而无与于命乎?修身以俟命,慎动以永命,一介之士,莫不有造焉。"②不但君相可以造命,而且一般的人如能努力修养道德,发挥主观能动性,也都可掌握自己的命运。可见船山对于人生的态度是积极乐观的。

当国家衰乱、民族危难之际,爱国志士应取何种态度呢?船山借评论汉末管宁来陈述自己的志操道:"管宁在辽东,专讲诗书、习俎豆,非学者勿见,或以宁为全身之善术,岂知宁者哉?……天下不可一日废者,道也;天下废之,而存之者在我。故君子一日不可废者,学也。……见之功业者,虽广而短;存之人心风俗者,虽狭而长。一日行之习之,而天地之心昭垂于一日;一人闻之信之,而人禽之辨,立达于一人。……君子自竭其才以尽人道之极致者,唯此为务焉。"③宣扬道德,昌明学术,使文化传统不至于断绝,使善良风俗不至于沦丧,就是志士仁人应尽的本务。船山是这样说的,也是这样做的。

王船山的哲学著作非常丰富,提出了许多独创性的光辉命题。而上述四点,则是他的哲学思想的基本精神之所在。

王船山于明亡之后,在非常艰难的处境之中,积极地追求真理,孜孜不倦地从事于著述,怀着深厚的民族感情,对过去两千年的学术思想进行了理论总结,试图为未来的民族复兴奠定理论基础。船山哲学的基本精神,也就是爱国的唯物主义思想家的精神。他肯定客观实际和客观规律的存在,肯定人类的主观能动作用,肯定

---

① 《读四书大全说》卷六《论语》。
② 《读通鉴论》卷二十四。
③ 同上书,卷九。

现实生活和道德理想的价值。他在极其困苦的条件下斗志不挫,信心不改。这种专心致志为民族的生存而阐扬真理的卓越精神,是值得我们深深敬佩的。

第七节
儒家学说与中国的现代化

儒家思想是中华民族文化遗产的重要内容。一切文化遗产都具有两重性:一方面,历史遗产是一个民族据以继续前进的基础;另一方面,历史遗产又可能成为阻碍前进的沉重负担。文化建设是不可能从零开始的。如果全盘否定文化遗产,那将是以"无识无知"为起点,那实际上只能是倒退。古代人的错误观点必须加以纠正,但是古人所发现的真理,如其是符合客观实际的,那在今日仍不失其为相对的真理。众所周知,传统思想中既有精华,也有糟粕。何谓精华?凡符合客观实际因而能促进社会发展的即是精华。反之,凡不符客观实际因而妨碍社会发展的即是糟粕。如实而论,孔子所开创的,经历两千多年传衍不绝的儒学,是中华民族理论思维的重要内容,对于既不能全盘肯定,也不能以漠然的态度弃置不顾。

儒家学说中有一些基本的思想观点,在历史上曾起过重要的积极作用,直至今日仍能启发人们的神智,对于提高人们的精神境界具有一定的意义。这里举出两点:第一,儒家关于人的自觉能动性的学说;第二,儒家关于人际和谐的思想。

儒家肯定人的自觉能动性即人的主体性。儒家认为,每个人都具有独立的意志,应保持自己的独立人格,同时又应尊重别人的独立人格,具有对于社会的责任心。孔子说:"三军可夺帅也,匹夫不可夺志也。"又称赞伯夷、叔齐"不降其志,不辱其身"。承认任何人都有独立的意志。同时孔子更主张"泛爱众",重视个人对于社会应尽的义务。他说:"鸟兽不可与同群,吾非斯人之徒与而谁与?"表现了泛爱人类的胸怀。孔子的生活态度是:"发愤忘食,乐以忘忧",积极从事移风易俗的活动,以致被讥为"知其不可而为之者与"?孔子主张为了实现理想可以牺牲个人的生命,他说:"志士仁人,无求生以害仁,有杀身以成仁。"这种积极上进的精神,对于后人起了激励鼓舞的作用。《易大传》发展了孔子的思想,提出"刚健"、"自强"的生活原则,《彖传》云:"大有,其德刚健而文明,应乎天而时行,是以元亨。"《象传》云:"天行健,君子以自强不息。"刚健自强即是积极发挥人的自觉能动性,努力前进,决不休止。孟子提出大丈夫的人格标准:"居天下之广居,立天下之正位,行天下之大道,得志与民由之,不得志独行其道,富贵不能淫,贫贱不能移,威武不能屈,此之谓大丈夫。"大丈夫即是坚持一定原则,积极发挥主动作用的独立人格。从孔、孟的这些言论看来,儒家是充分肯定人的自觉能动性的。这关于人的自觉能动性的思想对于中华民族的发展壮大在历史上起了显著的积极作用。

其次,儒家重视人际关系的和谐,即人与人之间的协调。孔子弟子有子说:"礼之用,和为贵。"孟子说:"天时不如地利,地利不如人和。"人和即是人与人之间团结合作。几千年来,中华民族表现了高度的凝聚力,这与儒家以和为贵的思想有密切的联系。

儒家所宣扬的"和"的观念,具有深刻的含义。孔子说:"君子和而不同,小人同而不和。""和"与"同"有别。西周末年太史史伯论"和"与"同"的区别说:"夫和实生物,同则不继。以他平他谓之和,故能丰长而物归之。"所谓"同"是无差别的同一,所谓"和"是多样性的统一。儒家宣扬"和",即主张多样性的统一。这"和"的观念有利于文化的发展。

如上所述,儒家肯定人的自觉能动性,宣扬人际和谐,这些思想观念在中华民族的长期历史上曾起过促进社会发展的积极作用,在今日仍然具有重要意义。这些观念对于现代化建设仍然是有益的,是必须加以发扬的。儒家的理论贡献不止这两点,而这两点是首先应该承认的。

儒家在历史上曾经做出了理论贡献,但是也表现了显著的缺点。儒家的人际和谐观念是有局限性的。儒家重视人与人之间的和谐,而同时又承认贵贱上下的等级差别是合理的,维护等级制度,表现了严重的阶级性。我们今天进行社会主义现代化建设的一项重要任务是彻底消除等级制度的影响和遗迹,在这个问题上必须对于儒家思想进行严肃的批判。

儒家思想中最应严肃批判的,是"三纲"观念。三纲是汉儒提出的,乃孔孟学说所未有。"君为臣纲"否定了臣对于君的平等人格,"父为子纲"否定了子对于父的平等人格,"夫为妻纲"否定了妻对于夫的平等人格。三纲是对于一般人民的严重束缚,斫伤了一般人民正常发展的活泼生机。辛亥革命取消了君权,这是一项巨大的进步。但是如何消除等级特权思想仍是一个有待解决的严重问题。

这里还有一个必须注意的问题,即儒学与专制主义的关系问题。自汉代独尊儒术以后,儒学受到历代专制帝王所尊崇,于是近年有人认为儒家的政治学说就是为专制制度作辩护。事实上,这是一项误解。儒家维护等级制度,却不赞同专制主义。孔子是维护君权的,但不同意个人独裁。孔子和鲁定公的对话中曾经说:如果国君乐于"言莫予违",将有丧邦的危险。孟子更强调"格君心之非",后来的儒者亦多以直言进谏为要务。所以,不能认为儒家是维护专制制度的,宣扬君主专制的乃是法家。

自"文化大革命"以来,许多人写批判儒学的文章,经常以"五常"与"三纲"相提并论,认为"纲常"都是反动的。如上所述,"三纲"确实具有反动性,对于"五常"尚应加以分析。五常是"仁、义、礼、智、信"。仁、义宣扬"人类之爱",固然含有空想性,但对于反对苛政暴政仍具有一定的积极意义。繁文褥节、注重等级差别的礼确实是反动的,但是人际交往仍需要一定的礼节。智是正确的认识,是人类生活所必需。"朋友有信"、"与国人交,止于信",信更是一项必要的道德规范。所以,对于五常,应加以分析,不能轻率地加以否定。

五四新文化运动高举科学与民主两大旗帜。直到今日,振兴科学、发扬民主。仍是当务之急。发展科学与民主,应向西方学习;但也应知,中国的固有传统中并非全无科学与民主的基础。英国科学家李约瑟博士所著《中国科学技术史》充分揭示了中国古代自然科学的成就。而古史的记载亦透露了先秦时代的民主信息。西周后期,当时的"国人"放逐了周厉王,表明当时存在着民主遗风;春秋时期郑子产"不毁乡校",更是尊重民主的范例。只是到了秦汉以后,专制制度才压倒了民主,但是有些思想家,如宋元之际的邓牧、明清之际的黄宗羲,仍在呼唤民主。应该承认,中国固有传统中本有科学与民主的端倪。对于这个问题,应提高民族的自信心。

我们今天所处的时代是"革故鼎新"的大转变时代,我们的任务是进行现代化建设。现代化需要吸取近代西方文化的成就,同时也需要发扬固有文化中的优秀传统。进行现代化建设,复兴儒学固然不能解决问题;全盘否定儒学,更将丧失立足的基础。我们努力创造中国新文化,只能在已有的文化成就上继续前进,对于传统的儒学还应批判继承。

第五章

道

在历史上流传久远、形成中华民族精神文明核心的实为儒、道两家,后来儒家成为统治思想。就哲学理论而言,道家的影响是巨大的,地位是卓特的。

第一节
老子的道

自汉魏至明清,对于《老子》一书的注解不下数百种;近代以来,关于老子哲学的论著也以数十百计。然而,关于《老子》一书的年代,关于老子哲学的实质,到现在还是众说纷纭,没有一致的结论。有许多问题,还需要进行深入细致的考察。

这里不拟对老子的哲学体系作全面的阐述,仅谈四个问题:1. 老子年代新考,2. 老子思想的阶级性,3. 老子哲学是唯物论还是唯心论,4. 老子辩证法思想的特点。

一 老子年代新考

关于老子其人和《老子》其书的年代,自清代汪中写《老子考异》以来,辩论甚多,直到现在,学术界仍有不同的看法。大体有三说:1. 肯定孔、老同时的传说。有人认为老聃其人在春秋之末而《老子》其书则编定于战国中期。2. 认为老子其人和《老子》其书都属于战国中期,在孔、墨之后,庄子以前。有的人断言《老子》其书的作者是太史儋。3. 也有少数人认为《老》后于《庄》,成书于战国之末。

我在30年代之初写过一篇《关于老子年代的一假定》①,认为老子在孔、墨之后,孟、庄之前,《老子》作者不一定是太史儋。50年代以来,我进一步考虑这个问题,

---

① 原发表于《大公报·文学副刊》,后载入《古史辨》第四册。

觉得孔、老同时的传说仍有不易否定之处。郭沫若说:"老子就是老聃,本是秦以前人的定论,《庄子》《吕氏春秋》《韩非子》都是绝好的证明。"又说:"老子与孔子同时,且为孔子的先生,在吕氏门下的那一批学者也是毫无疑问的。"①我认为这些论断确有比较充足的理由,值得重视。随着《孙膑兵法》出土,关于《孙子》一书的争论大致可以得到一个结论,即《孙子》十三篇是孙膑以前的著作。孙膑属于战国时期,则《孙子》十三篇应是春秋末至战国初的作品。《老子》与《孙子》文体相近,既然《孙子》一书可能是春秋末年的著作,则《老子》一书出现于春秋末年,也不是不可理解的了。《老子》和《孙子》,从春秋到战国,经过抄写和流传,有些后人附益的文句,也是在情理之中的。

　　过去怀疑孔、老同时的传说,一个重要理由是,在《论语》中没有关于老聃或《老子》思想的评论,没有称道老子的话。我过去也是这样看的。现在仔细考察,发现这种说法并不准确,而《论语》中确有关于老子学说的反映。1.《论语·宪问》:"或曰'以德报怨何如?'子曰:'何以报德?以直报怨,以德报德。'""报怨以德"一语见《老子》六十三章,《论语》此条正是孔子曾评论老子思想的最明确的证据。2.《论语·卫灵公》:"子曰:无为而治者,其舜也与!夫何为哉?恭己正南面而已矣。"孔子的政治思想并非无为,何以忽然提出"无为而治"来?如果认为这是对老子学说的反响,不是容易理解吗?3.《论语·阳货》:"子曰:饱食终日,无所用心,难矣哉!不有博弈者乎?为之犹贤乎已!"这正是对于老子无为学说的批评。在孔子看来,无为也可以作为政治的一个原则,但个人却不宜无所作为而应有所作为。应该说:《论语》中包括了对于老子思想的批评。

　　《中庸》说:"子路问强。子曰:'南方之强与?北方之强与,抑而强与?宽柔以教,不报无道,南方之强也,君子居之。'"②这所谓"宽柔以教",不正是老子的学说吗?《中庸》又说:"子曰:素隐行怪,后世有述焉,吾弗为之矣。"③素当作索。"索隐行怪"

---

① 郭沫若:《青铜时代》,第22—23页。
② 《老子》十章。
③ 同上书,十一章。

不正是老子的特点吗？司马迁说:"子思作《中庸》。"①近人多不信《史记》此说。事实上,司马迁之说必有依据,至少《中庸》的前半部的年代是比较早的,应肯定为早期儒家的著作。所以,过去以为《论语》和早期儒家著作中没有关于老子学说的反映,是不正确的。孔子曾经评论过老子的学说。

《吕氏春秋·当染》说:"孔子学于老聃。"《礼记·曾子问》叙述孔子和老聃的对话。这些材料今人多不肯信。《吕氏春秋》是战国末的著作,其中记载虽有不实之处,如说子产杀邓析,但大部分的史料还是可信的。《曾子问》所述不像是实录,因为和《论语》比较相差太远了。但是,如果孔、老本不同时,何以编写《曾子问》的儒家者流也信取这个传说呢？如果孔、老本不同时,庄周固然可以编造一些孔、老对话的寓言,但儒家学者是不可能接受的。《曾子问》所述,必然反映一些历史事实。

如上所述,孔、老同时的传说应当不是虚构。可能有人要问:何以《墨子》《孟子》书中,没有关于老子的评论呢？其实这也不难理解。《墨子》书中提到的人物不多,它没有提到邓析、子思。我们不因《墨子》未提邓析、子思而怀疑邓析、子思的存在,何以要因没提老聃而怀疑老聃的存在呢？至于孟子,他曾经猛烈攻击杨朱,他是以杨朱为道家者流的代表,也就不必更谈论老子了。

但是,《老子》书中,确有一些战国时代的言语,例如"不尚贤,使民不争"②。虽然春秋时代已有举贤之风,但"尚贤"却是墨子的口号。《老子》此文可能出于后人附益。

《老子》说:"大道废,有仁义。"③又说:"绝仁弃义,民复孝慈。"④以仁义并举。在《论语》中,虽然仁字义字屡见,而没有仁义并举的例证。从前曾有人认为仁义并举始于孟子。其实,仁义并举并不始于孟子,较孟子年长的告子有"仁内义外"之说,已经仁义并举了。《国语·周语》:"史兴曰:且礼所以观忠信仁义也。"《孙子·用间》:"非圣智不能用间,非仁义不能使间,非微妙不能得间之实。"春秋时代,仁义并举的

---

① 《史记·孔子世家》。
② 《老子》三章。
③ 同上书,十八章。
④ 同上书,十九章。

第五章　道

例证还是有的。《老子》中仁义并举的文句,不一定是晚出。

我现在认为,老聃其人生存于春秋末期,应是可信的。《老子》书中保存了老聃的遗说,但也有一些文句是战国时人附益的,不过《老子》书的编定当在惠施、庄周之前,这也是确定无疑的。

马王堆汉墓出土的帛书《老子》,可谓今存最早的《老子》写本,其中许多字句足以校正通行本传写之误。但帛书《老子》本是为了墓葬之用,所以抄写草率,并未精校,故也不尽可据。帛书《老子》与傅奕的《古本老子》颇为相近,足证傅本近古。本节引证以傅本为主,参照帛书本和别本。

二 老子思想的阶级性

30年代,关于老子学说的阶级性曾经有过争论。有人认为老子思想是代表小农的,有人认为是代表没落贵族的。60年代之初,也还有人主张老子哲学反映了农民小私有者的要求和愿望。近几年来,似乎多数的研究者都认为《老子》是代表没落奴隶主贵族的,有人则认为它代表下层奴隶主贵族。老子学说是否代表没落奴隶主贵族的要求呢?我认为这个结论还不能轻下。

如果断定老子是没落奴隶主贵族的思想代表,那么,《老子》书中有一些情况是难以理解的。

(一)《老子》书中猛烈攻击当时统治阶级的道德,反对仁义,特别反对礼。《老子》说:"大道废,有仁义。"[1]又说:"绝仁弃义,民复孝慈。"[2]更说:"夫礼者忠信之薄而乱之首。"[3]如果老子代表奴隶主贵族,为什么他反对为奴隶主贵族服务的仁、义、礼呢?

(二)老子有一些批评剥削、压迫的言论,如说:"民常不畏死,如之何其以死惧

---

[1] 《老子》十八章。
[2] 同上书,十九章。
[3] 同上书,三十八章。

之？若使民常畏死，而为奇者，吾得执而杀之，孰敢也？常有司杀者杀。而代司杀者杀，是代大匠斫。夫代大匠斫者，希有不自伤其手矣！"①又说："民之饥者，以其上食税之多也，是以饥。民之难治者，以其上之有为也，是以难治。民之轻死者，以其上求生之厚也，是以轻死。"②又说："天之道其犹张弓与！高者抑之，下者举之；有馀者损之，不足者补之。天之道，损有馀而补不足；人之道则本然，损不足以奉有馀。"③这些话，反对以暴力镇压人民，反对重税，主张损有余以补不足，这些都是对奴隶主贵族提出的抗议。有的人仅仅把这些看做老子对于新兴地主阶级的抨击和诅咒，那就未免过于牵强了。

（三）老子描述他的理想社会道："小国寡民，使民有什伯之器而不用也。使民重死而不远徙；虽有舟舆，无所乘之；虽有甲兵，无所陈之；使民复结绳而用之。至治之极，民各甘其食，美其服，安其居，乐其俗。邻国相望，鸡犬之声相闻，民至老死不相往来。"④非常显然，这是主张回到原始社会。有人认为这是要求回到周初，那是不易讲通的。周公制礼作乐，"周监于二代，郁郁乎文哉"⑤！哪里会是"结绳而用之"的情况呢？"上古结绳而治，后世圣人易之以书契。"⑥到西周时代，书契已经大大发展，距离"结绳而治"已经很远很远了。西周百里五十里的小国固然很多，但绝不是"邻国相望，鸡犬之声相闻，民至老死不相往来"的情况。老子"小国寡民"的理想是反动的，倒退的，然而不是倒退到周初。

老子反对仁、义、礼，要求恢复原始社会的淳朴道德"慈孝"、"忠信"等；老子反对暴力镇压和重税，主张"无为"之治。所谓无为，即统治者不干涉或尽量少干涉人民的生活。老子说："太上下知有之，其次亲之誉之，其次畏之侮之，故信不足，焉有不信。犹兮其贵言哉！功成事遂，百姓皆曰我自然。"⑦这"太上下知有之"的统治者就

---

① 《老子》七十四章。
② 同上书，七十五章。
③ 同上书，七十七章。
④ 同上书，八十章。
⑤ 《论语·八佾》。
⑥ 《易·系辞下》。
⑦ 《老子》十七章。

是无为而治的统治者了,人民不感受他的干扰。老子的这些观点可以说反映了春秋时代平民阶级的要求和愿望。平民阶级是从原始社会延续下来的最古老的阶级,他们缅怀原始社会没有阶级压迫的情况。平民的这种回到原始时代的愿望是违背历史发展趋势的。列宁评论托尔斯泰说:"托尔斯泰的学说无疑是空想的,就其内容来说是反动的(这里反动的一词,是就这个词的最正确最深刻的含义用的)。但是决不应该因此得出结论说,这个学说不是社会主义的,这个学说里没有可以为启发先进阶级提供宝贵材料的批判成分。"①老子的社会政治学说是反动的,然而其中也包含了一些对于剥削和压迫的批评,包含了一些批判的成分。

马克思论述一个阶级的理论代表与他所代表的阶级的关系说:"不应该认为,所有的民主派代表人物都是小店主或小店主的崇拜人。按照他们所受的教育和个人的地位来说,他们可能和小店主相隔天壤。使他们成为小资产阶级代表人物的是下面这样一种情况:他们的思想不能越出小资产者的生活所越不出的界限,因此他们在理论上得出的任务和做出的决定,也就是他们的物质利益和社会地位在实际生活上引导他们得出的任务和作出的决定。一般说来,一个阶级的政治代表和著作方面的代表人物同他们所代表的阶级间的关系,都是这样。"②老子所不能超越的局限正是春秋时代平民阶级所不能超越的局限,老子在理论上所提出的要求正是当时平民阶级实际生活上所有的要求。所以,我认为,老子哲学正是春秋时期平民阶级的要求和愿望的反映。

司马迁说:"老子,隐君子也。"③春秋末期,有一些隐者。《论语》曾经记载了荷蒉者、接舆、荷蓧丈人、长沮、桀溺等。这些隐者自称为"辟世之士"。他们可能是由没落贵族下降而为平民的。这些隐者大都过着自食其力的生活,对于当时社会有强烈的不满情绪。这些隐者与原来世世代代自食其力的平民,具有一些共同的感情。老聃本人可能出身于没落贵族,可能晚年过隐居的生活,接近于一般平民,因而他的思想在一定程度上反映了当时平民阶级的要求和愿望。

---

① 《列宁全集》第17卷,北京:人民出版社,1958年第1版,第35页。
② 《马克思恩格斯选集》第1卷,北京:人民出版社,1972年第1版,第632页。
③ 《史记·老庄申韩列传》。

>> > 老子是伟大的思想家、道家学派的代表。他晚年隐居民间,思想在一定程度上反映了平民的愿望与要求。图为明朝张路《老子骑牛图》。

第五章 道

《老子》五十七章:"夫天下多忌讳,而民弥贫;民多利器,国家滋昏;民多智慧,而邪事滋生;法令滋章,盗贼多有。故圣人云①:我无为而民自化,我好静而民自正,我无事而民自富,我无欲而民自朴。"有人认为,这里四个我字都是统治者的口气,足以表明老子是站在奴隶主贵族的立场上说话的。这是没有注意上文还有"故圣人云"一句,四个我字是老子心目中的圣人自称,并非老子本人自称。这里无为无事的圣人就是"太上不知有之"的太上之君,是老子的理想的君主。

老子菲薄知识,鄙视文化,反对技术的进步,这些思想观点都是极其反动的,在中国文化史上曾起过消极有害的作用,然而这些思想观点并非当时反动没落的奴隶主贵族的要求之反映,而只是当时处于闭塞状态的自食其力的平民的要求之反映。没落的贵族还重视文采借以点缀自己,还爱好新奇技巧借以满足自己的奢欲;当时自食其力的平民则不要这些东西。平民有反剥削反压迫的进步要求,但平民缅怀原始社会的生活,幻想回到原始社会,所以也有不少反动落后的意识。老子的社会政治思想正是反映了这个情况。

三 老子哲学是唯物论还是唯心论

《老子》书中哪些是老聃的遗说,哪些是后人增加的文句,现在已难完全分别清楚。根据《论语》《中庸》的有关资料,可证"贵柔"、"无为"等都是老聃学说。《庄子·天下》篇述关尹、老聃的学说云:"建之以常、无、有,主之以太、一。以濡弱谦下为表,以空虚不毁万物为实。"常、无、有三字当分读,太、一两字也应分读。《老子》二十五章:"吾不知其名,故强字之曰道,强为之名曰大。"大读为太。又四十二章:"道生一,一生二,二生三,三生万物。"《天下》篇所谓太、一指道与一。以《庄子·天下》篇所述为据,可以说《老子》书中关于道,关于一,以及关于常,关于无、有的学说也都是老聃的学说。这也就是说,《老子》书中的主要思想都是老聃的遗说。

---

① 《帛书》本作"是以圣人之言曰"。

老子哲学是唯物论还是唯心论？50年代以来学术界争论不休。争论的关键是对于道的理解。老子哲学的最高范畴是道，道是天地万物的总根源。道的意义，决定老子哲学的性质。如果道是物质性的实体，则老子哲学就是唯物论；如果道不是物质性的实体，则老子哲学就是唯心论。

我个人对于老子所谓道的理解，五十多年来，也有一个变化的过程。30年代写成的拙著《中国哲学大纲》[①]中，解释老子的道为最高的理即"究竟所以"。到50年代，我又认为老子的道是"原始的混然不分的物质存在的总体即混然一气"。近年我又重新考察这个问题，觉得把老子的道解释为原始的物质存在的总体，证据是不充足的。老子所谓道还是指最高原理而言。

（一）道不是物质性的实体

老子所谓道是由天道观念转化而来的。在春秋时代，天道指天象变化的规律。最初，天道含有天象变化与人事凶吉的关系的意义，后来天道观念逐渐净化，专指天象变化的规律。老子的创造性的见解即把天与道的关系倒转过来，认为不是道从属于天，而是天从属于道。老子提出"自然"观点，宣称一切都是自然的，于是推倒上帝的创世主的地位，这是老子的划时代的理论贡献。老子发现，天是不能违背普遍规律的，于是把普遍规律抬高起来，抬高到天地之先。老子认为，这道才是最根本的，这道超然存在于天地万物之上，这道可以脱离天地万物而独立，于是这道也就不仅是天地万物的普遍规律，而成为一个超越物质世界的绝对。这道的观念是从天道观念转化而来的，只能是最高原理，而不可能指混然不分的原始物质。《韩非子·解老》篇说："道者万物之所然也，万理之所稽也。理者成物之文也；道者万物之所以成也。"韩非把道解释为万理的总合，这是正确的，我们没有证据把老子的道解释为原始物质。

《老子》二十五章："有物混成，先天地生，寂兮寥兮，独立而不改，周行而不殆，可以为天下母，吾不知其名，故强字之曰道，强为之名曰大（太）。"所谓"混成"，是无分

[①] 1936年写成，1942年在中国大学曾印为讲义，1958年商务印书馆出版。

别之貌,并非指原始的浑沌。所谓"周行"是无所不在之义,不是指运动。老子此章肯定道是先于天地的。

《老子》四十二章:"道生一,一生二,二生三,三生万物。万物负阴而抱阳,冲气以为和。"所谓一指天地未分的统一体即原始的物质存在总体,二指天地,三指阴、阳、冲气。这样,道不仅先于天地,而且先于天地未分的统一体。既然说"道生一",则道与一不是一回事。"道生一"一句,充分证明老子的道不是原始的混然一气。

《老子》十四章:"视之不见名曰几,听之不闻名曰希,搏之不得名曰微,此三者不可致诘,故混而为一者。其上之不皦,其下之不昧,绳绳不可名,复归于无物。是谓无状之状,无物之象,是谓芴芒。迎之不见其首,随之不见其后,执古之道,以御今之有,以知古始,是谓道纪。"这章表明,老子所谓道完全是超越感觉的,完全不是感性认识的对象。所以不能把老子的道理解为物质性的实体。

有的人认为,老子的道有物质实体和普遍规律两方面的意义,既是物质,又是物质运动的规律。事实上,这是不可能的。物质实体和物质运动的规律决然是两个概念,这两个概念是不可能结合为一个概念的。如果老子的道既是物质运动的规律又是物质实体,那么老子思想就陷于逻辑混乱了。如云"具有一定规律的物质实体",那又是另一个概念。"具有一定规律的物质实体"与"属于物质实体的客观规律"仍然是两个概念。

(二) 道也不是超时空的绝对精神

老子的道固然不是物质性的实体,但也不是所谓超时空的绝对精神。老子没有说过道在时空之外;反之,老子却说过道在时空之中。《老子》二十五章:"故道大,天大,地大,人亦大。域中有四大,而人居其一焉。"道是"域中"的四大之一。"域中"即空间之中,显然道不在空间之外。《老子》十六章:"天乃道,道乃久。"道具有久的特点,即不在时间之外。道是永恒的,而仍在时间之中。这样,道在"域中",道有永久性,所以道不在时空之外。总之,老子还没有"超时空"的观念。

《老子》三十七章:"道常无为而无不为。"又五十一章:"道生之,德畜之,物形之,势成之。是以万物莫不尊道而贵德。道之尊,德之贵,夫莫之命而常自然。故道生之,德畜之,长之育之,亭之毒之,盖之覆之。生而不有,为而不恃,长而不宰,是谓玄德。"道是无为的,即没有意志。道生成万物,"生而不有",道是万物的根源,却不是万物的主宰。可以说,道是没有意识的。一般唯心论者所谓精神包含意识作用。精神的一个特点是自己认识自己。道没有意志,没有意识,所以道不是一般所谓精神。老子的道不同于西方客观唯心论者所谓绝对精神。近年以来,许多人把老子的道解释为超时空的绝对精神,实际上是把老子学说近代化了。

总之,老子只是强调自然规律的根本性,把事物的普遍规律绝对化,看做超越一切事物之上的绝对。这个绝对可以称为绝对观念,但不能称为绝对精神。在西方客观唯心论哲学中,绝对观念即是绝对精神,二者是同一的。中国古代哲学的情况有所不同,这是应该分别清楚的。

(三) 道是非物质性的绝对,道是有与无的统一

老子的道,不是物质性的实体,也不是超时空的绝对精神,而是非物质性的绝对。在这个意义上,老子哲学可谓一种唯心论(观念论),是客观唯心论的一种特殊形态。

《老子》二十五章:"人法地,地法天,天法道,道法自然。""道法自然"一句应如何理解呢? 按《老子》书中"自然"一词是自己如此之意,并非指自然界。如十七章:"百姓皆谓我自然。"二十三章:"希言自然。"五十一章:"夫莫之命而常自然。"六十四章:"以辅万物之自然而不敢为。"所以"道法自然"不当解作"道以自然为法",而应理解为"道法自己",即道以自己为法。《庄子·大宗师》说道是"自本自根"的,正是老子学说的发挥。

老子的道是有与无的统一。《老子》第一章:"故常无,欲以观其妙;常有,欲以观其徼。此两者同出而异名,同谓之玄。玄之又玄,众妙之门。"有与无皆谓之玄,玄之又玄即道。有无同出于道。道一方面是无,一方面又是有。《老子》十四章:"视之不见名曰夷,听之不闻名曰希,搏之不得名曰微。此三者不可致诘,故混而为一者。其上之不皦,其下之不昧,绳绳不可名,复归于无物。是谓无状之状,无物之象,是谓芴芒。"这是讲道是无形无象的,道是"无物"。又二十一章:"道之为物,惟芒唯芴,芴兮

芒兮,其中有象;芒兮芴兮,其中有物。"这是讲道虽然无形无象,却又不是空无,而又有象有物。这就是说,道是客观实在的。(60年代曾经有人把"道之为物"解释成为"道之造物",这可谓不懂古代汉语而望文生义。"道之为物"的语法是常见的,《中庸》:"天地之道可一言而尽也,其为物不贰,则其生物不测。"①"其为物"与"其生物"意义是有区别的。"其生物"是说它生成万物,"其为物"是说它作为一物。)道一方面"其中有象","其中有物";另一方面又是"无物",是"无状之状,无物之象"。这是表示,道是无形无状的,却又是客观实在的。老子肯定了作为普遍规律的道的客观性实在性。但虽然实在,却是非物质性的。

《老子》四十章:"天下万物生于有,有生于无。"参照四十二章"道生一,一生二,二生三,三生万物"(帛书《老子》这两章是联在一起的),可以说:一、二、三都是有,而道是无。十四章:"绳绳不可名,复归于无物。"无是道的一个方面。

《老子》三十二章:"道常无名。"又四十一章:"道隐无名。"道是无名的。第一章:"无名,天地之始;有名,万物之母。"无名指道而言。无名即没有任何规定性,有名即有具体的规定性。无名即绝对,有名即相对。老子强调道是无名,即肯定道是绝对。

老子哲学虽然最后归结为唯心论,但是老子对于"主宰之天"的批判,对于以后唯物论的发展却有其重要影响,起了促进的作用。汉代唯物论者王充就是继承、发挥了老子的"自然"观点的。宋代唯物论者张载反对老子"有生于无"的唯心论,但赞扬老子"天地不仁"的观点。张载说:"老子言'天地不仁,以万物为刍狗',此是也;'圣人不仁,以百姓为刍狗',此则异矣。圣人岂有不仁?所患者不仁也。天地则何意于仁? 鼓万物而已。"②也可以说,老子哲学有唯心论的一面,也有唯物论的一面。老子提出道的学说,为以后的唯心论树立了一个典型;老子推倒了关于主宰之天的信仰,对于以后的唯物论也有比较深远的影响。总之,老子哲学在哲学思想发展史上占有极其重要的地位。简短的五千言,有这样广泛的影响,在哲学史上是罕见的。

《老子》书中,多次出现"天道"一词。所谓天道指天象变化的规律。九章:"功成名遂身退,天之道。"四十七章:"不窥牖,可以知天道。"七十三章:"天之道不争而善

---

① 《老子》二十六章。
② 《横渠易说·系辞上》。

胜。"七十七章:"天之道其犹张弓与?高者抑之,下者举之;有馀者损之,不足者益之。天之道损有馀而补不足也。"七十九章:"天道无亲,常与善人。"八十一章:"天之道,利而不害。"这"天之道"是从属于天的,是天象的自然规律。天道并无意志,"常与善人",却本来"无亲";虽然"利而不害",也只是自然如此,并非有意如此。"天之道"与"先天地生"的道,有层次的不同。

四 老子辩证法思想的特点

关于老子的辩证法思想,我在 30 年代之初,在拙作《先秦哲学中的辩证法》①中曾有所论述;近十几年来一些中国哲学史书籍中论述尤多,但尚有未尽之义,仍需略加剖析。

老子提出了对立转化的观点。二章:"故有无之相生,难易之相成,长短之相形,高下之相倾,音声之相和,前后之相随。"四十二章:"故物或损之而益,或益之而损。"五十八章:"祸兮福之所倚,福兮祸之所伏,孰知其极,其无正邪?正复为奇,善复为妖,人之迷也,其日固已久矣。"有无、难易、长短、高下、损益、祸福,都是相互转化的。一正一反,彼此互转。老子认为这个道理是一般人所不易理解的。

事物的存在与变化,有三种情况:一是由壮大转为灭亡,由胜利转向失败,由存在转为不存在;二是由弱小转为强大,由失败转为胜利;三是在一定时间内保持不变。老子特别注意这些情况。老子着重研究了三个问题:1. 在什么条件下事物要转向反面? 2. 柔弱胜过刚强的意义。3. 具有什么条件,事物可不转化为反面?

老子认为,事物如果过分壮盛,如果甚为暴烈,就一定转化到反面,就一定灭亡。二十三章:"故飘风不崇朝,骤雨不崇日,孰为此者?天地也。天地尚不能久,而况于人乎?"三十六章:"将欲翕之,必固张之。将欲弱之,必固强之。将欲废之,必固兴之。将欲夺之,必固与之,是谓微明。"四十二章:"强梁者不得其死,吾将以为教

---

① 原载《大公报·世界思潮副刊》。

父。"暴风骤雨,短时间就会过去。过度的强盛,即将衰亡。强暴的人是不会有好结果的。老子认为强盛越过了一定限度,是事物转入灭亡的条件。

老子提出了"柔弱胜刚强"的命题。三十六章:"柔之胜刚,弱之胜强。"七十六章:"人之生也柔弱,其死也坚强。万物草木之生也柔脆,其死也枯槁。故曰:坚强者死之徒,柔弱者生之徒。"七十八章:"天下莫柔弱于水,而攻坚强者莫之能先,其无以易之也。柔之胜刚也,弱之胜强也,天下莫不知,而莫之能行。"老子认为,柔弱是生命的一个特点。具有生命的,表现为柔弱;丧失生命的,表现为坚强。水是最柔弱的,却有胜过坚强的巨大力量。事实上,在自然界、在人类历史上,确有柔弱胜刚强的事例,但不是所有的柔弱的东西都能胜过比它刚强的东西。这需要做具体的考察和具体的分析。老子发现了柔弱胜刚强的情况,这也有历史意义;但老子把它看成一条普遍规律,就不合乎实际了。

老子着重研究了事物如何才能维持长久的问题,事物如果过度壮盛,就要转向相反;如果能保持着不过度壮盛,就可以不转向相反了。保持不过度壮盛,这种状态,老子称之为"不盈"。不盈,就可以相对长久了。十五章:"保此道者不欲盈。夫惟不盈,是以能蔽复成。"盈即达到了限度,不盈即保持不达到那个限度,就可以维持不变了。二十九章:"是以圣人去甚去奢以泰。"四十四章:"是故甚爱必大费,多藏必厚亡。知足不辱,知止不殆,可以长久。"不超过一定限度,知足知止,就可以长久。

于是老子提出了"大成若缺"的命题,他说:"大成若缺,其用不敝;大盈若盅,其用不穷。大直若屈,大辩若讷,大巧若拙。"① 又说:"明道若昧,进道若退,夷道若纇,上德若谷,大白若辱,广德若不足,建德若偷,质真若渝,大方无隅,大器晚成,大音希声,大象无形。"② 成而若缺,才是大成。巧而若拙,才是大巧。正面的状态,容纳了反面的成分,才是比较圆满的状态。正面的状态,预先容纳了反面的成分,即可不再转化为反面了。"大成若缺"云云,也就是成与缺的结合,即正反结合。老子认为,结合了"反"的"正",才是"正"的圆满状态。

老子提出了对立转化的观点,而他注重研究的却是如何才能保持不转化。但

---

① 《老子》四十五章。
② 同上书,四十一章。

保持不转化也只能是暂时的。三十三章:"不失其所者久,死而不亡者寿。"生必有死,只能求得死而不朽而已。

老子辩证思想总结为两句话:"反者道之动,弱者道之用。"①这就是说,反是事物变化的普遍规律,而柔弱是运用道而保持相对长久的关键。反是不可避免的,而柔弱可以延缓反的到来。

荀子批评老子说:"老子有见于屈,无见于伸。"②老子强调以柔胜刚,而没有看到刚强的作用。老子的辩证法有严重的缺陷,但是他对于中国古代辩证法学说的贡献还是主要的。(原题为《老子哲学辨微》)

第二节
庄子的心灵境界

《庄子》是一部稀有的奇书,其中包含很多非常深刻的议论,又有很多非常荒唐的言辞,读起来既可以引人进入瑰丽的奇境,又会引人走向沉睡的梦乡;它使人超脱,又使人萎靡。在漫长的封建社会里,《庄子》对于不得志的知识分子起着慰藉的作用;同时也使一些人忘掉了对社会、对民族应尽的责任。书中探讨了很多深邃的理论问题,却是用形象的语言写成的。它具有奇异的感染力,而又是令人消沉的麻醉剂。《庄子》书中的思想体系,确实是"一朵不结果实的花"。对于这部书中的思想,应当进行深入的解析。

---

① 《老子》四十章。
② 《天论》。

一 一个愤世疾俗的隐士

《汉书·艺文志》著录《庄子》五十二篇。陆德明记载：司马彪注五十二篇，崔譔注二十七篇，向秀注二十六篇，郭象注三十三篇。今本《庄子》是郭象编定的。陆德明考察了各本，他说"其《内篇》众家共同"，可证郭本《内篇》基本上是和司马彪本一致的。宋代以后传统的见解认为《内篇》是庄子自著，《外杂篇》可能是庄子弟子或后学所作。近年来许多人怀疑此说，或主张破除《内外篇》的划分，或认定《内篇》较《外篇》为晚出。但是，如果进行比较深入的考察，就可以发现，传统的见解还是有较充足的理由的。从内容、思想、语句、文风来看，《内篇》和书末《天下》篇关于庄周学说的叙述是一致的。而《外篇》之中，《胠箧》篇不能早于战国之末，《天道》《天运》或出于汉人之手。所以我认为，《内篇》年代确实较《外杂篇》为早，其中大部分章节应是庄周的著作，而《外杂篇》当是庄周弟子、再传弟子或汉代道家学者所写。（关于这个问题，拙著《中国哲学史史料学》中论述较详，兹不多赘。）

现在来研究庄子哲学，应是研究庄周及其弟子的哲学，当以《内篇》为主，以《外杂篇》作为参考。《外杂篇》是庄周学说的发展，在哲学史上也有一定意义。

《庄子》书中，"寓言十九"，关于孔子、老子的故事都不是历史事实。《外杂篇》中有许多关于庄周的故事，除了《田子方》篇"庄子见鲁哀公"显然不是事实以外，其余大部分应是关于庄子言行的记载，不应仅仅看做寓言，这些都可以作为研究庄子哲学的参考。

从《庄子·外杂篇》中关于庄子的故事来看，庄子是一个贫苦的知识分子。有这样一些故事："庄子衣大布而补之，正緳系履而过魏王。魏王曰：'何先生之惫邪？'庄子曰：'贫也，非惫也。'"①

"庄周家贫，故往贷粟于监河侯。"②

---

① 《庄子·山木》。
② 同上书，《外物》。

"宋人有曹商者……见庄子曰:'夫处穷闾陋巷,困窘织屦,槁项黄馘者,商之所短也。一悟万乘之主而从车百乘者,商之所长也。'"①这所谓"困窘织屦,槁项黄馘",当是曹商对庄子的讥讽。庄子可能从事于"织屦"的劳动。

在战国时期,像庄子那样贫穷而不肯出仕的知识分子不少,著名的例子还有陈仲和许行。《孟子》云:"仲子,齐之世家也,兄戴,盖禄万钟。以兄之禄为不义之禄而不食也,以兄之室为不义之室而不居也,辟兄离母,处于於陵。"②又引匡章说陈仲子"身织屦,妻辟纑"。《韩非子·外储说右上》说,田仲"不恃人而食"。可见陈仲是自食其力、靠劳动维持生活的独立独行之士。《孟子》又云:"有为神农之言者许行,自楚之滕,踵门而告文公曰:'远方之人,闻君行仁政,愿受一廛而为氓。'文公与之处。其徒数十人,皆衣褐、捆屦、织席以为食。……陈相见孟子,孟子曰:'许子必种粟而后食乎?'曰:'然。'"③

许行参加农业劳动,同时也"捆屦织席"以维持生活。许行主张君民并耕,反映了农民的观点。

陈仲出身于当权的贵族家庭,但是他鄙弃贵族生活,坚持自食其力。庄周"困窘织屦",与陈仲有类似之处。

《庄子》常引述一些工匠的故事,值得注意。如《养生主》篇"庖丁解牛",《人间世》"匠石之齐……见栎社树",《达生》篇"梓庆削木为鐻"等,这说明庄子及其弟子是比较熟悉当时工匠情况的。《庄子》还引述了一些残废人的故事,如《人间世》篇的"支离疏",《德充符》篇的"兀者王骀"、"兀者叔山无趾"等。这些都表现了庄子对社会中下层劳动者的同情。

庄子本人虽然不一定是一个完全自食其力的人,但他是比较接近劳动人民的。他的思想,在一定程度上反映了部分劳动者的情绪和愿望,既反映了个体小生产者对统治阶级的愤恨,又反映了个体小生产者消沉悲观的情绪。

庄子严厉地抨击了当时诸侯国君的残暴,如《人间世》篇说:"卫君,其年壮,其行

---

① 《庄子·列御寇》。
② 《孟子·滕文公下》。
③ 同上书,《滕文公上》。

独,轻用其国,而不见其过,轻用民死。"指陈任太子师傅的难处:"与之为无方,则危吾国;与之为有方,则危吾身。"他慨叹当时的情况是:"方今之时,仅免刑焉。"①在"庄子衣大布而补之"的故事中,庄子说"今处昏上乱相之间,而欲无惫,奚可得邪"②,可见他对政治活动是非常厌恶的。庄子更悲叹人与人之间的矛盾斗争,如《齐物论》说:"与接为构,日以心斗。""与物相刃相靡,其行尽如驰而莫之能止,不亦悲乎!"他厌倦世俗的钩心斗角的生活,企图摆脱而又找不到真正的出路,最后只能陶醉于自己虚构的幻境之中。

二 相对与绝对——"物"与"道"

庄子在中华民族认识史上的理论贡献,在于揭示了事物、认识、伦理等等的相对性。他企图超越一切相对的事物而达到绝对。他不了解绝对即在相对之中,不能脱离相对而存在,于是虚构了一空虚的绝对,因而陷于失误。

今所谓相对,庄子谓之"相待"。③ 今所谓绝对,庄子谓之"独"。④

庄子认为,万物之间的区别是相对的,事物的成毁(存在与不存在)也是相对的。他说:"物固有所然,物固有所可。无物不然,无物不可。故为是举莛与楹、厉与西施,恢诡谲怪,道通为一。其分也成也,其成也毁也。凡物无成与毁,复通为一。"⑤"自其异者视之,肝胆楚越也,自其同者视之,万物皆一也。"⑥万物之间的差别都是相对的,万物有其统一性。庄子指出万物差别的相对性,这是正确的;但又倾向于否认差别的实在性,这就不正确了。

---

① 《庄子·人间世》。
② 同上书,《山木》。
③ 同上书,《齐物论》:"化声之相待,若其不相待。"
④ 同上书,《大宗师》:"朝彻而后能见独。"
⑤ 同上书,《齐物论》。
⑥ 同上书,《德充符》。

老子说："天下有始。"①庄子认为所谓"始"也是相对的。他说："有始也者。有未始有始也者,有未始有夫未始有始也者。"②所谓始并非确定的始。老子说："有生于无。"③庄子认为所谓有、无,也都是相对的。他说："有有也者,有无也者。有未始有无也者,有未始有夫未始有无也者。俄而有无矣,而未知有无之果孰有孰无也。"④无亦非确定的无。万物的差异,所谓始,所谓有、无,都是相对的。但是还有一个绝对,这就是道。以道为绝对,始于老子,庄子加以发挥,他说："又况万物之所系而一化之所待乎? 夫道,有情有信,无为无形;可传而不可受,可得而不可见。自本自根,未有天地,自古以固存;神鬼神帝,生天生地。在太极之先而不为高,在六极之下而不为深,先天地生而不为久,长于上古而不为老。"⑤道是"万物之所系而一化之所待",即宇宙变化过程的总根据。道"有情有信",是客观实在的;而"无为无形",没有意志,超乎感觉。道"自本自根",自己以自己为根据,自己以自己为原因。道在天地之先,是永恒的。总之,道是世界的最高的根源,是绝对的。

在《庄子·内篇》中,庄子尝以心与道对举,他说："不以心捐道,不以人助天。"⑥这就是说,道是不依靠心而存在的,是不以人的意志为转移的。庄子又以道与"封"(界限)对立起来,他说："夫道未始有封。"⑦这即是说,道是普遍性的,超越于事物的各种界限。

庄子肯定道是万物的最高根源,是世界的最高实体。这道是超越于一切事物之上的,是超越于一切感官经验的。这所谓道,可以说是一个观念性的绝对,是一个虚构的实体。从这个意义上说,庄子的哲学是一种客观唯心论。

《庄子》书中强调道非万物中之一物。《齐物论》说："古之人其知有所至矣。恶乎至? 有以为未始有物者,至矣尽矣,不可以加矣。其次以为有物矣,而未始有封

---

① 《老子》五十二章。
② 《庄子·齐物论》。
③ 《老子》四十章。
④ 同上。
⑤ 《庄子·大宗师》。
⑥ 同上。按:捐是背弃之义,或疑捐应作俏,非是。
⑦ 同上书,《齐物论》。

也。其次以为有封焉,而未始有是非也。是非之彰也,道之所以亏也。""未始有物",意谓唯有一道而已。中国古代所谓物,都是指个体的实物而言,不是指今日所谓物质。如《秋水》篇云:"号物之数谓之万,人处一焉。""未始有物"不是说唯有我在,或唯有此心。《齐物论》又云:"天下莫大于秋豪之末,而太山为小;莫寿于殇子,而彭祖为夭。天地与我并生,而万物与我为一。"大小、久暂都是相对的。天地虽大,也可以说与我并生;万物虽多,也可以说与我为一。实际上,天地长久,人生短暂,实不能说天地与我并生。万物繁多,人仅一物,实不能说万物与我为一。庄子否认事物之间的差别,实乃诡辩。但是所谓"天地与我并生,万物与我为一",涵蕴着与我同时存在的还有天地万物,这还是明确的。如果把庄子的观点解释为主观唯心论,那是没有根据的。《庄子·外篇》中也断言天地的本原不是一物,如说:"凡有貌象声色者,皆物也。物与物何以相远?夫奚足以至乎先?是色而已。"①

"有先天地生者物邪?物物者非物,物出不得先物也。"②万物中任何一物都不足以为先在的物物者。物物者即使物成为物者,是道而非物。

这道究竟是什么呢?《庄子·外杂篇》中有比较明确的解释,如说:"道,理也。"③"万物殊理,道不私,故无名。"④"天地者形之大者也,阴阳者气之大者也,道者为之公。"⑤"天不得不高,地不得不广,日月不得不府,万物不得不昌,此其道与。"⑥

道就是天地万物公共的理,也就是天地万物的必然规律。不得不然即是必然。庄子及其弟子肯定天地万物具有普遍规律,这是深刻的思想;但他们又认为这普遍规律是先于天地万物的,这就陷于失误了。

庄子认为道是先于天地的,但是同时也肯定,在天地万物生成之后,道即在天地万物之中。《知北游》记载:"东郭子问于庄子曰:'所谓道,恶乎在?'庄子曰:'无所

---

① 《庄子·达生》。
② 同上书,《知北游》。
③ 同上书,《缮性》。
④ 同上书,《则阳》。
⑤ 同上。
⑥ 同上书,《知北游》。

不在。'东郭子曰:'期而后可。'庄子曰:'在蝼蚁。'曰:'何其下邪?'曰:'在稊稗。'曰:'何其愈下邪?'曰:'在瓦甓。'曰:'何其愈甚邪?'曰:'在屎溺。'东郭子不应。庄子曰:'夫子之问也,固不及质。正获之问于监市履狶也,每下愈况。汝唯莫必,无乎逃物。'"道即在一切事物之中。《天地》篇说:"夫道,覆载万物者也,洋洋乎大哉!"道又包容一切,万物都在道之中。总之,道是普遍性的,庄子以无所不包、无所不在的普遍性作为世界的本原。他认为这个普遍性是先于物质世界而存在的。显然,这是一种客观唯心论。

关于道与天的关系,《内篇》明言道先于天地,但《外篇》中却提出了道从属于天的观点。《天地》篇说:"故通于天地者德也,行于万物者道也。……德兼于道,道兼于天。"又《天道》篇说:"古之明大道者,先明天而道德次之。"肯定"道兼于天",即是说自然的普遍规律是寓于物质世界之中的,这是唯物论的观点。庄门后学之中有人转向唯物论,这可以说是庄子学派的分化。

《外篇》中又有"通天下一气"的观点,《知北游》篇说:

> 人之生,气之聚也。聚则为生,散则为死。若死生为徒,吾又何患?故万物一也。是其所美者为神奇,其所恶者为臭腐。臭腐复化为神奇,神奇复化为臭腐。故曰:通天下一气耳。圣人故贵一。

这就是说,世界是一气的变化,万物统一于气。这也是唯物论的观点。应该承认,庄子的后学之中,确有一些唯物论者,他们对于唯物论的发展,做出了一定的贡献。

关于庄子的本体论,还有一个问题,即精神在庄学体系中的位置问题。《齐物论》所说"劳神明为一,而不知其同也",《养生主》所说"臣以神遇而不以目视",其所谓神,都是指人的精神作用而言。《刻意》云:"纯粹而不杂,静一而不变,惔而无为,动而以天行:此养神之道也。……精神四达并流,无所不极,上际于天,下蟠于地,化育万物,不可为象,其名为同帝。纯素之道,惟神是守,守而勿失,与神为一。"所谓"养神"之神,指人的精神作用而言。这认为精神能够充满于天地之间,有化育万物的效果,这是对精神作用的极端夸张。又《知北游》云:"澡雪而精神,掊击而知。……夫昭昭生于冥冥,有伦生于无形,精神生于道,形本生于精,而万物以形相生。"所谓"澡雪而精神",这所谓精神亦指人的精神作用而言。"形体生于精",这精与精神是否同一,文义不明。"精神生于道"意义却是明显的,肯定道是精神的来源。

《庄子·外篇》中关于精神的言论,虽然夸大了精神的作用,但仍承认精神来源于道,还是客观唯心论的观点。

三 怀疑与直觉——"知有所待"与"体道"

在认识论方面,庄子揭示了人类认识中的一些矛盾,揭示了真理的相对性。这在人类认识史上也有重要意义。他看到了感官经验与思维的局限,但又不适当地夸大了这局限,认为通过感官经验和思维不可能达到"真知",只有摆脱了感官经验和思维,才可能获得"真知"。这样,就陷入了反理智的神秘主义的泥潭。

庄子提出了关于认识的有限与无穷的问题。人的智力是有限的,而认识的对象却是无穷的。《养生主》篇说:"吾生也有涯,而知也无涯。以有涯随无涯,殆已。已而为知者,殆而已矣。"生命是有限的,而可知的对象则是无穷的。对此,《秋水》篇有更明晰的解释:"计人之所知,不若其所不知;其生之时,不若未生之时。以其至小,求穷其至大之域,是故迷乱而不能自得也。"

个人的认识能力是有限的,而客观事物却是无穷的。这确实是一个矛盾,这个矛盾只有在漫长的历史发展过程中才能逐步解决,庄子是看不到解决的途径的。

庄子对于当时不同学派的各自坚持其"是非",很有反感,因而对所谓"是非"发生了果为真是或真非的怀疑。他论儒墨的是非道:"道恶乎隐而有真伪,言恶乎隐而有是非?道恶乎往而不存,言恶乎存而不可?道隐于小成,言隐于荣华,故有儒墨之是非,以是其所非而非其所是。"[①]儒、墨两家之所以有真伪、是非之争,乃由于双方都是"小成",即小有成就,各执偏见,再加上各有一些"荣华"的言词,因此就争论不休了。儒墨的是非,乃"是其所非而非其所是",即相互以所非为是,以所是为非。

---

① 《庄子·齐物论》。

庄子又说:"欲是其所非而非其所是,则莫若以明。物无非彼,物无非是。自彼则不见,自知则知之。故曰:彼出于是,是亦因彼。彼是方生之说也。虽然,方生方死,方死方生;方可方不可,方不可方可。因是因非,因非因是。是以圣人不由,而照之于天,亦因是也。是亦彼也,彼亦是也。彼亦一是非,此亦一是非,果且有彼是乎哉?果且无彼是乎哉?彼是莫得其偶,谓之道枢。"① 指出儒、墨所非之是、所是之非,莫若以明。何谓"以明"?"明"对"隐"而言,"以明"即消除隐蔽,亦即"照之于天",是非之争由于彼此对立,而彼此是相互依存的。彼此双方,都自是而相非,综合起来看,彼既又是又非,此亦又是又非。超出了彼此的对立,然后能认识真理。

庄子指出了"是非"的相对性,这是深刻的。他要求消除偏见,这也是正确的。但是庄子进而认为真正的是非是无法确定的,于是主张消弭一切是非,就陷于偏谬了。庄子又说:"既使我与若辩矣,若胜我,我不若胜,若果是也,我果非也邪?我胜若,若不吾胜,我果是也,而果非也邪?其或是也,其或非也邪?其俱是也,其俱非也邪?我与若不能相知也,则人固受其黮暗,吾谁使正之?使同乎若者正之,既与若同矣,恶能正之?使同乎我者正之,既同乎我矣,恶能正之?使异乎我与若者正之,既异乎我与若矣,恶能正之?使同乎我与若者正之,既同乎我与若矣,恶能正之?然则我与若与人俱不能相知也,而待彼也邪?……是不是,然不然。是若果是也,则是之异乎不是也,亦无辩;然若果然也,则然之异乎不然也,亦无辩。"② 庄子认为专靠辩论,并不能决定是非,这种看法是深刻的。但他由此断定是非既不能确定,也就无所谓是非,这却大谬不然。检验是非真伪的唯一标准乃是社会实践,这是庄子不可能理解的。

是非既难以确定,于是庄子怀疑所谓知识究竟是不是知识。他假托古人的问答指出:"啮缺问乎王倪曰:'子知物之所同是乎?'曰:'吾恶乎知之!''子知子之所不知邪?'曰:'吾恶乎知之!''然则物无知邪?'曰:'吾恶乎知之。虽然,尝试言之。庸讵知吾所谓知之,非不知邪?庸讵知吾所谓不知之,非知邪?'"③ "同是"即公认的是,

---

① 《庄子·齐物论》。
② 同上。
③ 同上。

庄子认为这是难以肯定的,而知与不知的区别,也难以肯定。庄子甚至以为梦、觉也难以分辨。他说:"梦饮酒者,旦而哭泣;梦哭泣者,旦而田猎。方其梦也,不知其梦也,梦之中,又占其梦焉。觉而后知其梦也;且有大觉,而后知此其大梦也。而愚者自以为觉,窃窃然知之:君乎牧乎?固哉!"①"吾特与汝其梦未始觉者邪?……不识今之言者,其觉者乎?其梦者乎?"②实际上,觉与梦的区别是明显的。如果现实生活是大梦,就必须假定另有一个真我在另一世界中做梦,这是不可能的。庄子对觉、梦提出疑问,但只是作为一个疑问提出来的,还没有断言人生是梦。

庄子对于普通所谓知识表示怀疑,但是他肯定有所谓真知。他说:"知天之所为、知人之所为者,至矣。知天之所为者,天而生也;知人之所为者,以其知之所知,以养其知之所不知,终其天年而不中道夭者,是知之盛也。虽然,有患。夫知有所待,而后当其所待者,特未定也。庸讵知吾所谓天之非人乎?所谓人之非天乎?且有真人而后有真知。何谓真人?古之真人,不逆寡,不雄成,不谟士,若然者,过而弗悔,当而不自得也。若然者,登高不栗,入水不濡,入火不热。是知之能登假于道者也若此。"③知天而又知人,这是"知之盛",但是这还不一定是真知。真知是"有所待"的,即有一定条件的。何所待?待于有真人的修养。真人就是超脱了普通情感的人。能达到真人的境界,则其知就"登假于道",即上达于道了。

《内篇·大宗师》有自称"吾闻道矣"的故事,《外篇·知北游》有所谓"知道"、"安道"、"得道",又有所谓"体道者"。("夫体道者,天下之君子所系焉。")《杂篇·则阳》又有所谓"睹道之人"。庄子及其弟子肯定道是可以认识的。"闻道"、"体道"、"睹道",就是认识的最高境界。

如何才能"闻道"呢?必须有特殊的修养。《大宗师》篇阐述这种修养的过程说:"参日而后能外天下。已外天下矣,吾又守之七日,而后能外物。已外物矣,吾又守之九日,而后能外生。已外生矣,而后能朝彻,朝彻而后能见独。"既遗忘了天下万物,又遗忘了自己的生命,然后能大彻大悟,能"见独",即直接认识绝对。这种境界,

---

① 《庄子·齐物论》。
② 同上书,《大宗师》。
③ 同上。

也称为"坐忘"。《大宗师》篇又云:"仲尼蹴然曰:'何谓坐忘?'颜回曰:堕肢体,黜聪明,离形去知,同于大通,此谓坐忘。'"这种境界,用现在的名词来说,就是直觉。《外篇·知北游》说:"无思无虑始知道,无处无服始安道,无从无道始得道。"所谓无思无虑的知,就是一种神秘的直觉。这种超越思维的直觉,是一种唯心主义的虚构。

庄子的认识论从揭示人类认识的一些矛盾现象开始,以宣扬超越思维的直觉为归结。庄子既没有否认天地万物的实在性,又充分肯定道的客观性,所以不是主观唯心论。庄子肯定了"闻道"、"睹道"的可能性,所以也不是不可知论。庄子提出了关于人类认识的一些深刻问题,这是他在认识史上的贡献。但是他找不到正确解决这些问题的途径,终于陷入失误。在中外哲学史上宣扬直觉的哲学家很多,庄子的学说也有一定的典型意义。

四 辩证法与诡辩论——"以明"与"两忘"

庄子在《齐物论》篇主张"莫若以明"。"明"对"隐"而言,"道隐于小成,言隐于荣华",隐即有所障蔽。"以明"即消除障蔽,亦即"照之于天",这样就可以摆脱一偏之见。《齐物论》又云:"昔者十日并出,万物皆照,而况德之进乎日者乎!"十日并出,无所不照,就排除一切障蔽了。"以明"是一种全面观点。"以明"之说可能受到宋钘"别宥"的影响。《天下》篇曾说,宋钘、尹文之学"接万物以别宥为始"。《逍遥游》篇曾赞扬宋荣子"举世誉之而不加劝,举世非之而不加沮,定乎内外之分,辩乎荣辱之境"。可见庄子对宋钘是有所了解的。

庄子讲"以明",谈到许多对立面的相互依存和相互转化:"彼出于是,是亦因彼";"方生方死,方死方生";"因是因非,因非因是"。彼此、生死、是非,都是相互依存、相互转化的。《齐物论》又说:"天下莫大于秋豪之末,而太山为小;莫寿于殇子,而彭祖为夭。"大小、寿夭都是相对的,是可以相互转化的。大的也可谓之小,寿者也可谓之夭,因为这些都是比较而言的。

庄子要求全面,揭示了一些对立面的相互依存和相互转化,用现在的名词来说,这可以说是他的辩证法观点。但是,庄子又认为,这些对立面既然相互依存又相互转化,因而也就彼此无别,可以忘掉其间的对立。于是他提出"两忘"之说:"与其誉尧而非桀也,不如两忘而化其道。"①这就是否认对立之为对立,当然陷于诡辩了。

关于对立面的相互关系,外篇《秋水》中有比较详细的论述。《秋水》说:"以道观之,物无贵贱。以物观之,自贵而相贱。以俗观之,贵贱不在己。以差观之,因其所大而大之,则万物莫不大;因其所小而小之,则万物莫不小。知天地之为稊米也,知豪末之为丘山也,则差数等矣。以功观之,因其所有而有之,则万物莫不有;因其所无而无之,则万物莫不无。知东西之相反,而不可以相无,则功分定矣。以趣观之,因其所然而然之,则万物莫不然;因其所非而非之,则万物莫不非。知尧、桀之自然而相非,则趣操睹矣。……以道观之,何贵何贱,是谓反衍。万物一齐,孰短孰长?消息盈虚,终则有始。是所以语大义之方、论万物之理也。"从贵贱来说,每一物都自以为贵而鄙视其他各物为低贱。从量来说,大小是相对的,大的较之更大的则为小,小的较之更小的则为大。从功能来说,万物各有其一定功能而无别的功能。从趋向来说,人们的取舍不同,各有其所然,各有其所非。所然未必然,所非未必非。一切差别都是相对的。但是,在实际上,差别虽然是相对的,也都有其确定性。庄子及其弟子,夸大差别的相对性,而否认差别的确定性,得出"万物一齐"的结论,这就陷于诡辩论了。《秋水》篇提出"反衍"一词,颇有深刻的意义。"反衍"具有两层含义:1. 事物变化都转向反面;2. 既然事物都转向反面,则彼此没有差别。前一含义是辩证的,后一含义就是诡辩了。

庄子鼓吹"齐物",主要是针对"贵贱"、"美丑"等价值差别而言。《齐物论》说:"民湿寝则腰疾偏死,鳅然乎哉?木处则惴慄恂惧,猨猴然乎哉?三者孰知正处?民食刍豢,麋鹿食荐,蝍蛆甘带,鸱鸦嗜鼠,四者孰知正味?猨猵狙以为雌,麋与鹿交,鳅与鱼游。毛嫱丽姬,人之所美也,鱼见之深入,鸟见之高飞,麋鹿见之决骤:四者孰知天下之正色哉?"这里所举的事例,只能证明不同类的生物有其不同的选择标准,不同类的生物有其不同的正处、正味、正色;并不能否认每一类生物有其一定的选择

---

① 《庄子·大宗师》。

标准。庄子要求超越一切相对差别的绝对标准,就陷于虚妄了。

五 必然与自由——"安命"与"自适"

在人生观方面,庄子鄙弃世俗追求名誉地位、声色货利的生活,要求达到精神自由的境界。现在我们讲的自由,庄子谓之"自适"①,亦谓之"适志"②。庄子认为,人们应当了解一切事物的变化都是自然而然的、不得不然的,从而"安之若命",而不必有所爱憎喜怒于其间,这样就可以摆脱外物的干扰,获得最大的精神自由。庄子说:"死生存亡,穷达贫富,贤与不肖,毁誉,饥渴寒暑,是事之变,命之行也,日夜相代乎前,而知不能规乎其始者也,故不足以滑和,不可入于灵府。"③"知不可奈何而安之若命,唯有德者能之。"④生死、贫富、贤与不肖、毁誉,皆由于命,不必措意。儒家宣扬"生死有命、富贵在天",但是认为"为仁由己",贤与不肖在于自己的勉力与否;庄子则以为一切都是命。

儒家不多谈生、死问题,庄子则大谈生、死问题,认为对于生与死应该等量齐观,不必悦生而恶死。他说:"予恶乎知悦生之非惑邪?予恶乎知恶死之非弱丧,而不知归者邪?"⑤"古之真人,不知悦生,不知恶死。"⑥"死生,命也,其有夜旦之常,天也。人之有所不得与,皆物之情也。"⑦生则有死,犹如昼、夜之变化一样,是人力所不能改变的,因而不必悦生而恶死。庄子又说:"死生亦大矣,而不得与之变;虽天地覆坠,亦将不与之遗,审乎无假,而不与物迁,命物之化,而守其宗也。"⑧"夫大块载我

---

① 《大宗师》:"是役人之役,适人之适,而不自适其适者也。"
② 同上书,《齐物论》:"自喻适志与。"
③ 同上书,《德充符》。
④ 同上。
⑤ 同上书,《齐物论》。
⑥ 同上书,《大宗师》。
⑦ 同上。
⑧ 同上书,《德充符》。

以形,劳我以生,佚我以老,息我以死。故善吾生者,乃所以善吾死也。"①庄子讲"死生无变于己"②,即是对于死无所畏惧,完全任其自然。"善生善死"即是对于生死有一个正确的态度。庄子肯定了生则有死的必然性,强调对于死不必憎恶、不必畏惧,这是正确的;但他否认了生的价值,认为对于生死应等量齐观,这就陷于偏谬了。事实上,庄子虽然宣称"生死存亡之一体"③,但是还是要求"保身"、"全生"④的。他所以鼓吹"死生无变于己",不过是为了"善吾生"罢了。

"死生"既然不必介意,则喜、怒、哀、乐等情感也就可以消除了。这种境界,庄子称之为"悬解",他说:"且夫得者时也,失者顺也。安时而处顺,哀乐不能入也,此古之所谓悬解也。"⑤人们受情感的束缚,有如倒悬;而解除了哀乐等情绪的束缚,则如倒悬之解。悬解即得到自由。所谓"哀乐不能入",也就是无情。《德充符》篇云:"惠子谓庄子曰:'人故无情乎?'庄子曰:'然。'惠子曰:'人而无情,何以谓之人?'庄子曰:'道与之貌,天与之形,恶得不谓之人?'惠子曰:'既谓之人,恶得无情?'庄子曰:'是非吾所谓情也,吾所谓无情者,言人之不以好恶内伤其身,常因自然而不益生也。'"无情即"不以好恶内伤其身"。这"无情"的人,也就是所谓"畸人":"畸人者,畸于人而侔于天。"⑥"侔于天"即是"与天为一"⑦,也就是与万物为一体。《外篇·田子方》云:"喜、怒、哀、乐不入于胸次。夫天下也者,万物之所一也。得其所一而同焉,则四支、百体将为尘垢,而死生、终始将为昼夜,而莫之能滑,而况得丧、祸福之所介乎?"庄子以为,如达到这种境界,就可以做到"物莫之伤"⑧,获得最大的自由了。

这样的自由,只是幻想中的自由。庄子常说"游乎四海之外"⑨,"游乎尘垢之

---

① 《庄子·大宗师》。
② 同上书,《齐物论》。
③ 同上书,《大宗师》。
④ 同上书,《养生主》。
⑤ 同上书,《大宗师》。
⑥ 同上。
⑦ 同上书,《达生》。
⑧ 同上书,《逍遥游》。
⑨ 同上。

外"①,"体尽无穷而游无朕"②,这都不过是驰骋浪漫的想象力,飘飘然自以为超出了物质世界,其实依然处于物质世界之中。

庄子肯定客观规律性,但是完全忽视人的主观能动性。他以为,承认一切"事之变"都是不得不然的,就可以不动感情、泰然自若,就能"自适其适"了。这种自由只是一种消极的适应而已。庄子想望自由,实际上只是用虚幻的想象来自我安慰而已。

六 无君论与返于自然

在政治方面,庄子对等级制度提出了批评,认为一切政治制度都是多余的。《齐物论》说:"而愚者自以为觉,窃窃然知之:君乎牧乎。固哉!"

世俗之见,以为君贵而牧贱,其实是固陋。《应帝王》篇设为寓言说:"肩吾见狂接舆。狂接舆曰:'日中始何以语女?'肩吾曰:'告我君人者以己出经式义度,人孰敢不听而化诸?'狂接舆曰:'是欺德也!其于治天下也,犹涉海凿河,而使蚉负山也。夫圣人之治也,治外乎?正而后行,确乎能其事者而已矣。且鸟高飞,以避矰弋之害,鼹鼠深穴乎神丘之下,以避熏凿之患,而曾二虫之无知?'"设立一些规则法度,都不过是欺骗。飞鸟鼹鼠尚能逃避迫害,何况人民?人民是不会受欺的。

《庄子·外篇》中明确地揭示了无君思想。《至乐》"庄子之楚,见空髑髅"的故事中,髑髅以"无君于上,无臣于下"为乐,即认为有君、臣之分是苦的。《马蹄》篇更可以说是批判等级制度的宣言。《马蹄》篇以没有等级区分的原始社会为理想境界,它说:

> 彼民有常性,织而衣,耕而食,是谓同德。一而不党,
> 命曰天放。故至德之世。其行填填,其视颠颠。当是时也,山无蹊隧,泽

---

① 《庄子·齐物论》。
② 同上书,《应帝王》。

无舟梁;万物群生,连属其乡;禽兽成群,草木遂长。是故禽兽可系羁而游,鸟鹊之巢可攀援而窥。夫至德之世,同与禽兽居,族与万物并,恶乎知君子小人哉?同乎无知,其德不离;同乎无欲,是谓素朴:素朴而民性得矣。

"素朴"指原始的自然状态。肯定"素朴",就是要求返于自然状态。这里反对君子小人的等级区分,是有进步意义的;但赞美"同与禽兽居,族与万物并"的原始生活,不承认人类文化进步的价值,却是反动的。要求"无知"、"无欲",也是不切实际的。

儒家重视文化的发展。孔子说:"博学于文,约之以礼,亦可以弗畔矣夫。"① 与此相反,《庄子·外篇·缮性》云:"文灭质,博溺心。"完全否定了"博学于文"的价值。《庄子·外篇》更把仁义同道德对立起来。《马蹄》篇说:"及至圣人,蹩躠为仁,踶跂为义,而天下始疑矣;澶漫为乐,摘僻为礼,而天下始分矣。故纯朴不残,孰为牺尊?白玉不毁,孰为珪璋?道德不废,安取仁义?性情不离,安用礼乐?……夫残朴以为器,工匠之罪也;毁道德以为仁义,圣人之过也!"儒家把仁义作为道德的内容,道家则以为仁义是对道德的破坏。这所谓道德是什么意义呢?道家所讲的道,指宇宙的本原、超越一切形象的绝对。道家所讲的德,指自然的本性和最高的修养境界。《庄子·内篇》所谓德,具有两层含义。《人间世》篇云:"德荡乎名,知出乎争。"这里的德,指自然本性而言。《人间世》又云:"知其不可奈何而安之若命,德之至也。"《德充符》篇云:"是必才全而德不形者也。"又云:"故德有所长而形有所忘。"这里的德,指修养境界而言。而"毁道德以为仁义"的"德",则指朴素的本性而言。孟子认为仁义是人的本性,道家则认为仁义不是人的本性。

《庄子·外篇》揭示了仁义的相对性。《胠箧》篇说:"彼窃钩者诛,窃国者为诸侯。诸侯之门,而仁义存焉。则是非窃仁义圣知邪?"仁义是可窃取的,有权有势者可假借仁义以欺骗人民。《秋水》篇云:"昔者尧、舜让而帝,之、哙让而绝;汤、武争而王,白公争而灭。由此观之,争、让之礼,尧、桀之行,贵贱有时,未可以为常也……帝王殊禅,三代殊继。差其时、逆其俗者,谓之篡夫;当其时、顺其俗者,谓之义徒。"所

---

① 《论语·颜渊》。

谓"义"者,只是随时代的变迁而转移,并不是恒常的。《庄子·外篇》见到了所谓仁义的相对性。

《庄子·外篇》赞美远古时代的原始社会生活,含有批判等级制度的意义。庄学指斥儒家的仁义、礼乐,确实揭示了仁义、礼乐的缺点。但这只是消极的批评,不能提出积极的意见。庄子鼓吹"不从事于务"①,使人逃避现实的斗争,放弃改造社会的积极努力。特别是在民族矛盾激化的时期,这种思想实际上起着一种消极有害的作用,对于保卫民族的独立,对于促进民族的发展,是无所裨益的。道家学说,虽然在两千年中影响不绝,但始终不能成为中国文化学术的主流,是有其必然的原因的。

庄子哲学是中国古代哲学发展过程中的一个重要环节。庄子提出了许多深邃玄奥的理论问题,足以促进哲学思想的深刻化和丰富化,但是他对许多问题都做不出正确的解答,而其观点却易于把人引入歧途。因此,正确地评价庄子哲学,实在具有重要的意义。本节仅就《庄子》中的一些根本问题,进行了简要的剖析,至于另外一些细节的问题,就不能一一论及了。

第三节
道家生存观

中国传统哲学中影响最大的学派有二,一是儒家,二是道家。儒家的创始人是孔子,道家的创始人是老子。孔子奠定了中国传统伦理道德的基础,老子开创了关于本体论的玄想。孔子"祖述尧舜、宪章文武","述而不作",对于夏、商、周三代的文

---

① 《庄子·齐物论》。

化成就做了一次总结,而特别推崇周制。老子则是文化偏向的批判者,指陈了有史以来文化的过失。在战国时期,儒学成为显学,而道家是隐士之学,虽无显著的名声,而影响甚广。汉代初年,道家黄老之学受到尊崇。汉武帝推尊儒学,罢黜百家,于是儒学定于一尊。但道家之学仍传衍不绝。在中国传统文化中,儒、道两家双流并行,交光互映,一直流传到近现代,并且影响到东亚地区和西欧。道家在理论思维上提出了许多深邃玄远的理论问题,达到了理论思维的高度水平。

现略述道家的玄远深湛的思想,举出四项:一曰道先天地,二曰逍遥悬解,三曰玄同齐物,四曰全生贵己。

一 道先天地

在夏、商、周三代,人们都以"天"为世界的最高主宰。殷代崇信天命,周代提出了"天命靡常"的新观点,但仍以天为最高的主宰。春秋时代,很多人谈论天道。其所谓天道指日月星辰的变化及其与人间祸福的联系,既有天文学的意义,也包含占星术的迷信。郑子产说:"天道远,人道迩。"主要是反对占星术的迷信。老子第一次提出天地起源的问题,认为天不是最根本的,还有先于天地的最高存在,称之曰道。

关于老子"道"的学说,历来论者已多,我也曾多次著论加以阐释。这里仅讨论几个问题:1. "道法自然"的意义,2. 道与无与一的关系,3. 道与大象,4. 道的本体意义。

《老子》二十五章:"有物混成,先天地生。寂兮寥兮,独立而不改,周行而不殆,可以为天地母,吾不知其名,强字之曰道,强为之名曰大。……人法地,地法天,天法道,道法自然。"这是说,先天地生的混成之物,名之曰大,而道乃大的代称。这个大字应读为"太",太即至高无上之意。《庄子·天下》论老聃之学,说:"建之以常无有,主之以太一。"应读为"建之以常、无、有;主之以太、一"。太一是两个观念,太即道,一即《老子》四十二章"道生一"之一。这里讲"人法地,地法天,天法道,道法自然",意谓人以地为法,地以天为法,天以道为法,而道之法是自己如此。河上注:"道性自然,无所法也"。这是正确的。"道法自然",意谓道是最高最先的,是天地万物的究竟根本。

《老子》一章:"无,名天地之始;有,名万物之母。"四十章:"天下万物生于有,有生于无。"四十二章:"道生一,一生二,二生三,三生万物。"以此三章对照来看,"有生于无"之"无"即"无名天地之始"之无,即指道。而"有"即是"道生一"之一及"一生二"之二(即天地)。一即天地未分的统一体,对于"一"而言,道可谓"无"。何谓无?十四章:"视之不见名曰夷,听之不闻名曰希,搏之不得名曰微,此三者不可致诘,故混而为一。其上不皦,其下不昧,绳绳不可名,复归于无物。是谓无状之状,无物之象,是谓惚恍。"这就是老子对于"无"的解释,无即是超乎感觉的。二十五章"有物混成",肯定道也是有;十四章"复归于无物"。道又是无,称之为"有物",表示道亦是客观实在的;称之为"无物",表示道是越乎感觉的。二十一章:"道之为物,唯恍唯惚。惚兮恍兮,其中有象;恍兮惚兮,其中有物。"这是极力表述道是超感觉的存在。值得注意的是:《老子》全篇说道是"无物之象","其中有象",却未说过道是"无象"的。三十五章:"执大象,天下往。"河上注:"象,道也。"四十一章:"大象无形。"大象即指道而言。看来老子分别了形与象,而道是有象而无形的。道是"无状之状,无物之象",道是无形的,却有象。老子认为道无形而有象,这是老子"道"论的一个特点。历来关于老子道论的解释多认为老子所谓道是无形无象的,实乃是一种误解。

庄子继承了老子的道论,《庄子·大宗师》云:"夫道有情有信,无为无形,可传而不可受,可得而不可见,自本自根,未有天地自古以固存;神鬼神帝,生天生地,在太极之先而不为高,在六极之下而不为深,先天地生而不为久,长于上古而不为老。"这是关于道的观念的简要说明。"自本自根"一句最为深切,意谓以自己为本、以自己为根,即最根本者,更无为道之根本者。

西方所谓形而上学,分为本体论与宇宙演化论。本体论探讨天地万物的究竟本体,宇宙演化论研究天地生成的过程(宇宙演化论一般译为宇宙论,按本体论也是研讨关于宇宙的问题的,为了表示区别,研究天地生成的学说宜称为宇宙演化论)。老子谓道"先天地生",于是有人认为道只是宇宙演化论的观念而不是本体观念。事实上,老子论道,不仅谓其"先天地生",而且以道为天地万物的存在的依据。四章:

"道冲而用之或不盈,渊兮似万物之宗。"三十四章:"大道氾兮,其可左右,万物恃之而生而不辞。"六十二章:"道者万物之奥,善人之宝,不善人之所保。"这都表示道是永恒的、普遍的,是万物的内在根荄。这足以证明,老子的道是一个本体论的观念,表示世界的本体。《易纬·乾凿度》论天地起源云:"夫有形生于无形,乾坤安从生?故曰:有太易,有太初,有太始,有太素也。太易者未见气也。太初者气之始也。太始者形之始也。太素者质之始也。"这所谓太易、太初、太始,是天地未生以前的几个阶段,到天地生成之时即都消失了。这些都是宇宙演化论的观念。而道家所谓道却不是太易、太始、太初一类的观念,在天地生成之后,道未消失,而继续作为天地万物的存在依据。道是中国古典哲学中第一个本体观念,老子是中国古代哲学本体论的创始人。到汉代,《易纬》和《淮南子》所讲都是宇宙演化论,唯扬雄《太玄》以"玄"为天地的根据,可谓一种本体论。三国时代,王弼祖述老子,以"无"为天地之本,又回到老子的学说。近人或谓中国哲学本体论始于王弼,那是对于老子、庄子以至王弼的学说的误解。

二 逍遥悬解

道家提出了道的观念,于是以为发现了天地的最深微的奥秘,因而主张人应遵循道而生活。老子说:"孔德之容,惟道是从。"[①]道是超越一切相对事物的,人在生活中也应超越一切相对的事物,从而得到一种超然的自由。庄子提出了"逍遥"、"悬解"的理想境界。所谓逍遥就是超脱了一切荣辱得失的思虑,而游心于无穷。《大宗师》说:"死生存亡,穷达贫富,贤与不肖毁誉,饥渴寒暑,是事之变、命之行也,日夜相代乎前,而知不能规乎其始者也,故不足以滑和,不可入于灵府。"如此就能"以游无穷"[②]、达到"体尽无穷,而游无朕"[③]。所谓"游无穷"、"游无朕",即摆脱了一切对于

[①] 《老子》二十一章。
[②] 《庄子·逍遥游》。
[③] 同上书,《应帝王》。

相对事物的考虑,而体认绝对的道。《大宗师》论闻道的过程说:"三日而后能外天下,已外天下矣,吾又守之七日,而后能外物;已外物矣,吾又守之九日,而后能外生。已外生矣,而后能朝彻。朝彻而后能见独。"朝彻即大彻大悟,见独即见绝对的道。所谓外天下、外物、外生即遗忘了天下,遗忘了物,遗忘了生命,然后才能见道,即超越了一切相对的事物,才能达到对于道的直观。

这样的境界,谓之悬解。《大宗师》云:"且夫得者时也,失者顺也,安时而处顺,哀乐不能入也,此古之所谓悬解也。"常人受哀乐等情绪的束缚,犹如倒悬,摆脱了哀乐等情绪,谓之悬解。悬解即获得精神的自由。

这种"朝彻见独"、"体尽无穷而游无朕"的境界可以说是一种超越的精神境界,即超越了常识世界,摆脱了哀乐情绪的干扰,而达到一种精神的宁静。有神论的宗教,信仰上帝,企望超越尘世而达到彼岸,可谓之宗教的超越。而道家不信天帝,企求通过玄思、超越普通的思虑和情感,而直接体认绝对的本体"道",可谓一种玄想的超越。从理论的深浅来讲,玄想的超越是比宗教的超越更高一级的超越。

三 玄同齐物

儒家宣扬仁爱,但肯定等级区分是合理的,孔子弟子子路批评隐者说:"长幼之节不可废之,君臣之义如之何其废也?"① 孟子说:"有大人之事,有小人之事。或劳心,或劳力。劳心者治人,劳力者治于人;治于人者食人,治人者食于人。天下之通义也。"② 将人分为不同的等级,这是儒家的一贯观点,这表现出儒家学说是统治阶级的思想。在中国古代哲学中,提出对于等级观念的批评的是道家。老子论贵贱的关系说:"贵以贱为本,高以下为基。"③ 贱者虽然在下,都是在上者的基本。老子批评当时社会生活的不公平说:"天之道其犹张弓与?高者抑之,下者举之;有余者

---

① 《论语·微子》。
② 《孟子·滕文公上》。
③ 《老子》三十九章。

损之,不足者补之。天之道损有余而补不足,人之道则不然,损不足以奉有余。"① 对于当时"损不足以奉有余"的现象,提出了谴责。老子提出"玄同"作为处世的主要原则:"挫其锐,解其纷,和其光,同其尘。是谓玄同。故不可得而亲,不可得而疏;不可得而利,不可得而害;不可得而贵,不可得而贱。故为天下贵。""挫锐、解纷、和光、同尘",即避免卷入人事矛盾之中。这样就能避免亲疏、贵贱等的关系的牵连。老子对于社会上贵贱区分是持批评态度的。玄同可以说是一种无差别境界。

庄子讲"齐物",齐物即认为一切差别、一切对立都是相对的,应消弭彼此、是非、美恶、梦觉的区别。关于庄子的齐物,历来论述已多,这里不必多赘。仅需指出,齐物诸义中最值得注意的是齐贵贱。《庄子·秋水》云:"以道观之,物无贵贱。"又说:"何贵何贱?是谓反衍。……万物一齐,孰短孰长?"这"物无贵贱"有两层意义,一是否认一切价值区别,二是否认社会上的等级差别。否认一切价值区别,这是错误的。否认社会上的等级区分,却是非常深刻的进步思想。《马蹄》高度赞扬人与人之间的本然的平等关系:"彼民有常性,织而衣,耕而食,是谓同德。一而不党,命曰天放。……夫至德之世,同与禽兽居,族与万物并,恶乎知君子小人哉?同乎无知,其德不离;同乎无欲,是谓素朴。素朴而民性得矣。"这里认为人民本来是"同德"的,本来没有君子小人的等级区分。这是对于等级制度的深刻批判。但是此说不仅认为人类应该共同生活,而且人与禽兽也应同居共处,这又陷于偏失了。

老子企望回到原始社会:"小国寡民,使有什伯之器而不用,使民重死而不远徙,虽有舟舆,无所乘之;虽有甲兵,无所陈之。使人复结绳而用之。"② 庄子则企求回到"同与禽兽居、族与万物并"的生活,这些都是不可能实现的。这些言论的真实意义是表示对于等级文明的不满。道家具有对于等级制度的批判意识,指出贵贱上下的等级区分是不合理的,这是道家的社会思想的卓越贡献。

---

① 《老子》七十七章。
② 同上书,八十章。

四 全生贵己

道家的一个特点是重视个人生命、个人自由,用现今的名词来说,即重视个人的主体性。老庄关于人生的学说,充满了辩证的智慧。老子阐明了"不生生"与"长生"、"外身"与存身的相反相成。庄子表述了"不益生"与"全生"、齐生死与"养生"的相反相成。《庄子·养生主》云:"可以保身,可以全生",实为道家的人生理论之宗旨。

老子论长生之道云:"天长地久。天地之所以能长且久者,以其不自生,故能长生。是以圣人后其身而身先,外其身而身存。非以其无私邪?故能成其私。"[①] 又说:"夫唯无以生为者,是贤于贵生。"[②] "不自生"即"无以生为",即不从事于养生,然后能长生。其实天地是没有生命的,天地只能说是长久,而不能谓为长生,老子不过借天地为譬喻而已。老子又说:"治人事天莫若啬,夫唯啬,是谓早服。……是谓深根固柢、长生久视之道。"[③] 啬是爱惜精力,爱惜精力就可以长生。这里明确标明"长生久视之道",足见"无以生为"乃是为了"长生久视"。

庄子虽然齐生死,倡言"予恶乎知悦生之非惑耶?"[④] "孰知生死存亡之一体者?"[⑤] 但仍重视己身。《德充符》记载:"惠子谓庄子曰:'人故无情乎?'庄子曰:'然。'惠子曰:'人而无情,何以谓之人?'庄子曰:'道与之貌,天与之形,恶得不谓之人?'惠子曰:'既谓之人,恶得无情?'庄子曰:'是非吾所谓情也。吾所谓无情者,言人之不以好恶内伤其身,常因自然而不益生也。'"道家主张"无情",目的在于"保身"。《逍遥游》借寓言人物宣称:"予无所用天下为","孰弊弊焉以天下为事",都是明确的以"保身"、"全生"为重的思想。

---

① 《老子》七章。
② 同上书,七十五章。
③ 同上书,五十九章。
④ 《庄子·齐物论》。
⑤ 同上书,《大宗师》。

孟子辟杨墨，其意以杨朱为道家的代表。孟子述杨朱之说云："杨朱墨翟之言盈天下，杨氏为我，是无君也。"①"杨子取为我，拔一毛而利天下不为也。"②《吕氏春秋·不二》篇云："阳生贵己。"《淮南子·氾论训》云："全性葆真，不以物累形，杨子之所立也，而孟子非之。"杨朱之说以"为我"、"贵己"为特点，可以说突出了个人。孟子以"无君"为杨朱的罪状，事实上无君论具有反对等级制度和君主专制的进步意义。子路批评隐者"君臣之义如之何其废之"，亦即批评隐士不承认所谓君臣之义。儒家宣扬所谓"君臣之义"，道家对于君臣之义持批评态度。在这一方面，道家较儒家为高明。

道家肯定了个人的重要，这是有深刻意义的。但道家忽视个人对于社会的责任心，表现了严重的偏向。庄子所谓"予无所用天下为"、"孰弊弊焉以天下为事"，完全漠视了个人对于天下国家应尽的义务。西晋之时，老庄玄谈盛行，于是"薄综世之务，贱功烈之用；高浮游之业，卑经实之贤"③。于是引起了西晋末年的天下大乱。西晋末年的混乱，原因很多，不能完全归咎于玄谈，但是脱离实际的玄谈的盛行也是其原因之一。刘琨有一段沉痛的话："昔在少壮，未尝检括，远慕老庄之齐物，近嘉阮生之放旷，怪厚薄何从而生，哀乐何由而至；自顷辀张，困于逆乱，国破家亡，亲友凋残，负杖行吟，则百忧俱至，块然独坐，则哀愤两集……然后知聃周之为虚诞、嗣宗之为妄作也。"④这就指出了道家老庄之说以及魏晋玄谈无益于经世治国，这是深刻的。

道家创立了本体论学说，具有超越庸俗思想的批判意识，对于社会上的不合理现象持批评的态度，但忽视了个人对于社会的责任心。道家在哲学上达到了理论思维的高度水平，至今仍是值得赞扬的。（原题为《道家玄旨论》）

---

① 《孟子·滕文公》。
② 同上书，《尽心》。
③ 裴頠：《崇有论》。
④ 《答卢湛书》。

第四节
道家在中国哲学史上的地位

春秋战国时代,学术昌盛,百家争鸣。百家一词,古已有之。《庄子·天下》云:"古之人其备乎!……其数散于天下而设于中国者,百家之学时或称而道之。"又云:"百家往而不反,必不合矣。"百家者,言其多也;春秋战国时代,在学术上贡献较多、影响较大的,实为儒、道、墨、名、法、阴阳六家。汉代史学家司马谈著《论六家要旨》,可谓得其要领。在这六家中,墨、名两家在汉代中绝了,法家主要是政治学说,阴阳家著作亦多不传,在历史上流传久远、形成中华民族精神文明的核心的实为儒、道两家。韩非曾说:"世之显学,儒墨也。"儒、墨并称显学,道家学者既不游说诸侯,也不聚徒讲学,故不在显学之列,但在学术思想上却有广泛的影响。汉代"罢黜百家、独尊儒术",于是儒学成为统治思想。但是,就哲学理论而言,道家的贡献是巨大的,其影响是深远的,因而在历史上具有卓特的地位。

一 道家的起源与演变

道家的名称起于何时?先秦著作中《庄子》《荀子》以及《吕氏春秋》中尚无"道家"之称。近年有人认为道家的名称始于司马谈《论六家要旨》,其实在司马谈之前,汉代初年已有道家之称了。《史记·陈丞相世家》云:"始陈平曰:我多阴谋,是道家之所禁。"又《齐悼惠王世家》记齐相召平说:"道家之言,当断不断,反受其乱。"足证秦汉之际已有道家的名称了。

道家的名称来自"道"的观念,与天道、人道有别的"道"的观念是老子提出的。《老子》二十五章:"有物混成,先天地生,寂兮寥兮,独立而不改,周行而不殆,可以为天下母,吾不知其名,字之曰道。"这个"道"是道家学说的最高范畴。老子是道家学派的创始人,这是人所共知的。

据《吕氏春秋》①《史记》②及《汉书·艺文志》的记述,道家学派的重要人物有老子、关尹、杨朱、列御寇、环渊、庄周、田骈、接子等。《庄子·天下》篇述关尹、老聃之学,称"关尹、老聃",而不称"老聃、关尹",必有其故,但已不可考了。《吕氏春秋·不二》则将关尹列于老聃之后。据《庄子·外杂篇》所述,列子应是关尹的晚辈。孟子曾说"杨朱、墨翟之言盈天下",即以杨朱为道家的代表。环渊、田骈曾游齐国稷下,其书俱不传。

道家学说在汉代初年曾受到统治者的尊崇。道家在汉初受尊崇是由于曹参的提倡。《史记·曹相国世家》:"孝惠帝元年,除诸侯相国法,更以参为齐丞相……参尽召长老诸生,问所以安集百姓,如齐故(俗)诸儒以百数,言人人殊,参未知所定。闻胶西有盖公,善治黄老言,使人厚币请之。既见盖公,盖公为言治道贵清静,而民自定。推此类具言之。参于是避正堂,舍盖公焉。其治要用黄老术,故相齐九年,齐国安集,大称贤相。"其后曹参任汉相国,亦用黄老术。又《乐毅列传》云:"乐臣公学黄帝老子。……乐臣公教盖公,盖公教于齐高密、胶西,为曹相国师。"曹参以后,汉文帝、窦后、景帝,都推崇黄老之学。《汉书·儒林传》云:"窦太后喜《老子》言,不说儒术。"又《外戚世家》云:"窦太后好黄帝、老子言,帝及太子诸窦不得不读《黄帝》《老子》,尊其术。"武帝初年,太史令司马谈著《论六家要旨》,亦推崇道家。《史记》屡称"黄老",但今存先秦古籍中,《庄子》《韩非子》《吕氏春秋》中皆无"黄、老"或以黄帝、老子并举之例。疑黄、老并称始于盖公。汉初治道家之言的还有司马谈之师黄子。司马迁称其父"司道论于黄子",黄子曾与儒者辕固生辩论,可惜其名字失传了。汉武帝尊儒,《汉书·儒林传》说:"及窦太后崩,武安君田蚡为丞相,黜黄老、刑名百家之言,延文学儒者以百数,而公孙弘以治《春秋》为丞相封侯,天下学士靡然乡风矣。"

---

① 《吕氏春秋·不二》。
② 《老庄列传》《孟荀列传》。

于是以儒家经学为正宗的时代开始了。

儒学独尊之后,道家学说仍流传不绝。西汉末年的道家学者有严君平,《汉书·王贡两龚鲍传》云:"蜀有严君平。君平卜筮于成都市,才日阅数人,得百钱足自养,则闭肆下帘而授《老子》。依老子、严(庄)周之指著书十余万言。"严君平所著书是《老子指归》,《汉书·艺文志》未著录,因为《艺文志》以刘歆《七略》为据,而《七略》中未列《老子指归》。

后汉末年,张陵创立了道教,以老子为教祖。在三国西晋时期,道家与道教还是彼此有别、不相混淆的,何晏、王弼祖述老子,大倡玄风。阮籍、嵇康推崇老、庄,"越名教而任自然"。于是道家之学复盛了。

魏晋玄谈之风兴盛,学术思想出现了活跃的景况,但是其社会效果却不同于汉初黄老之学。汉代黄老之学导致了社会的安定,魏晋清谈之风却破坏了社会生活的稳宁。西晋末年,天下大乱,晋室南迁。在北方坚持平乱的刘琨总结一生的经历说:"昔在少壮,未尝检括,远慕老庄之齐物,近嘉阮生之放旷,怪厚薄何由而生,哀乐何由而至!自顷辀张,困于逆乱,国破家亡,亲友凋残,负杖行吟,则百忧俱至;块然独坐,则哀愤两集……然后知聃周之为虚诞,嗣宗之为妄作也!"①这个沉痛的总结是具有深刻意义的。

两晋之际的学者葛洪既是一个道家学者,又是一个炼丹的道士,于是道家与道教合流了。到唐代,成玄英、司马承祯等,都是以道士的身份宣扬道家学说的,没有不当道士的道家了。

如上所述,道家兴起于春秋战国时代,到汉代初年而受到尊崇,在魏晋时期而再次兴盛,唐代以来,道家与道教合流,作为三教之一,一直延续下来。

---

① 《答卢谌书》。

中国园学传统

>>> 三国两晋南北朝时期,阮籍、嵇康等人推崇老、庄,道家之学复兴了。图为明朝仇英《竹林七贤》,描绘了阮籍、嵇康等人的形象。

二 道家与哲学本体论

　　道家在中国哲学史上的最大贡献,是开创了哲学本体论。孔子罕言天道,认为天是最大的,"唯天为大,唯尧则之"。老子则提出了天地起源的问题,认为天不是最根本的,而最根本的是"先天地生"的"道"。提出天地起源的问题,这是理论思维的大突破,在哲学史上具有重要意义。老子说:"有物混成,先天地生,寂兮寥兮,独立而不改,周行而不殆,可以为天下母,吾不知其名,字之曰道,强为之名曰大。"[1]这是老子道论的纲领。道是先天地生的,是天地之本,又是"独立而不改",即是永恒性的,"周行而不殆",即是普遍性的。关于老子道的学说,我已多次著文加以阐释,兹不多赘,仅就老子道论是一种本体论,更略加论证。如果老子所谓道仅仅是天地之始,那么道论就是一种宇宙生成论;如果老子的道不仅是天地之始,而且是天地万物存在的依据,那么道论就是一种本体论。从老子对于道的说明来看,道不仅仅是天地之始,而且是天地万物存在的依据。六十二章:"道者万物之奥,善人之宝,不善人之所保。"所谓万物之奥即万物存在的深藏的根据。五十一章:"道生之,德畜之,物形之,势成之。是以万物莫不尊道而贵德。"道不但生天生地,而且生万物,道是万物所由以生的根据。三十四章:"大道汜兮,其可左右,万物恃之而生而不辞。"道是无所不在的,万物都恃道而生。这都表明,道是万物存在的根据。作为天地万物存在的根据的道就是天地万物的本体。二十五章所谓"独立而不改,周行而不殆"即表示道是永恒性的、普遍性的,而不仅仅是天地之始。

　　庄子论道,所说更为显明。《庄子·大宗师》云:"夫道有情有信,无为无形,可传而不可受,可得而不可见,自本自根,未有天地,自古以固存,神鬼神帝,生天生地;在太极之先而不为高,在六极之下而不为深,先天地生而不为久,长于上古而不为老。"这是对于老子道论的提炼。又《知北游》篇云:"东郭子问于庄子曰:所谓道,恶乎在?

---

[1] 《老子》二十五章。

庄子曰：无所不在。汝唯莫必，无乎逃物，至道若是，大言亦然，周遍咸三者，异名同实，其指一也。"这明确表示道的普遍性，道无所不在，也即是万物存在的根据。

老子的道论是中国哲学本体论的开始，这是确然无疑的。

《周易大传》提出太极观念："易有太极，是生两仪。"《周易大传》的年代晚于老子，太极观念的提出当是受了老子的影响。《庄子·大宗师》断言道在"在太极之先"，这是对于太极观念的遮拨。

西汉末年，扬雄著《太玄》，以"玄"为世界的本体，玄的观念也是受了老子的影响而提出的。三国时代，王弼的道论乃是老子道论的推衍。

北宋时代，理学兴起，理学家反对道释学说，要求回到孔、孟，而为孔孟学说提供本体论的基础。理学家在建构本体论学说之时吸取了道家的一些思想观念。周敦颐著《太极图说》，以"无极而太极"为宇宙本体。（一本作"自无极为太极"，从《图说》的全部内容来看，作"无极而太极"是正确的。）太极观念来自《易传》，"无极"观念来自老子。张载以"气化"为道，气的观念来自庄子。按中国古代，气的观念起源较早。西周末年，伯阳父曾讲"天地之气"，到战国时期，《庄子》与《管子》书都讲气，而《庄子》的影响较大。《庄子·知北游》云"通天下一气耳"，开辟了气一元论的端绪。理学的本体论是在道家本体论的影响下建立起来的。

应该承认，老庄的本体论是后代本体论思想的理论源泉。

三 道家的批判精神

道家的一个特点是具有批判意识，表现了批判精神。道家着重揭示了文化生活中的偏失与流弊。儒家创始人孔子"祖述尧舜、宪章文武"，对于夏商周三代的文化成就进行了一次总结，孟子称赞孔子为"集大成"，正是表示孔子总结了三代的成就。老子与孔子不同，而是揭示文化所导致的弊端。老子指陈了声色之害："五色令人目盲,五音令人耳聋,五味令人口爽,驰骋畋猎令人心发狂,难得之货令人行妨。"①又说:"大道甚夷,而民好径。朝甚除,田甚芜,食甚虚,服文彩,带利剑,厌饮食,财货有余,是谓盗夸,盗夸非道也哉!"②为了消除这些弊害,老子主张"见素抱朴,少私寡欲。"③甚至企望取消一切文化成就,回到结绳的原始生活:"小国寡民,使有仟佰之器而不用,使民重死而不远徙;虽有舟舆,无所乘之;虽有甲兵,无所陈之,使民复结绳而用之;甘其食,美其服,安其居,乐其俗,邻国相望,鸡犬之声相闻,民至老死不相往来。"④《易传》曾说:"上古结绳而治,后世圣人易之以书契。"老子却要求回到结绳之治,这是对于文化的全面否定。老子指出了文化的偏弊,是深刻的;但全面否定文化的价值,又走向一偏了。

庄子提出对于等级制度的批判,《庄子·应帝王》篇云:"肩吾见狂接舆,狂接舆曰:'日中始何以语女?'肩吾曰:'告我君人者以己出经式义度,人孰敢不听而化诸?'狂接舆曰:是欺德也!其于治天下也,犹涉海凿河而使蚊负山也!夫圣人之治也,治外乎?正而后行,确乎能其事者而已矣。且鸟高飞以避矰弋之害,鼷鼠深穴乎神丘之下以避熏凿之患,而曾二虫之无知!"统治者设立许多规矩法度来限制人民,人民是不会接受的。鸟鼠犹能辟害,而况于人乎?这是对于一切人为的制度的否定。

庄子揭示了儒家所提倡的仁义的相对性,指出仁义可能被人利用来达到不道德的目的。《胠箧》云:"彼窃钩者诛,窃国者为诸侯,诸侯之门而仁义存焉,则是非窃仁义圣知邪?"庄子学派歌颂原始社会,认为是理想境界。《马蹄》云:"彼民有常性,织而衣,耕而食,是谓同德,一而不党,命曰天放。故至德之世,其行填填,其视颠颠,当是时也,山无蹊隧,泽无舟梁,万物群生,连属其乡,禽兽成群,草木遂长,是故禽兽可系羁而游,鸟鹊之巢可攀援而窥。夫至德之世,同与禽兽居,族与万物并,恶乎知君子小人哉!同乎无知,其德不离;同乎无欲,是谓素朴,素朴而民性得矣!"这与儒家的态度大不相同。孔子尝说"鸟兽不可与同群",庄学却颂扬了"与鸟兽同群"。孟

---

① 《老子》十二章。
② 同上书,五十三章。
③ 同上书,十九章。
④ 同上书,八十章。

子说:"当尧之时,天下犹未平,洪水横流,氾滥于天下,草木畅茂,禽兽繁殖,五谷不登,禽兽偪人,兽蹄鸟迹之道交于中国。"认为禽兽繁殖是应该加以治理的。庄学却认为"同与禽兽居"是理想境界。《马蹄》这段话的精义在于反对君子小人的区分。君子小人之别有两层意义,一指上下贵贱之别,二指贤与不贤之别。道家反对君子小人的区分,亦兼有两层含义,而其最重要的意蕴是反对贵贱上下的等级差别,这是道家在中国思想史上的一大贡献。

四 儒道两家的对峙与交融

春秋末期,孔、老同时并生,传说孔子曾问礼于老子,据《史记》所说,"上下篇"五千言是老子晚年应关尹的要求而写的,孔子不可能看到这"上下篇"。所以老子虽然长于孔子,但是他的思想发生影响却晚于孔子。《庄子·外篇》中所载老子与孔子对话的故事都是寓言,不可信据。孔子提出以"仁"为中心观念的伦理学说,老子提出以"道"为最高范畴的本体论,在中国哲学史上双峰并峙,都发生了极其深远的影响。

春秋战国时代,诸子并起,百家争鸣;诸子之间展开了辩论,其中儒、墨两家的争辩最为激烈,所以《庄子·齐物论》中着重评议了"儒墨之是非"。孟子辟杨墨,以杨朱为道家的代表,未涉及本体论的问题。荀子著《非十二子》,抨击了十二家,而十二子中无老子与庄子。荀子在别的篇章中亦曾批评老庄:"老子有见于屈,无见于伸。"[①]"庄子蔽于天而不知人"[②],足见荀子对于老、庄有所了解,但未将老、庄列入所"非"的诸子中,即未将老、庄列为主要的论敌。到汉代初期,道家黄老与儒家曾经争夺思想上的领导地位,汉景帝时,儒者辕固生与道家黄生有一场争论。司马谈是黄生的学生,"习道论于黄子",著《论六家要旨》,推崇道家,批评儒家。于是司马迁慨叹道:"世之学老子者则绌儒学,儒学亦绌老子。道不同不相为谋,岂谓是耶?"[③]司

---

① 《荀子·天论》。
② 同上书,《解蔽》。
③ 《史记·老子列传》。

马迁在《老庄申韩列传》中称"老子深远",在《孔子世家》中称孔子为"至圣"。司马迁是并尊孔老的。后来班固批评司马迁"论大道则先黄老而后六经",这句用来批评司马谈则可,用来批评司马迁则是不恰当的。应该承认,司马迁是并尊孔、老的。

三国时代,何晏、王弼阐发老子思想,而亦尊崇孔子。阮籍、嵇康崇尚老、庄,"非汤武而薄周孔",将孔与老对立起来。玄学家两派的态度有所不同。

北宋理学家张载、程颢,早年都曾研究道家学说,张载"访诸释老之书,累年尽究其说,知无所得,反而求之六经"①;程颢"泛滥于诸家,出入于老、释者几十年,返求诸《六经》而后得之"②。这都说明,张、程早年都曾研读老释之说,后来又回到儒家,实际上也受了老、释的影响。就其与老、释的关系来讲,在本体论方面所受道家的影响较多;在心性论方面所受佛家的影响较多。宋明理学表现了儒、道、释的交光互映,其中儒道思想的交融更为显著。

总而言之,道家是中国哲学本体论的开创者,汉宋时代的本体论学说无不受到道家的启发。儒家是中国伦理学说与传统道德的奠立者,古代的封建道德与有益于社会发展的传统美德都是儒家所提倡的。在中国哲学本体论的发展过程中,道家学说居于主导地位;同时道家又提出对于封建道德的批评意见,在这方面也起了激励新思想的独特作用。

---

① 吕大临:《横渠先生行状》。
② 程颐:《明道先生行状》。

后记
说国学

"国学"之名,兴起于民国初年。章太炎先生著《国故论衡》,又有《国学概论》的讲演(由曹聚仁先生笔录),是关于国学的代表作。所谓国学即中国学术之意。20年代至30年代,在大学、中学的课程中,中文称为国文,汉语称为国语,所谓国俱指本国,事同一例。在西方有 Sinology 的名称,直译应是支那学,一般译为汉学,现在定译为中国学。支那之称,起于印度。支那一词的本义如何,其说不一。有人说是赞美之词,有人认为是贬义词。第二次世界大战之前,日本称中国为支那;"二战"结束之后,日本人民一般不用支那一词,改称为中国,这是一项进步。中国学术称中华国学,是十分恰当的。

西方人研究汉学,有些是把汉学当做古董来研究的,和研究古埃及一样。事实上,中国文化从周秦以来绵延不绝,至今仍具有一定的生命力。15世纪以后,与西方相比,中国落后了,但是爱国志士仍在努力直追。时至今日,固然经济还很落后,而在原子技术上已与先进国家接近了。中国的文化传统正在更新、再生的过程中。

如果中国赶上西方之后,是否会出现传统的断裂呢?我认为那也不可能。当然,时代不同了,一定要创建新传统。但新传统与旧传统之间,既有对立的一面,也有联系的一面,在否定旧传统的同时必然有所继承。文化的发展过程中,既有否定性,也有累积性。古代思想家所发现的真理,仍然要加以肯定。

曾几何时,"反传统"成为国内的时髦口号。然而鼓吹反传统的论者对于传统并无真正的研究,同时反传统者也正是继承了一部分传统。一些反传统者强调"自我"与个人的主体性,有些人鼓吹金钱至上。实际上,战国时代即已出现"为我"、"贵己"的思想,而追求财利的风气更是由来已久。西晋时代鲁褒著《钱神论》,表明拜金主义久已流行了,并不是什么新思潮。

"革故鼎新"(改旧创新)确实是今天的重要任务。秦汉以来,君主专制主义政治维持了两千多年,在专制主义的压迫之下,学术陷于偏枯,文化发展缓慢。15世纪以后中国落后了,其原因即在于明清时代专制主义的严酷压迫。对于专制主义的遗风陋俗,必须加以彻底批判。但是,传统文化之中,也存在着反专制的进步思想,固然没有达到西方16世纪、17世纪启蒙思想的高度,仍然有其历史的价值,这就应该大力发扬了。

中国学术,照传统的说法,包括义理之学、考据之学、词章之学、经世之学。义理之学是哲学,考据之学是史学,词章之学是文学,经世之学是政治学、经济学。其实传统学术的领域不止于此。此外还有天算之学(天文学和数学)、兵学(军事学)、法学、农学、地学、水利学、医学等。这些学术中,医学(包括法医学)、兵学(兵法)都有突出的贡献,到今日仍具有非常重要的价值,都值得深入研究。

研究中国传统学术,汉代大史学家司马迁的两个原则还值得注意:一是"好学深思,心知其意";二是"信则传信,疑则传疑"。

古代思想家有许多深邃的思想,是不容易理解的,尤其是用格言隽语的形式表达出来的,如非加以深入的思考,是难以通晓其中意蕴的。例如《周易大传》所谓"一阴一阳之谓道"、"刚柔相推而生变化";张载所谓"两不立则一不可见,一不可见则两之用息"。这些深湛观点,必须与西方辩证法学说对照才显出其晶莹的光辉。又如西周末年的史伯提出"和实生物"、"以他平他谓之和";春秋时晏子论和同之辨,强调"君所谓可……臣献其否,以成其可"。这些观点直至今日仍能发人深省。古代的谬论很多,应加纠正;对于古人的一些确有所见的睿智,还应虚心思考,深切体会。

古代历史中,有些事实有明确记载,有些事实无明确记载。两汉至明清时代,信古成为风气,对于三皇五帝深信不疑,而且凭主观想象加以推演。20年代,疑古思潮兴起,不但否定了三皇五帝,而且大禹治水的传说也被认为是神话,于是中国历史被大大缩短了。近几十年考古发现取得了丰硕的成果,中国历史不是被缩短了,而是大大拉长了。这就证明,轻易否定古代传统也是不足取的。有些历史事件,由于缺乏明确的记载不妨存疑,不宜轻率地加以否定。

今天研究国学,不但要整理前人已经做出的成绩,还应推陈出新,在前人成果的基础之上更向前进。不但今日以前的中国学术是国学,当代中国的学术思想也属于国学的范围。五四新文化运动开始了中国文化的大转变的时代,30年代曾经出现短期的学术思想活跃。新中国成立后,又经过了波澜壮阔的曲折道路。从"五四"到现在的学术演变,还是值得研讨的。探求真理的道路是宽广的,百家争鸣的方针必然引致学术的繁荣,追求真理的勉力永无止息,愿中华国学日益昌盛。